Nikolay Novikov

Rozwiązanie 18. problemu S. Smale'a

Nikolay Novikov

Rozwiązanie 18. problemu S. Smale'a

Wydawnictwo Bezkresy Wiedzy

Imprint

Cover image: www.ingimage.com

Publisher:
Wydawnictwo Bezkresy Wiedzy
is a trademark of
International Book Market Service Ltd., member of OmniScriptum Publishing Group
17 Meldrum Street, Beau Bassin 71504, Mauritius

Printed at: see last page
ISBN: 978-620-0-81625-2

Spis treści

1.Wprowadzenie

W 1997 roku wybitny amerykański matematyk Stephen Smale sformułował osiemnaście nierozwiązanych problemów matematycznych. Była to odpowiedź na prośbę V.I.Arnolda - rosyjskiego matematyka, który w latach 1995-1998 pełnił funkcję wiceprzewodniczącego Międzynarodowej Unii Matematycznej - o scharakteryzowanie najważniejszych problemów matematyki w następnym stuleciu. Jak zauważa S.Smeil, prośba V.I.Arnolda była częściowo umotywowana słynną listą problemów D.Hilberta (sam V.I.Arnold jest znany m.in. z rozwiązania 13. problemu D.Hilberta).

W liście problemów S. Smale'a, numer 18, znajduje się zadanie dotyczące granic sztucznego i ludzkiego intelektu. W wykładzie "Problemy matematyczne następnego wieku", wygłoszonym w 1997 r. w Fields Institute (Toronto) z okazji 60. rocznicy V.I.Arnolda, S.Smeil stawia matematykom pytanie: "Jakie są granice inteligencji, zarówno sztucznej, jak i ludzkiej? Smeil wyjaśnia dalej swoje pytanie: "Penrose in [42] próbuje przytoczyć pewne ograniczenia dla sztucznej inteligencji. Interesującym pytaniem w jego dowodzie jest rozwiązywalność zestawu Mandelbrota (rozpatrywanego w [7]) oraz wnioski z twierdzenia Gödela o niekompletności. Istnieje jednak potrzeba szerszych badań, które obejmowałyby zarówno głębsze modele umysłu, jak i komputera oraz wyjaśniałyby, co łączy sztuczny i ludzki intelekt i czym się one różnią. Zacząłbym badania w kierunku, w którym nauka, rozwiązywanie problemów i teoria gier, wraz z teorią liczb rzeczywistych, przybliżeniami, teorią prawdopodobieństwa i geometrią, odgrywają znaczącą rolę" (Smeil, 2002, s. 297). Podany fragment wykładu S. Smeila pochodzi z kolekcji "Współczesny chaos i problemy nielinearności" (Izhevsk, "Instytut Badań Komputerowych", 2002).

Nawiązując do twórczości R.Penrose'a [42], S.Smeil oznacza jego monografię "The New Mind of the King" (1989). W niniejszej monografii, przetłumaczonej na język rosyjski w 2003 roku, Roger Penrose sformułował pogląd, że intelektu ludzkiego nie daje się właściwie zamodelować (opisać) metodami algorytmicznymi, tj. za pomocą programów podobnych do nowoczesnych programów komputerowych. Angielski naukowiec wysuwa również pomysł, zgodnie z którym komputery stworzone przez współczesnych specjalistów (komputery elektroniczne) nie mogą zbliżyć się do poziomu ludzkiego myślenia i kreatywności, ponieważ we wszystkich modelach komputera umieszcza się programy oparte na ścisłych algorytmach, a człowiek w swojej produktywnej działalności intelektualnej nie stosuje tych ścisłych (sztywnych) algorytmów.

Niemożność modelowania intelektu ludzkiego za pomocą nowoczesnych środków algorytmicznych (ścisłe systemy formalne), a także niemożność tworzenia sztucznego intelektu na podstawie programów komputerowych, w tym sztywnych algorytmów, dowodzi R. Penrose, kierując się twierdzeniem Gedela o niekompletności.

R. Penrose opisuje historię sformułowania tego twierdzenia, które odnosi nas do wydarzeń z 1900 roku. W tym roku wielki niemiecki matematyk David Gilbert, przemawiając na II Międzynarodowym Kongresie Matematyków w Paryżu, przedstawił swoim kolegom listę 23 nierozwiązanych problemów matematycznych, których rozwiązanie przyczyniłoby się do znacznego postępu w matematyce. Wśród nich było udowodnienie spójności arytmetyki za pomocą samej arytmetyki. D. Hilbert był pewien, że ten problem można rozwiązać pozytywnie. To zaufanie wynikało z jego "strategicznego" planu nienagannego uzasadnienia całej matematyki, aksjomatyzowania wszystkich jej części. Na początku XX wieku główne układy numeryczne, geometria euklidesowa i teoria zbiorów zostały w znacznym stopniu aksjomatyzowane. Te obszary matematyki zostały przedstawione jako formalne teorie aksjomatyczne. Na jednym z etapów badań pojawiła się potrzeba zbudowania wewnętrznie spójnej i odpowiedniej (pełnej) arytmetyki formalnej.

Wkrótce jednak nadzieje D. Hilberta i jego zwolenników zostały zburzone. W 1931 r. austriacka logika Kurt Gedel wysunął twierdzenie o niekompletności - "niesamowite twierdzenie" (określenie R. Penrose), które doszczętnie zniszczyło program Hilberta. Gödel pokazał, że każdy precyzyjny ("formalny") system aksjomatów i zasad wnioskowania, o ile jest na tyle szeroki, że zawiera opisy prostych tez arytmetycznych, a jeśli jest wolny od sprzeczności, taki system musi zawierać stwierdzenia, które nie są ani udowodnione, ani obalone w ramach formalizmu systemu. Prawdy takich "nierozwiązywalnych" twierdzeń nie da się zatem wyjaśnić metodami dozwolonymi przez sam system. Ponadto Gödel był w stanie wykazać, że nawet stwierdzenie o zgodności systemu z aksjomatem, przełożone na formę odpowiedniego twierdzenia, jest samo w sobie nierozwiązywalne.

R. Penrose spojrzał na wynik Hedla jako na zasadę, z której wynika nierealność mechanicznej procedury (systemu zasad) rozwiązywania wszystkich problemów, niezależnie od ich złożoności. Widział w udowodnionym przez austriacką logikę tezę o zakazie efektywnej działalności umysłowej opartej na ścisłych receptach, w której każdy etap przetwarzania informacji jest jednoznacznie z góry określony przez poprzednie etapy i równie jednoznacznie determinuje kolejne. Stąd doszedł do wniosku, że twierdzenie Gödela o niekompletności jest obiektywną przeszkodą dla tworzenia sztucznego intelektu, jeśli w procesie jego tworzenia kierować się ideą możliwości algorytmicznego opisu ("obliczania") jakiejkolwiek funkcji ludzkiego mózgu, w tym jego zdolności do tworzenia.

Tymczasem właśnie ten pomysł, jak odkrył R. Penrose, stanowi rdzeń pozycji zwolenników silnej SI (silnej wersji sztucznej inteligencji). Zwolennicy silnej SI uważają, że właściwości umysłu mogą być nieodłącznie związane z logicznym działaniem każdego urządzenia komputerowego. Ich podstawową ideą jest to, że aktywność umysłowa jest po prostu wykonaniem jakiegoś dobrze zdefiniowanego ciągu operacji, czyli algorytmu. Zalety każdego konkretnego algorytmu polegają na jego "charakterystyce technicznej", takiej jak dokładność wyników, zakres możliwości zastosowania, efektywność kosztowa i szybkość wykonania. W opinii zwolenników silnej SI, algorytm naśladujący aktywność ludzkiego mózgu powinien być z pewnością niezwykle trudny. Ale jeśli taki algorytm istnieje dla mózgu, to w zasadzie może być on uruchomiony na komputerze. Jak przypuszcza się, w rzeczywistości mógłby on być wykonany na każdym nowoczesnym komputerze ogólnego przeznaczenia, gdyby nie było ograniczeń co do szybkości przetwarzania danych i ilości (wielkości) tych danych przechowywanych w pamięci komputera.

Krytykując to stanowisko, autor książki "The New Mind of the King" podkreśla, że "w naszej zdolności do poznania - a więc w naszej świadomej działalności jako całości - jest coś poza czysto algorytmicznymi działaniami...". (Penrose, 2003, str.14).

Jednocześnie R. Penrose nie jest uważany przez swoich kolegów za próżnego i bezsensownego w tworzeniu systemów komputerowych naśladujących różne aspekty działalności ludzkiego umysłu. Angielski naukowiec jest przekonany o konieczności pełnego szacunku podejścia do tej dziedziny badań, które osiągnęły ważne wyniki w dziedzinie robotyki, tworzenia systemów eksperckich, przetwarzania dużych tablic informacyjnych. Według R.Penrose'a, w najbliższej przyszłości komputery staną się szybsze, będą miały szybki dostęp do urządzeń do przechowywania informacji, nabędą więcej elementów logicznych niż obecnie i nauczą się wykonywać wiele równoległych operacji. Struktura logiczna i technika programowania ulegną poprawie. "Jest możliwe - pisze naukowiec - że umysł ludzki może być rzeczywiście modelowany z bardzo dużą dokładnością za pomocą komputerów elektronicznych - tych właśnie komputerów, które mamy dzisiaj i których zasady są już dla nas jasne - ale potężniejszych przez ich cechy, których pojawienie się w nadchodzących latach jest dość przewidywalne. Jest nawet prawdopodobne, że urządzenia te będą rzeczywiście inteligentne; możliwe, że będą myśleć, czuć i mieć swoją własną inteligencję" (tamże, s. 29).

Ale droga do osiągnięcia tego celu - nie w opracowywaniu jasnych instrukcji napisanych w formie zer i jednostek i przeniesionych do maszyny, ale wyjście poza systemy formalne, do których tak bardzo przyzwyczaili się eksperci w dziedzinie logiki i programowania. "...Z dowodów Gödela wynika jasno," zauważa R. Penrose, "że pojęcie prawdy matematycznej nie może być zawarte w żadnym z systemów formalnych. Matematyczna prawda wykracza poza wszelki formalizm. Może to jasne nawet bez twierdzenia Hedla. W przeciwnym razie, jak zdecydujemy, które aksjomaty i zasady wnioskowania mają być brane pod uwagę podczas budowania systemu formalnego?" (Penrose, 2003, str.101). "Kiedy wyrażam swoje przekonanie, że prawdziwy intelekt wymaga obecności świadomości" -

argumentuje Penrose - "domyślnie zakładam (ponieważ nie podzielam poglądu zwolenników teorii "silnej" SI, zgodnie z którą zastosowanie algorytmu jest w stanie obudzić świadomość), że intelektu nie da się właściwie modelować środkami algorytmicznymi, to znaczy przy użyciu komputera w taki sposób, w jaki robi się to dzisiaj" (tamże, s. 329).

Angielski matematyk podsumowuje następnie swoje stanowisko: "...Moje przekonanie, że świadomość może wpływać na charakter osądów o prawdzie w sposób niealgorytmiczny, opiera się głównie na wynikach twierdzenia Gödla. Jeśli widzimy, że świadomość działa niealgorytmicznie w formułowaniu sądów matematycznych, gdzie obliczenia i ścisły dowód są nieodzownym wymogiem, to z pewnością nietrudno nas przekonać, że ten niealgorytmiczny składnik może być decydujący dla roli świadomości także w bardziej ogólnych (niepowiązanych) okolicznościach" (tamże, s. 336).

Należy zauważyć, że przed R. Penrose'em ograniczenia wynikające z gaedeliańskiego twierdzenia o niekompletności były omawiane przez angielskiego filozofa Johna Lucasa (1959). Podobno był jednym z pierwszych, którzy odkryli, że wynik Gedela miał związek z możliwością wynalezienia inteligentnych maszyn. W artykule "Umysł, maszyny i Gedel", przedstawionym w 1959 roku Oxfordzkiemu Towarzystwu Filozoficznemu, J. Lucas wyjaśnił zaskakująco prostym językiem, dlaczego ludzki umysł nie może być zredukowany do komputera. Według J. Lucasa, ponieważ jesteśmy w stanie nauczyć maszynę aksjomatów i zasad arytmetycznego wyjścia, możemy wykonać wszystkie wzory języka i poprosić maszynę o określenie, które z nich są prawdziwe. Prędzej czy później, komputer dojdzie do oświadczenia, którego nie da się udowodnić w formalnym systemie, który zawiera, i spędzi resztę wieczności próbując udowodnić lub obalić to oświadczenie. Jednocześnie my, ludzie, natychmiast zdamy sobie sprawę, że to stwierdzenie jest nierozpuszczalne. W związku z tym - konkluduje John Lucas - maszyna nadal nie będzie odpowiednim modelem umysłu, który zawsze będzie o krok przed jakimkolwiek stęchłym, śmiertelnie formalnym systemem.

Nieco wcześniej, bo w 1958 roku, argument ten, podobny do schematu rozumowania Johna Lucasa, zabrzmiał w książce Ernesta Nagela i Jamesa Newmana "Theorem Gedel". W tej przetłumaczonej po raz pierwszy na rosyjski w 1970 r. książce autorzy zauważają, że praca Gödela pokazała całkowitą klęskę pierwszego bardzo rozpowszechnionego przekonania, że dla każdej dyscypliny matematycznej można określić listę aksjomatów wystarczającą do systematycznego budowania całego zestawu prawdziwych propozycji tej nauki.

Następnie zacytujemy Nagla i Newmana, wykorzystując drugie wydanie ich książki w języku rosyjskim (Moskwa, "Krasand" wyd., 2010). Zacytujmy najpierw fragment ich książki, który daje ogólną ocenę pracy Gedel: "Przedstawiła ona matematykom uderzający i zniechęcający wniosek, że możliwości metody aksjomatycznej są nieco ograniczone, a ograniczenia są takie, że nawet zwykła arytmetyka liczb całkowitych nie może być, jak się okazuje, w pełni aksjomatyczna. Ponadto Gödel udowodnił, że dla bardzo szerokiej klasy teorii dedukcyjnych (w tym w szczególności arytmetyki elementarnej) niemożliwe jest udowodnienie ich spójności, chyba że zastosuje się tak mocne metody w celu udowodnienia, że ich własna spójność jest jeszcze bardziej wątpliwa niż spójność rozważanej teorii. W świetle tego, co zostało powiedziane, żadna definitywna systematyzacja wielu istotnych części matematyki nie jest wykluczona i nie można zagwarantować, że wiele ważnych obszarów matematyki jest całkowicie wolnych od wewnętrznych sprzeczności. W ten sposób odkrycia Gödela podważyły głęboko zakorzenione idee i zburzyły stare nadzieje, które ożyły w nowszych badaniach nad podstawami matematyki" (Nagel, Newman, 2010, s. 10-11).

Myśl bardzo podobna do argumentu Lucasa wyrażona jest przez Nagela i Newmana w finale ich monografii: "Wnioski, które Gödel doszedł do wniosku, że w sposób naturalny stawiają pytanie, czy możliwe jest zbudowanie maszyny obliczeniowej porównywalnej w swoich "twórczych" możliwościach matematycznych do ludzkiego mózgu. Nowoczesne komputery posiadają pewien ściśle określony zasób poleceń, które mogą wykonywać swoje elementy i bloki; polecenia odpowiadają ustalonym regułom wyjścia pewnej sformalizowanej procedury aksjomatycznej. W ten sposób maszyna rozwiązuje zadanie, krok po kroku wykonując wcześniej jedno z "wbudowanych" w nią poleceń. Jednakże, jak wynika z gedeliańskiego twierdzenia o niekompletności, już w elementarnej arytmetyce liczb naturalnych istnieje niezliczona ilość problemów, które wykraczają poza możliwości każdego konkretnego systemu aksjomatycznego i dlatego są niedostępne dla takich maszyn, bez względu na to, jak dowcipne i złożone są ich konstrukcje i z jaką ogromną prędkością wykonują swoje operacje. Dla każdego konkretnego zadania można w zasadzie zbudować maszynę, z którą zadanie to byłoby wykonalne, ale nie da się stworzyć maszyny odpowiedniej do jakiegokolwiek zadania. To prawda, możliwości ludzkiego mózgu mogą być ograniczone, tak aby człowiek nie mógł rozwiązać żadnego problemu" (tamże, s. 111-112).

Można przyjąć, że S. Smale, po zapoznaniu się z książką R. Penrose'a "The New Mind of the King", która rozważa różne aspekty ludzkiego mózgu i sztucznej inteligencji, doszedł do wniosku, że konieczne jest znalezienie rozwiązania problemu, który sformułował we wspomnianym już wykładzie "Problemy matematyczne następnego wieku" (1997): "Jakie są granice inteligencji, zarówno sztucznej, jak i ludzkiej? Biorąc pod uwagę jedno z takich ograniczeń twierdzenia Gödela o niekompletności, które zabrania istnienia mechanicznej procedury rozwiązywania wszystkich problemów, S. Smeil wskazał, że "konieczne jest szersze badanie, które obejmowałoby zarówno głębsze modele umysłu, jak i komputera, oraz wyjaśnienie, co jest wspólne dla sztucznego i ludzkiego intelektu i czym się one różnią" (Smeil, 2002, s. 297).

Przechodząc do szerszego badania prawidłowości mózgu, a także stosowanych przez niego strategii, technik i reguł, rozwiązywania najbardziej złożonych problemów, generowania nowych idei, dokonywania odkryć w nauce, technologii i sztuce (czyli wykazywania się kreatywnością w różnych dziedzinach ludzkiej aktywności), rozważmy najpierw prehistorię silnej wersji SI.

2. Prehistoria silnej wersji sztucznej inteligencji

Historia silnej wersji SI może być liczona od 1956 roku. Tego lata grupa dziesięciu naukowców spotkała się w Dortmouth College (USA), aby omówić możliwość stworzenia programów komputerowych zdolnych do inteligentnego zachowania. Wśród uczestników tej konferencji znaleźli się: John McCarthy, który później założył laboratoria AI na MIT i Stanford University, i jest powszechnie uznawany za człowieka, który ochrzcił nową naukę "Sztuczna inteligencja"; Marvin Minski, który później został dyrektorem Laboratorium Sztucznej Inteligencji na MIT; Herbert Simon, który w 1978 r. miał otrzymać Nagrodę Nobla w dziedzinie ekonomii; oraz Allen Newell, który prowadził bardzo ważne prace w dziedzinie kognitywistyki i sztucznej inteligencji na Uniwersytecie Carnegie Mellona. Konferencja ta miała charakter historyczny - odbył się zaplanowany wcześniej kurs na temat SI. Od czasu konferencji w Dortmouth, AI ewoluowała wykładniczo - jeśli nie przez liczbę oryginalnych pomysłów, to przez ilość nowych danych.

W szczególności, w latach 1956-1958. A. Newell, G. Simon i J. Shaw, po ujawnieniu za pomocą eksperymentów psychologicznych szeregu ważnych metod rozwiązywania problemów, których używa człowiek, opracowali program heurystyczny "Logika-teoretyk". Program ten, który stał się ważnym krokiem dla SI, miał na celu udowodnienie symbolicznych twierdzeń logicznych za pomocą środków heurystycznych, a nie za pomocą surowych poszukiwań ze wszystkimi możliwymi permutacjami. W 1964 roku wiele z podstawowych idei "Logika-teoretyka", w tym heurystyczna "metoda środków i celów" odkryta przez A. Newella i G. Simona, została rozwinięta w późniejszym programie o nazwie "Uniwersalny Rozwiązujący Problem" (URZ).

Interesujące są słynne przepowiednie G. Simona, z 1957 roku:

- w następnej dekadzie komputer zdobędzie tytuł mistrza świata w szachach;
- w ciągu dziesięciu lat komputer otworzy się i będzie w stanie udowodnić nowe, ważne twierdzenie matematyczne;
- za dekadę, większość teorii psychologicznych przyjmie formę programów komputerowych.

Według niektórych ekspertów, przewidywania Simona stopniowo się spełniają, mylił się tylko co do czasu.

Jednak wydarzenia, które nastąpiły po konferencji w Dortmouth, to najbliższa historia, a nie prehistoria SI. Jeśli chodzi o prawdziwą historię SI, musi ona być powiązana z logicznymi i matematycznymi badaniami niemieckiego matematyka i filozofa Gottfrieda Leibniza (1646-1716), a ponieważ jego "inspiracją" był hiszpański wynalazca Raimund Lullius (1235-1315), można ją postrzegać jako jednego z "prekursorów" pozycji obecnych zwolenników silnej SI.

R. Lulliy wyszedł z przekonania, że w każdej dziedzinie nauki istnieje niewielka liczba początkowych koncepcji, przy pomocy których wyrażane są niekwestionowane, oczywiste postanowienia, które nie wymagają argumentacji i dowodu. Wiedza wyłania się z połączenia tych pojęć i prawd, które wyrażają. Prawdziwa mądrość polega na opanowaniu tych kombinacji i tego, co z nich wynika. Jak więc zrealizować wszystkie możliwe kombinacje pojęć, dzięki którym możliwe jest opanowanie wszystkich dostępnych dla śmiertelnej wiedzy?

R.Lulliy zaprojektował maszynę, która składała się z układu kół, które mogły się obracać. Każde koło zostało podzielone na sektory, pomalowane różnymi kolorami i oznaczone literami łacińskimi. Kręgi były połączone ze sobą, a poprzez ich obracanie można było uzyskać różne kombinacje symboli i kolorów - tzw. formułę prawdy. Maszyny R. Lullia mogły pracować w różnych dziedzinach i udzielać odpowiedzi na wszelkiego rodzaju pytania, wykonywać horoskopy, diagnozować choroby, przewidywać zbiory. W najnowszej wersji maszyny R. Lulliusa składał się z 14 kół oznaczonych literami i pomalowanych różnymi kolorami, które symbolizowały różne pojęcia, elementy, przedmioty i przedmioty wiedzy. Kręgi były napędzane przez system dźwigni. Obrócone, mogły stworzyć około 18 kwadrylionów (18*1015) różnych kombinacji liter i kolorowych "prawd". Zapytania maszynowe były wprowadzane poprzez obrócenie wewnętrznego koła, na którym pojawiały się pytania typu: Co? Dlaczego? Od czego? itd. R. Lulliy nazwał swoją metodę poszukiwania nowej wiedzy "Wielką Sztuką" ("Ars Magna").

Wyrażając się w nowoczesnym języku, maszyna R.Lulliya była w istocie mechanicznym systemem eksperckim, wyposażonym w bazę wiedzy, urządzenia wejściowe i wyjściowe oraz naturalny język komunikacji.

To właśnie idee R. Lully'ego zainspirowały młodego G. Leibniza do przedstawienia projektu "uniwersalnego języka" ("uniwersalna cecha"), za pomocą którego cała ludzka wiedza, w tym prawdy moralne i filozoficzne, może być uzyskana automatycznie (G. Leibniz bezpośrednio wskazał na związek swojego projektu z ideą R. Lully'ego). Należy zauważyć, że "uniwersalna cecha" G. Leibniza była jego ulubionym marzeniem, które cenił jako najcenniejsze ze wszystkiego, co robił (w szczególności cenniejsze od rachunku różnicowego, który wynalazł niezależnie od I. Newtona).

Uznając swoją "uniwersalną cechę" za środek radykalnej transformacji całej ludzkiej wiedzy, Leibnitz uważał, że środek ten powinien składać się z dwóch narzędzi: sztucznego języka nauki (faktycznie nazywa go characteristica universalis) i racjonatora rachunku. Sztuczny język nauki powinien być uniwersalny i doskonały w następującym sensie: powinien służyć jako środek do wyrażania wszelkich myśli, powinien usuwać bariery wielojęzycznej mowy, przyczyniając się w ten sposób do rozpowszechniania idei naukowych, a także powinien stać się narzędziem logicznej analizy wszelkich problemów. Wyrażenia języka naturalnego w uniwersalnym języku nauki powinny być zastąpione zwartymi, widocznymi, wyraźnie widocznymi i jednoznacznie zrozumiałymi znakami.

Oczywiście ta wspaniała wymiana nie została w rzeczywistości zrealizowana przez G. Leibnitza, ale miał on bardzo jasny plan jej realizacji: konieczne było zredukowanie wszystkich koncepcji do kilku podstawowych pojęć, które tworzą rodzaj alfabetu, alfabetu ludzkich myśli. Kiedy będzie to możliwe, pomyślał G. Leibnitz, możliwe będzie zastąpienie zwykłego rozumowania przez operowanie znakami. Zasady takiej operacji powinny być podane w drugiej części "super-nauki" - przy obliczaniu wniosków. Muszą one jednoznacznie określić kolejność działań na tych znakach i samych tych działań, tak aby przy prawidłowym zastosowaniu nie było miejsca na jakiekolwiek nieporozumienia. Ten najgłębszy cel całej idei G. Leibniza został ogłoszony przez niego w znanej tezie: "Jedynym sposobem na poprawę naszych wniosków jest uczynienie ich tak samo widocznymi, jak dla matematyków - tak, aby ich błędy były widoczne oczami, a jeśli dojdzie do nieporozumień między ludźmi, wystarczy powiedzieć "Obliczmy", aby bez dalszych rozważań stało się jasne, kto ma rację.

G.Leibnitz przywiązywał wagę do prezentacji działań logicznych w postaci akcji nad liczbami, czyli arytmetyzacji logiki. Zauważyłem, że powodem, dla którego tak łatwo mylimy się poza matematyką, a geometria jest tak szczęśliwa w swoich wnioskach, jest tylko to, że w geometrii i innych częściach matematyki abstrakcyjnej można sprawdzić lub udowodnić sekwencyjnie, redukując wszystko do liczb, a to można zrobić nie tylko dla ostatniego zdania, ale w każdej chwili i na każdym kroku, zaczynając od działek. To stwierdzenie G. Leibnitza, jak również powyższe, zostało przez nas zaczerpnięte z książki B.V.Biryukova i V.N.Trostnikova "The Heat of Cold Numbers and the Pathos of Impartiality Logic" (1977).

Do tej pory zrealizowano niektóre części projektu Leibniza. Jak zauważa E.M.Wechtomov w swojej książce "Filozofia matematyki" (2013), "kuszące i wielkie marzenie Leibniza zostało zrealizowane na wiele sposobów - w miarę możliwości zrealizowane. Stworzono i rozwinięto logikę matematyczną, teorię algorytmów, sztuczne języki programowania, nowoczesne komputery, matematykę komputerową. Podejście do studiowania umysłu za pomocą struktur programistycznych jest produktywne, co znajduje praktyczną realizację w rozwoju intelektu studentów w ramach informatyki poznawczej. Mówią nawet o "zamachu stanu w świadomości", który polega na otwarciu nowego sposobu badania ludzkiego myślenia przez rodzaj programowania komputerowego" (Wietomow, 2013, s. 129).

Jednak nigdy nie znaleziono "cechy uniwersalnej", czyli pewnej strategii badań naukowych, która pozwala na automatyczne odkrywanie nowych prawd. Stało się to z tego samego powodu, że program D.Hilberta nie mógł zostać przełożony na rzeczywistość, ponieważ istnieje oczywista analogia między projektem Leibniza a programem D.Hilberta. W obu przypadkach zadaniem jest opracowanie uniwersalnej metody zdolnej do generowania nowej wiedzy poprzez łączenie symboli (znaków) bez wykorzystywania wyników doświadczeń i eksperymentów. Innymi słowy, zakłada się, że istnieje uniwersalny algorytm, który sam w sobie zawiera kryteria prawdy (zapewnienie wiarygodności), algorytm, który nie musiałby empirycznie weryfikować swoich twierdzeń o świecie zewnętrznym. Oczywiście, taki algorytm jest zabroniony przez teorię niekompletności Gödela. Tak więc wynik Gödela i wynikające z niego konsekwencje nakładają ograniczenia na możliwość realizacji nie tylko programu D. Hilberta, ale także "uniwersalnej cechy" G. Leibniza.

W odpowiednim czasie na podobieństwo projektów H.Lejbnitza i D.Gilberta V.I.Arnolda - wspomnianego już przez nas matematyka, pośrednio zaangażowanego w opracowanie listy problemów S.Smejla (w tym na sformułowanie ostatniego, osiemnastego problemu S.Smejla, któremu poświęcona jest nasza praca) zwrócono uwagę. V.I.Arnold pisze o tym podobieństwie w książce "Huygens and Barrow, Newton and Hook" (1989): "...Leibnitz uważał, że konieczne jest otwarcie tzw. charakterystyki, czegoś uniwersalnego, co połączy wszystko w nauce i będzie zawierało wszystkie odpowiedzi na wszystkie pytania. Wynalazł wszystkie rodzaje uniwersalnych technik, aby rozwiązać wszystkie problemy jednocześnie. Na przykład, stworzył on maszyny obliczeniowe po Pascalu" (Arnold, 1989, s. 35). "A.N.Parshin wyjaśnił mi - kontynuuje V.I.Arnold - że "cecha" Leibniza zasadniczo pokrywa się z "numeracją Gödla", za pomocą której udowodnił niekompletność wszystkich wystarczająco kompletnych teorii, obalając w ten sposób program formalizacji matematyki Leibnizowskiego-Hilberta" (tamże, s. 35).

Oczywiście, jeszcze przed V.I.Arnoldem matematycy zauważyli analogię między projektami G.Leibniza i D.Gilberta. Na przykład, analogia ta została zauważona w książce N. Burbaka "Essays on the History of Mathematics" (1963): "Problem rozwiązywalności jest niewątpliwie najbardziej pretensjonalny ze wszystkich postawionych w meta-matematyce: polega on na określeniu, czy jest możliwe, aby dany język sformalizowany wyobrażał sobie pewien quasi-mechaniczny "proces uniwersalny", który pozwoliłby na określenie, czy relacja ta jest prawdziwa, czy też nie. Już wśród obszernych projektów Leibniza pytanie o sposób rozwiązania tego problemu zajmowało zaszczytne miejsce, a Szkoła Hilberta wydawała się kiedyś wierzyć, że była bardzo bliska jego rozwiązania. Rzeczywiście, w przypadku formalizmów zawierających niewiele oryginalnych znaków i aksjomatów, procesy te można opisać. Jednak wysiłki zmierzające do wyjaśnienia problemu rozwiązywalności poprzez jasną definicję tego, co należy rozumieć jako "proces uniwersalny", jak dotąd doprowadziły jedynie do negatywnych rezultatów" (Burbaki, 1963, s. 58-59).

Ponadto, wiążąc problem rozwiązywalności pewnej teorii z problemem spójności dla tej teorii, N. Burbaki stwierdza, że teoria niekompletności Gödela zakwestionowała ideę "procesu uniwersalnego" (tj. projekt G.

Leibniza): "I rzeczywiście, to właśnie w kwestii spójności teorii matematycznych, która jest początkiem i istotą metamatatyki, wyniki okazały się najbardziej zwodnicze. W latach 1920-1930 wyniki były najbardziej zwodnicze. W latach dwudziestych i trzydziestych ubiegłego wieku Hilbert i jego szkoła wypracowali nowe metody, aby rozpocząć ten problem; udowadniając spójność prywatnych formalizmów obejmujących część arytmetyki, wierzyli, że osiągnęli już swój cel i udowodnili nie tylko spójność arytmetyki, ale i spójność teorii zbiorów, gdy Gödel, opierając się na niekompletności arytmetyki, wydedukował z niej niemożność udowodnienia poprzez "procesy skończone" Hilberta spójności jakiejkolwiek teorii T zawierającej tę ostatnią" (tamże, s. 4).59).

Wreszcie, równoważność programów G. Leibnitza i D. Hilberta nie umknęła uwadze amerykańskiego matematyka Grzegorza Czejtina, który dzieli z A. N. Kołmogorowem honor opracowania algorytmicznej teorii informacji. W artykule "Randomness in arithmetic" (Dziennik "In the World of Science", 1988, [1] 9) G. Cheitin stwierdza: "Niemiecki filozof i matematyk XVII wieku Gottfried Wilhelm Leibniz uznał za możliwe stworzenie "kalkulacji" rozumowania, która pewnego dnia pozwoli rozstrzygnąć wszelkie spory słowami: "Obliczmy, panowie! Na początku naszego stulecia postęp w rozwoju logiki symbolicznej skłonił niemieckiego matematyka Davida Hilberta do stwierdzenia, że wszystkie kwestie matematyczne są w zasadzie możliwe do rozwiązania, oraz do ogłoszenia ostatecznej kodyfikacji metod rozumowania matematycznego. W latach 30-tych XX wieku ten optymizm został całkowicie rozwiany przez zaskakujące i głębokie odkrycia K. Gödela i A. Turinga. Gödel udowodnił, że nie istnieje system aksjomatów i metod rozumowania obejmujący wszystkie właściwości matematyczne liczb całkowitych dodatnich" (Cheitin, 1988, s. 42).

3. strategie heurystyczne.

Heurystyczne - rozległa "rodzina" różnych sposobów myślenia, od najprostszej możliwości przerwania biegu decyzji w pewnym momencie, po najbardziej złożone formy refleksji intelektualnej - mają na celu skuteczne nawiedzanie człowieka w celu rozwiązania problemu lub problemu. Najbardziej znaną funkcją heurystyczną jest to, że pozwalają one uniknąć całkowitego poszukiwania wariantów mających na celu znalezienie rozwiązania. Reakcje heurystyczne są często definiowane jako sposoby (środki) aktywizowania myślenia w celu osiągnięcia tego lub owego celu. K. Dunker (1926) wprowadził termin "heurystyczny" do współczesnego użycia słowa, próbując z jego pomocą odpowiedzieć na pytanie o siły napędowe produktywnego procesu myślowego (o realne mechanizmy przejścia z jednego etapu rozwiązywania problemów do następnego). Zazwyczaj heurystyka jest ostro przeciwstawiana algorytmowi, czyli ściśle określonej sekwencji operacji, których dokładne wykonanie jest gwarantowane w celu osiągnięcia właściwego wyniku.

Poniżej znajduje się tabela najbardziej znanych heurystyk, z których wiele jest nadal w użyciu (i wierzymy, że będą one w użyciu w przewidywalnej przyszłości).

№	Nazwa heurystyczny	Heurystyczny pisarz
1.	Metoda dialogu Sokratesa	Sokrates (470-399 BC).
2.	Ockham's Razor	William Ockam (1285-1347)
3.	Zasady racjonalnego rozumowania Kartezjusz	René Descartes (1596-1650)
4.	Burza mózgów Osborne'a	Alex Osborne (1888-1966)
5.	Pudełko Morfologiczne Zwickiego	Fritz Zwicki (1898-1974)
6.	Gordon's Synaectic	William Gordon (1919-2003)
7.	Metoda zmniejszania różnic	Allen Newell (1927-1992), Herbert Simon (1916-2001).
8.	Analiza środków i celów	Allen Newell (1927-1992), Herbert Simon (1916-2001).
9.	Metody niekonwencjonalnego myślenia	Edward de Bono (ur. 1933 r.)

1 0.	Teoria Inwencyjnego Rozwiązywania Problemów (TRIZ)	Heinrich Saulovich Alschuller (1926-1998)

Opiszmy pokrótce metody heurystyczne opracowane przez A. Newella i H. Simona. Pierwsza z tych metod, metoda redukcji różnic, jest strategią heurystyczną, która polega na sukcesywnym zmniejszaniu różnicy (luki) między stanem obecnym a docelowym. Często przy rozwiązywaniu problemów, zwłaszcza w obszarach nieznanych, ludzie wybierają operatorów (metody działania), które przekształcają obecny stan w nowy, zmniejszając różnicę między nimi (zwiększając podobieństwo między sytuacją początkową a końcową). Zmniejszenie różnicy nazywane jest czasami wspinaczką na wzgórze. Jeśli wyobrażasz sobie cel jako najwyższy punkt na powierzchni ziemi, jednym ze sposobów, aby spróbować go osiągnąć jest zawsze iść "w górę". Poprzez zmniejszenie różnicy między celem a aktualnym stanem, problem jest rozwiązywany poprzez podjęcie kroku "w górę" do celu. Jednak w niektórych przypadkach zasada zmniejszania różnic nie działa, co świadczy o krótkowzroczności. Ten heurystyczny czasami zapobiega chwilowemu odchyleniu od celu, nie biorąc pod uwagę, że takie odchylenie pozwala na skuteczne rozwiązanie problemu.

Przezwyciężając wady metody redukcji różnic, A. Newell i G. Simon (1961) stworzyli heurystykę zwaną "analizą środków i celów", która oferuje bardziej ogólne podejście do rozwiązywania problemów. Jak powiedzieliśmy wcześniej, A. Newell i G. Simon używali tej heurystyki w programie komputerowym o nazwie "Universal Problem Solver" (URZ), który symuluje rozwiązywanie problemów przez ludzi. Analiza środków i celów może być zilustrowana następującym przykładem zdrowego rozsądku: "Chcę zabrać syna do przedszkola. Co definiuje różnicę między tym, co mam, a tym, czego chcę? Odległość. Co zmienia dystans? Mój samochód. Mój samochód jest uszkodzony. Co trzeba zrobić, żeby to naprawić? To nowa bateria. Gdzie są nowe baterie? W warsztacie samochodowym. Chcę nowy akumulator w warsztacie, ale warsztat nie wie, że go potrzebuję. W czym problem? To jest transmisja. Co pozwala na przesyłanie informacji? Telefon... itd."

Tego typu analiza - klasyfikacja rzeczy pod względem ich funkcji i porównanie celów, wymaganych funkcji i środków ich realizacji - stanowi podstawę BMS. Analiza środków i celów może być uznana za bardziej złożoną wersję zasady zmniejszania różnic. Wspólną cechą tego heurystycznego podejścia jest to, że rozbija ono większy cel na cele cząstkowe. Analiza środków i celów okazała się być bardzo powszechną i skuteczną metodą rozwiązywania problemów. A. Newell i G. Simon dyskutowali o możliwości jego zastosowania w różnych dziedzinach (szachy, logika, twierdzenia dowodzące, kryptotearytmika).

FRM był stopniowo zastępowany przez bardziej imponujące programy, ale został uznany za odkrycie w dziedzinie rozwiązywania problemów komputerowych poprzez rozkładanie złożonych zadań na łatwiejsze do rozwiązania podzadania. R. Solso w swojej książce "Cognitive Psychology" (2002) cytuje Howarda Gardnera, który złożył hołd wnikliwości A. Newella i G. Simona: "Z ich punktu widzenia, głębokie podobieństwo między mózgiem ludzkim zaangażowanym w rozwiązywanie problemów a komputerem zaprogramowanym do ich rozwiązywania, znacznie przekracza różnice w ich strukturze (maszyna elektroniczna i bryła tkanki nerwowej). Oba są po prostu systemami, które przetwarzają informacje w czasie, działając mniej lub bardziej logicznie. Co więcej, jeśli etapy wyznaczone przez jednostkę w procesie introspekcji odpowiadają liniom programu komputerowego, to nie możemy już dłużej stosować miękkiego podejścia do AI: okazuje się, że ten stworzony przez człowieka fizyczny system symboliczny ma sens, by uznać go za naprawdę zdolny do rozwiązywania problemów" (cytuję: Solso, 2002, s. 492).

Warto zauważyć, że A. Newell i G. Simon odkryli heurystykę "analizy środków i celów" indukcyjnie (empirycznie). Badacze przedstawiali przedmioty testowe (studentów) różnym problemom matematycznym i obserwowali, jak rozwiązywali te problemy. Do zidentyfikowania (wyjaśnienia) wszystkich kroków pośrednich do rozwiązania amerykańscy naukowcy wykorzystali metodę analizy protokołów myślowych opracowaną przez ich poprzednika Carla Dunkera (1903-1940). Temat został poproszony o głośne wymienienie każdej zasady, którą chciałby zastosować w celu rozwiązania problemu. Eksperymentator zarejestrował wszystkie nowo uzyskane wyrażenia na planszy. Temat został również poproszony o głośne wypowiadanie się na temat tego, co on myśli. Eksperymenty były prowadzone indywidualnie, cały proces został zarejestrowany na magnetofonie. Analiza dużej liczby protokołów (podsumowanie uzyskanych wyników) i pozwoliła A. Newellowi i G. Simonowi zidentyfikować heurystykę "analiza środków i celów" oraz stworzyć na jej podstawie program komputerowy.

Wielu ekspertów napisało o indukcyjnym odkryciu heurystyki "analiza środków i celów". W szczególności A.G.Chachko w swojej książce "Sztuczna inteligencja" (1978) mówi: "Początek był skromny. Wybrano grupę uczniów, którzy nie znali się na logice matematycznej. Każdy z nich został poproszony o udowodnienie jednej lub więcej teorii z tej dziedziny matematyki. Zwracali uwagę na swoje tematy: tutaj wynik nie jest tak ważny jak przebieg rozumowania. Poproszono ich, aby przemówili głośno, nie przemilczając niczego - bez wahania, bez wątpliwości, bez bzdur, bez pożytecznych pomysłów, bez ruchów do przodu, bez odrzucania wybranej drogi i powrotów. Pozwolono im dokonywać dowolnych nagrań, starano się usunąć to, co w żargonie psychologów nazywane jest "napięciem", stworzyć relaksującą atmosferę. Następnie dokładnie opracowano taśmy z decyzjami o problemach oraz ulotki z wyliczeniami uczniów. Naukowcy poszukiwali wspólnych dla wielu studentów metod potwierdzania twierdzeń, heurystyki w logice matematycznej. Następnie maszyna komputerowa zajęła miejsce studentów; na podstawie studenckiej heurystyki naukowcy stworzyli program dla komputera "Logika-teoretyczna". Program A. Newella, G. Simona i J. Shawa okazał się nienaganną logiką i energiczną teoretyczką: udowodniła 38 teorii algebry logicznej" (Chachko, 1978, s. 87-88).

To samo relacjonuje Joseph Weizzenbaum w swojej książce "The Possibilities of Computers and Human Mind" (1982): "To, co Newell i Simon później nazwali "metodą środków - celów", zostało po raz pierwszy zaproponowane przy porównywaniu metody stosowanej przez pierwszą wersję ich maszyny "Logic-theorist" w udowadnianiu twierdzeń, z protokołami sesji "głośnego rozumowania" studentów matematyki, rejestrujących próby rozwiązania tych samych problemów. Protokoły te okazały się być bardzo obiecujące z punktu widzenia dalszej pracy. Utrzymywanie protokołów, tzn. obserwowanie, jak różni ludzie rozwiązują problemy, stało się w rzeczywistości cechą charakterystyczną procedury Newella i Simona" (Weizzenbaum, 1982, s. 224).

Empiryczne pochodzenie strategii heurystycznych wymyślonych przez A. Newella i G. Simona wskazuje, że strategie heurystyczne jako metody rozwiązywania problemów (niezależnie od ich złożoności) są odkrywane indukcyjnie. W związku z tym można sformułować ogólną zasadę: jeśli nie masz metody koniecznej do rozwiązania problemu, możesz go indukcyjnie otworzyć (wymyślić).

Należy zauważyć, że głównymi cechami strategii heurystycznych są: 1) ograniczenie liczby wybranych wariantów, 2) gwarancje uzyskania wyniku niewiarygodnego, lecz prawdopodobnego, 3) brak możliwości ścisłego uzasadnienia stosowania tej lub innej zasady, 4) możliwość wykorzystania do rozwiązania sytuacji problemowej w przypadku braku pełnych i niezbędnych informacji. Cechy te (cechy) heurystyczne są zdefiniowane przez to, że gwarantowana prawidłowa decyzja nie dostarcza żadnych intelektualnych środków poza algorytmami, ale za ich pomocą nie jest możliwe rozwiązanie problemów twórczych.

Heurystyka może być interpretowana jako społeczno-kulturowe doświadczenie myśli twórczej, którego zawłaszczenie w trakcie ontogenezy prowadzi do powstania rozwiniętych form procesów rozwiązywania sytuacji problemowych. Eksperymentalnie udowodniono, że szkolenie w zakresie stosowania różnych heurystyk zwiększa produktywność myślenia i sukces w rozwiązywaniu problemów. Heurystyczny oznacza optymalizację procesu przezwyciężania sytuacji problemowych nawet w przypadku najmniej efektywnych sposobów zapoznania się z nimi. W systematycznym szkoleniu z zakresu stosowania heurystyki zwiększa się szybkość podejmowania decyzji, wskaźnik świadomości rozwiązania oznacza, stopień organizacji procesu intelektualnego na takich parametrach jak efektywność, obiektywizm i refleksyjność.

Jeśli mówimy o całkowitej liczbie znanych dziś heurystyk, to jest ich kilka tysięcy. A.P.Lyalikov w swojej książce "Traktat o sztuce wynalazczości" (2002) pisze: "Należy pamiętać, że szereg elementarnych heurystycznych jest obecnie polem nie mniejszym niż 3000 jednostek, a pełny zapis słowny tylko jednego 40-godzinnego kursu na temat podstaw twórczości technicznej raczej nie zmieści się w dwóch stałych tomach (kurs ten jest uważany za jeden z najkrótszych). Co możesz z tym zrobić?" (Lyalikov, 2002, s. 237).

Pomimo ogromnej liczby opracowanych przez specjalistów metod heurystycznych, A.P.Lyalikov, jak wielu innych badaczy, zauważa, że nie mogą one być uniwersalną metodą odkrywania, ponieważ sam proces odkrywania zawiera w sobie elementy ryzyka i niepewności. "Zauważ siebie raz po raz", pisze A.P.Lyalikov, "kreatywność jest działaniem z ogromnym ryzykiem nie uzyskania pożądanego rezultatu". Jeśli nie ma przed nami żadnego ryzyka, albo bardzo, bardzo małego, trywialnego działania - bez względu na to, co jeszcze o nim mówią" (tamże, s. 280).

Niezdolność heurystyki do jednoznacznego zagwarantowania rozwiązania problemu naukowego oznacza, że jeśli obdarzymy sztuczną inteligencję wszystkimi istniejącymi (wymyślonymi dzisiaj) heurystykami, nie uczyni ona jej "mądrzejszą" od człowieka. "Mądrzejszy" w tym sensie, że mógłby zamienić (przekształcić) moc nabytej heurystyki w niepowtarzalny, absolutnie skuteczny środek dokonywania odkryć. Innymi słowy, bez względu na to, jaki zestaw heurystyki zainwestowaliśmy w maszynę obliczeniową, nie będzie ona w stanie manipulować tym zestawem jako algorytmem, który jednoznacznie prowadzi do nowej wiedzy.

4. Ludzka logika.

Podstawowe zasady logiki ludzkiej (lub, lepiej powiedzieć, formalnej) zostały najpierw zbadane przez Arystotelesa. Pokazał on, że w naszym myśleniu istnieją takie podstawy (procedury), które mają wartość uniwersalną i powinny być przestrzegane w każdej sytuacji, w której celem jest ustalenie prawdy. Arystoteles określił takie prawa właściwego myślenia (prawa logiki) jako prawo tożsamości, prawo sprzeczności i prawo wykluczonego trzeciego. Prawo tożsamości wymaga: a) zachowania treści umysłowej przedmiotu rozumowania, b) osiągnięcia pewności myśli w pojęciu (słowa, wyrażenia), c) rozróżnienia tożsamości formalnej i materialnej. Innymi słowy, prawo tożsamości jest dyrektywą (przepisem), zgodnie z którą w procesie rozumowania każde znaczące wyrażenie musi być używane w tym samym znaczeniu. Prawo sprzeczności zawiera zakaz myślenia i sprzecznego rozumowania, klasyfikuje sprzeczność jako poważny błąd logiczny, niezgodny z logicznym myśleniem. Prawo sprzeczności stanowi, że dwa niezgodne (sprzeczne) wyroki nie mogą być prawdziwe jednocześnie. Zgodnie z prawem wykluczonego trzeciego, z dwóch stwierdzeń "A" lub "N/A" - jedno z nich jest z konieczności prawdziwe, to znaczy dwa orzeczenia, z których jedno jest zaprzeczeniem drugiego, nie mogą być jednocześnie fałszywe.

Oprócz trzech wymienionych ustaw odkrytych przez Arystotelesa, istnieje również prawo o wystarczającym uzasadnieniu, zgodnie z którym każdy przepis prawa musi być uzasadniony. Prawo to zostało wyróżnione przez G. Leibniza, który słusznie uważał, że fałszywe założenia nie mogą być użyte jako paczki w procesie rozumowania. Prawo racjonalnego uzasadnienia zawiera następujące przepisy: a) wszystkie założenia rozumowania muszą być uzasadnione, b) jeżeli orzeczenie jest uzasadnione, może być wykorzystane w postępowaniu dowodowym, nie powielając jego podstaw, a jedynie sugerując je, c) każda zgodna z prawdą cecha orzeczenia jest uznawana za uzasadnioną.

Rozumowanie dedukcyjne

Arystoteles głęboko przeanalizował dedukcyjne schematy rozumowania, łącząc je w jeden system zwany syllogistyką. Najbardziej elementarnym i rozpowszechnionym schematem dedukcji jest prosty syllogizm kategoryczny. Jest to wniosek pośredni, którego założenia i wnioski mają charakter kategoryczny lub atrybutowy. Taki syllogizm składa się z dwóch założeń i wniosków, na przykład:

Wszystkie planety mają kształt kuli.

Ziemia to planeta.

Ziemia jest więc ukształtowana jak kula.

Poprawność (poprawność) rozumowania w danym syllogizmie (wniosek dedukcyjny) jest zdeterminowana przez tzw. aksjomat syllogizmu.

Aksjomat ten jest sformułowany w następujący sposób: jeśli wiadomo, że właściwość P należy do każdego z obiektów tworzących ten zestaw, wówczas właściwość ta będzie również należała do każdego pojedynczego obiektu należącego do tego zestawu. W dedukcyjnych schematach myślowych, myśl przechodzi z ogólnego do prywatnego.

Ważną cechą potrącenia jest fakt, że jeżeli przepis ogólny jest prawidłowy, oświadczenia prywatne określone przez ten przepis ogólny muszą być również prawidłowe. Innymi słowy, ogólne stwierdzenia (wstępne założenia) syllogizmów dedukcyjnych niemal jednoznacznie (zdecydowanie) inicjują ostateczny wniosek. Przyjmuje się zatem, że w dedukcji prawda początkowych założeń gwarantuje prawdę ostatecznego wniosku (związek pomiędzy powiązaniami syllogizmu jest sztywny). Ta cecha wniosków syllogistycznych daje szansę na sformalizowanie dedukcji, na opracowanie efektywnego algorytmu przekształcającego pewną formę ludzkiego rozumowania w proces obliczeniowy. Jeśli znany jest algorytm (sekwencja działań prowadzących do podjęcia decyzji), to zawsze można na jego podstawie stworzyć program komputerowy.

Zadając pytanie, jak Arystotelesowi udało się zbudować teorię sylogizmów, otrzymamy tę samą odpowiedź, co rozważając problem pochodzenia heurystycznego: odkrył go empirycznie (indukcyjnie). D. Poia stwierdza w swojej książce "Matematyka i Prawdziwa Dyskusja" (1975): "Przykłady, z którymi Arystoteles uważa za konieczne wspieranie swoich syllogizmów, zdają się wskazywać, że odkrył te syllogizmy poprzez jakąś indukcję - i jak mógł je odkryć w inny sposób? W każdym razie pomysł, że syllogizmy mogły zostać odkryte przez indukcję, przybliża je do naszych schematów wiarygodnego rozumowania" (Poia, 1975, s. 341).

Perfekcja dedukcji, polegająca na tym, że stosując prawdziwe, oryginalne założenia otrzymujemy prawdziwe wnioski, podziwiała wielu naukowców, w tym A. Tarsky'ego. W książce "Wprowadzenie do logiki i metodologii dedukcji"... (1948), zauważa: "Metoda dedukcyjna jest słusznie postrzegana jako najdoskonalsza ze wszystkich metod używanych w budowie nauki. W dużej mierze unika się w niej ewentualnych niejasności i błędów, nie uciekając się do niekończącej się regresji; dzięki tej metodzie wszelkie wątpliwości co do treści pojęć czy prawdziwości stwierdzeń tej teorii są znacznie zredukowane i pozostają, w najgorszym razie, tylko w odniesieniu do kilku podstawowych terminów i aksjomatów" (Tarsky, 1948, s. 181).

Niemniej jednak, na czele nauki, na etapie zdobywania nowej wiedzy (gdy konieczne jest uogólnienie nowych danych doświadczalnych), indukcja jest bardziej produktywna niż dedukcja. Wyraził to w niezwykły sposób francuski fizyk, laureat Nagrody Nobla za rok 1929, Louis de Broglie, który w swojej książce "Na szlakach nauki" (1962) zauważa: "...Rozumowanie indukcyjne jest odważniejsze i bardziej ryzykowne niż rozumowanie dedukcyjne; dedukcja to bezpieczeństwo, przynajmniej na pierwszy rzut oka; indukcja to ryzyko. Ale ryzyko jest koniecznym warunkiem każdego wyczynu, a zatem indukcja, ponieważ stara się unikać już pokonanych ścieżek, ponieważ bez lęku stara się przekraczać już istniejące granice myśli, jest prawdziwym źródłem prawdziwie naukowego postępu" (de Broyl, 1962, s. 178). "Wielkie odkrycia, skoki do przodu w myśli naukowej", kontynuuje de Broglie, "są tworzone przez indukcję, metodę ryzykowną, ale prawdziwie twórczą" (tamże, s. 178).

Indukcja i analogia

W przeciwieństwie do wnioskowania indukcyjnego, myśl przechodzi od prywatnych do ogólnych, od pojedynczych faktów i pomysłów do ogólnych stwierdzeń. Pojedyncze fakty w tym przypadku tworzą wstępne założenia, a ogólne stwierdzenia są ostatecznym (ostatecznym) wnioskiem. Przykład wniosku indukcyjnego: metale takie jak żelazo, miedź, cynk, cyna, aluminium, platyna są elektrycznie przewodzące (zdolne do przewodzenia prądu elektrycznego). W związku z tym, wszystkie metale przewodzą prąd elektryczny.

Zaznaczyć pełną i częściową indukcję. Niepełna indukcja to taka indukcja, w której stwierdza się, że wszyscy przedstawiciele badanego zestawu należą do nieruchomości P na podstawie tego, że niektórzy przedstawiciele tego zestawu należą do nieruchomości P. Wniosek ten nie wynika z konieczności z działek i może prowadzić do błędów. W przypadku, gdy wszyscy przedstawiciele tego zestawu są wymienieni i jeśli każdy z nich należy do określonej właściwości P, można przeprowadzić pełną indukcję, tzn. należy stwierdzić, że wszyscy przedstawiciele tego zestawu również należą do właściwości P. Pełna indukcja wyróżnia się rygoryzmem i skrajną poprawnością konkluzji, dlatego często nazywana jest ona syllogizmem indukcyjnym (nabiera rygoru i pewności konkluzji dedukcyjnej).

Nie zawsze jednak istnieją warunki, które pozwalają na pełną indukcję. Elementy (składowe) wielu zestawów są tak liczne, że naukowiec często nie ma wystarczająco dużo czasu życia, aby przejść i przeanalizować te elementy. Jeśli zestaw jest nieskończony (tzn. elementy, które go tworzą nie są wyliczone), analiza tych elementów, która jest niezbędna do wdrożenia pełnej indukcji staje się nieosiągalnym celem. Poza tym, przedmioty (obiekty) tego lub innego zestawu są niedostępne, a zasoby materialne, które mogą zapewnić ich dostępność do badań są ograniczone. Ze względu na ograniczone zasoby nie możemy ponownie wykorzystać pełnej indukcji, dlatego nie jesteśmy zadowoleni z pełnej indukcji. Wreszcie, przedmioty mogą być niedostępne dla badań, ponieważ nauka nie osiągnęła jeszcze wymaganego poziomu rozwoju, czyli poziomu doskonałości urządzeń eksperymentalnych, za pomocą których przedmioty te mogą być badane. Wiele pomysłów i teoretycznych konstrukcji nauki jest wynikiem niepełnej indukcji.

Indukcyjne wnioski zawierają również analogię. Analogia jest wnioskiem, gdzie z podobieństwa dwóch podmiotów w kilku atrybutach wynika podobieństwo tych podmiotów w innych atrybutach. Jeśli obiekt A ma cechy abcd, a obiekt B ma cechy abc, przyjmuje się, że obiekt B ma cechy d. Strukturę tego wniosku można schematycznie przedstawić w następujący sposób:

A ma oznaki abcd.
B ma oznaki abc.
W konsekwencji, B ma znak d.

Oczywiste jest, że wniosek we wnioskach przez analogię nie wynika z konieczności z paczek, ponieważ porównywane podmioty, bez względu na to, jak bardzo są do siebie podobne, zawsze mają oznaki, którymi się różnią (w przeciwnym razie podmioty te nie byłyby dwoma różnymi podmiotami).

Wymieńmy przez analogię warunki, które zwiększają wiarygodność wniosków:

- dążyć do określenia jak największej liczby wspólnych cech porównywanych podmiotów;
- Konieczne jest, aby wspólne cechy porównywanych podmiotów były najbardziej typowe dla tych podmiotów. Innymi słowy, wspólne cechy porównywanych podmiotów powinny być ściśle związane z innymi cechami danych podmiotów;
- Konieczne jest, aby ustalone wspólne cechy porównywanych obiektów były jak najbardziej zbliżone do cech przeniesionych z jednego obiektu na drugi.

Indukcja i analogia są często nazywane wiarygodnym rozumowaniem. Wynika to z faktu, że indukcja i analogia nie dają prawdy, lecz jej prawdopodobieństwo. Jeśli w dedukcji prawda pierwotnych założeń gwarantuje prawdziwość ostatecznych (ostatecznych) wniosków, wówczas indukcja i analogia (z wyjątkiem pełnej indukcji) nie ma takiej gwarancji: jeśli istnieją prawdziwe założenia, wniosek może być fałszywy. Wszakże w indukcyjnych metodach przetwarzania informacji o wiarygodności wniosków decyduje nie tylko wiarygodność rozpatrywanych pojedynczych faktów, ale także ich ilość. I często niemożliwe jest rozważenie (przeanalizowanie) wszystkich pojedynczych faktów ze względu na ograniczone zasoby materialne, które udostępniają te fakty do badań, a także z powodu niewystarczającego poziomu rozwoju nauki, o którym już mówiliśmy.

Przykładem błędnej analogii jest myśl holenderskiego matematyka i fizyka Christiana Huygensa (1629-1695), że fale świetlne są podłużnymi wibracjami ośrodka sprężystego, to znaczy, że kierunek wibracji pokrywa się z kierunkiem rozchodzenia się fal. Do tego pomysłu naukowiec doszedł przez analogię do natury propagacji dźwięku. Następnie stwierdzono, że światło jest falą poprzeczną.

Błędna indukcja może być zilustrowana hipotezą znanego amerykańskiego chemika, laureata Nagrody Nobla z 1954 roku, Linusa Paulinga (1901-1994), że witamina C leczy raka. Założenie to opierało się na niewystarczającej liczbie eksperymentów przeprowadzonych przez L. Paulinga i jego kolegów w latach siedemdziesiątych. W późniejszych eksperymentach stwierdzono, że witamina C (kwas askorbinowy) w pewnym stopniu zapobiega chorobie, ale jej nie leczy. Zwiększa on ogólną odporność organizmu na wszystkie choroby, ale nie może być skutecznym lekarstwem na raka.

Ponieważ strategie myślenia indukcyjnego gwarantują raczej prawdopodobieństwo niż prawdę, podjęto próby zastosowania matematycznej teorii prawdopodobieństwa (statystyki) do indukcji. Próby te zakończyły się jednak niepowodzeniem, ponieważ struktura zestawu (liczba jego typowych elementów) nie jest znana przed rozpoczęciem badania, a w momencie zakończenia badania (kiedy badana jest struktura zestawu) retrospektywna ocena prawdopodobieństwa wniosków indukcyjnych traci na wartości.

Poruszając to pytanie, B.Russell pisze w swojej książce "Human Cognition: Its Sphere and Boundaries" (2000): "Od czasów Laplace'a podejmowano różne próby, aby pokazać, że prawdopodobna prawda indukcyjnej konkluzji wynika z matematycznej teorii prawdopodobieństwa. Teraz wszyscy przyznają, że wszystkie te próby zakończyły się niepowodzeniem..." (Russell, 2000, s. 352). "Po pierwsze," twierdzi B. Russell, "w matematycznej teorii prawdopodobieństwa nie ma nic, co uzasadniałoby nasze rozumienie zarówno ogólnej, jak i prywatnej indukcji jako prawdopodobnej, bez względu na to, jak duża jest ustalona liczba korzystnych przypadków" (tamże, s. 361).

Tak mówi D.Poya in Mathematics and Probabilistic Reasoning (1975): "Nikt jeszcze nie zaproponował jasnej i przekonywującej metody obliczania wiarygodności w przypadkach niebanalnych, a jeśli jasno wyobrazimy sobie konkretne sytuacje, w których ważna jest prawidłowa ocena wiarygodności (co już zrobiliśmy), łatwo zrozumiemy, że każde przypisanie wiarygodności do pewnych wartości liczbowych jest w dużym stopniu zagrożone pojawieniem się głupoty" (Poya, 1975, s. 368).).

Możliwość bycia w błędzie (wyciągania błędnych wniosków) przy użyciu indukcji i analogii pozbawia nas perspektywy sformalizowania tego typu rozumowania w taki sam sposób, jak można to zrobić w odniesieniu do dedukcji. W przypadku dedukcji indukcyjnych nie jest możliwe opracowanie efektywnego algorytmu, rodzaju procesu obliczeniowego, który konsekwentnie dostarcza nam wiarygodnych wyników. W związku z tym program komputerowy realizujący indukcję w niektórych przypadkach podaje istotne (odpowiadające rzeczywistości) informacje, a w innych przypadkach - wnioski, które nie odzwierciedlają tej rzeczywistości.

Jednak nauka ma środki, aby wyeliminować nasze błędy. Aby upewnić się, że indukcyjna konkluzja jest prawdziwa lub nieprawdziwa, konieczne jest przeprowadzenie dodatkowych badań (np. bezpośrednie odwołanie się do doświadczenia, praktyki, porównanie uzyskanej konkluzji z innymi, już sprawdzonymi przepisami w nauce). Jeśli doświadczenie (obserwacja, eksperyment) mające na celu sprawdzenie zgadywanki indukcyjnej ją potwierdzi, pozostaje ona w arsenale wiedzy naukowej, a jeśli odrzuca tę ideę, zostaje odrzucona, otwierając przestrzeń dla innych idei (hipotez). W wielu przypadkach naukowiec, który postawił błędną hipotezę, później sam stawia doświadczenie (eksperyment) udowadniające lub niszczące jego treść. Albo, przynajmniej, pożycza schemat eksperymentu od swoich kolegów. Jeśli warunki do rozpoczęcia eksperymentu wykraczają poza dostępne mu zasoby materialne lub poziom rozwoju nauki jego czasów, idea, która kiedyś się pojawiła, będzie testowana przez kolejne pokolenia badaczy.

Przykładem hipotezy naukowej, która długo czekała na swoje empiryczne potwierdzenie, jest hipoteza atomowa Democritusa. Starożytny filozof Democritus, żyjący w IV w. p.n.e., wysunął hipotezę o strukturze atomowej materii, rozwijając odpowiednie nauczanie Lewkiippa. Ale już w XIX wieku byli naukowcy (Ernst Mah, Wilhelm Ostwald), którzy nie wierzyli w istnienie atomów.

Przekonywuj±ce, eksperymentalne potwierdzenie koncepcji atomu zostało znalezione dopiero na pocz±tku XX wieku (tj. hipoteza Democritusa czekała na swój triumf ponad 2000 lat). Tutaj musimy zwrócić uwagę na trzech naukowców, którzy osiągnęli ważne wyniki - J. Perrin, W. Crooks i C. Wilson. Francuski badacz, laureat Nagrody Nobla w dziedzinie fizyki w 1926 r., Jean Perrin (1908) udowodnił prawdziwe istnienie atomów w eksperymentach nad ruchem Browna za pomocą ultramikroskopu. Ten sam cel osiągnął Anglik William Crooks (1903), wykorzystując swój wynalazek spinariskopu, urządzenia do wizualnej obserwacji szybkich cząstek alfa (jonów helu). Szkocki fizyk, laureat Nagrody Nobla za rok 1927, Charles Wilson (1910) rozwiał ostatnie wątpliwości co do słuszności hipotezy atomowej Democritusa za pomocą stworzonej przez siebie komory mgły - urządzenia zdolnego do rejestrowania śladów (śladów) naładowanych cząstek na skutek kondensacji pary nasyconej przez nie powodowanej. Warto zauważyć, że to właśnie spinaryzm U.Kruksa sprawił, że E.Maha uwierzył w rzeczywiste istnienie atomów (L.Ponomarev, "Pod znakiem kwantowym", 2005).

Potrzeba dodatkowych badań (eksperymentów, doświadczeń) w celu ustalenia prawdy lub kłamstwa indukcyjnych wniosków oznacza, że sztuczna inteligencja obdarzona indukcyjną logiką musi jednocześnie posiadać zdolność do prowadzenia takich dodatkowych badań. Każdy naukowiec eksperymentalny, zapytany o sposób przeprowadzania eksperymentów w celu udowodnienia lub sfałszowania koncepcji, odpowie, że wymyślenie nowego eksperymentu jest pracą twórczą. Historia nauki pokazuje, że warunki inscenizacji ważnych eksperymentów odkrywane są w taki sam sposób, jak wszystko nowe i istotne: a) metoda prób i błędów (metoda poszukiwań sekwencyjnych), b) w wyniku uogólnienia faktów dotyczących skuteczności niektórych schematów eksperymentalnych znalezionych przez innych badaczy, c) poprzez zastosowanie analogii, uzupełnionej syntezą rozbieżnych pomysłów technicznych pochodzących z różnych dziedzin.

Wielu badaczy zwraca uwagę na ten aspekt nauki. W szczególności M. Goldstein i I. Goldstein w swojej książce "How We Learn" (1984) piszą: "...Doświadczalna weryfikacja teorii naukowej nie jest procesem mechanicznym ani automatycznym. Nie istnieje żaden nakazowy zestaw procedur, które moglibyśmy wykonać i na koniec postawić stempel na teorii, zaświadczając, że zdała ona wszystkie testy. Proces sprawdzania teorii, jak i proces jej tworzenia, nigdy się nie kończy i wymaga kreatywności i wyobraźni" (M.Goldstein, I.Goldstein, 1984, s. 217).

Ponieważ nie istnieje algorytm dla wynalezienia eksperymentalnych (technicznych) środków weryfikacji nowych pomysłów, komputer powinien tworzyć te środki metodą prób i błędów (metoda sekwencyjnego wyszukiwania), indukcyjnie generując fakty dotyczące efektywności już opracowanych schematów eksperymentalnych, dokonując transferu pomysłów technicznych z jednego obszaru do drugiego w oparciu o analogię. Jeśli czas życia komputera będzie ograniczony, tak jak w przypadku człowieka, to zadania związane z przeprowadzaniem nowych eksperymentów będą musiały być rozwiązane przez inne generacje komputerów, które będą miały do dyspozycji bardziej znaczące zasoby materialne i wyższy poziom wiedzy naukowej.

5. Metoda prób i błędów

Metoda prób i błędów (próbkowanie sekwencyjne lub, innymi słowy, strategia stopniowego wykluczania) odgrywa ogromną rolę w badaniach naukowych. Gdy nie ma informacji, tj. wstępnych założeń do uogólnienia indukcyjnego, a gdy nie ma pomysłów (konstrukcji teoretycznych) do realizacji analogii, do przeniesienia tych pomysłów i rozwiązań z jednego obszaru do drugiego, pozostaje zastosowanie metody wyszukiwania sekwencyjnego. W zależności od dostępności informacji tę technikę badawczą można podzielić na dwie kategorie: 1) wyszukiwanie całkowicie ślepe, które zakłada weryfikację na dużą skalę wszystkich możliwych opcji bez polegania na jakichkolwiek informacjach wstępnych, 2) wyszukiwanie sekwencyjne, które uwzględnia wiedzę z przeszłości, tzn. w połączeniu z różnymi zgadywankami i heurystyką stosowaną w celu ograniczenia opcji (alternatywnych), które mają być przeniesione.

Absolutnie ślepy nadmiar oznacza brak widocznych wskazówek. W tym przypadku każdy możliwy kierunek poszukiwań wygląda tak obiecująco lub wręcz przeciwnie, nie obiecuje niczego, jak wszystkie inne. W metodzie ślepej próby i błędów prowadzony jest ciągły przegląd opcji bez żadnych podpowiedzi (informacji), czy jedna z opcji będzie godna wyboru i która z nich. Ten rodzaj selekcji charakteryzuje się małą prędkością osiągania pożądanego celu (rozwiązania tego czy innego problemu).

Natomiast nadpróba uwzględniająca wiedzę z przeszłości nie eliminuje błędów, lecz umożliwia ich skorygowanie w świetle dostępnych (choć niepełnych, fragmentarycznych) informacji. Zapamiętywanie nieudanych próbek dostarcza nam informacji o obszarach poszukiwań, w których nie trzeba już próbować znaleźć rozwiązania, co przekłada się na oszczędność materiału i czasu. Porównanie informacji uzyskanych na pewnym etapie poszukiwania z już istniejącymi faktami i pomysłami zwiększa efektywność poszukiwania za pomocą wielu pętli sprzężenia zwrotnego (sprzężenie zwrotne można opisać za pomocą schematu: próbka → porównanie z pomysłami → próbka → porównanie z pomysłami). Praktyka ujawniania szyfrów pokazuje, że utalentowane zgadywanie o zasadach regularności szyfrów może skrócić czas wyszukiwania do rozsądnej wielkości, przez co przy całkowicie ślepym wyszukiwaniu wymagany byłby astronomiczny okres czasu.

W prawdziwych badaniach naukowych metoda przeszukiwania sekwencyjnego, oparta przynajmniej na minimalnej ilości informacji wstępnych, jest o wiele bardziej powszechna niż przeszukiwanie na ślepo. Zwrócił na to kiedyś uwagę angielski filozof i naukowiec Karl Popper, który w jednym z artykułów zawartych w książce "Evolutionary Epistemology and the Logic of the Social Sciences". (2000) pisze: "...Ruchy poszukującego nie będą całkowicie przypadkowe. Są ku temu różne powody, zarówno pozytywne, jak i negatywne. Te pozytywne polegają przede wszystkim na tym, że poszukujący ma problem, który musi rozwiązać, co oznacza, że posiada pewną wiedzę - jakkolwiek niejasną - zdobytą wcześniej tą samą zasadniczo metodą prób i błędów; wiedza ta służy mu jako przewodnik, który wyklucza całkowitą przypadkowość" (Popper, 2000, s. 149).

Metoda prób i błędów jest stosowana nie tylko w empirycznej (eksperymentalnej) dziedzinie nauki, ale także na poziomie tworzenia i rozwoju złożonych teorii i koncepcji, które stanowią uogólnienie i syntezę różnych eksperymentalnych faktów i idei. Jak mówi Donald Campbell, który w swoim eseju "Epistemologia ewolucyjna" (1974) dogłębnie przeanalizował rolę metody prób i błędów w procesie ludzkiego poznania, na jednym końcu skali znajduje się eksperymentator, który wykorzystuje heurystykę kontinuum w ramach możliwości tego laboratoryjnego sprzętu, próbuje zmieniać każdy parametr i przemieszcza się przez wszystkie możliwe kombinacje (kombinacje) bez oglądania się na teorię. Na przeciwległym końcu skali widzimy teoretycznych naukowców wysuwających jedną hipotezę za drugą w trybie prób i błędów; hipotezy te, których liczba może być bardzo duża, konkurują ze sobą w adekwatności rozwiązywania różnych problemów, tj. w adekwatności (zgodności) tych hipotez do całego zbioru zgromadzonych danych faktycznych. Ponieważ ta "korespondencja" jest ustalana przez obserwację i eksperyment, te ostatnie pełnią funkcję "naturalnej selekcji" teorii naukowych, określając ich status jako "poprawne", "niewiarygodne" lub "częściowo poprawne".

Naukowcy, którzy badali możliwości logiki (indukcji i dedukcji) w uogólnianiu oryginalnych paczek, często podkreślali fakt, że nie ma metody (procedury) otwarcia samych paczek. Taki punkt widzenia miał w szczególności M. Bunge, który w swojej książce "Intuition and Science" (1967) zauważył, że logiczne metody przetwarzania informacji pozostawiają otwartą kwestię, czy istnieje jakaś dobrze wypróbowana i ustandaryzowana strategia poszukiwania faktów, które następnie są uogólniane. Jak na ironię, taka strategia to próba i błąd (wyszukiwanie sekwencyjne). Szeroko zakrojona weryfikacja wszystkich alternatyw leżących u podstaw tej metody jest często trudna, zasobochłonna i czasochłonna, ale dostarcza naukowcom podstawowej wiedzy potrzebnej do rozwiązywania problemów, wiedzy, która wyzwala procesy indukcji mentalnej i analogii.

Historia nauki obfituje w przykłady odkryć i wynalazków dokonanych poprzez strategię sekwencyjnych poszukiwań (screening), w których błędy popełniane były nie rzadziej niż właściwe kroki.

Najbardziej znanym przykładem jest historia odkrycia salwarsanu, leku przeznaczonego do leczenia syfilisu (choroby powodowanej przez tzw. blady spirochaete). Lek ten został odkryty przez niemieckiego chemika, immunologa i bakteriologa Paula Ehrlicha (1854-1915), którego praca uwieńczona została w 1908 roku Nagrodą Nobla w dziedzinie fizjologii i medycyny. W ujęciu liczbowym, metoda selekcji sekwencyjnej (metoda całościowej selekcji) opiera się na zasadzie: "gwarantowanym sposobem na zdobycie szczęśliwego biletu jest zakup wszystkich biletów". To właśnie ta zasada przyświecała P. Ehrlichowi, przechodząc przez dużą liczbę związków w poszukiwaniu lekarstwa na syfilis.

Sergiusz Awilow w swoim artykule "Idealny cel" (Around the World, 2009, [1] 1) pisze: "Daleko od zawsze naukowej wiedzy wystarczy założyć, jaka molekuła powinna oddziaływać na dany cel biologiczny. W tej sytuacji był Paul Ehrlich. Nie mógł wiedzieć nic o cechach molekularnych czynników wywołujących chorobę. W jego czasach na pewno znani byli tylko "sprawcy" chorób zakaźnych. A Ehrlich zajął się bladym spirochaetą, czynnikiem wywołującym syfilis, który w tym czasie był prawie nieuleczalny. Jedyne co pozostało, to przypadkowe poszukiwanie cząsteczek o różnej strukturze w nadziei, że coś okaże się skuteczne: gwarantowanym sposobem na zdobycie szczęśliwego losu na loterii jest kupno ich wszystkich. W jego laboratorium zaczęli syntezować wiele różnych związków organicznych i metodycznie sprawdzać, jak wpływają one na czynnik sprawczy. Na szczęście, stosunkowo szybko, związek 606 był skuteczny. Nazywało się to salwarsan. Było to pierwsze skuteczne lekarstwo na syfilis, które było powszechnie stosowane przez kilkadziesiąt lat" (S. Avilov, 2009).

Słowa autora, że P. Ehrlich miał "szczęście stosunkowo szybko" należy rozumieć oczywiście w tym sensie, że współczesna chemia kombinatoryjna zna przypadki znacznie szerszych poszukiwań. W szczególności, przy pomocy zautomatyzowanych systemów przesiewowych i modelowania komputerowego możliwe jest obecnie testowanie od kilkudziesięciu tysięcy do kilku milionów różnych związków w celu wykrycia potencjalnych leków. W tym kontekście możemy wspomnieć o tym, jak naukowcy z Południowego Uniwersytetu Metodystycznego (prywatny uniwersytet badawczy w Dallas w Teksasie, USA) szukali substancji zdolnej do hamowania tak zwanej P-glikoproteiny - białka, które zapobiega działaniu chemioterapii na komórki nowotworowe.

Zostało to zgłoszone w nocie "W poszukiwaniu lekarstwa na raka, amerykańscy naukowcy przetestowali osiem milionów związków" (strona "Nano News Net", 21.06.2012).): "W poszukiwaniu substancji, która może hamować działanie P-glikoproteiny, białka zapobiegającego działaniu chemioterapii na komórki nowotworowe, naukowcy z Południowego Uniwersytetu Metodystycznego przetestowali osiem milionów związków przy użyciu symulacji komputerowych... Wyniki badań grupy naukowców pod kierownictwem Johna Wise'a opublikowane w czasopiśmie "Biochemistry". P-glikoproteina, czyli białko oporności wielolekowej 1, jest białkiem błonowym, które przenosi przez błonę komórkową wiele substancji, w tym lipidy, peptydy i sterydy. Inną funkcją tego białka jest usuwanie toksyn z komórki. W chemioterapii białko rozpoznaje leki przeciwnowotworowe jako toksyny i usuwa je z komórek nowotworowych, więc w niektórych przypadkach takie leczenie jest nieskuteczne. Aby tego uniknąć, P-glikoproteina musi zostać na jakiś czas zahamowana - wtedy lek przeciwnowotworowy może pozostać w komórce nowotworowej i ją zniszczyć. W poszukiwaniu substancji hamującej Weiss i jego współpracownicy stworzyli trójwymiarowy model P-glikoproteiny. Za pomocą modelowania 3D naukowcy zaobserwowali, jak białko reaguje na zmiany w środowisku lub temperaturze oraz jak wchodzi w interakcje z innymi substancjami. Wszystkie obliczenia zostały przeprowadzone na uniwersyteckim superkomputerze. Od sierpnia 2009 roku naukowcy wykorzystują symulacje komputerowe do testowania ośmiu milionów substancji - potencjalnych inhibitorów wielowymiarowego białka, poświęcając na to 10,5 miliona godzin. Spośród ośmiu milionów, wybrali 200 związków, które według symulacji mogą być inhibitorami docelowego białka. Spośród tych 200, naukowcy wybrali 30 leków nadających się do stosowania jako leki, pozostałe były albo zbyt toksyczne, albo miały niewystarczającą rozpuszczalność, albo zbyt szybko zostały wyeliminowane z organizmu" (Nano News Net, 2012).

W świetle tego, co zostało powiedziane, staje się oczywiste, że aby badać świat zewnętrzny, aby zrozumieć jego prawa, aby wymyślać przedmioty i rzeczy, które nie są sprzeczne z tymi prawami, sztuczna inteligencja musi używać metody prób i błędów. Stosowanie metody rozwiązywania problemów, pozbawionej właściwości algorytmicznych, która nie gwarantuje łatwości osiągnięcia celu. W przypadku braku wstępnej wiedzy w nowej dziedzinie (poza już znaną) komputer nie może uniknąć całkowicie ślepego poszukiwania, tzn. sprawdzenia na dużą skalę wszystkich możliwych wariantów bez polegania na jakichkolwiek istotnych informacjach. Jeśli chodzi o wyszukiwanie sekwencyjne połączone z różnymi zgadywankami i heurystyką, które pozwalają na zmniejszenie liczby wyszukiwanych wariantów, komputer musi nauczyć się generować te heurystyki ("utalentowane zgadywanki"), aby móc korzystać z tej formy wyszukiwania. Pamiętanie o nieudanych próbkach pozwoli sztucznej inteligencji na uzyskanie informacji o mało obiecujących obszarach poszukiwań, oszczędzając zasoby materialne. Ale w każdej formie (nawet jeśli wyposażona w heurystykę) metoda prób i błędów jest kosztownym procesem badawczym.

Nauka stworzona przez człowieka przezwycięża niektóre z negatywnych aspektów metody prób i błędów poprzez równoległe poszukiwania. Równoległość poszukiwań oznacza, że każdego dnia (a nawet każdej minuty) nad tym samym problemem pracują setki i tysiące ludzi, oddzielonych od siebie językami, krajami, kontynentami, laboratoriami badawczymi rozproszonymi po całej planecie.

Duża liczba naukowców rozwiązujących te same zadania często prowadzi do jednoczesnych i niezależnych odkryć (historia zna wiele przykładów takich powtarzalnych odkryć). Aby wykluczyć wysoki stopień "powtarzalności", organizatorzy nauki organizują liczne konferencje naukowe, których celem jest terminowe informowanie przedstawicieli różnych zespołów naukowych o uzyskanych wynikach, koordynowanie i koordynacja dalszych działań. Nie trzeba dodawać, że gdyby sztuczna inteligencja miała za zadanie porównywać się z ludźmi w uzyskiwaniu ważnych wyników naukowych i technicznych, wymagałaby stworzenia nie tysiąca maszyn obliczeniowych wyposażonych w logikę indukcyjną i zdolność do wydobywania nowej wiedzy z eksperymentów i obserwacji, ale znacznie więcej. W przeciwnym razie, równoległe poszukiwania nie doprowadziłyby do wyraźnego sukcesu.

Jednym z pierwszych, którzy zdali sobie sprawę, że aby zdobyć nową wiedzę, sztuczna inteligencja musiałaby szeroko stosować metodę prób i błędów - strategię bardzo daleką od doskonałości programów algorytmicznych - był wspomniany już przez nas amerykański psycholog, socjolog i filozof Donald Campbell. Esej "Epistemologia ewolucyjna" w książce "Epistemologia ewolucyjna i logika nauk społecznych"... (2000) D. Campbell naciska: "...komputer, który generowałby własną heurystykę, musiałby to robić poprzez ślepe próby i błędy w poszukiwaniu zasad heurystycznych, a wybrane zasady reprezentowałyby zgromadzoną wiedzę ogólną" (Campbell, 2000, s. 113). Żałujemy, że D. Campbell po raz pierwszy wyraził tę ideę w 1974 r., kiedy to nie został jeszcze poruszony 18. problem S.Smale, z którego rozwiązaniem idea ta jest bezpośrednio związana.

6. Przypadek odkrycia naukowego

Naukowcy badający rozwój nauki od dawna obserwują, że nie da się przewidzieć przyszłości danej dyscypliny naukowej z dużą dokładnością, czyli przewidzieć odkryć, które zostaną dokonane w tej dyscyplinie. Trudności z przewidywaniem pojawiają się nawet wtedy, gdy mamy mnóstwo informacji o tym, jaki postęp naukowy jest obecnie dokonywany. Nieoczekiwane, nieplanowane zdarzenia, które mogą wystąpić w badaniach naukowych, nie pozwalają nam przewidzieć wszystkich szczegółów rozwoju danej dziedziny wiedzy.

Jeden z wynalazców laserów, laureat Nagrody Nobla w dziedzinie fizyki, Charles Towns w swoim artykule "Quantum Electronics and Technical Progress" (Journal of Physical Sciences, 1969, tom 98, nr 1) pisze: "Element zaskoczenia - stały składnik postępu technicznego, a to właśnie jest niezwykle trudne do połączenia z jakąkolwiek zwykłą zasadą planowania" (Towns, 1969, s.160). "Czy to możliwe, - prosi Ch.Towns, - zaplanować nowy pomysł i nowy, nieznany jeszcze wynalazek techniczny? Oczywiście, że nie. Nie możemy udowodnić, że ten kierunek naukowy doprowadzi do nowych osiągnięć technicznych, jeśli nie znamy jeszcze nawet istoty tych osiągnięć" (tamże, s. 160).

To samo pisze Yuval Neeman, izraelski fizyk, który dzieli z M. Gell Mannem honor opracowania klasyfikacji cząstek elementarnych, w swoim artykule "Happy Case, Science and Society". Evolutionary Approach" (International Journal "Puti", 1993, nr 4). Omawiając brak możliwości dokładnego przewidywania i planowania osiągnięć naukowych, izraelski fizyk zwraca się do tematu podziału grantów: "Zazwyczaj fundacja udzielająca dotacji wymaga wniosku, który zawiera plan proponowanych badań i ich celów. Oczywiście, odkrycia dokonanego dzięki szczęściu nie da się przewidzieć. Dzięki temu najważniejsze wyniki nigdy nie pojawią się w aplikacjach. Dlatego też wnioskodawcy nie powinni traktować wniosków zbyt poważnie" (Neeman, 1993, s. 86-87).

Dlaczego niemożliwe jest zaplanowanie konkretnego odkrycia z dużą precyzją? Innymi słowy, co powoduje pewną nieprzewidywalność nowych osiągnięć naukowych? Odpowiedź na te pytania sugerowana jest przez historię nauki: wiele odkryć jest przypadkowych lub przynajmniej w pewnym stopniu przypadkowych. Omawiana już przez nas metoda prób i błędów (metoda poszukiwań sekwencyjnych), która zakłada metodyczny przegląd wariantów w celu rozwiązania konkretnego problemu, często daje możliwość odkrycia czegoś, co nie było zawarte w planach i zamierzeniach badacza. Sytuacja ta jest dobrze zilustrowana losem Krzysztofa Kolumba, który szukał drogi morskiej do Indii i faktycznie odkrył Amerykę.

Jeśli odnosimy się do takich nieplanowanych (niezamierzonych) odkryć jako produktów ubocznych głównej linii badań, należy zauważyć, że te produkty uboczne zwykle sugerują rozwiązanie całkiem innych problemów, nie związanych bezpośrednio z tymi problemami, które stymulowały początkowe poszukiwania. Warto zauważyć, że losowe odkrycia nie mogą być wykluczone przez dowolną ilość informacji, które posiadasz, gdy zajmujesz nowe pole. Przecież te informacje są już sformalizowane i zapisane, a kreatywność polega na wychodzeniu poza granice tego, co znane, poza te granice, gdzie nie ma żadnych wytycznych i wskazówek.

Wspomnieliśmy już, że metoda prób i błędów jest dostawcą oryginalnych paczek (pojedyncze fakty) dla operacji logiki indukcyjnej, poprzez którą te paczki są przetwarzane. Ponieważ sekwencyjny dobór wariantów realizowanych w określonym celu często prowadzi do odkryć pobocznych (odkryć losowych), które dają klucz do rozwiązania problemów, które nie były w naszym początkowym zasięgu, należy podkreślić, że czynnikiem przypadku jest również dostawca (źródło) pierwotnych paczek do indukcji. Innymi słowy, możemy odróżnić indukcję próbną od indukcji opartej na błędach oraz indukcję opartą na czynniku przypadku.

Tak więc element prawdopodobieństwa nieodłącznie związany z niepełną indukcją jest uzupełniony o element prawdopodobieństwa określony przez ustalenia losowe, które dostarczają indukcji (niezależnie od jej kompletności) z faktami, które mają być uogólnione. Tutaj mamy podwójne prawdopodobieństwo indukcyjnej logiki.

Nie należy się jednak tym zbytnio przejmować, ponieważ nauka rozwija się pomyślnie pomimo tych niealgorytmicznych aspektów myślenia indukcyjnego.

Pojedyncze przypadkowe odkrycie, które rzuca jasne światło na obszar, który od dawna jest "niezbadanym terytorium", często stanowi bodziec do systematycznego i systematycznego "badania" tego terytorium. Nieumyślnie odkryte efekty fizyczne lub biologiczne stają się przedmiotem uważnych badań i szybko stają się nową i skuteczną metodą rozwiązywania wielu problemów. Na podstawie analogii (której siłę podkreślał niegdyś Johannes Kepler) efekt jest przenoszony na różne obszary wiedzy naukowej i techniki, gdzie znajduje najszersze zastosowanie. Następnie, patrząc na te dziedziny nauki i techniki, trudno przypomnieć sobie, że początkiem (punktem wyjścia) ich imponującego rozwoju było przypadkowe odkrycie, którego kiedyś nie dało się przewidzieć i którego nie można było przewidzieć.

Doskonałym przykładem tego, jak element przypadku wkracza w normalny tok badań, jest odkrycie dokonane w laboratorium japońskiego naukowca Hideki Shirakawy, który w 2000 roku otrzymał Nagrodę Nobla z chemii. Dzielił tę nagrodę z Alanem Higerem i Alanem McDiarmidem. Zaletą H. Chirakawy jest odkrycie polimerów zdolnych do przewodzenia prądu elektrycznego, takich jak metale. Istotną rolę w tym odkryciu, którego historia została opisana w wielu dziełach, odegrał błąd popełniony przez absolwenta H. Shirakawa przy tworzeniu eksperymentu.

V.A.Marihin w artykule "Synthetic metals" (magazyn "Chemistry and life", 2000, [1] 6) pisze: "... W 1971 roku profesor Hideki Shirakawa z

Tokijskiego Instytutu Technologicznego powierzył swojemu podyplomowemu studentowi zadanie syntezy polimeru acetylenu. Po raz pierwszy poliacetylen otrzymano w 1955 r. w postaci ciemnego proszku, który nie posiada szczególnych właściwości. Jednak przez pomyłkę doktorant dodał do mieszanki reakcyjnej 1000 razy więcej katalizatora niż wymagała tego metoda (prawdopodobnie pomylił gramy z miligramami), w wyniku czego zamiast ciemnego proszku uzyskał luksusową powłokę o metalicznym połysku. Ledwie patrząc na tę folię, Shirakawa uważał, że może ona służyć jako podstawa do tworzenia polimerów o właściwościach przewodników metalowych. Taki syntetyczny metal Chirakawa naprawdę udało się wyprodukować w USA przy udziale pracowników Uniwersytetu Pensylwanii E. McDaimid i A. Higer" (Marihin, 2000, s.11).

M.Rybalkina relacjonuje to samo w swojej książce "Nanotechnologie dla wszystkich" (2005): "Jak to często bywa w historii nauki, odkryciu temu sprzyjał przypadek. Studentka Shirakawy jakoś przez pomyłkę dodała za dużo katalizatora, w wyniku czego bezbarwny plastik nagle zaczął odbijać światło jak srebro, a to doprowadziło do tego, że przestał być izolatorem. Dalsze badania doprowadziły do odkrycia polimeru o przewodności dziesiątki milionów razy większej niż konwencjonalne tworzywo sztuczne. To otwiera drogę do nowej elektroniki XXI wieku opartej na materiałach organicznych" (Rybalkina, 2005, s. 187).

Jeszcze jeden przykład. W 1983 roku amerykański biochemik Cary Mullis (Mullis) wynalazł technologię Polymerase Chain Reaction (PCR), która umożliwia uzyskanie wielu DNA z bardzo małej ilości materiału genetycznego, na granicy jednej cząsteczki. Ten rodzaj kserokopii genetycznych stanowił podstawę wszystkich dalszych prac nad rozwojem genetycznym, od badań naukowych po dochodzenia policyjne. W 1993 roku K.Mullis otrzymał Nagrodę Nobla w dziedzinie chemii. Naukowiec romantycznie opisał historię swojego odkrycia w artykule "An extraordinary story of how polymerase chain reaction was born" (Journal In the World of Science, 1990, No 6).

Jednak równie ważnym wydarzeniem było wynalezienie metody reakcji łańcuchowej polimerazy (PCR), która odbywa się w czasie rzeczywistym. Metoda ta była lepsza od klasycznej technologii PCR, która miała szereg wad. W szczególności, klasyczne PCR może dać fałszywie pozytywne wyniki z powodu możliwego skażenia badanych próbek, a ponadto słabo radzi sobie z zadaniem pomiaru ilości DNA-matrycy w badanym materiale. Zasługa rozwoju PCR w czasie rzeczywistym należy do Russella Higuchiego. Ten wynalazek był również możliwy dzięki szczęśliwemu błędowi laboratoryjnemu: R. Higuchi (1992) "przypadkowo", bez odpowiedniego zamiaru, wykonał PCR w obecności bromku etydyny, który był uważany za silny inhibitor polimerazy DNA. W wyniku tego błędnego eksperymentu powstała nowa metoda PCR, która nie miała wad typowych dla metody klasycznej.

A.V.Chemeris, E.G.Magdanov, R.R.Garafutdinov i inni piszą o tym "serendipse" odkryciu w swoim artykule "Some technological past, present and future of modern biology by 2030". (Journal of Biomics, 2013, t. 5, ' 1-2): "...Jeśli chodzi o PCR w czasie rzeczywistym, pojawił się on w metodologicznym arsenale biologów molekularnych dość nieoczekiwanie, chociaż jego rozwój był aktywnie rozwijany, ponieważ był bardzo poszukiwany i dlatego był nadal oczekiwany. Tak więc ze wspomnień R. Higuchiego [Gingeras et. al., 2005] wynika, że pod koniec lat 80. on i jego współpracownicy mieli za zadanie przekształcenie PCR tak, aby produkty wzmocnienia mogły być kontrolowane bezpośrednio podczas samej reakcji bez uciekania się do elektroforezy żelowej. Jednak przez wiele lat rozwijali oni zupełnie beznadziejny wariant tego wykrywania i nie wiadomo, jak długo trwałby postęp w tej dziedzinie, gdyby nie szczęśliwy wypadek, że PCR został omyłkowo wykonany w obecności bromku etydyny, uważanego za silny inhibitor polimerazy DNA. Co było zaskoczeniem dla eksperymentatorów, gdy po rozdzieleniu elektroforetycznym amplikonów zobaczyli, że obecność bromku etydyny nie miała zauważalnego wpływu na produkcję produktów docelowych. Ten błędny eksperyment zaowocował opracowaniem metody PCR w czasie rzeczywistym, którą nazwali kinetyczną [Higuchi i in., 1992, 1993] i pociągnął za sobą stworzenie nowego typu termocyklerów DNA wyposażonych w moduł optyczny i zdolnych do wykrywania zmian w fluorescencji mieszaniny reakcyjnej" (Chemeris i in., 2013, s. 24).

Podobne informacje czytelnik znajdzie w artykule S.M.Bikbulatova, D.A.Chemeris, Yu.M.Nikonorova i innych. "Metody wykrywania wyników reakcji łańcuchowej polimerazy w czasie rzeczywistym" ("Vestnik Uniwersytetu Baszkirskiego", 2012, t. 17, nr 1). W niniejszej pracy autorzy, wymieniając wady klasycznej metody PCR, zwracają uwagę na jej wady: "W celu przezwyciężenia tych problemów zaczęto szukać sposobów na przeprowadzenie PCR tak, aby akumulacja produktów wzmacniających mogła być kontrolowana bezpośrednio podczas reakcji. W wyniku "szczęśliwego" błędu jednego z pracowników, R. Higuchi, który wykonał PCR w obecności barwnika interkalacyjnego, bromek etydyny, który był uważany za silny inhibitor polimerazy DNA, otrzymał propozycję PCR w czasie rzeczywistym (PCR-RV) [1]. Nowy wariant pierwotnie nazywany był kinetycznym PCR, ponieważ pomiar sygnału analitycznego pozwala na skonstruowanie krzywej kinetycznej procesu [2, 3]. Rozwój PCR-RV pociągnął za sobą stworzenie nowego typu wzmacniaczy DNA wyposażonych w moduł optyczny i zdolnych do wykrywania zmian w fluorescencji próbek w każdym cyklu amplifikacji. Zaowocowało to szeregiem istotnych zalet: wysoką specyficznością wykrywania, minimalizacją ryzyka uzyskania wyników fałszywie dodatnich, możliwością ilościowego oszacowania pierwotnego DNA, skróceniem czasu analizy, automatyczną rejestracją i interpretacją uzyskanych danych w formacie elektronicznym" (Bikbulatova i in., 2012, s. 59).

Oczywiście, z punktu widzenia metodologii badań naukowych, takich błędów prowadzących do odkryć nie można przewidzieć i zaplanować z wyprzedzeniem.

Rozwiązując problem S. Smeila dotyczący granic naturalnej i sztucznej inteligencji, musimy stale porównywać aktywność poznawczą człowieka i komputerów. Jakie wyniki można uzyskać, dokonując takiego porównania, jeśli wiemy, że czynnik przypadku odgrywa zasadniczą rolę w poszukiwaniach naukowych (twórczych)? Odpowiedź, którą proponujemy, może wydawać się paradoksalna, ale logicznie wynika ona z rzeczywistego stanu rzeczy: sztuczna inteligencja musi nauczyć się dokonywać przypadkowych odkryć. Musi nabyć zdolność do uzyskiwania nieplanowanych (nieumyślnych) wyników naukowych, które są produktem ubocznym tych lub innych badań. Konsekwentnie postępując w rozwiązywaniu konkretnego problemu i stojąc w obliczu sytuacji, w której fakty (informacje) zawierające rozwiązanie zupełnie innego problemu odkrywane są przez przypadek, musi on nauczyć się radykalnie zmieniać kierunek poszukiwań, porzucić poprzednie hipotezy, jeśli nie zgadzają się z tym, co zostało poznane poprzez przypadkowe, nieoczekiwane odkrycie.

Tak jak rozumiemy potrzebę rozwoju maszyn indukcyjnych, tak samo ważne jest zrozumienie potrzeby tworzenia systemów komputerowych, które otwierają nowe rzeczy w nauce na zasadzie "serendipity" (komputerów "serendipity"). Zjawisko "serendipity", czyli sztuki dokonywania przypadkowych odkryć, zostało szczegółowo opisane w książce Roberta Mertona "Social Theory and Social Structure" (2006). "Model serendipity", wyjaśnia R. Merton, "odnosi się do dość powszechnego zjawiska, gdy odkryty zostaje nieprzewidziany, nienormalny lub strategiczny fakt początkowy, który służy jako pretekst do opracowania nowej teorii lub rozszerzenia istniejącej. Każdy z elementów tego modelu jest łatwy do opisania. Po pierwsze, fakt jest nieprzewidywalny. Badanie mające na celu sprawdzenie jednej hipotezy przynosi przypadkowy produkt uboczny, nieoczekiwaną obserwację, która jest istotna dla teorii, które nie zostały nawet wspomniane na początku badania" (Merton, 2006, s. 211-212).

Szeroki wybór wariantów zademonstrowanych przez maszyny obliczeniowe w dziedzinie wyszukiwania i udowadniania twierdzeń matematycznych (tutaj należy przypomnieć, jak w 1976 roku Kenneth Appel i Wolfgang Hacken udowodnili czterokolorowe twierdzenie) jest działaniem, które nie wymagało od komputera niczego innego, jak tylko dużej szybkości przetwarzania danych. W innych dziedzinach nauki (takich jak np. fizyka, chemia czy biologia) byłoby to zdecydowanie niewystarczające. Działalność eksperymentalna w tych dziedzinach wiedzy związana jest ze zużyciem znacznych zasobów materialnych (rzeczywistych), wykorzystaniem złożonych instrumentów, wykonywaniem drobnych czynności ruchowych, aktywną pracą zmysłów (wzrok, słuch, dotyk, zapach, a nawet smak). Powyższe aspekty są jednak tylko warunkiem wstępnym dla badań naukowych, podczas których można dokonać przypadkowego odkrycia.

Czynnikiem przypadku obecnym w poszukiwaniach naukowych i często decydującym o ich powodzeniu (skuteczności) jest kulminacja niealgorytmicznego (nieobliczalnego) charakteru procesu twórczego, który został starannie przeanalizowany przez R. Penrose'a w monografii "The New Mind of the King". R. Penrose przeszedł obok tego czynnika przypadkowo, nie domyślając się, że obiektywnie uniemożliwia algorytmiczny opis aktywności twórczej. Z drugiej strony, angielski naukowiec połączył możliwości nowoczesnych programów komputerowych z twierdzeniem Gedela o niekompletności, której jest wiele.

7. Analogia między ewolucją biologiczną a rozwojem naukowym

Ewolucja biologiczna, której główne mechanizmy zostały odkryte przez Ch. Darwina (1859) i jego zwolenników (tzw. neodarwinistów), ma wiele cech, które pokrywają się z cechami ludzkiego poznania. Jedną z pierwszych osób, które zwróciły uwagę na tę analogię, był biolog krajowy K.A.Timiryazev (1843-1920), który był gorącym obrońcą i propagatorem idei darwinizmu. Ciekawe pomysły K.A.Timiryazeva o podobieństwie "kreatywności natury" i kreatywności ludzkiej można znaleźć w jego książkach "Metoda historyczna w biologii" (1922), "Podstawowe problemy współczesnej nauki przyrodniczej" (1923), "Karol Darwin i jego nauczanie" (1935).

Następnie, zachodni badacze: K. Popper, D. Campbell, S. Toulmin, K. Lorenz i inni wnieśli znaczący wkład w rozwój tego zagadnienia. Naukowcy ci nie ograniczyli się do analizowania podobieństw między ewolucją gatunków a postępem wiedzy naukowej i technicznej, ale interpretowali sam rozwój kultury ludzkiej (rozumiany wystarczająco szeroko) jako kontynuację ewolucji biologicznej.

Podstawą biologicznej ewolucji jest dziedziczność. Jak wszyscy wiemy, cechy dziedziczne są rejestrowane w cząsteczce kwasu dezoksyrybonukleinowego (DNA), który jest długi łańcuch polimeru cukru rybozowego i pozostałości kwasu fosforowego. Cząsteczka DNA, która tworzy tzw. genom (kod genetyczny) żywego organizmu, jest składowiskiem ogromnej ilości informacji. Ponieważ specyficzne geny zapewniające adaptację organizmów do środowiska naturalnego pojawiły się kolejno, w ciągu miliardów lat, genom każdego gatunku biologicznego jest swego rodzaju kroniką tego gatunku.

Teksty są analogiczne do genomu w ludzkiej kulturze. Wiedza zapisana w tekstach (na papierze, na dysku, w pamięci komputerów) jest podstawą całej współczesnej cywilizacji. Jeśli wyobrazimy sobie hipotetyczną sytuację, w której wszystkie teksty zgromadzone przez ludzkość, w tym książki i czasopisma naukowe, zostałyby zniszczone, oznaczałoby to śmierć cywilizacji. Człowiek zostałby wyrzucony z powrotem do początkowego etapu rozwoju człowieka. Musieliby tworzyć kulturę na nowo, na nowo wymyślać pismo, czyli powtórzyć całą długą drogę rozwoju historycznego.

Zmienność uzupełniająca dziedziczność wśród czynników ewolucji biologicznej to nowe cechy organizmów, które pojawiają się w wyniku zmian dziedzicznych (mutacji genetycznych). Jednym z ważnych mechanizmów występowania mutacji jest błąd w kopiowaniu cząsteczki DNA. Mutacje mają charakter przypadkowy, a zatem nowe populacje biologiczne i rodzaje pojawiające się w wyniku tych mutacji są wynikiem tego wypadku. Analogiem do tego elementu prawdopodobieństwa (nieprzewidywalności) rozwoju żywej natury jest rozważany przez nas powyżej czynnik przypadku w odkryciach naukowych.

Ewolucja gatunków, których tajemnica została rozwiązana przez C. Darwina, przebiega w sposób próbny i błędny. Co minutę przez miliony lat natura tworzy ogromną liczbę organizmów (osobników), w tym nosicieli ledwo zauważalnych odchyleń od normy, których zadaniem jest dostosowanie się do ciągle zmieniających się wymagań (warunków) środowiska. Każdy osobnik jest kolejnym przykładem ewolucji, a jeśli przystosowuje się do warunków zewnętrznych, przeżywa pozostawiając potomstwo, a jeśli się nie przystosowuje, umiera (zostaje wyeliminowany z procesu ewolucyjnego). Środowisko zewnętrzne (zestaw różnych nisz ekologicznych) działa jako naturalny wybór różnych opcji wymyślonych przez dziką przyrodę. Mówiąc obrazowo, środowisko zewnętrzne stawia przed organizmami różne zadania. Przewaga jednych osób nad innymi w szybkości i jakości oferowanych przez nie rozwiązań jest determinowana przez konkurencję, która może być między- i międzyspecjalistyczna.

Nauka stworzona przez człowieka zawiera podobne mechanizmy rozwoju. Naukowcy generują wiele hipotez i teorii, które twierdzą, że wyjaśniają ten czy inny obszar rzeczywistości. Jeśli hipoteza nie odpowiada rzeczywistym danym, jest odrzucana (eliminowana), a jeśli odpowiada, staje się "klasyczna". Liczne teorie, a także ludzie - ich twórcy, konkurują ze sobą, dążąc do uzyskania uznania i promowania ogólnego postępu nauki i techniki. Ponieważ kryterium ważności konstrukcji teoretycznych jest obserwacja i eksperyment, można powiedzieć, że dane doświadczalne odgrywają rolę w doborze właściwych pomysłów. Innymi słowy, dane eksperymentalne tworzą "nisze ekologiczne", do których teorie muszą się dostosować.

Istnieje kilka wariantów cech biologicznych, zarówno zewnętrznych jak i wewnętrznych, które prowadzą do wzrostu witalności organizmów (stopnia ich adaptacji), natomiast liczba cech szkodliwych lub neutralnych jest ogromna. W tym przypadku mówi się, że przestrzeń do wyszukiwania (wyszukiwania) jest bardzo duża. Za to wszystko, co biologiczna ewolucja czyni swoje próbki ślepo, przypadkowo, udaje mu się znaleźć realne warianty kosztem takich mechanizmów kompensujących jego "ślepotę", jako czynnik czasu i równoległości poszukiwań. Czynnik czasu zakłada, że natura prowadzi proces mieszania genów i "wyciągania z pokładu" pierwszej złowionej kombinacji na przestrzeni milionów i miliardów lat, co zwiększa prawdopodobieństwo znalezienia (wyboru) udanego wariantu. Równoległość poszukiwań oznacza, że ewolucja, po rozpoczęciu swojego ruchu w jednym lub kilku punktach przestrzeni, zaczyna później "eksperymentować" z tym samym materiałem biologicznym, rozprzestrzeniając się w przestrzeni biosfery, w różnych miejscach. Prowadzi on ciągłe i równoległe poszukiwania we wszystkich kierunkach, które zapewniają codziennie - choć nie od razu widoczne - postępy dające optymalne formy przetrwania.

Nauka stworzona przez ludzki umysł korzysta również z równoległych poszukiwań. Jak już powiedzieliśmy, setki i tysiące ludzi codziennie pracuje nad tym samym problemem, rozdzieleni językami, krajami i kontynentami, co często prowadzi do jednoczesnych (powtarzających się) odkryć, ale nadal daje możliwość osiągnięcia znacznie większego sukcesu niż gdyby mała garstka ludzi badała otaczający ich świat. Jeśli chodzi o czynnik czasu, jego istotną rolę w badaniach naukowych można przypisać nawet pojedynczemu naukowcowi. Im więcej czasu naukowiec poświęca na dany problem, tym większe jest prawdopodobieństwo jego rozwiązania. Amerykański psycholog John Hayes (1985), a także wspomniany wyżej noblista w dziedzinie ekonomii Herbert Simon (1998) stwierdzili, że żaden z geniuszy nauki i sztuki nie osiągnął szczytu w swojej dziedzinie bez co najmniej 10 lat praktyki. Tu można przypomnieć słowa T. Edisona, że geniusz składa się w 90% z pracy i tylko w 10% z inspiracji.

Jednym z ważnych źródeł dziedzicznych zmian dostępnych do selekcji jest rekombinacja. Ta ostatnia polega na wymianie całych chromosomów i ich segmentów (krzyżówka intergeniczna) oraz na wymianie nukleotydów (krzyżówka intrageniczna). Rekombinacja zapewnia powstawanie genotypów o największym znaczeniu adaptacyjnym i jest rozsądnie uważana za "kamień węgielny" selekcji. Dokładnie dzięki rekombinacji nowych cech powstają nowe kombinacje genów, w wyniku czego pojawiają się organizmy, genetycznie różne od form rodzicielskich i dające początek nowym populacjom biologicznym. Z informacyjnego punktu widzenia rekombinacja była bardzo skutecznym sposobem syntezy nowych informacji genetycznych. Bez takiej syntezy nie byłoby żadnej ewolucji.

Odpowiednikiem rekombinacji genetycznej (tasowanie, mieszanie genów) w kreatywności człowieka jest połączenie różnych idei technicznych, jeśli weźmiemy pod uwagę sferę wynalazczości technicznej, oraz połączenie różnych idei i hipotez teoretycznych, jeśli weźmiemy pod uwagę sferę badań teoretycznych. Rozróżnienie pomiędzy sferą wynalazczości a badaniami teoretycznymi jest oczywiście dość warunkowe, gdyż w wielu współczesnych grupach badawczych twórcy nowych urządzeń (technik) naukowych pracują "ramię w ramię" z generatorami nowych idei.

Żywym historycznym przykładem wynalazku opartego na połączeniu różnych pomysłów jest stworzenie przez francuskiego wynalazcę Etienne'a Lenoira (1822-1900) pierwszego silnika gazowego o spalaniu wewnętrznym. Etienne Lenoir uważnie studiował dzieła swoich poprzedników i współczesnych, zapożyczał najcenniejsze z nich, syntezował różne pomysły i dostał coś nowego "na dorobku" - nowy silnik. W ten sposób pochodzenie silnika E. Lenoira zostało opisane w książce W. Pekelisa "Twoje możliwości, człowieku!". (1986): "Jako przykład podajmy opis silnika Lenoira, opublikowany sto lat temu: "Maszyna używa opatentowanego przez Ulicę tłoka; jest prosta i działa podwójnie, jak maszyna libońska; jest zapalana przez iskrę elektryczną, jak w maszynie Riva". Pożycza butlę chłodzoną wodą od Samuela Browna; może pracować na lotnych węglowodorach zaproponowanych przez Erskine Azard; może znaleźć dowcipny pomysł na okrągły dystrybutor z Gambety" (Pekelis, 1986, s. 240).

Rekombinacja genetyczna jako ewolucyjny mechanizm produkcyjny znalazła swoje zastosowanie nawet w programach komputerowych, tj. programach maszynowych przeznaczonych do rozwiązywania różnych zadań naukowych i technicznych. W latach 1960-tych J.Holland włączył do tych programów rekombinację genetyczną wraz z mechanizmami mutacji i selekcji, które były już wówczas używane. Dzięki badaniom J.Holland'a na początku lat 90-tych XX wieku idea tzw. algorytmów genetycznych symulujących mechanizmy poszukiwania ewolucji systemów żywych nabrała cech koncepcji, której istotę J.Holland opisał w szczegółowym artykule "Genetic algorithms" (Journal "In the world of science", 1992, № 9-10). W artykule tym J. Holland pisze: "Żywe organizmy są naturalnym sposobem rozwiązywania problemów. Uniwersalność ich możliwości nie jest w żaden sposób porównywana nawet z najlepszymi programami komputerowymi. Jest to szczególnie niefortunne dla programistów-teoretyków, którzy nad stworzeniem jakiegoś algorytmu spędzają miesiące, a czasem lata, podczas gdy organizmy z łatwością radzą sobie z tym zadaniem dzięki pozornie ślepemu mechanizmowi ewolucji i selekcji naturalnej. Pragmatyczni naukowcy postrzegają niezwykłe możliwości ewolucji jako coś, co powinno być naśladowane, a nie zazdrościć" (Holandia, 1992, s. 32).

W teorii ewolucji "efekt szyjki butelki" oznacza, że w niekorzystnych warunkach większość populacji umiera i tylko kilka osób przeżywa, które dzięki użytecznym mutacjom nabyły genotyp, który pozwala im przystosować się do nowych warunków i stworzyć nową populację. Z reguły, przed wystąpieniem niekorzystnych warunków, nośniki użytecznych mutacji nie są izolowane z całkowitej masy organizmów (w przenośni, nie mogą korzystać z tego, co posiadają). Jednak w krytycznej sytuacji, rzadkie mutacje (geny lub ich kombinacje) są niezwykle pożądane, a ten, kto ma szczęście je mieć, staje się założycielem nowej grupy organizmów ("efekt założycielski"). Szczegółowy opis tych efektów zaprezentowany jest przykładowo w tomie 3 książki "Modern Genetics" (1988) F.Ayala i J.Kaiger.

Analogi "efektu założycielskiego" i "efektu szyjki butelki" można łatwo znaleźć w procesie rozwoju naukowego. Kiedy pojawia się nowa idea (teoria), która nie ma jeszcze wystarczających podstaw empirycznych i jest sprzeczna z dominującymi ideami naukowymi, jest krytykowana i ma niewielu zwolenników. Ale kiedy pojawiają się poważne dowody eksperymentalne, nowa idea, która kiedyś istniała w "dumnej samotności", zaczyna podbijać świat, generuje nowe gałęzie wiedzy naukowej, zdobywa wielu zwolenników i w końcu znajduje drogę do podręczników szkolnych. To samo można powiedzieć o empirycznych, przypadkowych odkryciach, które rozpoczynają się w jednym laboratorium badawczym i początkowo nie wyglądają obiecująco. Potem jednak następuje "ekspansja" tego odkrycia, które zmienia (przekształca) poprzednie technologie, a nawet sposób życia ludzi.

Przyglądając się logicznym operacjom indukcyjnym i analogiom, zauważyliśmy, że operacje te nie gwarantują prawdy, ale jej prawdopodobieństwo, to znaczy, że zawierają składnik niepewności. Niemniej jednak, indukcja i analogia są ważnymi narzędziami służącymi do zdobywania nowej wiedzy, która jest dalej testowana poprzez różne eksperymenty i doświadczenia. Metoda analogii pozwala na przeniesienie idei daleko poza dziedzinę nauki, w której pierwotnie się pojawiły (zostały sformułowane). Co więcej, ujawnienie podobieństw pomiędzy różnymi zjawiskami pozwala na szybsze odnalezienie jednego (jednolitego) teoretycznego opisu tych zjawisk, na tworzenie prognoz, na przewidywanie efektów, które nie zostały jeszcze odkryte.

Rola analogii w powstawaniu nowych idei naukowych jest omówiona w naszej książce "1000 analogii, które zmieniły naukę" (2010).

Ogólnie rzecz biorąc, kreatywność to "zdolność do przewidywania w oparciu o analogie". (J. Hawkins, "On Intelligence", 2007). Jeśli chodzi o odkrycia losowe, świadczą one o tym, że w procesie rozwoju wiedzy naukowej losowość współgra z koniecznością, regularnością (analogia jest jednym z elementów regularności).

Jak na ironię, "ślepa" ewolucja biologiczna jest również zdolna do wprowadzenia analogii. W konsekwencji proces mutacji generujący różnorodność form życia nie jest całkowicie przypadkowy, jest "kanalizowany" przez pewne prawidłowości. Co my tu mamy na myśli? Mamy na myśli prawo serii homologicznych zmienności dziedzicznej, odkrytej przez rosyjskiego biologa N.I.Wawilowa (1920). Zwróćmy uwagę, że termin "homologia" jest synonimem terminu "analogia". Zgodnie z prawem serii homologicznych, genetycznie podobne gatunki i rodzaje charakteryzują się podobnymi rzędami dziedzicznej zmienności z taką prawidłowością, że znając wiele form w obrębie jednego gatunku, możemy przewidzieć obecność równoległych (podobnych) form w innych gatunkach i rodzajach. Istotą zjawiska jest to, że badając dziedziczną zmienność w bliskich grupach roślin stwierdzono podobne formy alleli (warianty genów), które powtarzały się u różnych gatunków. Obecność takiej powtarzalności pozwoliła przewidzieć obecność nie odkrytych jeszcze alleli, ważnych z punktu widzenia sztucznej selekcji. N.I.Wawilow uznał sformułowane przez siebie prawo za wkład w ideę obecności pewnych prawidłowości w procesie ewolucyjnym. Rosyjski badacz B.M.Mednikow, który wszechstronnie badał odkrycie N.I.Wawilowa, potwierdził, że bez niego nie da się wyjaśnić pojawienia się podobnych (często aż do najmniejszego szczegółu) cech w taksówkach pokrewnych.

Do powiedzianych można dodać, że skoki myśli naukowej zachodzące przy realizacji analogii, gdy możliwe jest ustalenie połączenia pomiędzy odległymi obszarami (gdy możliwe jest połączenie "niepołączone"), przypominają o efekcie tzw. genów ruchomych ("skokowych"), inaczej nazywanych transpozonami. Wiadomo, że transpozony, które determinują horyzontalny transfer genów, odgrywają równie ważną rolę w ewolucji biologicznej jak inne wymienione przez nas czynniki, dostarczając materiału do selekcji. Wystarczy wspomnieć, że wirusy są głównymi "winowajcami" poziomego transferu genów, po uformowaniu układu odpornościowego komórek wielokomórkowych, nauczyły się pełnić ważne funkcje w rozwoju łożyska u ludzi, kodując enzym do syntezy glutaminianu w naszym układzie nerwowym.

Opisywane przez nas cechy podobieństwa między ewolucją biologiczną a rozwojem szeroko rozumianej kultury ludzkiej, a mianowicie takie mechanizmy jak przechowywanie informacji, losowość innowacji, metoda prób i błędów, dobór wariantów udanych, paralelizm poszukiwań, elementy analogii (homologii) w innowacjach, wyjaśniają różne strony działalności twórczej. Ostatecznie rzucają one światło na to, co jest możliwe i niemożliwe w odniesieniu do ludzkiej i sztucznej inteligencji, a tym samym przybliżają nas do rozwiązania 18. problemu S. Smale.

8. Gedel's Theorem of Incompleteness - analogicznie do Bertalanfi-Prigorozhin's principle of openness of self-organing systems.

W procesie budowania teorii rozpraszających się układów samoorganizujących I. Prigozhin (Nagroda Nobla w dziedzinie chemii w 1977 r.) podkreślił zasadę otwartości tych układów, wcześniej analizowaną przez Ludwiga Bertalanfiego (1901-1972). Zgodnie z tą zasadą, warunkiem normalnego funkcjonowania systemów samoorganizujących się jest ich otwartość na napływ energii, substancji i informacji. I.Prigozhin argumentował tę zasadę jako warunek istnienia miasta: tak długo, jak miasto wchodzi w interakcję ze światem zewnętrznym, żyje i rozwija się pomyślnie, ale w przypadku blokady (izolacji) metropolii istnieją warunki do wyczerpania się zasobów materialnych, energetycznych i informacyjnych, które go zasilają. Innymi słowy, system samoorganizujący się nie może istnieć, jeśli jest zamknięty.

Tę argumentację Ilji Prigożyna można znaleźć w artykule "Myśl i pasja Ilji Prigożyna" (Dziennik Chemii i Życia, 2004, nr 2). I. Prigozhin wspomina, jak doszedł do sformułowania zasady otwartości rozpraszania (w tym wszystkich systemów żywych): "Z wielką przyjemnością przeczytałem książkę Schrodingera o życiu i zainteresowały mnie dwa aspekty. Po pierwsze, życie jest możliwe tylko poprzez wymianę entropii, to znaczy, że musi być przepływ energii. I po drugie: jak to jest, że życie jest tak zrównoważone? Ty dostajesz krokodyla, ty dostajesz kurczaka. Nie chodzi tylko o dziedziczność, ale o stabilność. Schroedinger uważał, że ta stabilność jest jak dobry zegarek, to znaczy, że jest on mechanicznego pochodzenia. Ciężko mi było się z tym zgodzić. Analogia, która przyszła mi wtedy do głowy, jest związana z miastem. Ponieważ miasto żyje tylko dlatego, że jest systemem otwartym - jeśli go wyizolujesz, to stopniowo przestanie istnieć. A interakcje wewnątrz miasta są tym, co sprawia, że system jest stabilny. Wierzę w tę analogię nawet teraz i uważam, że stanowi ona bardzo ważny element mojej teorii" (Prigozhin, 2004, s. 31).

Jak mówiliśmy, w 1900 roku. David Gilbert, przemawiając na II Międzynarodowym Kongresie Matematyków w Paryżu, sformułował problem, który wymaga pilnego rozwiązania: udowodnienia spójności aksjomatów arytmetyki, opartych na samych aksjomatach arytmetyki. D. Hilbert liczył na pozytywne rozwiązanie tego problemu, to znaczy dopuszczenie możliwości uzasadnienia prawdy zdań języka arytmetycznego za pomocą środków metodologicznych samego języka, bez uciekania się do praktyki (obserwacja, eksperyment). W 1931 r. K.Gedel udowodnił swoją teorię niekompletności, która dała negatywne rozwiązanie tego problemu przez Hilberta.

Jeśli spojrzymy na to, co stało się w matematyce dzięki odkryciu K. Gedela, z punktu widzenia teorii I. Prigozhina, opartej na zasadzie otwartości struktur samoorganizacyjnych, możemy dojść do nieoczekiwanych wniosków. Po pierwsze, D. Hilbert, formułując problem udowodnienia tak sformalizowanego systemu jak arytmetyka za pomocą samego systemu, naruszył tę zasadę otwartości. Wszakże system samoorganizujący się nie może działać efektywnie tylko za pomocą zawartych w nim środków. Po drugie, K. Gedel, stwierdziwszy swoje twierdzenie o niekompletności, które dało negatywne rozwiązanie problemu D. Hilberta, zwrócił naszą uwagę na fakt, że żadne algorytmy (systemy algorytmiczne) mające na celu badanie świata zewnętrznego nie mogą być skuteczne, jeśli są zamknięte.

Istnieje zatem oczywista analogia między teorią Gedela o niekompletności a zasadą otwartości systemów samoorganizujących Bertalanfi-Prigorozhina. Aby zrozumieć tę analogię, wystarczy zinterpretować wynik Gödela jako zasadę, która zakazuje skutecznego funkcjonowania zamkniętych systemów algorytmicznych. I taka interpretacja nieuchronnie pojawia się w świetle analizy treści wspomnianego problemu przez D. Hilberta, jak również analizy przyczyn, dla których okazał się on nie do rozwiązania.

Nieefektywność zamkniętych algorytmów jest kwestią, która była rozważana przez wielu naukowców. W.M.Głuszkow w swojej książce "Cybernetyka. The Questions of Theory and Practice" (1986), a mianowicie w artykule "Development of Abstract Thinking and Gedel's Prohibition" podkreśla: "...Zakaz nałożony przez Twierdzenie Hedla zostaje zniesiony, gdy formalne systemy myślenia abstrakcyjnego są rozpatrywane nie w izolacji, ale w procesie ciągłego rozwoju w interakcji z otaczającym światem" (Głuszkow, 1986, s. 134).

V.M.Głuszkow dalej argumentuje tę tezę w szczegółowej formie: "Jeśli system formalny rozwija się (poprzez dodawanie i zmianę zbiorów aksjomatów i zasad produkcji) w oderwaniu od otaczającego świata, kosztem tylko jego wewnętrznych przyczyn, to naturalnym jest postulowanie, że rozwój ten odbywa się na podstawie skończonej liczby zasad. W tym przypadku, jak nietrudno wykazać, twierdzenie Gedela ponownie pozostaje aktualne. Nie pomaga również wprowadzenie nowych zasad, które określają rozwój zasad zmieniających system formalny, zasad zmieniających te nowe zasady itp. Może dlatego sformułowano następującą tezę. Każda ostateczna formalna teoria, która rozwija się pod wpływem wewnętrznych przyczyn, przekraczająca pewien próg złożoności w swoim rozwoju, staje się nierozwiązywalna w tym sensie, że możliwe jest sformułowanie nieskończonej liczby prawdziwych stwierdzeń, których nie da się formalnie udowodnić (wydedukować z aksjomatów) za pomocą tego systemu. Zakaz Gödela zostaje zniesiony tylko wtedy, gdy dany system formalny nie rozwija się w izolacji, lecz w ścisłej interakcji z otaczającym go światem, pod warunkiem, że ten z kolei nie może być opisany jako system skończony. Tylko taki, zasadniczo nieskończony (nie w sensie objętości fizycznej, ale w sensie różnych prawidłowości ją opisujących) świat jest w stanie wygenerować nieskończoną sekwencję rekurencyjno-integracyjną sygnałów". (tamże, s. 142).

Gregory Chaitin w swoim artykule "Limity dowodu" (W świecie nauki, 2006, № 6) zauważa: "Gdyby Hilbert miał rację, matematyka byłaby systemem zamkniętym, w którym nie ma miejsca na nowe pomysły. Byłaby to statyczna teoria zamknięta, wyjaśniająca wszystko w matematyce, i byłaby ona jak dyktatura. Aby matematyka mogła się rozwijać, potrzebne są nowe pomysły i przestrzeń dla kreatywności. Nie wystarczy pracować wystarczająco ciężko, aby wyciągnąć wszystkie możliwe konsekwencje ze stałej liczby podstawowych zasad. Osobiście wolę systemy otwarte; nie lubię sztywnych, autorytarnych sposobów myślenia" (Cheitin, 2006, s. 44).

Nieefektywność zamkniętych algorytmów dobrze ilustruje problem zatrzymania maszyny Turinga - główny problem teorii algorytmów (teorii obliczeń). Maszyna Turinga jest abstrakcyjnym urządzeniem, teoretycznie opisanym przez angielskiego matematyka Alana Turinga (1936). Urządzenie wyposażone jest w nieskończoną taśmę, która implementuje pamięć zewnętrzną. Wstęga jest podzielona na komórki, a w każdej z nich można wpisać dowolną z liter jakiegoś alfabetu. Ponadto, maszyna Turinga jest wyposażona w głowicę, która porusza się na taśmie i może odczytywać i zapisywać znaki w komórkach taśmy. Działanie maszyny opisane jest w tabeli przejść, składającej się z zestawu poleceń (instrukcji). Każde polecenie zawiera warunek aplikacji, który określa, pod jakim stanem wewnętrznym (konfiguracja) i jaki znak w bieżącej komórce wstęgi polecenie to może być zastosowane. Jeśli warunek jest spełniony, to zgodnie z wybranym poleceniem maszyna może jednocześnie dokonać przejścia do nowego stanu wewnętrznego, napisać nowy symbol do aktualnej komórki wstęgi i przenieść głowicę do nowej komórki. Tabela poleceń jest nazywana programem dla maszyny Turinga.

Kolejność numerów została wydrukowana na taśmie przed uruchomieniem maszyny Turinga. Liczby te służą zarówno programowi odczytywanemu przez głowicę, jak i wartościom początkowym, nad którymi program wykonuje określone czynności. Zakłada się, że maszyna pracuje przez pewien okres czasu, a następnie zatrzymuje się i odczytuje wynik końcowy z taśmy po zakończeniu zadania. Wynik ten stanowi odpowiedź na pytanie zawarte w zaproponowanym mu zadaniu. Zatrzymanie maszyny Turinga oznacza otrzymanie odpowiedzi, ale jeśli maszyna nie może się zatrzymać i kontynuuje pracę, odpowiedź nie jest jeszcze gotowa (zadanie nie jest rozwiązane).

Po opracowaniu modelu takiej maszyny, A. Turing postawił pytanie: czy istnieją takie zadania, przy których maszyna nigdy się nie zatrzyma (bo nie będzie miała środków na ich rozwiązanie)? Innymi słowy, czy możliwe jest ustalenie, czy jakiś program zatrzymuje się na jakichkolwiek danych źródłowych, czy też w niektórych przypadkach program "zapętla się" (działa nieskończenie długo)? A. Turing udowodnił brak algorytmu, który mógłby rozwiązać problem zatrzymywania maszyny dla jakiegokolwiek programu.

Książka Waltera Isaacsona "Innovators" (2015) zawiera subtelną definicję tego, co zrobił A. Turing, kiedy postanowił zatrzymać swój uniwersalny komputer. Walter Isaacson stwierdza: "Turing posunął się naprzód i pokazał, że istnieją również liczby niepoliczalne (funkcje nieścieralne - N.N.B.). Wiązało się to z problemem, który nazywał "problemem powstrzymania". Jak pokazał, żadna metoda nie jest w stanie określić z góry, czy dana tabela instrukcji w połączeniu z danym zestawem danych źródłowych doprowadzi do tego, że maszyna znajdzie odpowiedź, czy też wejdzie do obliczeń niektórych pętli i będzie dmuchać w nieskończoność bez otrzymania odpowiedzi. Nierozwiązywalność problemu zatrzymania, jak pokazał, oznacza, że nie ma rozwiązania, a problem Entscheidungsp ma problem z rozwiązaniem Hilberta. Wbrew nadziejom Hilberta okazało się, że żadna mechaniczna procedura nie jest w stanie określić dowodu każdej wypowiedzi matematycznej" (W. Isaacson, 2015).

Powodem możliwych "pętli" maszyny Turinga, jej niezdolności do zatrzymania się i uzyskania prawidłowego wyniku - jest nieefektywność zamkniętych algorytmów (systemów formalnych odizolowanych od świata zewnętrznego, nie opartych na obserwacji i eksperymencie).

A.S.Potapov w swojej książce "Sztuczna inteligencja i myślenie uniwersalne" (2012) pisze: "Jak człowiek wychodzi poza systemy formalne, na przykład, skąd wie, które stwierdzenia nie dające się wydedukować w arytmetyce formalnej są prawdziwe, a które fałszywe? Odpowiedź jest prosta - z doświadczenia. Dla osoby, "taśma wejściowa" jest potencjalnie całym wszechświatem..." (Potapov, 2012, s.35). "...W rzeczywistości, matematycy - kontynuuje Potapow - nie mają gdzie zabrać swoich aksjomatów i zasad, poza uogólnieniem doświadczenia. Bardziej skomplikowanym pytaniem jest, jaki jest algorytm tego uogólnienia i czy jest to algorytm" (tamże, s. 35).

Oczywiście metodą generalizacji danych eksperymentalnych jest indukcja, która nie jest algorytmem, ponieważ, jak już zauważyliśmy, daje nie prawdę, ale jej prawdopodobieństwo. Indukcja jest jak najbardziej zbliżona do prawdy, w miarę jak rośnie jej stopień kompletności (pełna indukcja nabiera rygoru syllogizmu dedukcyjnego). Przy całej swojej niealgorytmicznej naturze, indukcja jest otwartym systemem podsumowującym dane z doświadczeń. W tym miejscu należy pamiętać, że kiedy F. Bacon (1620) opublikował swój "New Organon", w którym zaproponował użycie logiki indukcyjnej do badania świata zewnętrznego, uznał tę logikę za otwarty system poznawczy oparty na obserwacji i eksperymencie. Indukcja bez informacji uzyskanych w wyniku eksperymentów i obserwacji jest bezpodstawna i bezproduktywna. Jak można badać rzeczywistość, stosując algorytm, który jest odizolowany od tej rzeczywistości? Myślenie ludzkie może zrozumieć prawa natury tylko wtedy, gdy podsumuje dane doświadczalne odzwierciedlające pewne fragmenty tej rzeczywistości (w tym powiązania przyczynowe świata, w którym żyjemy). Logika indukcyjna jest więc systemem otwartym, który ze względu na swoją naturę nie narusza teorii niekompletności Gödela.

Ponadto, gdyby D. Hilbert postawił problem matematykom, aby udowodnić prawdę propozycji arytmetycznych nie za pomocą samej arytmetyki, ale w sposób indukcyjny (empiryczny), problem ten miałby pozytywne rozwiązanie. W rzeczywistości to właśnie indukcja (w szczególności indukcja transfinitowa) pozwoliła niemieckiemu matematykowi Gerhardowi Genzenowi (1936) udowodnić spójność arytmetyczną i odrębnych działów analizy matematycznej. Nie ulega wątpliwości, że Genzen musiał złagodzić zakazy dotyczące metod dowodowych dozwolonych przez program Hilberta.

R. Penrose w swojej książce "The New King's Mind" całkiem słusznie widzi w twierdzeniu Gedela o niekompletności jedno z podstawowych ograniczeń naturalnej i sztucznej inteligencji. Ale to ograniczenie powinno być rozumiane w następujący sposób. Zgodnie z twierdzeniem Gödla, ludzki mózg nie może zrozumieć rzeczywistości, odgradzając ją za pomocą zamkniętych (zamkniętych) algorytmów. Ponieważ kryterium prawdy jest praktyka (obserwacja, eksperyment), każdy algorytm musi opierać się na tej praktyce. Logika indukcyjna, która nieustannie stara się uogólniać wyniki obserwacji i eksperymentów, odpowiada teorii niekompletności Gödela. Innymi słowy, struktura tej logiki nie stoi w sprzeczności z ograniczeniami, które wynikają z odkrycia Gödela.

Analogia między wynikiem Gedela a zasadą Bertalanfiego-Prigożyna o otwartości rozpraszających się systemów samoorganizacji pozwala zrozumieć szereg uwag rosyjskiego matematyka A.N.Parshina dotyczących twierdzenia Gedela. W swoim artykule "Reflections on the Gedel Theorem" (Journal of Philosophy Questions, 2000, No. 6) cytuje najpierw opinię słynnego amerykańskiego matematyka Paula Josepha Cohena: "Życie byłoby o wiele przyjemniejsze, gdyby program Hilberta nie został zachwiany odkryciami Gedela". Następnie A.N.Parshin wyraża swoją opinię w tej sprawie: "Gdyby nie było twierdzenia Gödela, życie nie tylko nie byłoby przyjemniejsze, ale po prostu nie istniałoby" (Parshin, 2000, s. 94). Kontynuuje on: "W biologii musi istnieć również twierdzenie Gödla, które pokazuje, że niemożliwe jest pełne opisanie żywych organizmów w kategoriach czysto genetycznych" (tamże, s. 109).

Czytelnik prawdopodobnie już się domyślił, że analogiem do twierdzenia Gödla działającego w biologii jest zasada Bertalanfi-Prigozhina o otwartości systemów samoorganizujących się.

Teraz zobaczmy, co by się stało, gdyby ta zasada została uchylona. Wyobraźmy sobie populację biologiczną (doskonały przykład systemu rozproszonego), w której procesy genetyczne zachodzą same z siebie, bez wpływu warunków środowiskowych. Wiadomo, że jeśli nie ma takiego wpływu, nie ma selekcji naturalnej (hodowlanej). Tymczasem głównym procesem ewolucyjnym jest selekcja naturalna, w wyniku której wzrasta liczba osobników o maksymalnej zdolności adaptacyjnej (cechy najbardziej użyteczne) w populacji, a spada liczba osobników noszących cechy niepożądane (niedożywotnie). W tym przypadku (jeśli nie ma selekcji), mutacje genetyczne występujące w populacji nie zostaną "posortowane" na pozytywne i negatywne. Ponieważ szkodliwe mutacje (niepożądane zmiany w molekułach DNA) nie zostaną odrzucone, ich rozmieszczenie w populacji szybko doprowadzi do ich śmierci. Tak więc bez mechanizmu selekcji, którego rolę odgrywają warunki środowiskowe, życie zatrzymałoby się już na poziomie pierwszych form jednokomórkowych, czyli na pierwszych etapach ewolucji biologicznej. Świadczy to o tym, że sam aparat genetyczny, dostępny w każdym żywym organizmie, nie jest wystarczający do realizacji procesów ewolucyjnych. Konieczne jest również, aby aparat ten był otwarty na wpływ środowiska zewnętrznego, które koryguje proces mutacji poprzez przesiewanie szkodliwych mutacji ("błędnych" fragmentów tekstu genetycznego). Z tego widać, jak ważna dla ewolucji tych systemów jest zasada otwartości systemów rozproszonych, sformułowana przez L. Bertalanfiego i I. Prigozhina. W szczególności ukazuje ona, słowami A.N.Parshina, "niemożność pełnego opisu organizmów żywych w kategoriach czysto genetycznych".

Podobnie, jeśli wyobrazić sobie, że mechanizmy wyboru nowych idei, takich jak obserwacja i eksperymentowanie, zniknęły z ludzkiej kultury, to prawdziwe i fałszywe idee zyskałyby równy status, uniemożliwiając poprawne myślenie i działanie. Nie da się odróżnić użytecznych wynalazków ludzkiego umysłu od bezużytecznych (użyteczność, tj. skuteczność tej czy innej technologii jest zdeterminowana przez praktykę, wpływ jej oddziaływania na nasze życie). W tym przypadku człowiek nie mógł nawet wymyślić kamiennego topora, ponieważ aby uświadomić sobie jego praktyczną użyteczność, trzeba wielokrotnie obserwować pozytywny efekt jego użycia w codziennym życiu. A ponadto, konieczne jest indukcyjne uogólnienie zaobserwowanych faktów "celowości" użycia toporów (człowiek nauczył się używać indukcji na długo przed tym jak Arystoteles opisał to w swoich pracach nad logiką). Posiadanie intelektu nie jest więc wystarczającym warunkiem do zrozumienia świata. Ten intelekt i stosowane przez niego algorytmy muszą być otwarte na informacje uzyskane w wyniku obserwacji i eksperymentów. I ten wymóg jest główną treścią twierdzenia Gödela o niekompletności, jeśli spojrzymy na niego jako na postulat, który zakazuje skutecznego funkcjonowania zamkniętych algorytmów (zamkniętych systemów formalnych).

9. Sztuczna inteligencja dzisiaj i jutro.

Percepcja sensoryczna

Człowiek uczy się świata poprzez zmysły. Sensoryczna percepcja zjawisk otaczającego świata jest początkowym ogniwem w łańcuchu zdarzeń związanych z gromadzeniem i przetwarzaniem informacji (sygnałów wejściowych). Percepcja sensoryczna opiera się na pracy indywidualnego systemu zmysłowego, który obejmuje pięć rodzajów wrażliwości: wzrok, słuch, zapach, dotyk i smak. W związku z tym, percepcja jest inicjowana przez zewnętrzne sygnały (bodźce) składające się ze światła, dźwięku, związków molekularnych i ciśnienia. Bodźce te, wykrywane przez zmysły, są przekształcane (przekształcane) w komunikaty rozumiane przez mózg. Ilość informacji dostępnych dla zmysłów jest ogromna. Sam system wizualny może przekazywać do mózgu 4,3×106 bitów informacji na sekundę. Percepcja zjawisk zachodzi jednocześnie z ich interpretacją (przedstawieniem) przez mózg. Interpretacja ta opiera się na wiedzy z przeszłości, która z kolei jest korygowana i uzupełniana o nowe sygnały zmysłowe. Istnieje wiele pętli sprzężenia zwrotnego, a procesy percepcji i pierwotnego przetwarzania uczuć są tak wzajemnie powiązane, że nie można ich w ogóle od siebie oddzielić. Dzięki wiedzy z przeszłości (pamięci) niektóre sygnały nabierają znaczenia, podczas gdy inne są ignorowane. Mózg "widzi" istotne (ważne) oznaki otoczenia, nie przywiązując wagi do tych drugorzędnych. Innymi słowy, w sytuacji postrzegania niezliczonych oznak otoczenia, starannie dobieramy ilość i rodzaj informacji, które powinny być brane pod uwagę. Zauważamy oznaki podobieństwa i rozróżnienia między obiektami, na podstawie przeprowadzonej kategoryzacji, dotyczącej obiektów o różnych znakach do poszczególnych grup (klas, zbiorów).

Współczesna sztuczna inteligencja nie ma pełnej percepcji zmysłowej. Jeśli pokażesz swojemu dziecku zdjęcie i poprosisz, aby wcisnęło guzik, jeśli znajdzie kota na zdjęciu wśród wielu innych przedmiotów, dziecko udzieli prawidłowej odpowiedzi w ciągu pół sekundy od zapoznania się z tym zdjęciem. Dla nowoczesnego komputera takie zadanie jest bardzo trudne lub wręcz niemożliwe. Komputer nie może rozpoznać obrazu, jeśli został on przesunięty, obrócony, powiększony lub w inny sposób zmieniony. Jednak ludzki mózg z łatwością poradzi sobie z takim problemem.

Powodem jest to, że mózg, odbierając sygnały wejściowe, które stale się zmieniają, tworzy niezmienne (abstrakcyjne) struktury, czyli niezmienne reprezentacje. Kiedy widzimy, czujemy lub słyszymy, kora mózgu otrzymuje wrażenia, które utrzymują się w niezmiennej formie. Zapamiętywanie, zapamiętywanie (wydobywanie) i rozpoznawanie (identyfikacja) sygnałów występują na poziomie form niezmiennych. Komputery nie są do tego zdolne. Nawet jeśli pewnego dnia wyposażymy je w pięć podstawowych zmysłów (analizatorów) i pamięć, która przechowuje informacje o świecie, to nie będzie to wystarczające. Konieczne będzie, aby wszystkie strefy sensoryczne komputera i jego pamięci działały jako jedna całość. W tym jednym, kompleksowym systemie sensorycznym, który integruje percepcję obrazów, dźwięków, dotyków i wielu innych, przepływ informacji musi krążyć w górę i w dół złożonej, rozgałęzionej hierarchii.

Zasada sprzężenia zwrotnego, zapewniająca interakcję różnych struktur zmysłowych z ośrodkami przechowywania i przetwarzania informacji, powinna stać się podstawową zasadą sztucznej inteligencji. Należy zauważyć, że ludzki mózg jest przesiąknięty sprzężeniem zwrotnym. Na przykład, wymiana pomiędzy nową korą mózgową (neokortą) a wszystkimi innymi częściami mózgu, w tym wzgórzem (głównym centrum podkorowym), jest zorganizowana w taki sposób, że liczba informacji zwrotnych jest prawie dziesięciokrotnie większa niż liczba informacji zwrotnych wychodzących! Według J. Hawkinsa, "oznacza to, że na każde włókno, które podaje informację do neokorty, przypada dziesięć włókien, które wysyłają informację zwrotną do zmysłów" (Hawkins, 2007, s. 33).

Pamięć

Pojemność pamięci nowoczesnych komputerów stale rośnie, ale struktura ich pamięci różni się zasadniczo od sposobu, w jaki ludzki mózg przechowuje i pobiera informacje. Można wyliczyć główne cechy naszej pamięci opisane przez J. Hawkinsa (2007):

- neokorta zapamiętuje sekwencje elementów, a nie poszczególne elementy otaczającego ją świata;
- Neocortex pamięta sekwencje automatycznie;
- Neocortex zapamiętuje sekwencje w formie niezmiennej;
- Neocortex zachowuje sekwencje w sposób hierarchiczny.

Przykładem zapamiętywania sekwencji elementów jest badanie alfabetu. Wszyscy znamy ten alfabet, ale jeśli spróbujemy wymówić go w odwrotnej kolejności, łatwo jest się upewnić, że nie jest to takie proste zadanie. W naszej pamięci alfabet jest reprezentowany jako ciąg sygnałów. Dlatego nie można go od razu wydobyć lub odzyskać w przypadkowej kolejności. Zapamiętywanie utworu jest kolejnym przykładem sekwencji czasowej. Znając piosenkę, nie możesz zapamiętać jej słów w odwrotnej kolejności, ani przykryć całą piosenkę swoją uwagą. Pamiętamy to tylko w kolejności, w jakiej się tego nauczyliśmy. Tak samo jest z wieloma innymi informacjami. W przeciwieństwie do naszego mózgu, pamięć komputerowa nie przechowuje sekwencji sygnałów. Jak zauważa J. Hawkins, można to osiągnąć za pomocą różnych modyfikacji oprogramowania, ale pamięć komputera nie jest w stanie automatycznie wykonać takiego zadania.

Nasza pamięć ma charakter auto-socjatywny. Neurony, które specjalizują się w przechwytywaniu sygnałów wejściowych, stale je ze sobą kojarzą. Porównanie (porównanie) różnych elementów i fragmentów informacji określa naszą zdolność do zauważania podobieństw między nimi, co ostatecznie pozwala nam na wyciągnięcie analogii między faktami i ideami. W procesie rozwiązywania złożonych problemów mózg, poprzez asocjację, wydobywa z pamięci wiedzę wcześniej wykorzystywaną do rozwiązywania podobnych problemów i wykorzystuje ją w nowej sytuacji. Nawet słowa są przechowywane w neokorycie w stanie pokrewnym (powiązanym).

Okoliczność ta jest dobrze znana psycholingwistom, którzy wprowadzili pojęcie logogenu, elementu modelu rozpoznawania słowa (bloku pamięci, który jak "węzeł" łączy wszystkie aspekty słowa). T.N.Ushakova zauważa w swojej książce "Psycholingwistyka" (2006): "Zestaw połączeń międzywerbalnych tworzy tzw. sieć werbalną (web)". Sieć werbalna to edukacja psychofizjologiczna rozwijana w dzieciństwie (przy nauce nowych języków - w każdym wieku), a następnie stale istniejąca w mózgu w trakcie jego życia. Wszystkie słowa znane człowiekowi są zawarte w jego strukturze w postaci logogenów. Łączenie wielu "intergenicznych", międzywerbalnych połączeń, logogenów staje się elementami składowymi, węzłami sieci werbalnej" (Ushakova, 2006, s. 207). Wybór logogenu nazwy (słowa) powoduje aktywację odpowiedniego pola w sieci słownej. Słowa związane z odnalezioną nazwą i kliknięciami słownymi przechodzą do stanu aktywnego. Na podstawie rozproszonej aktywacji rozróżnia się specyficzne logogeny słowne odpowiednie dla danego przypadku. Wyszukiwanie całego zbioru słów nadających się do wyrażenia rzeczywistej, werbalnej, jeszcze nie sformalizowanej intencji odbywa się jako ruch (wędrówka) po ścieżkach sieci werbalnej (sieć neuronów przechowująca cały znany nam leksykon). Dzięki auto-asocjatywnej naturze naszej pamięci jesteśmy w stanie zdefiniować (zapamiętać) obiekt na jednym atrybucie, a na obiekcie - na wszystkich zestawie atrybutów. Innymi słowy, nasz mózg jest w stanie uzupełnić obrazy, odtworzyć kompletny obraz w oparciu o niekompletne lub zniekształcone informacje wejściowe.

Nowoczesne komputery nie mogą tego zrobić. Naukowcy od dziesięcioleci starają się realizować auto-asocjatywne wspomnienia w sztucznych sieciach neuronowych, ale wyniki nie są jeszcze bardzo imponujące. Komputery poszukują wiedzy w pamięci konsekwentnie, a nie asocjacyjnie, na co poświęcają ogromną ilość czasu. Jak zauważa J. Luger w swojej książce "Sztuczna inteligencja" (2003), "ludzie radzą sobie szybciej, gdy otrzymują więcej informacji, podczas gdy komputery, przeciwnie, spowalniają pracę". Spowolnienie to wynika ze zwiększonego czasu poświęcanego na sekwencyjne przeszukiwanie bazy wiedzy" (Luger, 2003, s.52).

Jednym ze sposobów na zwiększenie wydajności pamięci komputera może być zastosowanie tzw. algorytmów chaotycznych. Wielu badaczy pokłada wielkie nadzieje w takich algorytmach, w szczególności oczekują, że sztuczna inteligencja zostanie obdarzona asocjacyjnym poszukiwaniem informacji. A.Dmitriev pisze w swoim artykule "Chaos, fraktale i informacje" (Journal of Science and Life, 2001, № 5): "Niebieski sen użytkowników to możliwość wyszukiwania melodii, klipu wideo lub niezbędnych zdjęć nie według ich atrybutów (nazwa katalogu i pliku, data powstania itp.), ale według treści lub skojarzeń, tak aby na przykład można było znaleźć i odtworzyć fragment melodii. Okazuje się, że takie asocjacyjne poszukiwania mogą być prowadzone z wykorzystaniem technologii opartych na deterministycznym chaosie" (Dmitriev, 2001, s.50).

Mówiliśmy już o takiej zasadzie ludzkiej pamięci jak formowanie reprezentacji inwariacyjnych, jednak podajmy jeszcze jeden przykład działania tej zasady, zapożyczony z monografii J. Hawkinsa "O intelekcie" (2007 rok). Wyobraźmy sobie, że trzymamy w rękach książkę. Jeśli obrócimy książkę, zmienimy oświetlenie lub pozycję naszego ciała na krześle, przymocujemy nasze oczy na różnych częściach książki, sygnały świetlne uderzające w siatkówkę naszego oka zmienią się całkowicie. Sygnały wizualne, które odbieramy, są różne w każdej chwili. Jednak ani przez chwilę nie będziemy mieć wątpliwości, że trzymamy w rękach tę samą książkę. Wewnętrzny model "tej książki", jaki posiada nasz mózg, nie zmienia się nawet w warunkach zmienności informacyjnej. Wyjaśnia to fakt, że pomimo całej zmienności przychodzących sygnałów, mózg tworzy niezmienną reprezentację. Do tej pory maszyny komputerowe nie są w stanie zrobić tego samego. Sztuczna inteligencja jest w stanie zapisać wiele obrazów twarzy składających się z czarno-białych kropek. Ale jeśli każdy punkt obrazu zostanie przesunięty o pięć pikseli w prawo, maszyna nie będzie w stanie rozpoznać twarzy. Dla Sztucznej Inteligencji jest to zupełnie nowy model, ponieważ rozmieszczenie pikseli w nim nie pasuje do pierwotnego modelu.

Czwarta zasada naszej pamięci, odróżniająca mózg od maszyn obliczeniowych, to hierarchiczny sposób przechowywania informacji. Każdy system hierarchiczny charakteryzuje się tym, że niektóre elementy znajdują się wyżej, a inne niżej. Wszystkie strefy funkcjonalne mózgu "żyją" w tej samej tkance korowej. Ale jedna strefa jest "nad" lub "pod" inną, w zależności od tego, jak są one połączone i współdziałają ze sobą. Podstawowe strefy sensoryczne mózgu, które bezpośrednio zasilają informacje o otaczającym je świecie, są dolnymi strefami funkcjonalnymi. Obszary te przetwarzają podstawowe informacje na najprostszym, najbardziej podstawowym poziomie.

Na przykład, informacja wizualna wchodzi do kory mózgowej przez główną strefę wizualną (strefa V1). Strefa V1 jest odpowiedzialna za odbiór małych segmentów konturu, prostych składowych ruchu, podstawowych kolorów, sygnałów kontrastu. Strefa V1 wysyła informacje do innych stref, zwanych strefami drugorzędnymi (strefy V2), które tworzą całościowe obrazy z poszczególnych szczegółów. Z kolei strefy wtórne, po przetworzeniu sygnałów, przekazują je do stref asocjacyjnych, gdzie następuje porównanie (asocjacja) różnych obrazów holistycznych. Podobna struktura hierarchiczna istnieje nie tylko w korze wzrokowej, ale także w innych częściach mózgu (słuchowej, dotykowej, motorycznej itp.).

Sygnały informacyjne w korze mózgowej są przekazywane w dwóch kierunkach: od stref niższego rzędu do wyższych i z powrotem, w kierunku opadania, a odwrotne przepływy informacji, idąc od góry do dołu, mają większe nasycenie informacyjne. W ten sposób realizowana jest zasada informacji zwrotnej, która odgrywa ważną rolę w funkcjonowaniu układu nerwowego. Należy zauważyć, że współczesne komputery nie posiadają hierarchicznej organizacji pamięci, co może być jedną z przyczyn ich niezdolności do samouczenia się, ponieważ samouczenie się polega na konsekwentnym przechodzeniu od konkretnej (szczegółowej, fragmentarycznej) wiedzy do abstrakcyjnych (uogólnionych, holistycznych) reprezentacji.

Zrozumienie mowy

We wczesnych latach 50. wiele komputerów myślowych było bardzo pomocnych w tłumaczeniu z języka na język. Uznano, że wystarczy tylko załadować odpowiedniki słownictwa do komputera, wprowadzić jeden język i uzyskać dane wyjściowe z innego. Jednak nawet jeśli jedno do drugiego tłumaczenie jest wykonywane w kontekście informacji składniowych, wyniki są dość dziwne. R. Solso zauważa w swojej książce "Psychologia poznawcza" (2002): "Przykładowo, kiedy fragment z Biblii "Duch dąży, ale ciało jest słabe" został przetłumaczony na rosyjski, a potem z powrotem na angielski, okazało się - "Wino było przyjemne, ale mięso zgniłe" (Solso, 2002, s. 480). Nowoczesne programy do rozpoznawania mowy działają z powodzeniem tylko w bardzo ograniczonych sytuacjach, gdy liczba słów, które dana osoba może wymówić w każdym konkretnym momencie jest ściśle ograniczona. Ale ludzie łatwo rozpoznają mowę, ponieważ neokorta nie tylko odbiera pojedyncze słowa, ale także antycypuje treść całych zdań i ramy ogólnego kontekstu. W procesie rozpoznawania mowy przewidujemy idee, zwroty i pojedyncze słowa. Co więcej, kora mózgowa robi to wszystko automatycznie. Potrzeba przewidywania wynika z tego, że komunikaty słowne, które ludzie wymieniają, zależą od kontekstu i wielu innych rzeczy, które nie pozwalają na jednoznaczną interpretację wypowiedzi.

Wielu współczesnych psycholingwistów podkreśla zmienność sygnału mowy, jej fundamentalną niedoskonałość, w wyniku której słuchacz nie tyle pobiera informacje z akustycznego sygnału mowy, co rekonstruuje przekaz, opierając się na niektórych znakach akustycznych i stosując procedury heurystyczne w oparciu o możliwie najszersze podstawy - od wiedzy rozmówcy do ogólnego obrazu świata. Niektóre sytuacje percepcji i rozumienia mowy obejmują etap probabilistycznej identyfikacji słowa w ramach równie probabilistycznych struktur składniowych. W mowie ludzkiej to, co nie jest powiedziane, jest tak samo ważne dla skutecznej komunikacji, jak to, co jest powiedziane. Aby zrozumieć ukrytą zawartość tekstu, należy użyć różnych rodzajów wnioskowania.

Niezdolność komputera do prawidłowej interpretacji mowy wynika z faktu, że działa on w oparciu o program, który zawiera, a nie z własnego doświadczenia. Dziecko uczy się słownictwa, w którym każde słowo oznacza przedmiot, czynność lub cechę charakterystyczną przedmiotu poprzez naukę. Z kolei dorośli mają stały wpływ na ten proces uczenia się poprzez zachęcanie dziecka do poprawnego działania mowy i korygowania błędów. Kiedy sytuacja (podmiot, działanie) jest postrzegana i jednocześnie brzmiące słowo jest wypowiadane przez dorosłych, mózg dziecka łączy (kojarzy) sytuację ze słowem. Wielokrotne powtarzanie się tych powiązanych ze sobą zdarzeń prowadzi do kształtowania się stereotypów, czyli do zrozumienia znaczenia pewnych słów, które są przechowywane w pamięci.

W tym przypadku możliwe są uogólnienia opisane w schemacie: słowo to często brzmiało w tym samym czasie, gdy przedstawiano konkretny obiekt lub wykonywano akcję, dlatego też słowo to jest związane z tym lub tamtym obiektem lub akcją. Takie uogólnienia są ważnym elementem ontogenezy mowy. Ostatecznie przyczyniają się do uogólnionego skojarzenia (abstrakcyjnego stereotypu): każda rzecz lub działanie ma swoją nazwę. Według T. N. Ushakovej "procesy asocjacyjne łączące wrażenia postrzeganych przedmiotów z postrzeganiem dźwięku słów je nazywających odgrywają ważną rolę również w ontogenezie mowy. Obserwacje pokazują, że wchodzą one w życie już w bardzo młodym wieku: dowodem na to są powszechnie praktykowane przez nauczycieli wszelkiego rodzaju klisz słownych, dostosowanych do rozwoju i promowania u dzieci skojarzeń międzywerbalnych (gęsi, gęsi - ga-ga-ga; małpy - chi-chi, itp.). Sieć werbalna" tworzona jest na podstawie skojarzenia istniejących lokalnie struktur werbalnych (często struktury te odpowiadają poszczególnym nazwom). Wtedy nazwy tracą swoją izolację i w ten sposób zamieniają się w słowa języka, jego składnika leksykalnego. Tworzy się stabilny obszar indywidualnej wiedzy i pamięci werbalnej" (Ushakova, 2006, s.203). Opanowanie słów (rzeczowników, przymiotników i czasowników) oraz pierwszych reguł gramatycznych przyjętych przez naśladownictwo pozwala na konstruowanie najpierw prostych zwrotów, a następnie złożonych zdań.

Aby zrozumieć mowę, czyli znaczenie zdań, które przekazują istotę pewnych sytuacji, komputer musi przede wszystkim mieć doświadczenie zetknięcia się z tymi sytuacjami. Dlatego J. Hawkins notuje: "Aby w pełni zrozumieć ludzką mowę, maszyna musi mieć wiele do 'przeżycia' i 'nauczenia się' tych samych rzeczy co ludzie. Stworzenie rozsądnej maszyny, która rozumie język tak dobrze jak ty i ja, może nam zająć wiele lat" (Hawkins, 2007, s. 213). Tak też mówią S. Russell i P. Norwig w "Sztucznej inteligencji" (2006): "Zadanie tłumaczenia jest trudne, ponieważ, ogólnie rzecz biorąc, wymaga głębokiego zrozumienia tekstu, a to z kolei wymaga głębokiego zrozumienia danej sytuacji. Stwierdzenie to jest ważne nawet dla bardzo prostych tekstów, w szczególności dla "tekstów jednosłownych" (Russell, Norwig, 2006, s. 1025).

Podsumowując, sztuczna inteligencja zdolna do rozumienia języka naturalnego potrzebuje co najmniej: reguł semantycznych i składniowych;

bazy wiedzy o świecie i kontekście społecznym; niektórych metod przetwarzania niejasności w powszechnie używanym języku.

Wykonywanie złożonych aktów prawnych dotyczących silników

Człowiek nie mógłby zdobyć wiedzy, gdyby nie miał ciała. Aby otrzymać informacje o strukturze otaczających go obiektów, konieczne jest fizyczne oddziaływanie na nie, a formy oddziaływania są tak liczne, że nie sposób ich wyliczyć. Jednym z czynników, które doprowadziły do wzrostu wiedzy ludzkiej była produkcja narzędzi. Do wykonania kilkudziesięciu różnych operacji silnikowych związanych z produkcją pistoletów potrzebna była ręka zwolniona z funkcji chodzenia. Wraz z pojawieniem się nauk eksperymentalnych, które dały silny impuls do rozwoju społecznego, rola ludzkiej ręki wzrosła wielokrotnie. Wszakże inscenizacja dowolnego eksperymentu wiąże się z "ręczną" produkcją najróżniejszych urządzeń i środków technicznych do zagłębiania się w tajemnice natury. Uderzającym przykładem jest inscenizacja eksperymentów, które pozwoliły zbadać niezwykłe właściwości elektroniczne grafenu, za co fizycy krajowi K. Novoselov i A. Geim otrzymali w 2010 roku Nagrodę Nobla. A.W swoim wykładzie Noblowskim "Przypadkowe wędrówki: nieprzewidywalna droga do grafenu" (Journal of Physical Sciences, 2011, Vol. 181, No. 12) Geim pisze o niewiarygodnie delikatnej pracy palców wymagającej produkcji kryształów grafitu do badania ich właściwości elektronicznych: "Aby przesunąć taki kryształ (o grubości ~ 20 nm) pincetą ze szkockiej, a następnie wykonać cztery bliskie kontakty używając jedynie srebrnej pasty i wykałaczek, wymagany jest najwyższy poziom umiejętności eksperymentalnych. W dzisiejszych czasach niewielu eksperymentatorów ma palce na tyle mądre, by zrobić takie próbki" (Gra, 2011, s.1290).

Praca rąk, o której mówimy, musi stać się dodatkiem do sztucznej inteligencji, jeśli chce zbliżyć się do doskonałości ludzkiego umysłu (umysł bez ręki to bezradne dziecko). Obecnie subtelność i elegancja ruchów rąk są niedostępne dla maszyn (robotów). Kiedy specjaliści próbują zaprogramować ruch ramienia robota tak, aby mógł on złapać latającą piłkę, muszą rozwiązać skomplikowane równania matematyczne. Najpierw starają się obliczyć trajektorię lotu piłki i określić jej pozycję przestrzenną w momencie kontaktu z ręką. Następnie wykonują obliczenia, określając wszystkie zakręty ręki robota, tj. pozycje ręki robota w różnych punktach w czasie.

Ale ludzki mózg inaczej rozwiązuje zadanie przechwytywania piłki. Po prostu odnosi się do pamięci, która przechowuje zespoły motoryczne, aby złapać piłkę. Te komendy silnikowe pojawiają się w pamięci po tym, jak nauczyłeś się już łapać latającą piłkę metodą prób i błędów. Mózg nie rozwiązuje żadnych złożonych równań, po prostu automatycznie aktywuje pamięć sekwencji ruchów potrzebnych do przechwycenia obiektu. J.

Hawkins w swojej książce "On Intelligence" (2007) opisuje tę sytuację następująco: "Pamięć o tym, jak złapać piłkę, nie została zaprogramowana w twoim mózgu. Nauczyłeś się tego w procesie życia, więc informacje nie są obliczane, ale przechowywane w twoich neuronach korowych" (Hawkins, 2007, s. 72).

Pamięć rozkazów ruchowych tkwiąca w ludzkim mózgu podlega tym samym zasadom, co pamięć sygnałów wizualnych, słuchowych i dotykowych: 1) zapamiętywanie sekwencji elementów, 2) autosocjatywne wyodrębnianie sekwencji elementów, 3) pamięć sekwencji elementów w postaci niezmiennej, 4) hierarchiczna organizacja pamięci. Podobnie jak w przypadku tworzenia się śladów pamięci na sygnałach wizualnych i słuchowych, sprzężenie zwrotne odgrywa istotną rolę w tworzeniu informacji o poleceniach ruchowych w naszym mózgu.

Po raz kolejny musimy stwierdzić, że aby perfekcyjnie opanować rękę i inne kończyny, sztuczna inteligencja nie potrzebuje programowania, ale samouczenia się. Z łatwej ręki teoretyków sztucznej inteligencji, to samokształcenie zostało nazwane przez przykłady "indukcyjnym uczeniem się". A.A.Żdanow, analizując chodzenie nowoczesnych robotów w książce "Autonomiczna sztuczna inteligencja" (2008), pisze: "...Nawet w najnowocześniejszych robotach nie można symulować chodzenia człowieka ani pod względem jego prędkości, ani pod względem jego właściwości. A co więcej, słynne antropomorficzne roboty do chodzenia, które wyglądają spektakularnie, nie kierują się tymi samymi zasadami, co chodzenie ludzkie, dlatego też ich postępu w umiejętności chodzenia nie można porównywać z rozwojem chodzenia od małpy do człowieka. Współczesne roboty chodzą tylko dzięki dokładnemu matematycznemu modelowi chodzenia, a nie w wyniku samouczenia się" (Żdanow, 2008, s. 251).

Dlatego też sztuczna inteligencja powinna być obdarzona zdolnością do wykonywania złożonych czynności ruchowych, dla których będzie musiała być wyposażona w system przechowywania informacji o zespołach ruchowych, z zachowaniem zasad asocjacyjnego, hierarchicznego i niezmiennego kodowania tych informacji.

Problem z łącznością

Ze względu na fakt, że percepcja zmysłowa, rozumienie mowy, wykonywanie złożonych czynności ruchowych, realizacja innych funkcji jest niemożliwa bez hierarchicznego systemu pamięci, głównym zadaniem stworzenia rozsądnej maszyny jest stworzenie podobnego systemu przechowywania i wyszukiwania informacji. Z kolei główna trudność w stworzeniu tego systemu pamięci będzie polegała na rozwiązaniu problemu łączności, podobnej do łączności miliarda komórek nerwowych (neuronów) żywego mózgu. Faktem jest, że w ludzkim mózgu pod cienką warstwą kory mózgowej znajduje się biała substancja składająca się z miliona aksonów. Łączy ona obszary korowej hierarchii razem. Pojedyncza komórka korowa (neuron) może być połączona z 5 lub 10 tys. innych komórek. "Ten rodzaj połączenia równoległego na dużą skalę", pisze J. Hawkins, "nie może być realizowany w oparciu o tradycyjne techniki produkcji chipów silikonowych". Ten ostatni powstaje przez nałożenie kilku warstw metalu, z których każda jest oddzielona od kolejnej substancji izolacyjnej. (Ten proces warstwowania nie ma nic wspólnego z warstwami kory mózgowej). Warstwy metalu trzymają "druty" chipa. W obrębie jednej warstwy, "przewody" nie przecinają się. W związku z tym całkowita liczba przewodów w chipie jest ograniczona. Na podstawie takich połączeń absolutnie niemożliwe jest stworzenie mózgopodobnego systemu pamięci, dla którego miliony takich połączeń są naprawdę niezbędne. Chipy silikonowe i biała masa nie są ze sobą zbyt kompatybilne" (Hawkins, 2007, s. 205).

Z powyższego wynika, że konieczne jest porzucenie tradycyjnych układów scalonych (mikroprocesorów półprzewodnikowych) i poszukiwanie nowych rozwiązań. W rzeczywistości, dość obiektywne okoliczności skłaniają do takiej odmowy: w ostatnich latach zaczęła się pojawiać fizyczna granica wielkości elementów obwodu. Jednym ze sposobów na rozwiązanie tego problemu jest elektronika na bazie odrębnych cząsteczek organicznych (elektronika organiczna). Wykorzystuje organiczne małe i polimerowe cząsteczki oraz dendrymery - rozgałęzione makromolekuły o regularnej symetrycznej strukturze.

Idea wykorzystania poszczególnych cząsteczek jako elementów aktywnych w elektronice została wyrażona przez R. Feynmana już w 1957 roku. Cząsteczka ta jest naturalną granicą miniaturyzacji, a liczne badania właściwości elektrycznych różnych materiałów organicznych otwierają drogę do realizacji tego przewidywania przez R. Feynmana. Istnieje wiele złożonych cząsteczek organicznych, ich właściwości - chemiczne i elektroniczne - są bardzo zróżnicowane. Możliwe jest zsyntetyzowanie milionów różnych cząsteczek, zastępując w nich odrębne bloki, jak w konstruktorze dziecięcym, i tworzenie w ten sposób dużych (polimerów i dendroimerów) i małych cząsteczek, delikatnie różnicując ich funkcje. Wiele molekuł można łatwo rozpuszczać w rozpuszczalnikach chemicznych i ten roztwór, jako atrament, może drukować schematy. Taniość materiałów i produkcji otwiera wielkie perspektywy dla elektroniki organicznej, jedną z nich jest niewątpliwie przeniesienie urządzeń elektronicznych na nową bazę elementów. Istnieje realna możliwość stworzenia zupełnie nowego typu urządzeń obliczeniowych (informacyjnych) - komputerów molekularnych, w których elementami roboczymi będą odrębne molekuły.

Jak pisze A.V.Kuhto w swoim artykule "Organic Electronics: Yesterday, Today, Tomorrow" (Journal of Chemistry and Life, 2013, № 2), "takie komputery molekularne mogą być w zasadzie miliardy razy bardziej wydajne niż istniejące urządzenia obliczeniowe oparte na tranzystorach krzemowych, i będą łatwiejsze do podłączenia do obiektów biologicznych. Komputer składa się z trzech głównych typów komponentów - przełączników (klawiszy, tranzystorów), elementów pamięci i przewodów.

Cz±steczki bistabilne, tj. cz±steczki o dwóch (lub więcej) stabilnych termodynamicznie stanach, mog± stać się podstaw± pierwiastków nowej generacji komputerów. Takie molekuły mogą być sterowane przez światło, pole elektryczne i reakcje chemiczne; niektóre z nich mają konfigurację elektroniczną dostrojoną przy przełączaniu, a geometria pozostaje prawie taka sama" (Kuhto, 2013, s. 5-6).

"Pamięć komputera molekularnego," wyjaśnia A.V. Kuhto, "może być oparta na tych samych zasadach, co przełączniki, czyli bistabilne molekuły. Tworzenie urządzeń pamięci molekularnej jest obecnie najbardziej rozwiniętym obszarem. Co więcej, w komputerach molekularnych będzie można zapisywać informacje optyczne nie tylko na powierzchni aktywnego nośnika, jak to się obecnie robi, ale także w objętości; pamięć stanie się trójwymiarowa" (tamże, s. 6).

Tak więc, pełnowartościowe procesy samouczenia się będą dostępne dla komputera, gdy nabędzie on potężny auto-asocjatywny system pamięci, a do stworzenia takiej pamięci konieczne jest rozwiązanie technicznego problemu łączności. Gdy tylko znajdą się środki do jego rozwiązania (środki te, jak mówiliśmy, zapewniają organiczną elektronikę), komputery naprawdę zbliżą się do możliwości ludzkiej inteligencji.

Głębokie sieci neuronowe

Ważnym krokiem w kierunku stworzenia indukcyjnych maszyn do nauki jest rozwój sztucznych sieci neuronowych, które naśladują aktywność naszego mózgu składającego się z miliardów neuronów oddziałujących na siebie za pomocą synaps (punktów styku pomiędzy procesami neuronalnymi). Oczywiście, sztuczne sieci neuronowe (ANN) nie są szczegółową kopią naszego mózgu; nie odtwarzają one w sposób wyczerpujący mechanizmów biologicznej aktywności neuronów, na co wielu ekspertów zwracało uwagę.

Na przykład, A.L.Shamis zauważa w swojej książce "Ways of Modeling Thinking" (2006): "...Istnieją dwie funkcje, które leżą u podstaw pracy FRSN (formalne sieci rozpoznawania neuronów - N.N.B.). Pierwszym z nich jest budowa separacji hiperpłaszczyzn w stałej przestrzeni znaków na neuronach. Drugim jest zbudowanie hierarchii rozpoznających, gdzie rozpoznający wyższego szczebla buduje płaszczyzny oddzielające w przestrzeni o pewnych cechach, które wynikają z wyników rozpoznającego niższego szczebla. Czy takie właściwości są wprowadzane do mózgu? Założenie, że prawdziwe neurony budują oddzielające hiperpłaszczyzny w stałej, identycznej dla wszystkich rozpoznawanych obiektów przestrzeni o pewnych cechach lub właściwościach, jest bardzo wątpliwe, a przynajmniej wymaga szczegółowego rozważenia i określenia miejsca tego, jeśli istnieje, to na pewno prywatnej funkcji w ogólnym obrazie mózgu. Możliwość kształtowania wartości przewodności synaptycznej poszczególnych neuronów (współczynniki w równaniach rozdzielających hiperpłaszczyzny) poprzez rozwiązanie wspólnego problemu w sieci, rodzaju problemu poszukiwania tych współczynników metodą odwrotnej propagacji błędu, jest wysoce wątpliwa. Powiązanie wszelkich funkcji logicznych z poszczególnymi neuronami jest więcej niż wątpliwe, co przekonują wyniki licznych prac neurofizjologicznych nad poszukiwaniem grawitacji pamięci" (Shamis, 2006, s. 200-201).

Jednak sztuczne sieci neuronowe są alternatywą dla programowalnych komputerów cyfrowych. Stosowane w takich obszarach jak rozpoznawanie wzorców, przetwarzanie sygnałów i kompleksowe sterowanie procesem, mają one ważną właściwość - zdolność do uczenia się na podstawie danych z lub bez interwencji nauczyciela.

Współczesna era sieci neuronowych rozpoczęła się od pionierskiej pracy W. McCullocha i W. Pittsa "Logiczne obliczanie idei związanych z aktywnością nerwową" (1943). W pracy tej W.McCulloch i W.Pitts opisali logikę obliczeń w sieciach neuronowych na podstawie wyników neurofizjologii i logiki matematycznej. Sformalizowany model neuronu odpowiadał zasadzie "wszystko albo nic". Naukowcy wykazali, że sieć składająca się z dużej liczby elementarnych jednostek przetwarzania informacji (neuronów formalnych) połączonych odpowiednio skonfigurowanymi i pracującymi synchronicznie połączeniami synaptycznymi jest zasadniczo zdolna do wykonywania dowolnych obliczeń. Jak podkreśla S. Khaikin w swojej książce "Sieci neuronowe", "wynik ten był prawdziwym przełomem w dziedzinie modelowania układu nerwowego". To on spowodował powstanie takich kierunków w nauce jak sztuczna inteligencja i sieci neuronowe" (Haikin, 2006, s.75).

Kolejnym ważnym krokiem milowym w rozwoju sieci neuronowych było wydanie książki D. Hebba "Organizacja Zachowania" (1949). Formułuje ona zasadę uczenia się neuronów, zgodnie z którą przy jednoczesnej aktywacji dwóch neuronów wzmacniane są połączenia synaptyczne pomiędzy nimi. Zasadę tę łatwo zapamiętać jako wyrażenie "Podekscytowani razem - połączeni razem". D.Hebb zasugerował, że w miarę jak organizm uczy się różnych form zachowań (rozwiązywania różnych zadań) w mózgu, połączenia neuronowe ulegają ciągłym zmianom i powstają zespoły neuronowe. Książka Hebb stała się źródłem inspiracji do tworzenia obliczeniowych modeli uczenia się i systemów adaptacyjnych.

15 lat po wydaniu klasycznej pracy W. McCullocha i W. Pittsa, F. Rosenblatt zaproponował nowe podejście do zadania rozpoznawania wzorców, oparte na wykorzystaniu perceptronu i nowej metody nauczania z nauczycielem. Głównym punktem tego podejścia było tzw. twierdzenie o konwergencji perceptronowej, którego pierwszy dowód uzyskał F. Rosenblatt w 1960 roku. W tym samym roku F. Rosenblatt zrealizował swój matematyczny (komputerowy) model percepcji informacji przez ludzki mózg w postaci maszyny elektronicznej "Mark-1". Maszyna ta była w stanie rozpoznać niektóre litery alfabetu angielskiego po przykładach.

W latach 60-tych, a więc w okresie dominacji perceptronów, wydawało się, że sieci neuronowe mogą rozwiązać prawie każdy problem. Jednak w 1969 roku M. Minskiy i S. Peypert wydali książkę "Perceptory", która matematycznie ściśle uzasadniała podstawowe ograniczenia perceptora jednowarstwowego. W niewielkiej części tej książki, poświęconej perceptronom wielowarstwowym, argumentowano, że jest mało prawdopodobne, aby ograniczenia perceptronów jednowarstwowych zostały przezwyciężone w ich wielowarstwowych wersjach. Wnioski M. Minskii i S. Peypert przyczyniły się do osłabienia zainteresowania sieciami neuronowymi w latach 70. Wielu badaczy opuściło ten obszar działalności. Tylko garstka entuzjastów tej dziedziny wspierała życie nauki o sieci neuronowej. Z technologicznego punktu widzenia lata siedemdziesiąte można uznać za lata stagnacji (niektórzy naukowcy przedłużają okres stagnacji do lat osiemdziesiątych, wymyślając dla niego termin "przedłużona zima AI").

W 1986 roku D. Rumelhart, J. Hinton i R. Williams opracowali metodę (algorytm) odwrotnej propagacji błędów, która stała się najpopularniejszą metodą nauczania wielowarstwowych perceptronów. Wraz z rozszerzeniem zakresu zastosowania tego algorytmu wzrosło zainteresowanie jego historią, co pokazało, że został on już opisany wcześniej w pracy doktorskiej P. Verbosa z 1974 r. na Uniwersytecie Harvarda. Praca ta była jednym z pierwszych udokumentowanych opisów metody optymalizacji gradientowej stosowanej w ogólnych modelach sieci, w tym w modelach sieci neuronowych. Późniejsi historycy odkryli, że specjaliści od teorii kontroli Arthur Bryson i He Yuqi odkryli podobny algorytm w 1969 r. - właśnie wtedy ukazała się książka M. Minskiy i S. Peypert "Perceptors", która zapoczątkowała "stagnację" w teorii INN.

Jak wyjaśnia Pedro Domingos w swojej książce "Najwyższy Algorytm" (2016), "odwrotna propagacja to szczególny przypadek strategii, bardzo powszechny w przyrodzie i technologii: jeśli trzeba szybko wspiąć się na górę, należy wybrać najbardziej stromy stok, jaki można znaleźć. Techniczny termin na to zjawisko to "gradient climb" (jeśli chcesz dostać się na szczyt) lub "gradient descount" (jeśli patrzysz na dolinę poniżej). Bakterie mogą poszukiwać pożywienia poruszając się zgodnie z gradientem stężeń, na przykład glukozy, i uciekać przed truciznami poruszając się pod ich gradientem. Za pomocą zniżania gradientowego możliwa jest optymalizacja masy rzeczy, od skrzydeł samolotu po systemy antenowe. Odwrotna propagacja jest efektywnym sposobem na zrobienie tego w wielowarstwowym perceptronie: kontynuować regulację wag, aby zredukować możliwość popełnienia błędu i zatrzymać się, gdy stanie się jasne, że korekty nic nie dają" (Domingos, 2016, s.132).

Nowe życie w technologii sztucznych sieci neuronowych zostało zainspirowane koncepcją dogłębnego uczenia się. Sieci neuronowe oparte na tej koncepcji zostały nazwane "głębokimi sieciami neuronowymi". Pierwsze osiągnięcia w dziedzinie dogłębnego uczenia się pojawiły się około piętnastu lat temu (2005-2006) w poszczególnych innowacjach. Jednak w tym czasie zainteresowanie sztuczną inteligencją i sieciami neuronowymi było tak niskie, jak nigdy dotąd. Zainteresowanie tą dziedziną sztucznej inteligencji pomogło ożywić Canadian Institute of Advanced Studies (CIFAR), który jest finansowany ze środków publicznych i prywatnych. Organizacja ta sponsorowała program badawczy prowadzony przez Jeffreya Hintona, jednego z wynalazców metody odwracania błędów. W projekcie uczestniczyli Yann LeCun z Uniwersytetu Nowojorskiego, Andrew Ng ze Stanford University, Bruno Olshausen z Uniwersytetu Kalifornijskiego w Berkeley, Joshua Bengio z Uniwersytetu w Montrealu i kilku innych.

Naukowcy postawili sobie za cel zbudowanie dużej sieci neuronowej, której liczba warstw przekraczałaby dwie lub trzy, czego nie można było zrobić wcześniej. W 2005 roku, przy wsparciu CIFAR, nastąpił przełom w metodach rozwiązania tego zadania. Grupie J. Hintona udało się wytrenować głębsze warstwy sieci neuronowej przy pomocy specjalnej metody przesuwania warstw po warstwach wzdłuż warstw neuronowych. W 2011 r. ta sama grupa badaczy zaproponowała bardziej zaawansowaną metodę szkolenia głębszych sieci neuronowych (tj. sieci z jeszcze większą ilością warstw wirtualnych neuronów) poprzez zmianę charakteru obliczeń wykonywanych przez każdą z jednostek przetwarzających. W rezultacie praca sieci neuronowych stała się jeszcze bardziej podobna do pracy neuronów biologicznych. Naukowcy odkryli również, że przypadkowy szum dodawany do sygnałów przesyłanych przez neurony podczas treningu symuluje procesy zachodzące w ludzkim mózgu, pomagając neuronom lepiej nauczyć się rozpoznawać obrazy lub dźwięki.

Wyjaśniając przyczyny sukcesu, Joshua Benjo, jeden z uczestników projektu CIFAR, pisze w swoim artykule "Computers Learn too" (In the World of Science, 2016, No. 8-9): "Dwa ważne czynniki przyczyniły się do sukcesu, który towarzyszył metodom dogłębnego uczenia się. Po pierwsze, dzięki zastosowanym po raz pierwszy w grach wideo blokom obróbki graficznej obrazów, możliwe było dziesięciokrotne zwiększenie szybkości obliczeń komputerowych: w rezultacie duże sieci neuronowe mogły przejść szkolenie w optymalnym, rozsądnym czasie. Dodatkowo, rozpowszechnienie technologii dogłębnego uczenia się przyczyniło się do obecności ogromnych tablic oznaczonych danych, dla których algorytm uczenia się jest w stanie określić prawidłową odpowiedź (w wyniku analizy zdjęcia, które wśród wszystkich innych obiektów przedstawionych na zdjęciu, algorytm daje prawidłową odpowiedź "kot"). Po drugie, kolejnym powodem niedawnego sukcesu szkolenia dogłębnego jest umiejętność konsekwentnego wykonywania obliczeń, za pomocą których można krok po kroku budować lub analizować obrazy, dźwięki lub inne rodzaje danych. W tym przypadku głębokość sieci jest określana przez liczbę kroków. Wiele zadań związanych z rozpoznawaniem audio i wideo, w których sztuczna inteligencja demonstruje swoją moc, wymaga głębokich sieci z dużą liczbą warstw neuronowych. W ostatnich badaniach teoretycznych i eksperymentach pokazaliśmy, że niektóre z tych operacji matematycznych nie mogą być wykonane poprawnie, jeśli głębokość sieci neuronowej jest niewystarczająca" (Benjo, 2016, s. 30-31).

Do niedawna sztuczne sieci neuronowe były w dużym stopniu wykorzystywane do rozpoznawania obrazów statycznych. W wyniku stopniowej poprawy zaczęły się jednak pojawiać sieci neuronowe, co rozwiązało problem rozpoznawania dynamicznych obrazów. Te sieci neuronowe są nazywane rekurencyjnymi sieciami neuronowymi. Analizując zachodzące w czasie procesy, byli w stanie prawidłowo wykonać przetwarzanie obrazów audio i wideo, a także niektórych innych rodzajów informacji. Proces przetwarzania sygnałów wejściowych za pomocą nawracających sieci neuronowych jest podobny do pracy mózgu, ponieważ podczas przetwarzania informacji pochodzących ze zmysłów następuje ciągła zmiana sygnałów krążących pomiędzy neuronami. Rekursywne sieci neuronowe są w stanie przewidzieć, na przykład, jakie będzie następne słowo w zdaniu, a to słowo z kolei może być również użyte do generowania nowych sekwencji słów. "W dodatku", pisze Joshua Benjo w tym samym artykule, "bardziej złożone problemy można rozwiązać za pomocą nawracających sieci neuronowych. Powiedzmy, że jedna sieć neuronowa, "po przeczytaniu" wszystkich nowych słów i zdań, z pewnym prawdopodobieństwem przekaże znaczenie całego zdania, a inna taka sieć dokona przetworzenia danych semantycznych pierwszej sieci, na przykład w celu przetłumaczenia wyrażenia z jednego języka na drugi" (Benjo, 2016, s. 31).

W 2016 roku, głębokie sieci neuronowe zostały wykorzystane do próby pokonania człowieka w grze zwanej "go". Ta starożytna chińska gra, której "wiek" wynosi kilka tysięcy lat, różni się od szachów tym, że gra ta jest po prostu niemożliwa do obliczenia matematycznego. Jeżeli w warcaby liczba możliwych pozycji na planszy wynosi około 1020, w szachach - ^{1047}, to dla gry "go" jest to liczba $^{10171,\text{ która}}$ przewyższa ilość atomów we Wszechświecie. Specjaliści z Google stworzyli sieć neuronową, która może oglądać dziesiątki milionów gier już rozegranych i wydobyć z nich ważne "doświadczenie". Ponadto, przez długi czas sieć neuronowa bawiła się sama ze sobą, ucząc się jak oceniać pozycje w grze, w tym strategie wyboru właściwego ruchu. W rezultacie, po dużej ilości sesji treningowych ("treningów") stworzona sieć neuronowa była gotowa do gry z najsilniejszym przeciwnikiem. W marcu 2016 roku samouczący się system komputerowy w czterech z pięciu meczów rozegranych w Seulu (Korea Południowa) pokonał Lee Sedola, człowieka, który przez 10 lat piastował światowe mistrzostwo. Ani przegrany, ani twórcy tej sieci neuronowej nie spodziewali się, że zademonstruje ona tak niesamowite rezultaty samouczenia się (zespół rozwoju "cudu technicznego" nadal nie rozumie, jak sieć neuronowa opanowała niektóre metody oceny pozycji i wyboru ruchu).

Joshua Benjo nazywa ten wynik, uzyskany przez naukowców w dziedzinie dogłębnego szkolenia sieci neuronowych, "oszałamiający". W tym samym artykule, "Komputery też się uczą", pisze: "Praca w tej dziedzinie doprowadziła do oszałamiających wyników. Na przykład, sieć neuronowa była w stanie pokonać samego Lee Sedola, jednego z czołowych graczy go, a o tym wydarzeniu pisały wszystkie gazety na całym świecie. Aplikacje komputerowe oparte na dogłębnych szkoleniach są obecnie wykorzystywane nie tylko w grach, ale także w innych dziedzinach wiedzy. Na przykład, niedawno opracowano dogłębny algorytm uczenia się, który umożliwia diagnozowanie niewydolności serca na podstawie danych obrazowych z rezonansu magnetycznego nie gorzej niż kardiolog" (Benjo, 2016, s.27).

Wiele laboratoriów zaczyna się angażować w te badania. W szczególności, we współpracy z zagranicznymi kolegami z USA i Europy, pracownicy Moskiewskiego Instytutu Fizyki i Technologii (MIPT) stworzyli siedmiowarstwową sieć neuronową zdolną do samodzielnego znajdowania nowych obiecujących molekuł do walki z rakiem, oceny ich skuteczności i przekazywania uzyskanych danych ludziom. Szczegóły tych badań zostały opisane w artykule "Firmy MIPT i IT uczyły sztuczną inteligencję w poszukiwaniu lekarstw na raka" (strona RIA Novosti, 09.02.2017).

Sieci neuronowe znajdują zastosowanie w astrofizyce. Naukowcy z University College London stworzyli trójwarstwową sieć neuronową zdolną do przetwarzania informacji z teleskopów zaangażowanych w poszukiwanie egzoplanet - planet odpowiednich do życia. Sieć neuronowa została przeszkolona w "sztuce" rozpoznawania egzoplanet przez próbę i błąd. Naukowcy pokazali sztuczną sieć neuronową liczącą ponad 85 tysięcy specjalnie stworzonych widm. Pod koniec testów ("szkoleń") sieć neuronowa określiła skład mieszanki gazowej z dokładnością 99,7%, nawet jeśli naukowcy dostarczyli jej niekompletną lub zniekształconą przez różne zakłócenia. Skład mieszanki gazowej jest jednym z oznaczeń, za pomocą których można zidentyfikować egzoplanetę. Informacje o tym projekcie brytyjskich specjalistów można znaleźć w artykule "Artificial Intelligence will search for extraterrestrial life" (Journal of Popular Mechanics, 22.11.2016).

Według G. Benjo, technologia dogłębnego uczenia się zasadniczo zmienia sam charakter badań nad SI. Dzięki postępom w tej dziedzinie - podkreśla - istnieje możliwość skomercjalizowania technologii nauczania wgłębnego; teraz widzimy rosnącą falę entuzjazmu dla AI. Firmy zmagają się obecnie z ostrą konkurencją, aby znaleźć utalentowanych specjalistów z wykształceniem głębokim, najlepiej z dyplomem; tacy specjaliści okazali się rzadkim towarem, na który zawsze jest duży popyt. Firmy komercyjne przyciągnęły już wielu profesorów uniwersyteckich (według niektórych źródeł, większość z nich) z doświadczeniem w zakresie studiów licencjackich, zapewniając im pakiety socjalne i wysokiej klasy sprzęt" (Benjo, 2016, s. 26-27).

Widzimy więc, że maszyny wyposażone w możliwość samodzielnej nauki są bardziej wydajne pod względem wykonywania czysto intelektualnych (nieformalnych, niekompatybilnych) funkcji niż komputery działające w oparciu o jasne instrukcje (ściśle programy). Głębokie sieci neuronowe przekonują, że systemy samouczenia się mogą rozwiązać szerszy zakres zadań i uzyskać ważniejsze i ciekawsze rezultaty niż urządzenia, które nie wykraczają poza pierwotnie opracowany algorytm działania.

Odmawiając jednak stosowania ścisłych algorytmów, sztuczny intelekt z pewnością napotka na trudności, typowe dla poszukiwań naukowych, prowadzonych przez człowieka. Będzie musiała ona (sztuczna inteligencja) stosować strategie badawcze, które nie gwarantują 100% sukcesu. Ale z drugiej strony, jeśli nie ma wolnych od błędów środków (metod) pozwalających na zrozumienie prawdy, czy nie jest logiczne zgodzić się na otrzymywanie nowej wiedzy po pewnej liczbie błędów, zamiast całkowicie ich unikać i nie otrzymywać niczego?

10. Rozwiązanie 18. problemu S. Smale'a.

Czego więc oczekuje sztuczna inteligencja, gdy zbliża się do doskonałości ludzkiego mózgu w zakresie takich parametrów jak percepcja sensoryczna, pamięć, sprawność językowa, wykonywanie złożonych czynności ruchowych? Co dziwne, spotka się z ograniczeniami, które są charakterystyczne dla ludzkiego poznania. Jak już widzieliśmy, granice te to cztery czynniki: Gaedeliowskie twierdzenie o niekompletności, probabilistyczny charakter produkcji indukcyjnej, metoda prób i błędów oraz czynnik przypadku w odkryciach naukowych. Można by dodać piąty czynnik - probabilistyczny charakter strategii heurystycznych (z których kilka tysięcy zostało już wymyślonych), ale wynika to z poprzedniego opisu, w którym stwierdziliśmy indukcyjne pochodzenie strategii heurystycznych.

Teoria niekompletności Gödela wskazuje, że algorytmy (procedury, metody, techniki) badań rzeczywistości nie mogą zawierać samych kryteriów prawdy. Te kryteria prawdy są zawarte w praktyce (obserwacja, eksperyment). Wynik Gedela zakazuje skutecznego funkcjonowania zamkniętych (zamkniętych) strategii algorytmicznych. Dlatego Gödel odkrył, że problem przedstawiony przez D. Hilberta w celu uzasadnienia spójności arytmetyki za pomocą samej arytmetyki jest nie do rozwiązania.

Probabilistyczna natura wyjścia indukcyjnego oznacza, że logiczna indukcja w niektórych przypadkach daje prawdę, podczas gdy w innych może prowadzić do błędów. W pewnym momencie ten aspekt indukcji został odnotowany przez G. Leibnitza, który odmówił indukcji i zaczął poszukiwać uniwersalnej metody odkrycia ("uniwersalnej cechy") zdolnej do zagwarantowania poprawnego wyniku. Ale taka metoda (zasady stosowania wszystkich reguł) nie istnieje, co odgadł filozof Immanuel Kant, który sceptycznie odnosił się do marzenia G. Leibniza o "uniwersalnej charakterystyce".

Indukcja jest gorsza od dedukcyjnego myślenia w rygorze, niezawodności i niezaprzeczalności, ale wciąż dostarcza nam nowej wiedzy. Jak zauważa D. Poia w swojej książce Matematyka i weryfikowalne rozumowanie (1975), "rozumowanie dowodowe (dedukcyjne - N.N.B.) jest wiarygodne, niepodważalne i rozstrzygające. Prawdopodobne (indukcyjne - N.N.B.) rozumowanie jest ryzykowne, kontrowersyjne i konwencjonalne. Rozumowanie probabilistyczne przenika nauki ścisłe w tej samej mierze co matematyka, ale samo w sobie (jak i sama matematyka) nie jest w stanie dostarczyć niezbędnej nowej wiedzy o otaczającym nas świecie. Wszystko, co nowe, co dowiadujemy się o świecie, wiąże się z wiarygodnym rozumowaniem, które jest jedynym rodzajem rozumowania, które interesuje nas w codziennych sprawach" (Poia, 1975, s.14).

Metoda prób i błędów (metoda sekwencyjnego pobierania próbek), jak już wspomnieliśmy, odgrywa ogromną rolę w badaniach naukowych. W przypadku braku informacji, tj. początkowych założeń do uogólnienia indukcyjnego, oraz w przypadku braku pomysłów (konstrukcji teoretycznych) do realizacji analogii, pozostaje do wykorzystania metoda wyszukiwania sekwencyjnego. Metoda prób i błędów jest stosowana nie tylko w empirycznej (eksperymentalnej) dziedzinie nauki, ale także na poziomie tworzenia i rozwoju złożonych teorii i koncepcji, które reprezentują uogólnienie i syntezę różnych eksperymentalnych faktów i idei.

Wreszcie, czynnik przypadku w odkryciach naukowych jest kolejną niezastąpioną cechą ludzkiego poznania. Przypadkowe lub "półrealne" odkrycia nie mogą być wykluczone przez jakąkolwiek ilość informacji, które posiadasz, gdy wchodzisz na nowe pole. Przecież te informacje są już sformalizowane i zapisane, a kreatywność polega na wychodzeniu poza granice tego, co znane, poza te granice, gdzie nie ma żadnych wytycznych i wskazówek.

Wchodzimy do niezbadanej domeny niezamierzenie (na zasadzie "serendipity"), ponieważ, w przenośni, natura nie posiada "przeglądarki" zdolnej do podania nam tylko tych informacji, które są nam obecnie potrzebne. Bardzo często daje nam ona ("przeglądarka" z natury) informacje, które nie były celem konkretnego badania, ale powinniśmy docenić każdą z jej "niespodzianek", które przesuwają granice naszej wiedzy. Czynnik przypadku w odkryciach naukowych (ten nazwany przez wielkiego poetę A.S.Puszkina "boskim wynalazcą"), wraz z metodą prób i błędów, jest dostawcą oryginalnych paczek do indukcji.

Nieprzewidywalność odkryć naukowych ze względu na czynnik przypadkowy ma swoje aspekty estetyczne. W świecie, w którym wszystkie wydarzenia są fatalnie z góry określone (z góry ustalone) i wiadomo z góry, co się wydarzy za dziesięć lub sto lat, nie da się stworzyć i urodzić nowego. Jak zauważył Derek Burton, laureat Nagrody Nobla w dziedzinie chemii: "Uważam, że piękno nauki polega na tym, że nie można przewidzieć, co wkrótce stanie się w niej ważne. Może to być sprzeczne z waszym punktem widzenia, ale mimo to jestem przekonany, że nigdy nie będziecie w stanie zaplanować tego, co nauka odkryje za kilka lat" (Chemia i życie, 1970, nr 12).

11. Wniosek.

Gdyby matematyk S. Smeil postawił pytanie o granice ludzkiego intelektu, rozumienia czynników biologicznych i fizycznych pod tymi granicami, rozwiązanie tego problemu byłoby następujące. Jak wiadomo, w procesie ewolucji mózg naczelnych został udoskonalony kosztem zmniejszenia wielkości komórek nerwowych (neuronów) i gęstszego upakowania neuronów na jednostkę powierzchni. W 2005 roku neurobiolodzy Gerhard Roth i Ursula Dicke z Uniwersytetu w Bremie w Niemczech rozważali szereg cech, które pozwalają przewidzieć poziom inteligencji u różnych gatunków zwierząt jeszcze skuteczniej niż współczynnik encefalizacji (współczynnik określający stosunek masy mózgu do średniej masy ciała). G. Roth i W. Dieke stwierdzili, że czynnikami ściśle związanymi z inteligencją są: liczba neuronów w korze mózgowej oraz szybkość przewodzenia impulsów wzdłuż włókien nerwowych (dendrytów i aksonów). Prędkość ta zmniejsza się wraz ze wzrostem odległości między neuronami i zwiększa się wraz ze stopniem mielinacji aksonów. Myelina to lipidowa izolacja na aksonie, która pozwala na szybsze przewodzenie sygnałów.

Niewielki rozmiar neuronów naczelnych ma dwie konsekwencje: po pierwsze, w miarę wzrostu mózgu pozwalają na znaczne zwiększenie liczby komórek w jego korze mózgowej; po drugie, zapewniają szybszą komunikację, ponieważ komórki są ciaśniej upakowane. Słonie i wieloryby są stosunkowo inteligentne, ale zwiększanie rozmiaru ich neuronów i samego mózgu nie jest skuteczne. Zwierzęta te mają znacznie mniejszą gęstość neuronów, co oznacza, że odległość między neuronami jest większa, a szybkość impulsów nerwowych jest znacznie mniejsza.

Połączenia między neuronami, a także między wydziałami mózgu specjalizującymi się w określonych funkcjach, to samo wąskie gardło, które ogranicza intelekt. Teoretycznie, pojawienie się jeszcze mniejszych i bliższych neuronów o szybszych połączeniach między nimi powinno prowadzić do wyższego intelektu. Podobnie, mózg może pracować wydajniej z pojawieniem się aksonów, które mogą przesyłać sygnały szybciej na większe odległości, nie stając się grubsze (podwojenie szerokości aksonu podwaja zużycie energii impulsów o około 40%). Istnieje jednak przeszkoda w redukcji neuronów i aksonów, którą można nazwać podstawą wszystkich ograniczeń: białka, za pomocą których neurony generują impulsy elektryczne, tzw. kanały jonowe, są w zasadzie niewiarygodne.

Kanały jonowe to malutkie zawory, które otwierają się i zamykają w wyniku zmian w strukturze molekularnej białka. Otwarte kanały pozwalają na przejście jonów sodu, potasu lub wapnia przez błonę komórkową, tworząc sygnały elektryczne, a tym samym zapewniając połączenie między neuronami. Ale ponieważ są tak mikroskopijne, kanały jonowe mogą się przypadkowo otwierać lub zamykać nawet z powodu prostych wahań temperatury. Wygląda to na niefortunny błąd ewolucyjny w projektowaniu mózgu, ale w rzeczywistości jest to kompromis. Jeśli kanał jonowy zostanie aktywowany zbyt łatwo, zostanie wyzwolony przez hałas. Jeśli spust jest zbyt "ciasny", uzyskamy mniej hałasu, ale otwarcie kanału jonowego będzie wymagało większego wysiłku, a zużycie energii przez kanał jonowy wzrośnie. Innymi słowy, używając łatwo uruchamianych kanałów, neurony oszczędzają energię, ale jako efekt uboczny kanały mogą być otwierane lub zamykane przez czynnik losowy. System taki działa niezawodnie tylko wtedy, gdy wykorzystywana jest duża liczba kanałów, których otwarcie może "zagłosować" na neuron, aby faktycznie generować impuls. Ten ostatni staje się jednak problematyczny z malejącymi neuronami. W przypadku zmniejszenia wielkości neuronów zmniejsza się liczba kanałów jonowych dostępnych do transmisji sygnału.

W dwóch artykułach opublikowanych w 2005 i 2007 roku Simon Laughlin, specjalista w dziedzinie modelowania matematycznego układu nerwowego na Uniwersytecie w Cambridge, oraz jego współpracownicy obliczyli, w jakim stopniu potrzeba wykorzystania wystarczającej ilości kanałów jonowych ogranicza zdolność redukcji aksonalnej. Wyniki były zdumiewające. Według Laughlina, "kiedy aksony osiągają około 150 do 200 nanometrów średnicy, stają się niezwykle głośne". W takiej sytuacji akson zawiera tak mało kanałów jonowych, że przypadkowe otwarcie nawet jednego z nich może doprowadzić do transmisji sygnału przy braku aktywności impulsowego neuronu. Najmniejsze istniejące aksony są prawdopodobnie rozładowywane przez około sześć przypadkowych impulsów na sekundę. Jeśli zostaną one nieznacznie zredukowane, zaczną wysyłać sygnały więcej niż 100 razy na sekundę. "Szare korowe neurony pracują z aksonami, które są wystarczająco blisko granicy fizycznej", podsumowuje Laughlin.

Ten podstawowy kompromis pomiędzy informacją, energią i hałasem nie jest wyjątkowy w biologii. Działa wszędzie, od światłowodowej i amatorskiej łączności radiowej po chipy komputerowe. Na przykład, w ciągu ostatnich kilku dekad inżynierowie stale redukowali ilość tranzystorów, umieszczając je coraz gęściej w chipach, aby tworzyć coraz szybsze komputery. Z czasem tranzystory osiągną rozmiary około 10 nanometrów, będą tak małe, że przypadkowa obecność lub brak jednego obcego atomu spowoduje, że będą się one zachowywać nieprzewidywalnie. Ale jeśli inżynierowie mogą obejść ograniczenia nowoczesnych tranzystorów, zmieniając ich podstawę elementarną (z urządzeń krzemowo-półprzewodnikowych na molekuły), jak mogą zmienić architekturę żywego mózgu stworzonego na przestrzeni miliardów lat ewolucji?

Jak zauważa Douglas Fox w "The Limits of Intelligent" (In the World of Science, 2011, No. 9), "nasz mózg może pomieścić tylko pewną liczbę neuronów; neurony te mogą utworzyć tylko pewną liczbę połączeń; a połączenia te mogą przewodzić tylko pewną liczbę impulsów na sekundę.

Co więcej, jeśli nasze ciało i mózg staną się znacznie większe, zwiększy to zużycie energii, rozproszenie ciepła i czas potrzebny na przeniesienie impulsów nerwowych z jednej części mózgu do drugiej" (Fox, 2011, s.13).

To, co powiedział D. Fox, to stwierdzenie tych fizycznych i biologicznych ograniczeń, które utrudniają poprawę żywego mózgu na takie parametry jak liczba neuronów w korze mózgowej, jak również szybkość impulsu przez włókna nerwowe. Z kolei to stwierdzenie mogłoby stanowić rozwiązanie dla pytania Smeila o granice inteligencji, gdyby Smeil rozumiał te granice jako fizyczne i biologiczne aspekty architektury i pracy naszego mózgu.

Amerykański matematyk miał jednak na myśli zupełnie inne granice - algorytmiczne. Wpływ na niego miała książka R. Penrose'a "The Emperor's New Mind", w której postawiono pytanie: czy możliwe jest opisanie zdolności człowieka, jak również sztucznej inteligencji, którą tworzy, do zdobywania nowej wiedzy za pomocą ścisłych algorytmów? Czy te ścisłe (jednoznaczne, nie probabilistyczne) algorytmy jako takie są środkiem do generowania nowych idei, narzędziem rozwoju nauki?

Aby znaleźć odpowiedź na to pytanie, tj. znaleźć rozwiązanie problemu S. Smeila, konieczne jest zbadanie nie fizycznych i biologicznych, lecz algorytmicznych aspektów aktywności poznawczej. Mówiąc dokładniej, czynniki, które uniemożliwiają przekształcenie się działalności twórczej związanej z pozyskiwaniem nowej wiedzy naukowej w pewien algorytm, jednoznacznie działający w każdej sytuacji.

Najbardziej skutecznym narzędziem identyfikacji i opisu tych czynników (technik, metod, strategii badawczych, ze wszystkimi ich pozytywnymi i negatywnymi stronami) jest analiza historii odkryć naukowych.

Jednocześnie analiza ta jest sposobem testowania różnych modeli koncepcyjnych w dziedzinie metodologii twórczości naukowej. Jeśli bez uwzględnienia faktów z historii nauki można przez długi czas dyskutować o stopniu wykonalności projektu G. Leibnitsa o stworzeniu "uniwersalnej charakterystyki" i programu D. Hilberta dotyczącego formalizacji (aksjomatyzowania) całej wiedzy naukowej, to przy wykorzystaniu tych faktów potrzeba takich refleksji całkowicie zanika.

Uwierzylibyśmy w projekty Leibniza i Hilberta o możliwości opracowania uniwersalnej procedury uzyskiwania nowych prawd naukowych, pewnego uniwersalnego algorytmu pojmowania praw wszechświata, gdyby historia odkryć naukowych nie mówiła nam inaczej.

Przypomnijmy sobie słowa G. Leibniza, że jego "uniwersalna charakterystyka" pomoże pewnego dnia uniknąć sporów naukowych i rozwiązać wszystkie problemy, kierując się słowami "Usiądźmy i liczmy". Oczywiście, można usiąść do stołu i spróbować "policzyć", to znaczy spróbować przewidzieć za pomocą pewnego rodzaju obliczeń takie osiągnięcia naukowe jak odkrycie promieni rentgenowskich, radioaktywności, kosmicznego promieniowania reliktowego, fermentacji komórkowej, właściwości antybakteryjnych pleśni, itp. Kiedy jednak zaczniemy "kalkulować", okaże się, że wszystkie te odkrycia zostały dokonane przypadkowo (nieumyślnie) i nie dało się ich przewidzieć.

Odkrycie promieniowania rentgenowskiego nastąpiło w wyniku kilku zbiegów okoliczności. Rentgen V.X (Nagroda Nobla, 1901) zapomniał wyłączyć kineskop; obok kineskopu znajdowało się sito pokryte cyjankiem platyny baru; na kineskop wrzucono czarną tekturową osłonę.

Odkrycie radioaktywności było możliwe dzięki temu, że A. Becquerel (Nagroda Nobla, 1903) przypadkowo wybrał do swoich eksperymentów sól uranową z dużej liczby substancji fluorescencyjnych. Przypadkowo, z powodu złej pogody, jeden z zapisów przygotowanych do eksperymentów został pozostawiony nienapromieniowany. Przez przypadek ten rekord został pokazany, choć nie powinien był.

Kosmiczne promieniowanie reliktowe - dowód "wielkiego wybuchu", który dał początek naszemu wszechświatowi - zostało odkryte przez A. Penziasa i R. Wilsona (Nagroda Nobla, 1978) w trakcie prac mających na celu zbadanie słabych sygnałów radiowych emitowanych przez amerykańskiego satelitę "Echo".

Zjawisko fermentacji bezkomórkowej odkrył E. Buchner (Nagroda Nobla, 1907), gdy jego brat G. Buchner zaczął konserwować cukrem ekstrakt z komórek drożdży piwnych, który planował wstrzykiwać zwierzętom, nie myśląc o żadnej fermentacji komórkowej.

Antybakteryjne właściwości pleśni znalazły zastosowanie w medycynie dzięki pewnej niedbałości A. Fleminga (Nagroda Nobla, 1945), który w odróżnieniu od swoich zgrabnych kolegów, którzy zaraz po zakończeniu pracy z nimi mieli kubek z kulturami bakteryjnymi, nie robił tego przez tygodnie. Fakt ten doprowadził do tego, że pewnego dnia Fleming znalazł pleśń w jednym z laboratoryjnych kubków, co ku jego zaskoczeniu przygnębiło zasianą kulturę bakteryjną.

Jaka "uniwersalna cecha" i jaki z góry opracowany algorytm może przewidzieć te przypadkowe okoliczności prowadzące do wielkich odkryć?

Historia odkryć naukowych jasno pokazuje, czy kiedykolwiek będziemy w stanie stworzyć sztuczną inteligencję, która będzie badać otaczający nas świat bez prób i błędów, wykorzystując jakiś mechaniczny proces generowania nowych idei. Tysiące lat praktyki w naukach humanistycznych pokazuje, że taka sztuczna inteligencja nigdy nie powstanie. Powody są dość oczywiste - nie ma mechanicznej (ściśle deterministycznej) metody zdobywania nowej wiedzy.

Tak jak wiele z odkryć dokonanych przez człowieka jest wynikiem wielu prób i błędów (a w niektórych przypadkach po prostu wynikiem "efektu serendipity"), tak najważniejsze odkrycia sztucznej inteligencji powstaną dzięki temu "efektowi serendipity".

Figuralnie, polimery przewodzące prąd elektryczny zostaną odkryte przez sztuczną inteligencję w taki sam sposób, jak Hideki Shirakawa. Podczas próby syntezy polimeru acetylenu, robot naukowiec pomylił się dodając do mieszaniny reakcyjnej 1000 razy więcej katalizatora niż wymaga tego metoda i zauważy, że w wyniku tego błędu ciemny proszek zmienił się w luksusową powłokę o metalicznym połysku.

Metoda reakcji łańcuchowej polimerazy (PCR) w czasie rzeczywistym zostanie wynaleziona przez sztuczną inteligencję w taki sam sposób, jak to miało miejsce kiedyś w laboratorium, w którym pracował R. Higuchi. Po pierwsze, opracowanie całkowicie bezkompromisowego wariantu wykrywania i kontroli produktów wzmacniających podczas samej reakcji zajmie dużo czasu. Ale wtedy pomoże szczęśliwy wypadek - przez pomyłkę PCR zostanie przeprowadzony w obecności bromku etydyny, który jest uważany za silny inhibitor polimerazy DNA.

* * *

W naszych badaniach, które zakończyły się rozwiązaniem 18. problemu Smeilu, przypadek odegrał nie mniej ważną rolę niż w historii odkryć naukowych omówionych powyżej. Możemy odnotować co najmniej dwa wypadki, które dały odpowiedź na pytanie S. Smeila.

Władimir Igorewicz Arnold (1937-2010), wybitny rosyjski matematyk i uczeń A.N.Kołmogorowa, lubił powtarzać, że "można zrozumieć twierdzenie tylko poprzez uogólnienie go tak, aby znalezione prawidłowości zostały rozszerzone na szerszy zakres zjawisk". Idea ta zawarta jest w prawie wszystkich jego pracach dotyczących metodologii matematyki, w tym w książce "Eksperymentalna obserwacja faktów matematycznych". (2012). Mając to na uwadze, poświęciliśmy sporo czasu na badanie historii odkryć w matematyce. Analizując rolę indukcyjnych uogólnień w pracy tych, którzy tworzyli współczesne nauki matematyczne, stopniowo dotarliśmy do Stephena Smeila.

Aby zrozumieć, jak ten naukowiec, który przyczynił się do powstania topologii różnicowej, teorii systemów dynamicznych i innych obszarów, sformułował (odkrył) swoje twierdzenia, zaczęliśmy poznawać jego prace i przechodząc przez nie jeden po drugim, niespodziewanie (przypadkowo) natrafiliśmy na książkę C.Simo, S.Smeil i A.Shencine'a "Modern Problems of Chaos and Nonlinearity" (2002). W zbiorze tym ukazał się artykuł S.Smeila "Problemy matematyczne następnego wieku", który rozpoczyna się słowami: "V.I.Arnold, w imieniu Międzynarodowej Unii Matematycznej, napisał do wielu matematyków, zapraszając ich do scharakteryzowania kilku ważnych problemów matematyki następnego wieku. Zaproszenie Arnolda do tego było częściowo inspirowane listą Hilberta z 1900 roku. Ten artykuł jest moją odpowiedzią na to zaproszenie, a do napisania tego eseju wykorzystałem również listę Hilberta. Poniżej wymieniłem 18 zadań, wybierając je według następujących kryteriów:

1. Proste sformułowanie. Dodatkowo, najlepiej matematycznie dokładne.

2. osobiste zapoznanie się z zadaniem, które nie było łatwe.

3. Przekonanie, że problem, jego rozwiązanie, częściowe wyniki lub nawet próby jego rozwiązania będą prawdopodobnie ważne dla matematyki i jej rozwoju w następnym wieku" (Smeil, 2002, s. 280).

Po zapoznaniu się z 18. problemem S. Smeila, opisanym w artykule "Problemy matematyczne następnego stulecia", autor tych wierszy poczuł, że zna jego rozwiązanie. Przeformułowawszy swoje pytanie o granice (limity) ludzkich i sztucznych intelektów na problem określania czynników, które wykluczają możliwość ścisłej algorytmizacji działalności twórczej, zdaliśmy sobie sprawę, że granice te są probabilistyczną naturą indukcyjnej konkluzji i twierdzenia Gedela o niekompletności. Wkrótce dodaliśmy do nich jeszcze dwa czynniki uniemożliwiające całkowitą formalizację kreatywności: czynnik przypadku w odkryciach naukowych oraz metodę prób i błędów.

Rzeczywiście, sztuczna inteligencja mogłaby uniknąć stosowania prób i błędów oraz czynnika przypadku ("efekt serendipity"), gdyby kiedyś wymyśliła pewną uniwersalną metodę poznania, której człowiek nie wymyślił w ciągu tysięcy lat swojej historii. Ale taka metoda jest zasadniczo niemożliwa, ponieważ nie ma możliwości wiecznego ruchu. Zgodnie z uczciwym komentarzem D. Poya w książce "Odkrycie matematyczne" (1976) "Cécartes myślał o uniwersalnej metodzie odpowiedniej do każdego zadania; najwyraźniej sformułował ideę metody doskonałej Leibniza. Jednak poszukiwanie uniwersalnej, doskonałej metody nie dało większego efektu niż poszukiwanie kamienia filozoficznego, który zamienia metale nieszlachetne w złoto: istnieją wielkie marzenia, które mają pozostać marzeniami" (Poya, 1976, s. 13-14).

Związek pomiędzy twierdzeniem Gödla o niekompletności a rolą przypadku w odkryciach naukowych jest dość prosty: uniwersalna metoda poznania jest niemożliwa, ponieważ twierdzenie Gödla jest zabronione. A ponieważ metoda ta jest niemożliwa, naukowcy muszą otwierać się na nowe fakty i idee, prowadząc ciągłe poszukiwania opcji, w których to przypadkach, niespodziewanie "podając pomocną dłoń" pionierom, pełni ważną funkcję heurystyczną.

Musimy przyznać, że idea możliwości przeniesienia czynnika przypadku z ludzkiej kreatywności na dziedzinę sztucznej inteligencji zrodziła się w nas przez przypadek. Była to druga szansa (pierwszą było niespodziewane spotkanie z twórczością S. Smale'a, które opisuje jego 18. problem).

Omawiając fakt, że wiele odkryć dokonanych przez człowieka to produkty uboczne głównej linii badań, przez analogię i dość nieoczekiwanie doszliśmy do wniosku, że jeśli sztuczna inteligencja kiedykolwiek osiągnie stopień doskonałości ludzkiego umysłu, nieuchronnie zacznie stawać po stronie (niezamierzonych) odkryć.

W swoim czasie amerykański matematyk Solomon Lefshetz, pamiętając o tym, jak udało mu się przenieść szereg pomysłów i metod topologii algebraicznej na zupełnie inną dziedzinę matematyki - geometrię algebraiczną, podkreślał: "Jak teraz widzę, miałem szczęście umieścić harpun o topologii algebraicznej w wielorybie o geometrii algebraicznej. Wspomnienia te zawarte są w jego artykule "Page of Mathematical Autobiography" (Journal of Mathematical Sciences, 1970, tom 25, wydanie 6 (156)).

Parafrazując S. Lefsetsa, można powiedzieć, że udało nam się "harpunować" teorię twórczości naukowej, a mianowicie fakt udowodniony przez historię nauki o przypadkowym ("serendipalnym") pojawieniu się pewnych odkryć, w dziedzinie teorii sztucznej inteligencji. Przeniesienie zasady "serendipity" ze sfery ludzkiej wiedzy w teorii sztucznego intelektu jest nieuniknione, jeśli chcemy zrozumieć, jak będzie funkcjonować maszyna przeznaczona do podejmowania decyzji o wysoce intelektualnych problemach.

Przeniesienie to oznacza, że w wielu sytuacjach, maszyna obdarzona ludzkim myśleniem (jeśli naukowcom uda się ją stworzyć) będzie przenikać w nieznane poprzez nieplanowane odkrycia.

Ten pogląd na granice sztucznej inteligencji można nazwać podejściem Darwina, ponieważ w teorii Darwina mechanizm ewolucji biologicznej jest przypadkową (nieukierunkowaną) mutacją. Oczywiście, te przypadkowe mutacje nie mogą być jedyną przyczyną powstawania biologicznego, ale mimo to odgrywają kluczową rolę.

Teraz, gdy czytelnik spotka się z opisami przypadkowych odkryć w tej czy innej literaturze naukowej, powinien wiedzieć, że są one rozwiązaniem 18. problemu wybitnego matematyka S. Smeila.

Musimy być spokojni o te wypadki bez strachu i żadnych innych negatywnych emocji.

Wielki fizyk Ludwig Boltzmann (1871) odkrył statystyczną interpretację drugiego początku termodynamiki (zasada wzrostu entropii), ponieważ nie obawiał się tych wypadków. W czasie, gdy wszyscy inni naukowcy - współcześni Boltzmannowi (w tym A. Poincare) - poszukiwali ścisłego mechanicznego dowodu na istnienie prawa termodynamicznego odkrytego przez R. Clausiusa, Boltzmann zrozumiał, że cel ten można osiągnąć jedynie poprzez zastosowanie matematycznej teorii prawdopodobieństwa.

Jeden z założycieli mechaniki kwantowej Werner Heisenberg (1927) potrafił wzbogacić naukę o zasadę niepewności, zgodnie z którą dla każdej subatomowej cząstki nie może jednocześnie dokładnie zmierzyć współrzędnej i pulsu cząstki, ponieważ śmiało "spojrzał w oczy" tej niepewności. A. Einstein nie zaakceptował tego odkrycia Heisenberga, twierdząc, że Bóg nie gra w kości, ale mimo to nikomu do tej pory nie udało się obalić tej zasady Heisenberga.

Twórca teorii dynamicznego chaosu i "ojciec" słynnego efektu motyla Edward Lorenz (1961) ustalił nieprzewidywalność pogody i szeregu podobnych dynamicznych zjawisk, ponieważ wiedział, że nowa prawda, nawet jeśli wskazuje na nieprzewidywalność niektórych zjawisk naturalnych, znacząco przyczynia się do naszego zrozumienia świata.

Autor teorii rozpraszających się układów samoorganizujących, laureat Nagrody Nobla w dziedzinie chemii z 1977 r., Ilja Prigozhin (lata 60.), był w stanie skonstruować tę teorię tylko dlatego, że zdawał sobie sprawę z możliwości powstania porządku w warunkach dalekich od równowagi termodynamicznej, czyli w warunkach przypadkowych (nieoczekiwanych) wahań.

Karol Darwin (1859) ujawnił prawa ewolucji biologicznej, ponieważ znalazł odwagę, by przyznać, że selekcja naturalna dotyczy przypadkowych (nieukierunkowanych) zmian dziedzicznych.

Obecność elementu przypadku w odkryciach naukowych nie oznacza, że istnieją problemy, których nigdy nie będziemy w stanie rozwiązać. Na przykład dziś wielu biologów koncentruje się na badaniu przyczyn starzenia się i śmierci w celu radykalnego zwiększenia oczekiwanej długości życia ludzkiego. Podobnie, astrofizycy są zajęci poszukiwaniem planet odpowiednich dla naszego siedliska, a laboratoria inżynieryjne są zajęte rozwojem pojazdów kosmicznych, które mogą dotrzeć do tych planet. Rola Case Factora w poszukiwaniach naukowych oznacza jedynie, że nie można dokładnie przewidzieć, kiedy te podstawowe problemy zostaną rozwiązane (za 50, 100 czy 150 lat). Nie wiemy, jaki szereg faktów biologicznych musimy jeszcze ustalić i przeanalizować, aby przejąć kontrolę nad procesami biologicznego rozkładu i nauczyć się je odwracać.

Nie wiemy również, jakie przyszłe technologie pozwolą nam pokonać ogromne odległości w kosmosie, rozszerzając życie poza układ słoneczny. Jasne jest jednak, że zaangażowanie jak największej liczby osób w działalność naukową (pamiętajmy o poszukiwaniach równoległych) jest bezpośrednią drogą do sukcesu. Gdy tylko czynniki przypadkowe i metody prób i błędów staną się nieuniknionymi satelitami kreatywności, będziemy mogli dokonać więcej odkryć, jeśli w naukę zaangażowane będą miliony i setki milionów ludzi. Jak powiedział wielki rosyjski filozof, jeden z nauczycieli K.E.Tsiołkowskiego, Mikołaj Fiodorowicz Fiodorow (1829-1903), "każdy powinien być świadomy i wszystko powinno być przedmiotem wiedzy".

12. Wykaz literatury

Avilov S. Idealny cel // magazyn "Around the world", 2009, № 1.
Ayala F., Kaiger J. Współczesna genetyka. Tom 3. M., "The World", 1988.
Isaacson W. Innovators. Jak wielu geniuszy, hakerów i maniaków dokonało rewolucji cyfrowej. - M., "AST," 2015.
Arnold V.I. Huygens i Barrow, Newton i Hook. - M., "Nauka", 1989.
Arnold V.I. Eksperymentalna obserwacja faktów matematycznych. - M., MZNMO, 2012.
Benjo J. Computers również studiuje // Dziennik "W świecie nauki", 2016, № 8-9.
S.M. Bikbulatova, D.A. Chemeris, Y.M. Nikonorov i inni. Metody wykrywania wyników reakcji łańcuchowej polimerazy w czasie rzeczywistym // "Vestnik of Bashkir University", 2012, t. 17, ' 1.
Biryukov B.V., Reeds V.N. Ciepło zimnych liczb i patos beznadziejnej logiki. - M., "Wiedza", 1977.
Bunge M. Intuicja i nauka. - M., "Progress", 1967.
Bourbaki N. Eseje na temat historii matematyki. - Moskwa, Wydawnictwo Literatury Obcej, 1963.
Weitzenbaum J. Zdolności obliczeniowe i ludzki umysł. - M., "Radio i komunikacja", 1982.
Vechtomov E.M. Filozofia Matematyki. - Kirov, "Rainbow-Press", 2013.
W poszukiwaniu lekarstwa na raka, amerykańscy naukowcy przetestowali osiem milionów połączeń // Strona Nano News Net, 21.06.2012.
Gra A. Przypadkowe wędrówki: nieprzewidywalna droga do grafenu // Journal of Successes in Physical Sciences, 2011, tom 181, ' 12.
Glushkov VM Cybernetics. Pytania z teorii i praktyki. - M., "Nauka", 1986.
Goldstein M., Goldstein E. Skąd będziemy wiedzieć - M., "Wiedza", 1984.
De Broyl L. Na drodze nauki. - Moskwa, Wydawnictwo Literatury Obcej, 1962.
Dmitriev A. Chaos, fraktale i informacje // Dziennik "Nauka i zhizn", 2001, № 5.
Domingos P. Najwyższy Algorytm. Jak nauka maszynowa zmieni nasz świat. - M., Wydawnictwo "Mann, Ivanov i Ferber", 2016.
Zhdanov A.A. Autonomiczny sztuczny intelekt. - Moskwa, "Binom", 2008.
Sztuczna inteligencja będzie poszukiwać życia pozaziemskiego // Magazyn "Popularna mechanika", 22.11.2016.
Kuhto A.V. Elektronika organiczna: wczoraj, dziś, jutro // magazyn "Chemia i życie", 2013, № 2.
Campbell D. Evolutionary epistemology // Zbiór artykułów "Evolutionary epistemology and logic of social sciences", Moskwa, "URSS Editorial", 2000.

Laureat Nagrody Nobla D. Barton: "Znajduję wielką przyjemność w robieniu czegoś eleganckiego, eleganckiego" // Magazyn "Chemia i życie", 1970, numer 12.
Lefshets S. Strona autobiografii matematycznej // Dziennik "Sukcesy nauk matematycznych", 1970, tom 25, wydanie 6 (156).
Luger J. Sztuczna Inteligencja. - M., "Williams", 2003.
Lyalikov AP Traktat o sztuce wynalazczości. - St.-Petersburg, "Politechnika", 2002.
Marikhin V.A. Syntetyczne metale // Dziennik "Chemia i życie", 2000, [1] 6.
Merton R. Teoria społeczna i struktura społeczna. - M., "AST", "Guardian", 2006.
Firmy MIPT i IT nauczyły sztucznej inteligencji szukać lekarstw na raka // Strona internetowa RIA Novosti, 09.02.2017.
Myśl i pasja Ilya Prigozhina // Dziennik "Chemia i życie", 2004, [1] 2.
Nagel E., Newman J. Theorem Gedel. - M., "Krasand", 2010.
Neeman Yu. Szczęśliwego wypadku, nauki i społeczeństwa. Podejście ewolucyjne // International Journal "Puti", 1993, nr 4.
Novikov N.B. 1000 analogii, które zmieniły naukę. - M., IP RANA, 2010.
Parshin A.N. Refleksje nad twierdzeniem Gedela // Dziennik "Pytania filozoficzne", 2000, [1] 6.
Pekelis V. Twoje zdolności, człowieku! - M., "Wiedza", 1986.
Penrose R. Nowy umysł króla. - M., "Uniditorial URSS", 2003.
Poia D. Matematyka i wiarygodne rozumowanie. - M., "Nauka", 1975.
Poya D. Odkrycie matematyczne. - M., "Nauka", 1976.
Ponomarev L. Pod znakiem kwantowym. - M., FIZMATLIT, 2005.
Popper K. Campbell o ewolucyjnej teorii wiedzy // zbiór artykułów "Epistemologia ewolucyjna i logika nauk społecznych", Moskwa, "Redakcja ZSRR", 2000.
Potapov A.S. Sztuczna Inteligencja i Uniwersalne Myślenie. - Petersburg, "Politechnika", 2012.
Russell B. Human Cognition: Its Sphere and Borders. - M., "Republika", 2000.
Russell S., Norvig P. Sztuczna Inteligencja. - M., "Williams", 2006.
Fishing M. Nanotechnologia dla wszystkich. - M., Wydawnictwo "Nanotechnology News Network", 2005.
Współczesne problemy chaosu i nieliniowości. - Izhevsk, "Institute for Computer Research", 2002.
Solso R. Psychologia poznawcza. - Saint-Petersburg, Wydawnictwo "Peter", 2002.
Tarsky A. Wprowadzenie do logiki i metodologii nauk dedukcyjnych. - Moskwa, Wydawnictwo Literatury Obcej, 1948.
Miasta C. Elektronika kwantowa i postęp techniczny // Dziennik "Sukcesy nauk fizycznych", 1969, tom 98, [1] 1.
Timiryazew K.A. Metoda historyczna w biologii. - Moskwa, Rosyjski Instytut Bibliograficzny Braci Granatów, 1922.

K.A. Timiryazev. Pilne zadania współczesnej nauki przyrodniczej. - M., Wydawnictwo "The Book", 1923.
Timiryazev KA Charles Darwin i jego nauki. - M., OGIZ, 1935.
Ushakova T.N. Psycholingwistyka. - M., PER SIE, 2006.
Fox D. Limity rozsądku // Dziennik "W świecie nauki", 2011, № 9.
Hawkins J., Blakesley S. O inteligencji. - M., "Williams", 2007.
Holland J. Genetic algorithms // Journal "In the World of Science", 1992, ¹ 9-10.
Chachko A.G. Sztuczna Inteligencja. - Moskwa, "Young Guard", 1978.
Chaitin G. Randomness in Arithmetic // Journal "In the World of Science", 1988, ¹ 9.
Chaitin G. Limity proweniencji // dziennik "In the world of science", 2006, ¹ 6.
Chemeris A.V., Magdanov E.G., Garafutdinov R.R. i inni. Niektóre technologiczne przeszłość, teraźniejszość i przyszłość współczesnej biologii do 2030 r. // Dziennik Biomiki, 2013, tom 5, ¹ 1-2.
Shamis A.L. Sposoby modelowania myślenia. - Moskwa, "ComBook", 2006.

13. Załącznik .

100 odkryć naukowych zainicjowanych przez czynnik przypadku (odkrycia dokonane na zasadzie serendipity), które przyniosły Nagroda Nobla dla jej autorów

"Serendipalne" odkrycia w fizyce i astrofizyce.

1. otwieranie zdjęć rentgenowskich. Laureat Nagrody Nobla w dziedzinie fizyki w 1901 r., Wilhelm RTG (1895) odkrył nieznane wcześniej promienie emitowane przez lampę Crux z katodą o dużej mocy penetrującej w następujących okolicznościach. W. Cholakow w swojej książce "Nagrody Nobla: Naukowcy i odkrycia" (1986) zauważa: "Chcąc poprawić warunki obserwacji blasku w rurce z katodą, zaciemnił laboratorium. W tym czasie wykonano zdjęcie rentgenowskie i przypadkowo zauważono, że kartonowy ekran pokryty fluorescencyjnym minerałem zaczyna się świecić w trakcie pracy lampy katodowej. Znamy pomysł, wyrażony przez Pasteura, że wypadek pomaga tylko przygotowanemu umysłowi" (Cholakow, 1986, s. 57).

G. Sellier pisze o tym samym w swojej książce "From Dream to Discovery: How to Become a Scientist" (1987): "Niemiecki fizyk W.X-ray eksperymentował z wyładowaniami elektrycznymi w wysokiej próżni, używając cyjanku platyny baru do wykrywania niewidzialnych promieni. Nigdy nie przyszło mu do głowy, że te promienie mogą przenikać przez materiały nieprzejrzyste. Przypadkowo zauważył, że cyjanek platyny baru pozostawiony w pobliżu lampy próżniowej zaczyna świecić, nawet jeśli jest oddzielony od lampy czarnym papierem. Później skromnie wyjaśnił: "Przypadkowo odkryłem, że promienie te przeniknęły przez czarny papier" (Celieu, 1987, s. 63).

A.S.Maidanov w swojej książce "Methodology of Scientific Creativity" (2008) wyjaśnia, dlaczego na laboratoryjnym stole promieniowania rentgenowskiego pojawił się kartonowy ekran pokryty cyjankiem platyny baru: "Przypadkowy czynnik w otwarciu promieni rentgenowskich był również okolicznością niezwiązaną z prowadzonymi w tym czasie badaniami promieni katodowych. Okoliczność ta polegała na tym, że w pobliżu rury wyładowczej, z którą fizyk eksperymentował, znajdował się ekran fosforescencyjny. Ekran ten przeznaczony był do badania innych promieni - ultrafioletowych, a fakt, że według E. de Bono został po prostu zapomniany na stole przez W. Rentgena, odegrał kluczową rolę w odkryciu nowego promieniowania: nagle ekran zetknął się, chociaż tak jakby nie powinien, ponieważ tuba była pokryta nieprzezroczystą czarną tekturą. Stąd niezamierzone działanie promieniowania W.X, dzięki któremu ekran znajdował się w pobliżu tuby, było czynnikiem przypadkowym, który doprowadził do odkrycia" (Maidanov, 2008, s. 349).

Inne źródła na ten temat:

- Danine D. Nieuchronność dziwnego świata. - M., "Young Guard", 1962;
- Brązowy S. Krótka historia elektroniki gazowej // Dziennik "Sukcesy nauk fizycznych", 1981, tom 133, wydanie 4;
- Maidanov A.S. Sztuka odkrywania. Metodologia i logika twórczości naukowej. - Moskwa, Wydawnictwo "Repro", 1993.

2. odkrycie radioaktywności. Laureat Nagrody Nobla z fizyki w 1903 roku, Henri Becquerel (1896) odkrył nowy rodzaj promieniowania emitowanego przez sole uranu, świadczący o promieniotwórczym rozpadzie tego pierwiastka chemicznego, dzięki efektowi "serendipity". To niezamierzone odkrycie wyznaczyło początek rozwoju fizyki atomowej. A.I.Abramov w swojej książce "Historia fizyki jądrowej" (2006) mówi: "Warto zwrócić uwagę na fakt, że radioaktywność została odkryta przypadkowo. Nawiasem mówiąc, Becquerel wybrał do swoich eksperymentów dużą ilość fluorescencyjnych substancji sól uranu. Przypadkowo, z powodu złej pogody, jeden z zapisów przygotowanych do eksperymentów został pozostawiony nienapromieniowany. Przez przypadek ten rekord został pokazany, choć nie powinien był. W wyniku przypadkowych zdarzeń dokonano więc największego odkrycia naszego czasu, którego następstwa znacząco zmieniły warunki życia całej ludzkości" (Abramov, 2006, s. 49).

To samo relacjonuje S.G.Kadmensky w swoim artykule "Radioactivity of Atomic Nuclei: History, Results, Newest Achievements" ("Soros Educational Journal", 1999, [1] 11): "Jak w przypadku wielu wybitnych odkryć, odkrycie radioaktywności było przypadkowe. Na początku 1896 r., zaraz po odkryciu przez V.K. promieni rentgenowskich, francuski fizyk Henri Becquerel, w procesie testowania hipotezy o fluorescencyjnym charakterze promieniowania rentgenowskiego, stwierdził, że sól uranowo-potasowa samoistnie, spontanicznie, bez zewnętrznych wpływów emituje twarde promieniowanie. Później Becquerel odkrył, że to zjawisko, które nazwał radioaktywnością, tj. aktywnością radiacyjną, wynikało całkowicie z obecności uranu, który był pierwszym radioaktywnym pierwiastkiem chemicznym" (Kadmensky, 1999, s. 76).

A.S.Maidanov w swojej książce "Methodology of scientific creation" (2008) szczegółowo opisuje historię odkrycia: "A.Becquerel dokonał wielkiego odkrycia - zjawiska radioaktywności, opartego na całkowicie nieadekwatnym do tego odkrycia i błędnym w stosunku do obiektów, z którymi operował, celu. Po zapoznaniu się z odkryciem promieni rentgenowskich Becquerel postanowił sprawdzić, czy te promienie nie mogą być emitowane przez ciała fosforescencyjne wystawione na działanie promieni słonecznych. W rzeczywistości nie powinno być takiego efektu. Ale to właśnie to błędne stwierdzenie pytania doprowadziło do odkrycia nowego promieniowania przez A. Becquerela" (Maidanov, 2008, s. 347).

Odkrycie A. Becquerela jest osiągnięciem naukowym, które pozwala uświadomić sobie sprawiedliwość wypowiedzi Walentina Azernikowa o roli przypadku. W swoim artykule "Ciąg dalszy" (Dziennik Nauki i Życia, 1968, nr 1) podkreśla: "...chcę cię ostrzec o dwóch rzeczach na raz. Pierwszy. Istnieje całkiem sporo przypadkowych odkryć w nauce. Co więcej, można argumentować, że większość eksperymentalnych odkryć została dokonana przez przypadek, ponieważ żaden inny sposób nie pozwoliłby na ich dokonanie. Drugi. Przypadkowe odkrycie nie jest okolicznością kompromitującą, stanowi część technologii pracy naukowej i jest tak samo ważne jak realizacja jakiejkolwiek pozycji planu rocznego. Przy okazji, w każdym planie jest jeszcze miejsce na legitymizację przypadkowych znalezisk, inaczej nauka utknęłaby na miejscu. Zapewne każdy prawdziwy eksperymentator, rozpoczynając swój dzień pracy, w swoim sercu czeka na to, ta właśnie przypadkowość, po której wszystko albo wywraca się do góry nogami, albo - przeciwnie - potwierdza się w dotychczasowej pozycji - w zależności od pozycji pracy przedtem" (Azernikow, 1968, s. 64).

Inne źródła zwracają uwagę na nieumyślne odkrycie Becquerela:

- Llozzi M. Historia fizyki. - M., "The World", 1970;
- Lipson G. Świetne eksperymenty z fizyki. - M., wydanie "The World", 1972;
- Azernicov V. Physics. Wielkie odkrycia. - M., "OLMA-PRESS", 2000.

3. odkrycie zjawiska nadprzewodnictwa niskotemperaturowego. Holenderski fizyk Heike Kamerling-Onnes (1911) odkrył zjawisko nadprzewodnictwa - zanikanie oporności elektrycznej w wielu metalach chłodzonych do ultra niskich temperatur, nie bez wpływu na czynnik przypadku. W 1913 roku naukowiec otrzymał Nagrodę Nobla z fizyki. P.L.Kapitsa w swoim artykule "Właściwości płynnego helu" (Nature magazine, 1997, ¹ 12) pisze o odkryciu Heike Kamerling-Onnes: "W początkowej fazie badań nad helem odkryto szereg zjawisk, których ze swej natury nie dało się nawet przewidzieć. Najpiękniejszym ze wszystkich takich zjawisk jest nadprzewodnictwo. Kamerling-Honnes odkrył to zupełnie przypadkowo: zmierzył oporność drutu ołowiowego i nagle zauważył, że nie ma w nim oporności. Gdy temperatura spada, rezystancja prądu elektrycznego rzeczywiście spada, ale żeby spadła do zera, było to dość zaskakujące. Jeszcze większym zaskoczeniem był fakt, że prąd przepływający przez zamknięty przewodnik nie znikał w temperaturze nadprzewodności" (Kapitsa, 1997, s. 13-14).

Potwierdza to Yu. Neeman w swoim artykule "Szczęśliwy wypadek, nauka i społeczeństwo". Evolutionary Approach" (International Philosophical Journal "Path", 1993, nr 4): "...Kamerling-Honnes był wielkim odkrywcą w dziedzinie uzyskiwania niskich temperatur, a obecnie badał właściwości materiałów w tych warunkach, mierząc i zestawiając tabele właściwości mechanicznych i elektrycznych. Nic w znanej mu fizyce nie mogło przygotować Kamerlinga-Honnesa na nagły całkowity zanik oporu elektrycznego, który musiał obserwować. W pewnym sensie tego rodzaju badania (nie poszukiwanie czegoś konkretnego, ale gotowość na wszelkie niespodzianki, niezależnie od tego, skąd pochodzą) można do pewnego stopnia uznać za zinstytucjonalizowane szczęście" (Yu.Neeman, 1993, s. 80). Rozważając szansę w historii odkryć naukowych z ogólnego punktu widzenia, Yu.Neeman pisze: "To jest moja teza rzucająca nowe światło na rolę szczęśliwego przypadku: jest to szczęśliwy przypadek, który napędza rewolucyjne mutacje w nauce, które są podobne do błędów w reprodukcji DNA, a tym samym daje impuls do mutacyjnych kroków w ewolucji ludzkiego społeczeństwa" (tamże, s. 86).

4. wynalezienie sposobu odbioru i nadawania fal radiowych. W 1909 r. włoski inżynier Guglielmo Marconi otrzymał Nagrodę Nobla z fizyki z napisem "Za wkład w rozwój telegrafu bezprzewodowego". Oczywiście, G. Marconi musiał podzielić się tą nagrodą z rosyjskim naukowcem Aleksandrem Stepanowiczem Popowem (1859-1905), który po raz pierwszy doniósł o stworzonym przez siebie telegrafie bezprzewodowym 7 maja 1895 roku na spotkaniu Rosyjskiego Towarzystwa Fizyczno-Chemicznego na dziedzińcu Uniwersytetu Petersburskiego. Jednak w tym przypadku nie interesują nas priorytetowe aspekty wynalazku radia, lecz fakt, że rozwój G.Marconiego i A.S.Popova opierał się na fundamentalnym odkryciu niemieckiego fizyka Heinricha Hertza (1887), który eksperymentalnie odkrył fale elektromagnetyczne, teoretycznie przewidywane przez Jamesa Maxwella.

To fundamentalne odkrycie było zarówno przypadkowe, jak i "serendipous". Efektem "serendipity" było to, że G. Hertz rozpoczynając swoje eksperymenty szukał sposobu na potwierdzenie elektrodynamicznych teorii sformułowanych przez swoich rodaków (F. Neumann, W. Weber, G. Helmholtz), ale faktycznie znalazł całkiem inny - potwierdzenie szkockiej teorii elektromagnetycznej Maxwella. Jeśli chodzi o element przypadku, odegrał on swoją rolę bezpośrednio podczas eksperymentów: pewnego dnia G.Hertz pozostawił na stole obok użytego przez siebie konturu (wibratora) inny kontur tego samego rodzaju, który pozwolił mu na wykrycie fal elektromagnetycznych. Warto zauważyć, że urządzenia opracowane przez G.Hertza do rejestracji fal elektromagnetycznych, w rzeczywistości były już odbiornikami i nadajnikami fal radiowych, które tylko trzeba było poprawić. Tak więc G.Marconi - laureat Nagrody Nobla - stworzył swój bezprzewodowy telegraf dzięki przypadkowemu odkryciu G.Hertza.

Friedrich Gerneck w swojej książce "The Pioneers of the Atomic Age" (1974) pisze o doświadczeniach Hertza, które doprowadziły do odkrycia fal radiowych: "*Ich bezpośrednim punktem wyjścia - jak odkrycie Ersteda w 1820 roku - była przypadkowa obserwacja podczas przygotowywania i weryfikacji eksperymentu szkoleniowego.* Podczas eksperymentów z wyładowaniami elektrycznymi Hertz zauważył iskrę jednej z dwóch ściśle leżących izolowanych spirali. Natychmiast zasugerował on, że zjawisko to opiera się na indukcji i powinno być interpretowane jako rezonans elektromagnetyczny, porównywalny do podobnego zjawiska akustycznego. Oczywiście, możliwe było wywołanie gwałtownych oscylacji elektrycznych za pomocą induktora iskrowego oraz w otwartej cewce z niewielką liczbą zwojów" (F. Hernek, 1974).

To samo mówi Walentin Azernikow w swojej książce "Fizyka". Wielkie odkrycia" (2000): "I tu Hertz przybył na pomoc w wypadku. Na jego biurku była cewka z drutu z małą szczeliną iskrową. Rozładowując słój z Lejdy, Hertz spowodował, że iskra się w nim wyślizgnęła i tym samym uzyskała pożądane wibracje elektryczne. Raz druga cewka została przypadkowo pozostawiona w pobliżu tego obwodu, nie podłączona do niego w żaden sposób. I tak, wyładowując słój z Lejdy przez jedną spiralę, Hertz nagle ze zdumieniem zauważył, że iskry ześlizgują się w drugim obwodzie. Początkowo Hertz myślał, że jest to jakieś przypadkowe zjawisko, ale wkrótce, powtarzając je wielokrotnie i na różnych przewodach, zdał sobie sprawę, że otworzył fale elektryczne. W tym czasie nie rozumiał jednak jeszcze, że właśnie trzymał w rękach pierwszy nadajnik drgań elektrycznych i ich pierwszy odbiornik, a po jakimś czasie z jego odkrycia wyrośnie cała ogromna dziedzina techniki - inżynieria radiowa, a potem telewizja" (Azernikow, 2000, s. 174).

Podobny opis historii odkryć można znaleźć w książce A.V.Blokhina "W początkach wynalazku radia" (2016 r.), o której opowiada autor: "Przy stole Hertza była spirala z drutu z małą przerwą na iskrę. Wyładowując słój z Lejdy, Hertz spowodował poślizg iskry w nim i tym samym otrzymał pożądane drgania elektryczne. Raz druga cewka została przypadkowo pozostawiona w pobliżu tego obwodu, nie podłączona do pierwszego. I tak, wyładowując słój z Lejdy przez jedną spiralę, Hertz nagle ze zdumieniem zauważył, że iskry ześlizgują się w drugim obwodzie. Początkowo Hertz myślał, że jest to jakieś przypadkowe zjawisko, ale wkrótce, powtarzając je wielokrotnie i na różnych przewodach, zdał sobie sprawę, że otworzył fale elektryczne. Wtedy jeszcze nie zrozumiał, to prawda, że właśnie trzymał w rękach pierwszy nadajnik wibracji elektrycznych i ich pierwszy odbiornik" (Blokhin, 2016, s. 41).

RN Szczerbakow pisze w swoim artykule "Należę do nielicznych wybranych, którzy żyją mało, ale wystarczająco dużo" ("The Herald of the Russian Academy of Sciences", 2007, t. 77, [1] 10): "Pewna niechęć Hertza czuła do osobowości Maxwella. Wyjaśnia to fakt, że po pierwsze, Hertz nie od razu zorientował się, że ma do czynienia z falami elektromagnetycznymi przewidzianymi przez teorię Maxwella. Po drugie, naukowiec był głęboko rozczarowany, że nie odkrył nowych rzeczy, a jedynie potwierdził to, co inni przewidzieli. I po trzecie, w długim sporze istniejące teorie elektromagnetyzmu wygrały reprezentację brytyjskiego Faradaya i Maxwella, a teorie niemieckich naukowców dalekiego zasięgu zostały odrzucone jako błędne, a sam Hertz się do tego przyczynił" (Shcherbakov, 2007, s. 898).

Inne źródła na ten temat:

- Azernikow V. Nietypowe zbiegi okoliczności. - Moskwa, 1972;
- Sukharev V.A. Psychologia intelektu. - Donieck, "Stalker", 1997;
- De Bono E. Używając myślenia lateralnego. - Mińsk, "Potpourri", 2005;
- Vinnikov A.V., Kudryakov A.G., Sazykin V.G., Tropin V.V. Wprowadzenie do specjalności. Energetyka elektryczna. - Krasnodar, KubAU, 2017.

5. Określenie wartości ładunku elektronowego. Amerykański fizyk Robert Milliken (1906, 1909) przeprowadził serię eksperymentów, które pozwoliły zmierzyć z dużą dokładnością elementarny ładunek elektryczny - ładunek elektronu, otwarty, jak wiadomo, Joseph Thomson. Eksperymenty R.Millikena posłużyły jako przekonywujący dowód na to, że elektrony są podstawowymi cząstkami o dość zdecydowanym ładunku i masie. W 1923 r. R. Milliken otrzymał Nagrodę Nobla w dziedzinie fizyki.

Czynnik przypadku odegrał znaczącą rolę w sukcesie badawczym R. Millickena. Badając naładowane krople wody, które znajdowały się w przestrzeni pomiędzy płytami metalowymi eksperymentalnej jednostki, w której za pomocą silnego akumulatora wytworzono silne pole elektryczne, R. Milliken zapomniał pokryć zawieszone krople radu (pierwiastka promieniotwórczego). W wyniku tego "zapomnienia" amerykański naukowiec dość niespodziewanie wynalazł metodę pierwotnej jonizacji pary wodnej, która doprowadziła go do dokładnego określenia ładunku elektronowego!

R. Milliken (1906) rozpoczął od powtórzenia eksperymentów przeprowadzonych w 1903 r. w Laboratorium Cavendisha przez Charlesa Wilsona, wynalazcę słynnej komory mgły. Istotą eksperymentów Wilsona była obserwacja ruchu wierzchołka chmury mgły pomiędzy poziomymi płytami, gdy były one przyłożone do napięcia, jak również w przypadku braku napięcia. Dzięki różnicy w ruchu naładowanych kropel w tych dwóch przypadkach możliwe było oszacowanie ich ładunku. Ale bardzo szybko Milliken zdał sobie sprawę, że metoda Wilsona nie pozwoliła mu na znaczący postęp. Stało się jasne, że metoda ta musiała zostać radykalnie zmieniona, aby pozbyć się niepewności mocowania górnej części chmury, a także prądów konwekcyjnych i szybkiego odparowania naładowanych kropel wody w chmurze. W tym celu w 1906 r. Milliken zaprojektował małą baterię 10.000 woltową, która wytworzyła pole elektryczne wystarczająco silne, aby górna powierzchnia chmury Wilsona wisiała jak "trumna Magometa" między niebem a ziemią.

W trakcie eksperymentów Milliken odnotował, że kiedy pole elektryczne zostało włączone, chmura została rozproszona, po czym pojawiło się kilka odrębnych kropel wody w tym polu elektrycznym. Były to kropelki, które umożliwiły rozpoczęcie określania ładunku elektronu. Milliken nazwał swoją eksperymentalną metodę "metodą wyważania kropel". Milliken dokonał odpowiednich pomiarów i był w stanie określić ładunek różnych kropli. Nie było powodów, aby sądzić, że którykolwiek z określonych ładunków jest równy w module z ładunkiem elektronu. Ponieważ jednak ładunki te mogły być wielokrotnością ładunku elektronu, konieczne było obliczenie najmniejszej całkowitej wielokrotności otrzymanych ładunków, co uczynił Milliken uzyskując liczbę zbliżoną do ładunku elektronu. Pozostały wątpliwości co do ważności uzyskanych wyników, ale szczęśliwy wypadek (który można nazwać śmiertelnym) pomógł Millikenowi znaleźć sposób na sprawdzenie swoich wniosków!

S.R.Filonowicz w swojej książce "Przeznaczenie klasycznego prawa" (1990) podaje historię samego Millikena o przypadkowej obserwacji, która uratowała przed wieloma problemami technicznymi: "W związku z tymi doświadczeniami mogłem zaobserwować zjawisko, które w owym czasie bardzo mnie interesowało, ponieważ otwierało ono zupełnie nowe możliwości. *Pracując nad tymi ważonymi kroplami, kilka razy zapomniałem osłonić je przed promieniami radu. W tym czasie zdarzyło mi się zauważyć, że od czasu do czasu jedna z kropli nagle zmieniła swój ładunek i zaczęła poruszać się wzdłuż lub na wprost pola, oczywiście przechwytując jon dodatni, a w drugim przypadku ujemny. Dzięki temu można było z całą pewnością zmierzyć nie tylko ładunek poszczególnych kropel, jak to robiłem do tej pory, ale także ładunek poszczególnych jonów atmosferycznych.* Faktycznie, mierząc dwukrotnie prędkość tej samej kropli, raz przed i dwa razy po przechwyceniu jonu, mogłem oczywiście całkowicie wykluczyć właściwości kropli i właściwości ośrodka i działać z wartością proporcjonalną tylko do ładunku przechwyconego jonu" (Filonowicz, 1990, s. 162).

Opowieść o tym, jak proste zapomnienie - fakt, że R. Milliken zapomniał osłonić zawieszone krople promieni radu - w sposób "serendipse" doprowadził do odkrycia, zawarta jest w książce R. Millikena "Electrons, protons, photons, neutrons and cosmic rays" (Moskwa-Leningrad, GONTI NKTP ZSRR, 1939). W książce tej R. Milliken pisze: "Pracując nad tymi "ważonymi kroplami", kilkakrotnie zapomniałem osłonić je przed promieniami radu. Wtedy zdarzyło mi się zauważyć, że od czasu do czasu jedna z kropli nagle zmieniła swój ładunek i zaczęła poruszać się po polu lub przeciwko niej, najwyraźniej przechwytując w pierwszym przypadku jon dodatni, a w drugim ujemny. Dzięki temu można było z całą pewnością zmierzyć nie tylko ładunek pojedynczych kropel, jak to robiłem do tej pory, ale także ładunek indywidualnego jonu atmosferycznego" (Millicen, 1939, s. 55).

6. Odkrycie promieni kosmicznych. Zaszczyt wykrywania promieni kosmicznych - przepływu naładowanych cząstek o wysokiej energii, przybywających na Ziemię ze wszystkich kierunków kosmosu, należy do austriackiego naukowca Victora Hessa, który w 1936 roku otrzymał Nagrodę Nobla z fizyki. Victor Hess odkrył promienie kosmiczne w sposób "serendipitous": mierząc szybkość jonizacji specjalnej komory jonizacyjnej na różnych wysokościach, dążył do zmierzenia współczynnika pochłaniania promieniowania gamma emitowanego przez skorupę ziemską, a zamiast tego odkrył promieniowanie pochodzące z kosmosu (szukał jednego, a znalazł drugiego).

G.E.Kocharow w swoim artykule "Kosmiczne promienie ultra-wysokiej energii i promieniowania reliktowego we wszechświecie" ("Soros Educational Journal", 2001, tom 7, [1] 7) pisze: "Odkrycie promieni kosmicznych, jak wiele odkryć, zostało dokonane przez przypadek w procesie badania innego zjawiska. W 1911 r. młody austriacki fizyk Victor Hess podniósł komorę jonizacyjną na balonie, aby zmierzyć współczynnik absorpcji promieniowania gamma emitowanego przez skorupę ziemską. Wbrew oczekiwaniom, tempo jonizacji w pewnej odległości od powierzchni Ziemi nie zmniejszyło się zgodnie z oczekiwaniami Hessa, a nawet wzrosło. W 1912 r. Hess wykonał jeszcze siedem lotów balonem" (Kocharow, 2001, s. 83).

Podobne informacje czytelnik znajdzie w artykule V.L.Ginzburga i I.V.Dormana "Nature and Origin of Cosmic Rays: History and Modernity" (Journal "Nature", 1978, [1] 4), gdzie autorzy odnotowują: "Promienie kosmiczne zostały odkryte przypadkowo, w procesie badania zupełnie innych zjawisk - elektryczności atmosferycznej, radioaktywności i zdolności penetracji promieni gamma. W 1911 roku młody austriacki fizyk Victor Hess postanowił podnieść komorę jonizacyjną na balonie, aby zmierzyć współczynnik absorpcji promieni gamma emitowanych przez skorupę ziemską. Wyniki dwóch pierwszych lotów były nieoczekiwane: szybkość jonizacji (liczba par jonów uformowanych w 1 cm3 c) w hermetycznej komorze jonizacyjnej wypełnionej powietrzem, w odległości od powierzchni Ziemi, nie tylko nie zmniejszyła się, jak tego oczekiwał Hess, ale nawet wzrosła" (Ginzburg, Dorman, 1978, s. 11).

A.S.Maidanov w swojej książce "The Methodology of Scientific Creativity" (2008) zwraca uwagę na fakt, że V.Hess doszedł do swojego odkrycia dzięki błędnie wyznaczonemu celowi: "Błędne wyobrażenia i, odpowiednio, ten błędnie wyznaczony cel doprowadził w latach 10. ubiegłego wieku do odkrycia promieni kosmicznych, o których istnieniu do tej pory nic nie wiedział. Fizycy byli zainteresowani przyczyną wycieku ładunku elektrycznego z liścia teleskopu elektrycznego. Zasugerowano, że było to spowodowane jonizacją powietrza wewnątrz elektroskopu, która prawdopodobnie wynikała z naturalnej radioaktywności środowiska. Aby uniknąć tego promieniowania, elektroskop został podniesiony do wysokości 5000 stóp w balonie. Ale wbrew oczekiwaniom, jonizacja tutaj nie zmniejszyła się, ale drastycznie wzrosła. W tych warunkach możliwe było tylko jedno wytłumaczenie: promieniowanie z kosmosu płynęło na Ziemię z nieznanej natury. To były promienie kosmiczne. Idąc do celu, naukowcy, zgodnie z komentarzem D.Thomsona, starali się jednocześnie odkryć uniwersalną radioaktywność, która tak naprawdę nie istnieje, a zamiast tego odkryli nieznane promienie" (Maidanov, 2008, s. 347).

7. eksperymentalne wykrywanie dyfrakcji promieniowania rentgenowskiego. Dyfrakcja rentgenowska została teoretycznie przepowiedziana przez Maxa von Laue (Nagroda Nobla z fizyki, 1914). Jednak pomysł teoretyczny musiał zostać potwierdzony przez eksperyment. Max von Laue i jego współpracownicy (Walter Friedrich i Paul Knipping) rozpoczęli poszukiwania eksperymentalnych warunków, w których można było obserwować wspomniany efekt fizyczny. Ale badacze nie wiedzieli, jak umieścić fotopłytkę względem kryształu i strumienia promieniowania rentgenowskiego, aby zobaczyć obraz dyfrakcyjny, więc musieli działać w sposób próbny i błędny. Sukces przyszedł, gdy P. Knipping przypadkowo umieścił fotopłatę za kryształem.

P.M.Zorkiy w swoim artykule "What is X-ray Structural Analysis" (magazyn "Chemistry and Life", 1969, [1] 9) pisze o tym przypadkowym odkryciu: "Wracając do laboratorium, Friedrich umieścił kryształ na drodze promieni rentgenowskich, a obok niego - fotopłytkę, która powinna była otrzymać promieniowanie rentgenowskie rozproszone, jak przypuszczano, pod kątem prostym do wiązki pierwotnej. W żadnym z eksperymentów nie znaleziono jednak śladów rozproszonego promieniowania... I wtedy interweniował czwarty fizyk - P. Knipping, który pracował w tym samym pomieszczeniu z Friedrichem. Był zmęczony byciem świadkiem niekończących się niepowodzeń i umieścił fotopłytkę dla kryształu, na drodze wiązki pierwotnej, tak że pojawił się przynajmniej jakiś ślad. I dzięki temu wypadkowi dokonano wielkiego odkrycia: na płycie, oprócz głównego punktu, przedstawione zostały symetrycznie rozmieszczone atrakcje - ślady promieni dyfrakcyjnych! W tak ciekawych okolicznościach dokonano odkrycia, które wkrótce pozwoliło naukowcom zagłębić się w głąb kryształu" (Zorkiy, 1969, s. 40).

A.I.Kitaigorodsky pisze o tym samym epizodzie nieumyślności w swojej książce "Niewiarygodne - nie fakt" (1972): "Historia wykrywania dyfrakcji jest również bardzo pouczająca, aby pokazać, jak czasami zdarzają się wypadki z żelazną koniecznością. Odkrycie to było wynikiem zbiegu kilku niezależnych wydarzeń" (Kitaigorodsky, 1972, s. 225). A.I.Kitaigorodsky zwraca również uwagę na zaniedbanie Paula Knippinga, który uczestniczył w produkcji eksperymentu jako jeden z asystentów M.Laue: "Laue zleciła przeprowadzenie eksperymentu swojemu asystentowi Friedrichowi. Nie było jasne, gdzie umieścić fotopłytkę, bo nikt nie wiedział, jak powinna przebiegać dyfrakcja z przestrzennej kraty zbudowanej z atomów. Postanowiliśmy umieścić go pod kątem dziewięćdziesięciu stopni w stosunku do padającej wiązki. Lampa rentgenowska była włączana codziennie przez wiele godzin, pokazywała jedną płytkę za drugą, próbowała zmienić jej położenie, zachowując się jak małpa w okularach. To nie zadziałało. Należy zauważyć, że trzecim aktorem w tym zespole był ktoś Knipping. Jego zadaniem było przeniesienie rekordów na nowe stanowisko. Podobno był on instrumentem "majestatycznej szansy", która przyspieszyła wynik gry. Niedbale postępując zgodnie z instrukcjami szefa eksperymentu, Knipping umieścił zapis nie w wyznaczonym miejscu, a za kryształem, na drodze światła mijania. Pod koniec fotografii przyszedł Friedrich i stwierdził, że jego zamówienie zostało naruszone i, co irytujące, kazał wyrzucić płytę i wprowadzić nowe doświadczenie. Ale ponownie "sprawa jego królewskiej mości" interweniowała i ciągnąc jedną z nich za rękaw, zmusiła do pokazania płyty. Tak dokonano tego odkrycia" (tamże, s. 226).

Inne źródła na ten temat:

- Azernikow V. Nietypowe zbiegi okoliczności. - Moskwa, 1972;
- Ioffe A.F. Wilhelm Roentgen // Journal of Chemistry and Life, 1994, nr 11.

8. Odkrycie jądra atomowego. Angielski fizyk, laureat Nagrody Nobla w dziedzinie chemii w 1908 roku, Ernest Rutherford, badał eksperymentalnie przejście cząsteczek alfa (zjonizowanych atomów helu) przez złotą folię, przypadkowo stwierdził, że znikomy procent tych cząsteczek odbija się w złotej folii na ostro, a czasami pod kątem prostym. To przypadkowe ("serendipse") odkrycie doprowadziło naukowca do wniosku, że większa część atomu jest skoncentrowana w jego centrum - dodatnio naładowanym jądrze - wokół którego obracają się ujemnie naładowane elektrony. Powierzając swojemu pracownikowi E. Marsdenowi przeprowadzenie eksperymentu napromieniowania atomów cząstek alfa ze złotej folii, E. Rutherford spodziewał się, że cząstki alfa zostaną odbite od złotej folii w taki sposób, aby uzyskać potwierdzenie modelu atomu Josepha Thomsona. Jak wiadomo, model ten nie zakładał istnienia dodatnio naładowanego jądra atomu. Jednak eksperyment E. Marsdena przyniósł nieoczekiwany rezultat - niektóre cząstki alfa odbijały się od złotej płytki pod kątem prostym, co obaliło model atomu Thomsona. Innymi słowy, E. Rutherford szukał jednej rzeczy, ale znalazł inną (wspaniała ilustracja zasady "serendipity").

T.V.Filatov w swojej książce "Ogólne problemy filozofii nauki. Wybrane wykłady dla studentów studiów podyplomowych" (2013) pisze: "Sukces eksperymentu poszukiwawczego prowadzi do tzw. Na przykład, studenci podyplomowi Rutherforda, którzy obserwowali przechodzenie cząsteczek alfa przez złotą folię, stwierdzili, że niewielki procent tych cząsteczek odbija się w folii pod ostrymi kątami. Ta ostatnia wiązała się z istotną rewizją teoretycznego rozumienia struktury substancji" (Filatov, 2013, s. 94).

O udziale czynnika przypadkowego w odkryciu E. Rutherforda pisali R. Dickerson, G. Grey i J. Heit w I tomie monografii "Basic Laws of Chemistry" (1982): "W 1910 roku Ernst Rutherford (1871-1937) zaprzeczył modelowi Thomsona. *Stało się to mniej lub bardziej przypadkowo, podczas pomiarów rozproszenia wiązki cząstek alfa, gdy przechodziła ona przez niezwykle cienkie arkusze złota i innych metali ciężkich.* Rutherford spodziewał się, że wykryje stosunkowo niewielkie odchylenie cząstek alfa, które powinno wynikać z równomiernego rozłożenia ładunku i masy atomów na dużej objętości. Ale obserwowany obraz był zupełnie inny i zupełnie nieoczekiwany. Oto jak opisuje to sam Rutherford: "W młodości obserwowałem rozpraszanie się cząsteczek alfa, a dr Geiger w moim laboratorium badał je szczegółowo. Stwierdził, że ich rozproszenie w cienkich arkuszach metalu ciężkiego jest zwykle niewielkie, około jednego stopnia. Pewnego dnia, Geiger podszedł do mnie i powiedział: "Nie sądzisz, że młody Marsden, którego uczę nadzoru radioaktywnego, mógłby rozpocząć nowe studia?" Zgodziłem się z nim i powiedziałem: "Dlaczego nie każesz mu sprawdzić, czy poszczególne cząstki alfa rozpraszają się pod dużym kątem?" Szczerze mówiąc, nie wierzyłem, że jest to możliwe, ponieważ wiedzieliśmy, że cząstka alfa jest bardzo szybką i masywną cząstką o dużej energii, a jeśli rozpraszanie jest spowodowane skumulowanym efektem serii małych rozproszenia, szanse na rozproszenie cząstki alfa w przeciwnym kierunku są bardzo małe. I tak pamiętam, że po dwóch, trzech dniach Geiger przyszedł do mnie w wielkim podnieceniu i powiedział: "Udało nam się odkryć, że niektóre cząsteczki alfa wracają..." To była najbardziej niesamowita rzecz, jaka kiedykolwiek w moim życiu się wydarzyła. To było prawie tak niesamowite, jak gdyby 15-calowy pocisk wystrzelony w kawałek bibuły papierosowej i rykoszetował z powrotem i uderzył w ciebie" (Dickerson i in., 1982, s. 330-332).

Historię E.Rutherforda o jego przypadkowym (nieprzewidzianym) otwarciu można znaleźć również w eseju "100 lat rozwoju fizyki" (zbiór "Rutherford - naukowiec i nauczyciel (do 100. rocznicy jego urodzin)", redaktor - P.L.Kapitsa, 1973).

E. Rutherford, opisując wydarzenia, które miały miejsce po odkryciu elektronu przez Josepha Thomsona, mówi: "Ponieważ moje osobiste zainteresowania były ściśle związane z kolejnym etapem rozwoju, przedstawię je bardziej szczegółowo; chciałbym *użyć tego przykładu, aby pokazać jak często przypadkowo natrafia się na fakty.* Bardzo dawno temu obserwowałem rozpraszanie cząsteczek α, a Geiger szczegółowo badał je w moim laboratorium. Stwierdził, że na cienkich arkuszach metali ciężkich rozproszenie jest zwykle niewielkie - około jednego stopnia. Pewnego dnia, Geiger przyszedł do mnie i powiedział: "Nie sądzisz, że nadszedł czas, by młody Marsden nauczył mnie metod radioaktywnych, by rozpocząć małe badania?" Pomyślałem to samo, więc powiedziałem: "Dlaczego nie każesz mu zobaczyć, czy niektóre z cząstek α mogą rozproszyć się pod dużym kątem?". *Powiem wam w tajemnicy, że nie przypuszczałem, że mogą się tak rozproszyć, bo wiadomo było, że α-cząsteczki to bardzo szybko masywne cząstki o niezwykle wysokiej energii.* Można zauważyć, że jeśli duże rozproszenie jest wynikiem nagromadzenia się pewnych małych rozproszenia, prawdopodobieństwo wstecznego rozproszenia dla cząstki α jest bardzo małe. Pamiętam, że po 2 lub 3 dniach strasznie podekscytowany

Geiger przyszedł do mnie i powiedział: "Mogliśmy obserwować jak wracają cząstki α". To było najbardziej niesamowite wydarzenie, jakie musiałem przeżyć. To było prawie tak niesamowite, jak gdybyś wystrzelił 15-calowy pocisk w kawałek papierosa i wróciłby i uderzył w ciebie. W trakcie refleksji zdałem sobie sprawę, że ten backscatter musi być wynikiem pojedynczego zderzenia, a kiedy dokonywałem obliczeń, zobaczyłem, że nie da się uzyskać wielkości tego samego rzędu, chyba że weźmie się pod uwagę układ, w którym większość masy atomu jest skoncentrowana w małym jądrze. To właśnie wtedy miałem pomysł na atom z małym masywnym centrum, niosący ładunek" (E.Rutherford, 1973).

Jak słusznie zauważył Aleksiej Levin w swoim artykule "Lucky Rutherford: Men Argue about Models" (Popular Mechanics Magazine, 2006, № 2), "czasami szczęście może odgrywać nie mniejszą rolę niż wiedza lub błyskotliwy wgląd. To było szczęście, które przyczyniło się do narodzin słynnego planetarnego modelu atomu".

9. Opracowanie kwantowego modelu atomu. Model planetarny atomu, zaproponowany przez Rutherforda (1911), pozostawił szereg nierozwiązanych kwestii. Zgodnie z tym modelem, atom składa się z masywnego jądra i elektronów krążących wokół niego w taki sam sposób jak planety poruszają się wokół Słońca. Stale emitujące energię elektrony powinny były opadać na jądro, ale to zaprzeczało eksperymentom, które wykazały stabilność atomów. W tym czasie model atomu Rutherforda był już znany z kwantowej hipotezy Maxa Plancka (1900), który twierdził, że atomy nie promieniują nieprzerwanie (w sposób ciągły), lecz w oddzielnych, niepodzielnych dalszych porcjach energii, zwanych kwantami. Naukowcy mieli za zadanie dokonać syntezy modelu Rutherforda i kwantowej hipotezy Plancka tak, aby wyjaśnić dlaczego elektrony, obracające się wokół jądra atomu, nie padają na to jądro. Synteza ta została po raz pierwszy przeprowadzona przez duńskiego fizyka Nielsa Bohra (1913). Czarodziejska Różdżka", która pozwoliła mu odnieść sukces, to widmowe formuły Johanna Balmera (1825-1898), które pokazują, że długości fal linii widmowych atomów są ze sobą połączone za pomocą prostych relacji racjonalnych. Ale Niels Bohr nie wiedział nic o tych formułkach Balmera! Sytuacja zmieniła się (a wraz z nią narodził się kwantowy model atomu), gdy Nils Bohr urodził się przez przypadek - dokładnie przez przypadek! - spotkał się na uniwersytecie z byłym kolegą z klasy, Hansem Hansenem. Gdyby nie to spotkanie, Nagroda Nobla z fizyki z 1922 r. nie zostałaby przyznana Nielsowi Bohrowi, ani żadnemu z innych naukowców.

D. Danin w książce "Świat probabilistyczny" (1981) pisze: "Myśl nie od razu znalazła się na najkrótszej drodze od idei zgadywania do spójnej teorii. A kiedy to wyszło, wszystko zostało zrobione w mniej niż miesiąc. Jak to często bywa, pomaga sprawa, dlatego sprawa, której nie można ani zaplanować, ani założyć. Minęło pół roku odkąd Bohr wrócił do domu z Anglii. Pewnego dnia, na początku lutego 13, opowiadał o agonii swoich poszukiwań kwantowych w poszukiwaniu byłego kolegi z klasy na Uniwersytecie Hansa Hansena, który został spektroskopistą. Zapewnił on swojego byłego przyjaciela, że jest bliski wyjaśnienia "właściwości materii, które zależą od układu elektronowego w atomie". I wymienił najważniejsze z tych właściwości - stabilność substancji, zachowanie chemiczne, magnetyzm... "A widma? - ...Hansen poprosił, miejmy nadzieję... - Jak twoja teoria tłumaczy formuły spektralne? "Spectral formulas?" Nawet pięćdziesiąt lat później Bohr przypomniał sobie pytanie Hansena i jego zmieszanie. Opowiadając historykom o tej rozmowie, szczerze przyznał z uśmiechem: "Nie wiedziałem nic o żadnych widmowych formułkach" (Danin, 1981, s. 76-77).

Nieoczekiwane i fatalne spotkanie Bohra i Hansena relacjonuje również A.B.Migdal w swoim artykule "Niels Bohr i fizyka kwantowa" (Journal of Physical Sciences, 1985, Vol. 147, wydanie 2): "Wydarzenie, które było ostatnim pchnięciem dla Bohra, miało miejsce na początku lutego 1913 roku. Przez przypadek poznał swojego kolegę z college'u, Hansa Hansena, specjalistę od spektroskopii. Kiedy Bohr z niewiadomych przyczyn opowiadał mu o budowie substancji opartej na atomie planetarnym o stabilnych orbitach, Hansen zapytał: "Jak twoja teoria tłumaczy formuły spektralne?" I wtedy, ku jego wielkiemu zaskoczeniu, odkryto, że Bohr nie wie nic o formułach spektralnych uzyskanych przez Balmera (1885), Riedberga (1890) i Ritza (1908). Bohr pamiętał: "Jak tylko zobaczyłem formułę Balmera, od razu stało się to dla mnie jasne. To właśnie lampa błyskowa oświetliła cały obraz - w niespełna miesiąc była gotowa na pierwszą, najważniejszą część pracy "O strukturze atomów i cząsteczek" (Migdal, 1985, s. 318-319).

10. Otwarcie dyfrakcji elektronów. Fizyk francuski Louis de Broglie (1924), opierając się na swojej koncepcji korpuskularno-falowego dualizmu materii, teoretycznie przewidział nowe zjawisko fizyczne - dyfrakcję elektronową. Innymi słowy, Louis de Broglie postulował, że elektrony, będąc ze swej natury cząstkami materii, wraz z właściwościami korpusu muszą również posiadać właściwości falowe. Teoretyczne konstrukcje francuskiego naukowca nie były zbyt wiarygodne, dopóki w 1927 roku amerykański uczony Clinton Joseph Davisson nie odkrył dyfrakcji elektronów. Odkrycie to przyniosło mu Nagrodę Nobla w dziedzinie fizyki (1937).

Jak Davisson, współpracując z Lesterem Jermrem, odkrył efekt przewidywany przez Louisa de Broyla? Istotną rolę w tym odkryciu odegrał element przypadku.

I.S.Dmitriev w książce "Electron through the eyes of a chemicalst" (1986) stwierdza: "Kiedy Davisson w 1927 roku, tym razem razem razem z Jermrem, spędził doświadczenie w rozpraszaniu elektronów z płyty niklowej, instalacja przypadkowo dostała powietrze i powierzchnię metalu utlenionego. Warstwa tlenku musiała zostać usunięta poprzez wyżarzanie kryształu w wysokotemperaturowym piecu w ośrodku redukcyjnym, po czym eksperyment był kontynuowany. Wyniki były jednak inne. Zamiast monotonnych (lub prawie monotonnych) zmian natężenia rozproszonych elektronów od kąta zaznaczono wyraźnie maxima i minima, których położenie zależało od energii elektronów. (...) Powodem tak gwałtownej zmiany wzorca rozpraszania po wypadku było powstawanie pojedynczych kryształów niklu w wyniku wyżarzania, które służyło jako rodzaj sieci dyfrakcyjnej" (Dmitriev, 1986, s. 21).

O tym samym pisze G. Lipson w książce "The Great Experiments in Physics" (1972): "Pierwszy z eksperymentów, wykonanych przez Davissona (1881-1958) i Jermera (urodzonego w 1896 r.), był do pewnego stopnia przypadkowy ... Davisson badał rozpraszanie elektronów przez nikiel i był zdziwiony nieoczekiwanymi maksymami w wynikach pomiarów rozpraszania. Przypadkowo w przyrządzie powstał wyciek, a nikiel utlenił się. Davisson próbował szybko usunąć tlenek, spalając próbkę w próżni, ale kiedy powtórzył pomiary, obraz rozproszenia znacznie się zmienił: maksimum stało się znacznie bardziej wyraźne" (Lipson, 1972, s. 207).

Wzmianka o czynniku przypadku, który przyczynił się do odkrycia, zawarta jest również w artykule G.P.Thomsona "Siedemdziesięcioletni elektron" (Journal of Physical Sciences, 1968, tom 94, wydanie 2), który jest odnotowany: "Davisson przeczytał pracę Alsassera, ale twierdzi, że nie wpłynęła ona na niego, ponieważ uważał, że teoria Alsassera była błędna. Najpierw chciał wyjaśnić swoje wyniki obecnością atomów powłok elektronowych, a następnie "kierunkami przezroczystości". Jednak dzięki szczęśliwemu wypadkowi (kwiecień 1925 r.), cel niklowy został poddany długiej obróbce cieplnej i w wyniku tego zamienił się w kilka dużych kryształów. Wzór rozpraszania stał się zupełnie inny i Davisson postanowił pracować z pojedynczymi kryształami" (Thomson, 1968, s. 368).

Inne źródła na ten temat:

- de Broyl Louis. Na drogach nauki. - Moskwa, Wydawnictwo Literatury Obcej, 1962;
- Azimov A. Przewodnik po nauce. Od egipskich piramid do stacji kosmicznych. - Moskwa, "Centerpolygraph", 2006;
- Ponomarev L.I. Pod znakiem kwantowym. - Moskwa, "Fizmatlit", 2012.

11. otwarcie elementarnej cząstki pozytonu. Kiedy P. Dirac (1928) wydedukował swoje relatywistyczne falowe równanie na elektron, odkrył, że jego równanie pozwala na istnienie nowej elementarnej cząstki podobnej do elektronu, ale o przeciwnym ładunku. W tym czasie jedynymi cząstkami elementarnymi były elektron i proton, więc Dirac zdecydował, że jego teoria przewidywała proton, chociaż masa protonu jest znacznie większa od masy elektronu. Interweniował matematyk Hermann Weil, który stwierdził, że nowa cząstka musi mieć taką samą masę jak elektron. Ta nowa cząstka została odkryta eksperymentalnie przez amerykańskiego fizyka Carla

Andersona (1932), który spotkał pozyton dość przypadkowo, nie korzystając z teorii Diraca i nie zamierzając tego udowodnić. Odkrycie to przyniosło mu w 1936 roku Nagrodę Nobla z fizyki.

Jeden z odkrywców DL Anderson w swojej książce "The discovery of the electron (the development of atomic concepts of electricity)" (1968) pisze: "Tak więc, teoria Dirac przewidywała istnienie nowej cząstki. Jednak błędem byłoby sądzić, że Anderson kierował się w swojej pracy teorią Dirac. Ponieważ nawet fizycy teoretyczni nie zwracali większej uwagi na niepożądane "pozytywne" rozwiązanie równań Diraka, nie dziwi, że fizycy eksperymentalni robili to samo. Anderson [16] wyraził to w następujący sposób: "Odkrycie pozytonu było całkowicie przypadkowe, chociaż relatywistyczna teoria Dirac elektronu przewidywała również istnienie pozytonu, i to było dobrze znane niemal wszystkim fizykom; w odkryciu teorii pozytonu nie odegrało to znaczącej roli... Cel eksperymentu, który doprowadził do odkrycia... polegał po prostu na pomiarze energetycznego spektrum przeciwelektronów powstałych w atmosferze i innych materiałach, dzięki promieniowaniu pochodzącym z kosmosu...". (Anderson, 1968, str.146).

To samo mówi A.I.Akhiezer i M.P.Recalo w swojej książce "Biografia cząstek elementarnych" (1979). Wymieniając nazwisko odkrywcy pozytonu jako Andersena, autorzy ci piszą: "Ciekawe, że teoria Diraca nie miała żadnego wpływu na twórczość Andersena. "Odkrycie pozytonu", napisał Andersen, "było całkowicie przypadkowe, chociaż relatywistyczna teoria elektronów Diraca również przewidywała istnienie pozytonu, i to było dobrze znane prawie wszystkim fizykom; w odkryciu teorii pozytonu nie odegrała ona znaczącej roli. Cel eksperymentu, który doprowadził do odkrycia, polegał po prostu na pomiarze widma energetycznego elektronów wtórnych powstałych w atmosferze i innych materiałach, dzięki promieniowaniu pochodzącemu z kosmosu" (Akhiezer, Recalo, 1979, s.48).

Inne źródła na ten temat:
- Radunskaya I.L. Szalone pomysły. - M., "Young Guard", 1967;
- Wszechświat Barashenkova V.S. w elektronach. - Moskwa, 1988;
- Volkov A. Mirror Worlds // Dziennik "Znanie - siła", 2003, [1] 7.

12. otwarcie emisji elektronicznej na powierzchni żarnika wolframowego. Amerykański fizyk i chemik Irving Langmuir (1920s) stwierdził, że drut wolframowy powlekany tlenkiem toru emituje maksymalną liczbę elektronów, jeśli warstwa tlenku toru jest tylko jedna cząsteczka grubości. Odkrycie to było początkiem głębokiego badania zjawisk powierzchniowych, które doprowadziło do narodzin nowej dziedziny wiedzy naukowej - chemii fizycznej zjawisk powierzchniowych. W 1932 r. I. Lengmyur otrzymał Nagrodę Nobla w dziedzinie chemii "za odkrycia i badania w dziedzinie chemii zjawisk powierzchniowych". Historycy nauki uważają, że Langmuir dokonał swojego odkrycia (odkrył maksymalną elektroniczną emisję na powierzchni żarnika wolframowego w warunkach opisanych powyżej) całkiem przypadkowo.

M. Wilson w swojej książce "Amerykańscy naukowcy i wynalazcy" (1975) mówi: "Najważniejszy wynik badania nici żarowej Langmuira zrodził się przez przypadek. Testując zdolność włókien wolframowych do emisji elektronów, przypadkowo wziął wątek wykonany przez Coolidge do jakiegoś specjalnego celu. W aparacie testowym Langmuira, wątek zaczął emitować elektrony w ilościach nigdy wcześniej nie widzianych. Okazało się, że to włókno wolframowe zostało zaimpregnowane tlenkiem toru. Kiedy Langmuir kontynuował swoją obserwację, stwierdził, że nić działa najlepiej, jeśli nie jest pokryta warstwą toru grubszą niż pojedyncza cząsteczka" (Wilson, 1975, s. 126).

To samo relacjonuje S.A.Musskiy w swojej książce "100 wielkich noblistów" (2006): "Najważniejszy wynik żarnikowych badań wątków Langmuira zrodził się przez przypadek. Testując zdolność włókien wolframowych do emisji elektronów, przypadkowo wziął wątek wykonany do jakiegoś specjalnego celu. W aparacie badawczym naukowca, wątek zaczął emitować elektrony w ilościach nigdy wcześniej nie widzianych. Okazało się, że to włókno wolframowe zostało zaimpregnowane tlenkiem toru. Kiedy Irving kontynuował swoją obserwację, stwierdził, że nić działa najlepiej, jeśli nie jest pokryta warstwą toru grubszą od pojedynczej cząsteczki" (Mussky, 2006, s. 394).

Sprowadźmy inne źródło. D.I.Trubetskov w artykule "Two Thousand and Sixth Years in Nonlinear Dynamics Dates" ("Proceedings of Higher Education Institutions", seria "Applied Nonlinear Dynamics", 2007, tom 15, nr 2) pisze: "Przejście do badania zjawisk na powierzchni nastąpiło w Langmuirze faktycznie przypadkowo. Wątek, który wziął, wykonany przez Coolidge'a do specjalnych celów, wykazywał dużą emisję. Okazało się, że to włókno wolframowe zostało zaimpregnowane tlenkiem toru. Dalsze badania wykazały, że wątek ma najlepsze właściwości, jeśli jest pokryty monomolekularną warstwą tlenku toru". (Trubetskov, 2007, s. 101).

13. Odkrycie efektu Ramanowskiego rozpraszania światła. Zjawisko Ramanowskiego rozpraszania światła otworzyło dwie grupy naukowców: G.S.Landsberga i L.I.Mandelstama, którzy pracowali w Rosji, oraz V.Ramana i K.Krishnana, którzy prowadzili badania w Indiach. Rosyjscy fizycy po raz pierwszy zaobserwowali nowy efekt 21 lutego 1928 r., a ich koledzy z Indii 28 lutego tego samego roku. Za to odkrycie indyjska fizyczka Venkata Raman otrzymała w 1930 r. Nagrodę Nobla w dziedzinie fizyki. G.S.Landsberg i L.I.Mandelstam nie otrzymali tej nagrody, ponieważ, po pierwsze, żaden z krajowych naukowców nie nominował (nie nominował) ich do Nagrody Nobla, a po drugie, nie mogli oni na czas powiadomić europejskich naukowców o odkryciu. Zarówno rodzimi badacze jak i Venkata Raman natknęli się na nowy efekt "serendipity". Fizycy rosyjscy szukali manifestacji modulacji światła rozproszonego na elastycznych drganiach termicznych i znaleźli coś zupełnie innego. Podobnie, V.Raman szukał optycznego analogu efektu Comptona i znalazł kombinację rozpraszania światła.

I.L.Fabelinsky w artykule "Discovery of Raman Scattering of Light" (Journal of Physical Sciences, 1978, tom 126, № 9) pisze: "G.S.Landsberg i L.I.Mandelstam szukali nowych dyskretnych linii spektralnych w spektrum światła rozproszonego przez kryształy, spowodowanych modulacją światła rozproszonego przez elastyczne oscylacje termiczne, których częstotliwości leżą na gałęzi akustycznej krzywej rozpraszania. Znaleźli oni jednak nowe linie wynikające z modulacji rozpraszania światła przez wyższe częstotliwości leżące na gałęzi optycznej krzywej rozpraszania - ramanowskie rozpraszanie światła. C.V.Raman i K.S.Krishnan szukali światła rozproszonego przez ciecze i pary o zmiennej częstotliwości, zakładając, że istnieje optyczny analog efektu Comptona, i znaleźli Ramana rozpraszającego światło" (Fabelinsky, 1978, s. 124).

To samo mówi wybitny rosyjski fizyk, prezes Akademii Nauk ZSRR S.I.Wawiłow w swoim artykule "Główne kierunki współczesnej fizyki" ("Przyroda", 1941, № 5): "Najważniejszym wydarzeniem w historii nauki było przypadkowe odkrycie galwanizmu i elektromagnetyzmu. Również przypadkowo i niespodziewanie odkryto promieniowanie rentgenowskie i cały ogromny obszar radioaktywności, z którego wyrosła nowoczesna nauka jądra atomowego. Przypadkowo zjawisko rozpraszania światła Ramana, czyli tzw. zjawisko Ramana, zostało odkryte w 1927 roku w Moskwie i Kalkucie, co miało ogromne znaczenie dla badania struktury cząsteczki. Tę listę najważniejszych "przypadkowych" odkryć można łatwo zwielokrotnić, a co za tym idzie, takie wypadki są w rzeczywistości nieuniknionym statystycznym wzorem w historii nauki" (Babilov, 1941, s. 17).

Inne źródła na ten temat:

- Fabelinsky I.L. Drugi egzamin // Kolekcja "Wspomnienia M.A.Leontovicha", Moskwa, "Nauka", 1990;

- Fabelinsky I.L. Otwarcie wystawy Combined Light Scattering in Russia and India // Journal of Successes in Physical Sciences, 2003, tom 173, [1] 10;

- Pechenkin A. Leonid Isaakowicz Mandelsztam: badania, nauczanie i reszta życia. - Moskwa, "Logos", 2011.

14. Odkrycie promieniowania Vavilova-Cherenkova. W 1933 roku, pod kierownictwem S.I. Vavilova, odkryto promieniowanie, które pojawiło się podczas ruchu elektronu w środowisku o prędkości przekraczającej prędkość światła w tym środowisku. Nazywało się to promieniowanie Vavilova-Cherenkova. Odkrywcą blasku Vavilova-Cherenkova jest Paweł Aleksiejewicz Cherenkov (1904-1990), który w 1958 roku otrzymał Nagrodę Nobla z fizyki. Jeśli weźmiemy pod uwagę okoliczności odkrycia dokonanego przez P.A. Cherenkova (1933 r.), to mamy do czynienia z wypadkiem i zaskoczeniem jego odkrycia. Jako student podyplomowy

S.I.Vavilov, P.A.Cherenkov był zaangażowany w badania nad fluorescencją roztworów soli uranu pod wpływem promieniowania gamma radu. To był temat jego rozprawy doktorskiej. W eksperymentach sól uranową umieszczano w szklance kwasu siarkowego, roztwór napromieniowywano promieniowaniem gamma radu, a fluorescencję utrwalano wizualnie po dostosowaniu oczu do ciemności. Pewnego dnia P.A. Cherenkov zauważył, że kwas siarkowy w szkle obok preparatu radu żarzył się i bez soli uranolu. Był tak zniechęcony tym niezrozumiałym zjawiskiem, że był gotów odmówić kontynuowania swojej pracy doktorskiej. Łuna kwasu siarkowego uniemożliwiła P.A.Cherenkovowi badanie fluorescencji soli uranu w czystej postaci, dlatego zamierzał przerwać eksperymenty i poprosić S.I.Vavilova, aby dał mu inny temat do swojej pracy doktorskiej. Jednak S.I.Wawilow, rozumiejąc, że wszystkie odkrycia naukowe zaczynają się od "nieistotnych szans", które uniemożliwiają rozwiązanie pierwotnego problemu, nalegał na kontynuację badań nad niezrozumiałym zjawiskiem. Innymi słowy, S.I.Wawilow nie dał swojemu podyplomowemu studentowi zmyć tego zjawiska, w wyniku czego otworzył mu drogę do Nagrody Nobla.

EL Feinberg w książce "The Era and the Person. Fizyka. Eseje i wspomnienia" (2003) pisze: "Jego absolwent P. A. Cherenkov, który pracował nad zaproponowanym mu przez Babilova tematem, przypadkowo znalazł słabą poświatę czystej cieczy pod wpływem promieni γ źródła radioaktywnego, tak słabą, że można ją zauważyć i zbadać dopiero po siedzeniu (w celu dostosowania wzroku) przez dwie lub trzy godziny w ciemności i przy użyciu specjalnej techniki zaproponowanej przez Babilova. Ten blask uniemożliwiał mu wykonywanie pracy, która polegała na badaniu blasku substancji rozpuszczonej w cieczy. Czenkow wpadł w skrajną desperację i powiedział swoim towarzyszom: "Brakuje mojej pracy doktorskiej". Ale Adian nie odrzucił tego nieoczekiwanego blasku i wraz z Cherenkovem zaczął go dokładnie badać, w szczególności samodzielnie przeprowadzając pewne pomiary" (EL Feinberg, 2003).

To samo relacjonuje I.M.Frank w swoim eseju "Wspomnienia z lat studenckich" (zbiór "S.I.Vavilov. Eseje i wspomnienia", 1991): "W trakcie studiów Cherenkov odkrył, że nie tylko rozpuszczona sól, ale i rozpuszczalnik, czyli woda, również świecą. Z punktu widzenia omawianego zadania, było to pasożytnicze tło. Jego odkrycie było przypadkowe. Okazało się, że ów blask płynów był widziany przez fizyków zarówno przed, jak i pozornie więcej niż raz. Najbliżej odkrycia był francuski naukowiec Malle, który opisał szereg właściwości blasku. Nie zrobił jednak najważniejszego - nie przeprowadził decydujących eksperymentów w celu wyjaśnienia natury zjawiska. Zrobili to Babilov i Cherenkov, którzy pokazali to tutaj - nowe zjawisko. Nowy został odkryty przez przypadek, ale to nie przypadek, że Babilov zdołał zrozumieć to nowe zjawisko. Adian zawsze śmiał się z możliwości planowania odkryć. Odkrycie jest zawsze niespodziewane i niemożliwe do zaplanowania" (Frank, 1991, s. 195).

Należy zauważyć, że autor tych tekstów, Ilja Michajłowicz Frank, otrzymał Nagrodę Nobla w 1958 roku wraz z P.A.Cherenkovem za wkład w teoretyczne wyjaśnienie efektu Vavilova-Cherenkova.

Inne źródła na ten temat:

- Dobrotin, N.A., Feinberg, E.L., Fok, M.V. Od redakcji // Zhurnal Priroda, 1991, [1] 11;
- Bolotovsky B.M. Radiation of Vavilov-Cherenkov: discovery and application // Journal of Successes in Physical Sciences, 2009, tom 179, [1] 11;
- Novikov A.S. Randomowe odkrycia: aspekt genetyczny // Dziennik Kazańskiej Nauki, 2014, [1] 3.

15. Odkrycie nadpłynności płynnego helu. W warunkach normalnego ciśnienia atmosferycznego hel jest zamieniany na ciecz w temperaturze bezwzględnej 4,2°C. W temperaturze 2,2°C hel pozostaje w stanie ciekłym i ulega kolejnej przemianie. Został on odkryty przez Kamerlinga Onnesa w 1926 roku przez nagłą zmianę pojemności cieplnej cieczy. Ciekły hel w temperaturach powyżej punktu konwersji nazywany był helem I, a poniżej tego - helem II. To właśnie ta ostatnia okazała się płynna, dość wyjątkowa w swoich właściwościach. Pierwsze wzmianki o tych właściwościach zostały uzyskane w 1936 roku w Lejdzie przez W. Keesoma i pannę A. Keesom. Stwierdzili, że różnica temperatur pomiędzy końcami kapilary wypełnionej helem wyrównywała się bardzo szybko, tak że hel II wydaje się być jak najbardziej znanym przewodnikiem ciepła (ma nadtermiczne przewodnictwo).

Decydujący krok w odkrywaniu właściwości ciekłego helu uczynił w 1938 roku rosyjski uczony Piotra Leonidowicza Kapitsa. Mierząc lepkość ciekłego helu szybkością jego przepływu przez cienkie naczynia kapilarne, P.L. Kapitsa niespodziewanie odkrył, że lepkość helu II jest 10 tys. razy mniejsza niż lepkość najłatwiej poruszającego się znanego materiału - wodoru gazowego. Utrata lepkości umożliwia swobodny przepływ helu przez najmniejsze otwory, a nawet wspinanie się po ścianach kapilar, jakby "bez odczuwania" działania grawitacji.

P.L.Kapitsa doszedł więc do wniosku, że hel II faktycznie płynie jako ciecz, która nie ma żadnej lepkości, i zaproponował, aby nazwać to zjawisko nadpłynnością. W 1978 r. rosyjski naukowiec otrzymał Nagrodę Nobla z fizyki za odkrycie zjawiska zbytniej płynności.

P.L.Kapitsa sam uważał, że jego odkrycie było przypadkowe. Przed rozpoczęciem eksperymentów, które pozwoliły na odkrycie nadpłynności płynnego helu, naukowiec chciał tylko zrozumieć powody, dla których eksperymenty małżonków Keysom (Lejda) były sprzeczne z eksperymentami JF Allena i A.D.Miznera (Toronto, Kanada). Eksperymenty w Lejdzie wykazały wysoką przewodność cieplną helu, podczas gdy doświadczenia kanadyjskie wykazały niską lepkość tego samego helu.

P.L.Kapitsa pisze o swoich badaniach w artykule "Kiedy taki przypadek się pojawił, nie można było go przegapić" (Journal of Chemistry and Life, 1987, № 11): "Dalsze eksperymenty wykazały, że hel naprawdę wpełza do kapilary - na bardzo cienkiej warstwie. Po obliczeniu prędkości ruchu helu w cienkiej warstwie i określeniu oporu okazało się, że wszystko to może się zdarzyć tylko wtedy, gdy płyn jest płynny... Taka jest treść pracy. Teraz pozwólcie mi uogólnić. Po raz pierwszy w życiu znalazłem tak fundamentalną własność materii. Przeprowadziłem wiele eksperymentów w różnych dziedzinach, ale to kwestia szczęścia lub pecha. Kiedy taki przypadek się pojawił, nie należy go przegapić" (Kapitsa, 1987, s. 51-52).

16. Odkrycie efektu spowolnienia neutronów. 22 października 1934 roku włoski fizyk Enrico Fermi dokonał fundamentalnego odkrycia, odkrywając, że neutrony przechodzące przez parafinę lub wodę spowalniają. W przypadku napromieniania tymi spowolnionymi neutronami różnych pierwiastków (np. srebra) dochodziło do skuteczniejszego inicjowania reakcji jądrowych niż w przypadku konwencjonalnych (nie spowolnionych) neutronów. Następnie małe lub tzw. neutrony termiczne znalazły zastosowanie przy tworzeniu pierwszych reaktorów jądrowych (elektrowni jądrowych). To właśnie to odkrycie przyniosło włoskiemu fizykowi Nagrodę Nobla (1938). Jak Enrico Fermi odkrył efekt spowolnienia neutronów? Absolutnie przez przypadek. Sam E. Fermi wielokrotnie o tym mówił, "mimowolnie" ułatwiając pracę historyków nauki, uwalniając ich od żmudnej analizy dokumentów.

V.N.Maslov w swojej książce "Algorytm odkryć" (2011) pisze: "Historia nauki potwierdza, że szczęśliwy wypadek może odwrócić całe twórcze życie naukowca, kierując jego intensywne myśli ku nieoczekiwanie owocnej idei. Według opowieści Enrico Fermiego, odkrycie powolnych neutronów (wykorzystujących właściwości oparte na pracy reaktorów jądrowych) było szczęśliwym wypadkiem. Pomiędzy próbką żelaza wystawioną na działanie strumienia neutronów a rodon-berylowym źródłem neutronów znajdował się mały kawałek parafiny. Obserwowany zauważalny wzrost napromieniowania żelaza wynikał ze spowolnienia neutronów, które przechodziły przez parafinę. Dzięki temu odkryciu to właśnie Enrico Fermi stworzył pierwszy na świecie reaktor jądrowy" (Maslov, 2011, s. 8).

To samo mówi M. Shaskolskaya w swojej książce "Joliot-Curie" (1966): "Grupa Fermi odkryła nową interesującą cechę: sztuczna radioaktywność może być zwiększona, jeśli neutrony zostaną spowolnione. Jak się okazało, neutrony są spowolnione, jeśli substancja składająca się z atomów światła: woda, parafina, grafit zostanie umieszczona na drodze wiązki neutronów jako bariera. Masy atomów światła (wodór, węgiel) są zbliżone do neutronu. Neutrony zderzają się z nimi jak kulki bilardowe, powoli marnując swoją prędkość. I wtedy, gdy taki wolno poruszający się neutron - pocisk zbliża się do celu - jądro atomowe pierwiastka, w którym chce wywołać sztuczną radioaktywność, to jądro łatwiej wychwytuje neutron: jeśli pocisk pędzi za szybko, może się on ześlizgnąć przez cel. *Włosi zauważyli to przypadkowo i sprawdzili przez zanurzenie preparatu radioaktywnego (źródło neutronów) i napromieniowanego preparatu w fontannie ze złotą rybką w ogrodzie wydziału fizyki*" (Shaskolskaya, 1966, s. 79).

O fakcie przypadkowego odkrycia mówi również Ruth Moore, która w książce "Niels Bohr - człowiek i naukowiec" (1969): "I tu interweniowała sprawa - jak to często bywa w nauce, gdy gleba jest już przygotowana i prowadzone są intensywne prace". Kilka srebrnych cylindrów, napromieniowanych umieszczonymi w nich źródłami neutronów, umieszczonych w pudełkach ołowianych. Bruno Pontecorvo, naukowiec, który później wyjechał do Związku Radzieckiego, zauważył, że w cylindrze działy się dziwne rzeczy: jego działanie różniło się w zależności od tego, czy ołowiane pudełko znajdowało się w rogu, czy w środku, oraz od tego, czy znajdowało się na drewnianym stojaku, czy na metalowym. Naukowcy byli zainteresowani tym niezwykłym zachowaniem się cylindra, a potem Fermi nagle zasugerował spróbowanie, jak lekki materiał, taki jak parafina, będzie działał na cylinder. Okazało się, że parafina zwiększyła radioaktywność cylindra sto razy.

Wiadomo, że parafina składa się głównie z wodoru. Na podstawie tego Fermi przedstawił również inną propozycję: aby zobaczyć, jak woda (wraz z jej wodorem) wpłynie na napromieniowane srebro. Butla ze źródłem neutronów została zanurzona w basenie pobliskiej willi, gdzie pływały złote rybki i lilie wodne. Po raz kolejny, radioaktywność metalu od razu skoczyła. Następnie Fermi doszedł do wniosku, że neutrony zwalniają podczas zderzenia z jądrem wodorowym tej samej wielkości, a prawdopodobieństwo powolnego wychwytywania neutronów przez to jądro wydaje się być znacznie większe niż prawdopodobieństwo szybkiego wychwytywania neutronów. Plotka o zaskakujących wynikach badań włoskich naukowców i założenie, że powolny neutron przenika do jądra łatwiej niż szybki neutron dotarł do Kopenhagi" (Moore, 1969, s. 239-240).

Inne źródła na ten temat:

- Fermi L. Atomy są w naszym domu. - Moskwa, Wydawnictwo Literatury Obcej, 1959;
- Pontecorvo B. Powolne odkrywanie neutronów: niektóre wspomnienia // B. Pontecorvo, "Wybrane dzieła", tom 2, Moskwa, "Nauka", 1997;
- Pontecorvo B. Powrót do ulicy Panispern // B. Pontecorvo, "Wybrane dzieła", tom 2, 1997.

17. Wynalezienie cyklotronu (akceleratora cząstek elementarnych). Jak zauważyliśmy powyżej, Niels Bohr (1913) stworzył kwantowy model atomu dzięki przypadkowemu spotkaniu z kolegą z klasy na Uniwersytecie Hansa Hansena, który opowiedział mu o formułach spektroskopowych Ballmera. Coś podobnego wydarzyło się w biografii amerykańskiego naukowca Ernesta Orlando Lawrence'a, laureata Nagrody Nobla z fizyki w 1939 r. E. Lawrence wpadł na pomysł wynalezienia cyklotronu, kiedy przypadkowo spotkał się z artykułem norweskiego Ralpha Videroe (Videroe) "O nowej zasadzie uzyskiwania wysokich naprężeń".

W. I. Kuzniecow w artykule "Wawrzyniec, wynalazca cyklotronu" (Dziennik Chemii i Życia, 1992, nr 5) pisze: "Problem został rozwiązany przez sprawę. W jeden wieczór, zgodnie z ustalonym nawykiem kawalerskim, Ernest wylogował się z czasopism naukowych w bibliotece uniwersyteckiej. Mimo że nie znał zbyt dobrze języka niemieckiego, postanowił zapoznać się z wydaną w Niemczech "Archiv fur Electrotechnic". Uwagę przykuł artykuł Norweskiego Ralpha Video "O nowej zasadzie uzyskiwania wysokich napięć" z wieloma wykresami i rysunkami. Lawrence nie musiał nawet przebijać się przez niemiecki tekst - ilustracje mówiły wszystko". (Kuźniecow, 1992, s. 17). Dalej W. I. Kuzniecow cytuje E. Wawrzyńca: "Od razu wydawało mi się, że ten pomysł wskazuje prawdziwą drogę, której szukałem, aby rozwiązać problem przyspieszania jonów dodatnich. Nie zaglądając głębiej do artykułu, natychmiast oceniłem ogólną charakterystykę rezonansowego liniowego akceleratora protonów do energii około miliona elektronowoltów" (tamże, str.18).

To samo pisze słynny fizyk, który otrzymał Nagrodę Nobla za stworzenie teorii nadprzewodnictwa (teoria BKSh) Leon Cooper w swojej książce "Fizyka dla wszystkich". Wprowadzenie do istoty i struktury fizyki" (1974): "Idea cyklotronu przyszła do głowy Lawrence'owi, gdy przypadkiem w 1929 roku zobaczył artykuł niemieckiego inżyniera Videoe o przyspieszaniu cząstek. Lawrence nie znał niemieckiego, ale schematy zawarte w artykule doprowadziły go do idei cyklotronu (stąd pytanie: czy to źle, czy dobrze nie czytać po niemiecku dla doktora nauk fizycznych?)". (Cooper, 1974, s. 310).

18. Odkrycie podziału atomu uranu. Otto Hahn i Fritz Strassmann (1938) odkryli zjawisko rozpadu jądrowego, nie dążąc do tego, ale rozwiązując zupełnie inny problem - uzyskanie elementów transuranowych. Napromieniowali atomy uranu neutronami i mieli nadzieję, że w jednym z eksperymentów znajdą się pierwiastki, których masa atomowa będzie większa od masy uranu. Jednak zamiast tego O. Gan i F. Strassmann rozłupali uran na prawie równe fragmenty (wśród produktów rozpadu znaleziono elementy lantanu i baru). Paradoksem badań O.Gana i F.Strassmanna jest to, że nawet po odkryciu lantanu jako produktu nuklearnego rozpadu uranu, nie potrafili oni poprawnie zinterpretować otrzymanych wyników. Zrobiła to Lisa Meitner, która została poinformowana o eksperymentach O. Gana w korespondencji z nim. Warto zauważyć, że E. Fermi odkrył rozpad jądra w 1934 roku, ale nie zrozumiał tego, ponieważ był również zajęty poszukiwaniem elementów transuranowych. Mimo to, w 1944 roku "za odkrycie rozszczepienia ciężkich jąder" O.Gan otrzymał Nagrodę Nobla w dziedzinie chemii.

W.L. Lawrence w swojej książce "People and Atoms" (1966) twierdzi: "Najbardziej znanym przykładem serendipity jest oczywiście przykład Kolumba. Zauważywszy bezpośrednią drogę do Indii i zdecydowawszy z góry, że ta droga zaprowadzi go tam, Kolumb nie mógł się przyznać do faktu odkrycia nowego kontynentu. Odkrycie rozpadu jądrowego jest najwyraźniejszym przykładem wybitnego, być może największego, nowoczesnego odkrycia w historii ludzkości, dokonanego serendiptycznie. Podobnie jak Kolumb, umysły odkrywców i ich zwolenników były zupełnie nieprzygotowane do przyjęcia nowego. Uprzedzenia uniemożliwiły rozpoznanie nowych faktów." (Lawrence, 1966, s. 29).

Laureat Nagrody Nobla w dziedzinie chemii N.N.Semenow w 4. tomie książki "Wybrane dzieła" (2006) pisze: "W 1938 roku Gan i Strassmann odkryli zjawisko rozszczepienia jąder uranu pod wpływem powolnego działania neutronów. Początkowo postawili sobie za cel uzyskanie pierwiastków transuranowych, ale zamiast tego odkryli zupełnie nowe zjawisko radioaktywnego rozszczepiania jąder uranu (jak się później okazało, jąder izotopu uranu-235) na dwa fragmenty, które są jądrami pierwiastków środkowych. Zgodnie z krzywą masy defektu, takie rozszczepienie wiąże się z uwolnieniem bardzo dużej energii. Kilka miesięcy po tym odkryciu Frenkel, a następnie Bohr przedstawili teorię zjawiska, opartą na analogii między podziałem jądra i podziałem kropli cieczy naładowanej w całej objętości energii elektrycznej o tej samej nazwie" (Semenov, 2006, s. 393).

To samo relacjonuje twórca teorii względności Albert Einstein, którego słowa cytuje Friedrich Gerneck w swojej książce "The Pioneers of the Atomic Age" (1974): "Praktycznie nadaje się ona (energia jądrowa - NNB) stała się, przede wszystkim z powodu przypadkowego odkrycia reakcji łańcuchowej, a tego nie mogłem przewidzieć. Został on odkryty w Berlinie przez Ghanę, która jeszcze nie zinterpretowała jego odkrycia. Poprawnej interpretacji udzieliła Lisa Meitner, która uciekła z Niemiec i przekazała informację Nielsowi Bohrowi" (F. Gerneck, 1974).

Inne źródła na ten temat:

- Neeman Yu. Czy nauka ewoluuje przez Darwina? // Magazyn "Chemia i życie", 1994, nr 8;

- Abramov A.I. Pomiar "niezmierzonych". - M., "Energoatomizdat", 1986;

- Motylajew A. Uran: Fakty i fakty // Dziennik "Chemia i życie", 2014, № 8.

19. otwarcie transuranowego elementu neptuna. Amerykański fizyk Edwin McMillan we współpracy z Philippe Abelsonem (1940), badając proces rozszczepienia atomu uranu, na zasadzie "serendipity" odkrył pierwszy transuranowy element neptuna. Chodzi o to, że E. MacMillan nie planował otwarcia tego pierwiastka, a jedynie chciał zmierzyć energię odrzutu dwóch głównych fragmentów powstałych w procesie rozszczepiania uranu pod wpływem działania neutronów. W 1951 roku MacMillan otrzymał Nagrodę Nobla w dziedzinie fizyki.

Glenn Theodore Seaborg, naukowiec, który zdobył Nagrodę Nobla w dziedzinie fizyki w 1951 roku, pisze o "serendipse" znalezisku E. McMillana. W swojej książce "Sztuczne elementy transuranowe" (1965) stwierdza: "Odkrycie rozszczepienia jądrowego, dokonane przez O. Gana i F. Strassmanna w grudniu 1938 r., które doprowadziło do epoki atomowej, było pośrednim wynikiem ludzkich prób stworzenia elementów transuranowych. Jest raczej ciekawe, że odkrycie pierwszego elementu transuranu - neptunu - było z kolei pośrednim wynikiem procesów rozszczepienia, który został dokonany przez MacMillan w 1940 r. Po odkryciu i badaniu pierwszych nowych elementów, właściwości chemiczne elementów transuranu i ich pozycji w tabeli okresowej ...". (Seaborg, 1965, s. 15-16).

"Wiosną 1940 roku, - kontynuuje G. Seaborg, - HM MacMillan, który pracował na Uniwersytecie Kalifornijskim w Berkeley, próbował zmierzyć energię odrzutu dwóch głównych fragmentów powstałych w wyniku rozszczepienia uranu pod wpływem neutronów. Na papierze położył cienką warstwę tlenku uranu, a pod nią położył bardzo cienkie arkusze papieru, aby spowolnić i zebrać fragmenty rozszczepienia. Używał przy tym zwykłego papieru do palenia. W swoich badaniach MacMillan odkrył istnienie nowego produktu radioaktywnego, który zasadniczo nie może oddzielić się od cienkiej warstwy uranu napromieniowanego przez neutrony jak produkty rozszczepienia. Zasugerował, że jest to produkt wytwarzany przez wychwytywanie neutronów z najbardziej powszechnego i prawie nierozprzestrzeniającego się izotopu uranu U-238. E.M.MacMillan i P.H.Abelson, którzy uczestniczyli w badaniach, byli w stanie wykazać na podstawie swoich prac chemicznych, że produkt ten jest izotopem pierwiastka 93, tj. neptuna-239, powstałym w wyniku wychwytywania neutronów i rozpadu β o okresie połowicznego rozpadu 23,5 min...". (Seaborg, 1965, str.16).

20. Odkrycie transuranowych elementów Einsteina i Farmia. Glenn Seaborg uczestniczył w odkryciu transuranowych elementów Einsteina i Farmia (kolejne numery, odpowiednio 99 i 100) po zdobyciu Nagrody Nobla. Odkrycie tych elementów jest jednak jeszcze jedną ilustracją tego, jak nieoczekiwane okoliczności mogą wpłynąć na przebieg badania i doprowadzić do znaczącego sukcesu.

G.N.Flerov i A.S.Ilinov w książce "On the Way to the Super Elements" (1982) piszą: "The way out of the dead end helped to find the case. W pyle radioaktywnym powstałym po eksplozji urządzenia termojądrowego, które zostało wyprodukowane przez Stany Zjednoczone w 1952 roku, znaleziono nieznane ciężkie izotopy plutonu-244 i plutonu-246. Ten fakt wiele powiedział naukowcom. Spalanie termonuklearnej mieszaniny deuteru i trytu odbywa się w ogromnej temperaturze setek milionów stopni, przez maleńki okres jednej milionowej części sekundy. W tak krótkim czasie strumień neutronów przechodzi przez powłokę uranową bomby, która jest znacznie wyższa niż strumień neutronów w reaktorze" (Flerov, Ilyinov, 1982, s. 21).

"Naukowcy pilnie proszą od Atolu Enewetok, gdzie doszło do eksplozji, - kontynuują autorzy - o tonę koralowca. I tak, w wyniku ogromnej pracy nad chemiczną obróbką tej skały zostały wyizolowane niewielkie ilości izotopów Einstein-253 (pierwiastek nr 99) i Farmia-255 (pierwiastek nr 100). Zafascynowani sukcesem amerykańscy fizycy planują uzyskać w wybuchach termojądrowych następujące elementy" (tamże, str. 22).

To samo mówi G. Siborg w swojej książce "Sztuczne elementy transuranowe" (1965): "Odkrycie elementów 99 i 100 jest doskonałym przykładem zaskoczenia w nauce. Siódme i ósme elementy transuranowe zostały odkryte w pyle zebranym po wybuchu urządzenia termojądrowego "Mike", dokonanym 1 listopada 1952 r. Był to pierwszy poważny test urządzenia termojądrowego. Radioaktywny pył rozproszony w atmosferze po wybuchu został najpierw wychwycony na papierze filtracyjnym przymocowanym do samolotów lecących w chmurach popiołu, a następnie zebrany w dużych ilościach z powierzchni gleby sąsiednich wysp - atoli, na które pył opadał jako osad. Pył ten został przywieziony do Stanów Zjednoczonych w celu przeprowadzenia badań chemicznych w kilku laboratoriach. (Seaborg, 1965, s. 38-39).

21. 21. opracowanie metody integracji za pomocą trajektorii (wszystkie możliwe sposoby). Możesz spędzić dużo czasu na wypróbowywaniu kolejnych wariantów i znaleźć podpowiedź w najbardziej nieoczekiwanym miejscu (np. w tawernie). To właśnie tam, w jednej z tawern w Princeton, w 1941 roku amerykański fizyk Richard Feynman znalazł zachętę do dalszych postępów w rozwiązywaniu dręczącego go problemu fizycznego. Jego przypadkowy towarzysz, który znalazł się w tej instytucji, dał mu artykuł Paula Diraca, który zawierał operatora Lagrangian ("Lagrangian"), opisujący ewolucję systemu dynamicznego. Chodzi o artykuł P. Diraca "Lagrangian in quantum mechanics" (1933). Następnie, używając tego operatora, R. Feynman wynalazł nową metodę obliczeń w mechanice kwantowej, zwaną "sumowaniem opowieści". ("integracja według ścieżki"). Była to praca, za którą w 1965 roku otrzymał Nagrodę Nobla z fizyki.

Sam R. Feynman opowiada o przypadkowych okolicznościach narodzin nowej metody integracji w swoim Noblowskim wykładzie "Development of Spatial-Time Interpretation of Quantum Electrodynamics" (Journal of Physical Sciences, 1967, Vol. 91, [1] 1): "I wtedy pewnego dnia, kiedy błądziłem w ciemności w pobliżu tego problemu, poszedłem na piwo do tawerny Nassau w Princeton. Był tam fizyk, który właśnie przybył z Europy (Herbert Jell). Siedział obok mnie. Europejczycy są znacznie poważniejsi niż my w Ameryce, ponieważ uważają, że taka piwna impreza to dobre miejsce do dyskusji nad zagadkowymi kwestiami. Więc, usiadł obok mnie i zapytał: "Co ty robisz?" i tak dalej. Powiedziałem, "Piję piwo." Wtedy zdałam sobie sprawę, że chce wiedzieć, co robię, więc powiedziałam mu o zadaniu, które mnie zafascynowało. W końcu zwróciłem się do niego i zapytałem: "Czy znasz jakiś sposób na uzyskanie mechaniki kwantowej z zasady działania, gdzie integralne, definiujące działanie, bezpośrednio wchodziłoby w mechanikę kwantową?" "Nie," odpowiedział, "ale Dirac miał artykuł, który wprowadził Lagrangian do mechaniki kwantowej, przynajmniej. Pokażę ci to jutro." Następnego dnia poszliśmy do biblioteki w Princeton. Są tu małe pokoje, w których można prowadzić dowolne dyskusje. Pokazał mi ten artykuł" (Feynman, 1967, str.38).

Inne źródła na ten temat:

- Gribbin D., Gribbin M. Richard Feynman: życie w nauce. - Moskwa-Izhevsk, Instytut Badań Komputerowych, 2002;

- Stepanovsky Yu.P. P.A.M.Dirac (1902-1984) // Journal of "Electromagnetic Phenomena", 2003, tom 3, [1] 2 (10).

22. Otwarcie efektu tranzystora. Wynalezienie tranzystora pod koniec lat 40. było jednym z największych kamieni milowych w historii elektroniki. Tranzystory okazały się skutecznym zamiennikiem dla lamp elektronicznych (próżniowych), które miały szereg poważnych wad: sztywność mechaniczną, krótką żywotność, duże wymiary, niską sprawność z powodu dużych strat ciepła w anodzie. Pierwszy tranzystor punktowy został wynaleziony w 1947 roku przez Johna Bardina, Williama Shockleya i Waltera Bratteina z amerykańskiej firmy Bell. Umieszczając dwa styki punktowe na krysztale germanu, w niewielkiej odległości od siebie, i przykładając do jednego z nich bezpośrednie napięcie różnicowe, a do drugiego - odwrotnie, były w stanie kontrolować prąd przechodzący przez pierwszy kontakt. Zjawisko to nazywane jest efektem tranzystorowym, który został odkryty przez wyżej wymienionych badaczy niemal przez przypadek, dzięki "szczęśliwemu" błędowi popełnionemu przez W. Bratteina. Odkrycie to przyniosło naukowcom Nagrodę Nobla w dziedzinie fizyki (1956).

Yu.Nosov w swoim artykule "At the beginning of the century of informatics" (magazyn "CHIP NEWS", 2002, [1] 10) pisze: "Kiedyś Brattein, który stracił cierpliwość, prawie skrócił elektrodę igły sterującej z inną (która była ustawiona na prąd przez próbkę), a nawet przez pomyłkę pomylił biegunowość stosowanych potencjałów i nagle ... znalazł znaczący wzrost sygnału wejściowego. Bardin oszacował "błąd" prawie natychmiast. Teraz wzięli wysokorezystancyjny kryształ germanu, umieścili dwa ostre punkty na jego powierzchni blisko siebie i 16 grudnia 1947 roku zademonstrowali grupie wzmacniacz półprzewodnikowy, później nazwany tranzystorem punktowym" (Yu.Nosov, 2002).

Podobne informacje można znaleźć w artykule Y. Nosova "Paradoksy tranzystorowe" (Dziennik "Quantum", 2006, nr 1), w którym autor odnotowuje: "...Czas się kończył i nie pojawił się żaden istotny rezultat. Pewnego dnia, Brattein, który nie miał szczęścia, przesunął igły prawie dokładnie, nie tylko przypadkowo pomylił biegunowość stosowanych potencjałów i ... zobaczył na ekranie oscyloskopu wzmocnienie sygnału. Teraz jest czas teoretyka (D.Bardina - N.N.B.), działał niemal natychmiast i bez błędów: nie było efektu pola, ale wzmocnienie występuje z zupełnie innego powodu. We wszystkich poprzednich szacunkach brane były pod uwagę tylko elektrony - główne nośniki prądu w krysztale germanu, a "dziury", nie będące nośnikami głównymi, które były milion razy mniejsze, były naturalnie ignorowane. I okazało się, że są też "zakopanym psem": wprowadzenie otworów przez jedną elektrodę (proces ten nazywany jest iniekcją) powoduje niezmiernie duży wzrost prądu w drugiej elektrodzie - w krysztale więc zwiększa się prąd. A wszystko to na tle niezmienności stanu ogromnej liczby elektronów, jakby nie uczestniczyła w tym procesie. Wypadek ten doprowadził do osiągnięcia niezmiernie większego od planowanego ataku - kolejny paradoks" (Nosov, 2006, s. 7).

Ten sam odcinek zaskoczenia opisują B.M.Igoszew i A.P.Usolcew w książce "Historia innowacji technicznych". (2014): "Założycielami i odkrywcami tranzystora byli Amerykanie William Shockley, John Bardin i Walter Brattein, którzy pracowali w Centrum Badań i Rozwoju American Telephone and Telegraph Corporation. To oni stworzyli kropkowaną triodę germanu (pierwszy tranzystor półprzewodnikowy). Dokładna data urodzenia tranzystora jest znana - 19 grudnia 1947 r. W tym dniu, zmęczony długą i nieudaną pracą, Brattein przypadkowo przesunął igły wyznaczające strefę kontrolną tranzystora, bardzo blisko, a co więcej, pomylił ich polaryzację. Ekran oscyloskopu obojętnie podkreślał obraz, do którego bezskutecznie dążyli przez kilka lat - widać było znaczne wzmocnienie sygnału" (Igoszew, Usolcew, 2014, s. 123-124).

Inne źródła na ten temat:

- Arefiew, A.S.; Rud, W.W.; Tiażew, A.I. Historia tranzystora (w języku rosyjskim) // Gazeta "Akademia Komunikacji", 2008, ¹ 4;
- Gakov V. Historia tranzystorów. Petrels of the Silicon Revolution // Dziennik "Administrator systemu", 2010, № 1-2 (86-87);
- Ilyin VA, Kudryavtsev VV. Historia radiofizyki. Kurs modułowy dla mistrzów. - M., MPG, 2017.

23. wynalazek lasera półprzewodnikowego opartego na podwójnej heterostrukturze. Laser półprzewodnikowy o podwójnej heterostrukturze (DHC) jest obecny praktycznie w każdym domu. W szczególności działa on w odtwarzaczu CD. Informacje dźwiękowe i wideo są odczytywane w tych odtwarzaczach CD wbudowanych w komputer przez półprzewodnikowy heterolaser. Te same heterolasery przekazują informacje za pomocą światłowodów, bez których nie można sobie wyobrazić Internetu i komunikacji komórkowej. Są one również stosowane w drukarkach laserowych, które drukują książki, czasopisma i gazety. Wynalazcą pierwszego lasera półprzewodnikowego, działającego na bazie DGS, jest rosyjski fizyk Zhores Iwanowicz Alferow, który w 2000 roku otrzymał Nagrodę Nobla w dziedzinie fizyki. Dla stworzenia efektywnych heterolaserów konieczne było znalezienie kombinacji substancji (połączeń) spełniających kryterium idealnej heterolizy półprzewodnikowej z bezusterkową granicą. Mówiąc wprost, konieczne było znalezienie materiału (kryształu), który pozwoliłby na opracowanie nowego typu urządzeń laserowych. Więc jak J.I.Alferov znalazł ten materiał? Po raz kolejny na ratunek przyszedł wypadek (miał miejsce w 1967 roku)!

Olga Zakutnaya i Darya Kostikova w artykule "Stwórca kryształów". (In the World of Science, 2007, No. 6) napisz: "A potem był jeden z tych śmiertelnych wypadków, który zdeterminował dalsze badania. Jeden z członków grupy naukowej Zh.I.Alferova, D.N.Tretyakov, dowiedział się, że jego towarzysz z innego laboratorium, A.S.Borschevsky, trzymał w szufladzie biurka małe, polikrystaliczne próbki roztworu stałego AlGaAS, które leżały tam bezpiecznie przez ponad dwa lata i nic im się nie stało w tym czasie. Badacze byli zadowoleni: heterołącze GaAS/AlGaAS pozwoliło na stworzenie heterostruktury skoordynowanej z siatką, tzn. uniknięcie naprężeń w strukturze" (Zakutnaya, Kostikova, 2007, s. 20).

O tym samym donosi Aleksander Samsonow w artykule "Zhores Alferov - okręt flagowy krajowej elektroniki" (Dziennik "Ekologia i życie", 2010, № 5 (102)): "Grupa Alferova (Dmitrij Tretyakov, Dmitrij Garbuzov, Efim Portnoy, Vladimir Korolkov i Wiaczesław Andreev) przez kilka lat starała się znaleźć odpowiedni materiał do realizacji, starając się zrobić to samodzielnie, ale znalazła odpowiedni kompleks trójskładnikowych półprzewodników prawie przez przypadek: w pobliskim laboratorium N.A.Goryunova. Nie był to jednak "przypadek" - poszukiwania obiecujących związków półprzewodnikowych Nina Aleksandrowa Goryunowa prowadziły w kierunku, a w opublikowanej w 1968 roku monografii sformułowała ideę "układu okresowego związków półprzewodnikowych" (Samsonow, 2010, s. 6-7).

To samo pytanie dotyczące przypadkowości odkrycia rozważa Yu.R.Nosov w swoim artykule "Creation of LEDs and Lasers: Contribution of Russian Scientists" ("Questions of History of Science and Technology" Journal, 2006, [1] 4): "Przez kilka lat grupa Alferowa walczyła o znalezienie odpowiedniego materiału do realizacji, i znalazła go, w pewnym sensie, na wpół rzadko, w pobliskim laboratorium w Nowosybirsku.A. Goryunova, gdzie ten złożony trójskładnikowy półprzewodnik został wykonany "na wszelki wypadek". Hterolaser na tym materiale został stworzony w przededniu 1969 roku, a priorytetową datą wykrywania efektu laserowego jest 13 września 1967 roku. [43]" (Yu.R.Nosov, 2006).

Inne źródła na ten temat:

- Rambidi N.G., Berezkin A.V. Fizyczne i chemiczne podstawy nanotechnologii. - Moskwa, "Fizmatlit", 2009;

- Trunin D. Twórca heterostruktury // witryny "N+1", 04.03.2019.

24. Otwarcie katalizatora mionowego. W 1956 roku amerykański fizyk Luis Alvarez odkrył zjawisko katalizy mionów - reakcję fuzji jądrowej, proces ułatwiający fuzję jąder atomowych (takich jak izotopy wodoru) z udziałem ujemnie naładowanych mionów. Ta reakcja syntezy zachodzi w stosunkowo niskiej temperaturze, w przeciwieństwie do klasycznej syntezy. W 1968 roku Luis Alvarez otrzymał Nagrodę Nobla. Chociaż dokonał on wielu innych odkryć poza katalizą mionową (na przykład określił moment magnetyczny wolnego neutronu i stworzył dużą komorę pęcherzykową do badania cząstek elementarnych), odkrycie katalizy mionowej musiało mieć wpływ na decyzję Komitetu Noblowskiego o przyznaniu nagrody temu naukowcowi. Kataliza mionowa została odkryta przez L. Alvareza przypadkowo, podczas jego pracy nad innymi problemami fizycznymi.

S.S.Gershtein w artykule "History of the Idea" (międzynarodowy rocznik "Cold Synthesis", czyli trzeci sposób pozyskiwania energii jądrowej, 1988) pisze: "A pod koniec 1956 roku amerykański fizyk L.Alvarez odkrył takie zjawisko. *Stało się to przypadkowo, pracował z komorą pęcherzyków wodoru napromieniowaną wiązką K-mezonów.* Ale wlatywały też miony, co tylko go powstrzymywało. Alvarez zauważył, że około 1/150 mionów pozostających w komorze daje następujący obraz śladów: z punktu, w którym mion zatrzymuje się, lub z punktu w pewnej odległości od niego, zaczyna się nowy ślad mionu, którego długość (1,7 cm) wskazuje na energię mionu 5,4 MeV. To było tak, jakby mion zwalniał w komórce, zatrzymywał się, a następnie odzyskiwał skądś energię 5.4 MeV. Mówi się, że prawidłowe wyjaśnienie zostało znalezione niemal natychmiast przez E. Tellera - zasugerował on ten sam mechanizm, na który wskazał kiedyś Frank" (S. S. Gerstein, 1988).

To samo relacjonują Ian Rafelsky i Stephen Jones w swoim artykule "Zimna Synteza Jądrowa" (Journal In the World of Science, 1987, № 9): "Możliwość katalizy mionów reakcji jądrowych była teoretycznie uzasadniona przez F. Franka i A. D. Sacharowa pod koniec lat 40-tych. *Został odkryty eksperymentalnie 10 lat później przez przypadek.* L. Alvarez i jego koledzy z Uniwersytetu Kalifornijskiego w Berkeley, analizując wyniki swoich eksperymentów (nie związanych bezpośrednio z katalizą mionową), znaleźli niezwykłe ślady na płytkach fotograficznych rejestrujących procesy zachodzące w komorze pęcherzykowej. Naukowcy z Berkeley nie znali twórczości Franka i Sacharowa, ale z pomocą E. Tellera doszli do wniosku, że niezwykłe ślady na fotoplacie należą do produktów reakcji syntezy katalizowanej przez mion" (Rafelsky, Jones, 1987, s. 52).

Sprowadźmy inne źródło. A.A.Vorobiev w swoim artykule "Muon Catalysis of Nuclear Synthesis Reactions" ("Vestnik RAS", 2005, vol. 75, [1] 6) zauważa: "Po raz pierwszy reakcja katalizy mionowej fuzji jądrowej została zarejestrowana w 1956 roku przez grupę słynnego amerykańskiego naukowca L.Alvareza. Badacze wykorzystali w swoich eksperymentach niezwykły detektor - komorę pęcherzyków ciekłego wodoru, który odegrał główną rolę w fizyce cząstek elementarnych z lat 50-70-tych. Detektor pozwalał na rejestrację śladów przechodzących przez jego czułą objętość cząstek naładowanych, przy jednoczesnym określeniu energii i rodzaju cząstek. *Eksperyment Alvareza nie był pierwotnie specjalnie skoncentrowany na znalezieniu reakcji katalizy mionowej do syntezy jąder. Jak mówi sam Alvarez, odkrycie było przypadkowe.* Komora pęcherzykowa została zamontowana na wiązce cząstek produkowanych w akceleratorze protonu w Berkeley. Wśród wielu setek nagranych wydarzeń znalazło się kilka trudnych do wytłumaczenia. Dla przykładu, jeden z tych obrazów zarejestrował cząsteczkę wchodzącą do kamery zatrzymaną i następnie mion o energii około 5 MeV został wyemitowany z punktu nieco oddalonego od punktu zatrzymania, który następnie rozpadł się wraz z emisją elektronu" (Vorobyev, 2005, s.514-515).

25. Odkrycie efektu Messbauera. Laureat Nagrody Nobla z fizyki za rok 1961 Rudolf Messbauer odkrył ten efekt, nazwany jego imieniem, dość przypadkowo. Celem jego badań była analiza wpływu temperatury na absorpcję promieniowania gamma przez jądra atomowe. Młody naukowiec (1958) zasugerował, że przy spadku temperatury należy zaobserwować spadek fluorescencji jądrowej. W jednym ze swoich eksperymentów znalazł efekt, który był sprzeczny z jego oczekiwaniami - wzrost fluorescencji jądrowej przy spadku temperatury. Dalsze badania przeprowadzone przez R.Messbauera wykazały, że istnieje promieniowanie rezonansowe i absorpcja kwantów gamma przez jądra atomowe bez strat energii na cewce dla atomów związanych w siatce krystalicznej. W ten sposób odkrycie R.Messbauera w pełni wpisuje się w schemat "serendipse'owych" przełomów twórczych - "szukał jednego, znalazł drugiego".

P.B.Fabrichny i K.V.Pokholok w serii wykładów "Spektroskopia Messbauerowska i jej zastosowanie do chemicznej diagnostyki materiałów nieorganicznych". (2012) napisać o odkryciu Messbauera: "Odkrycia tego, nagrodzonego Nagrodą Nobla w dziedzinie fizyki, dokonał w 1958 roku niemiecki absolwent Rudolf Messbauer [12], którego praca doktorska była poświęcona badaniu wpływu temperatury na absorpcję promieniowania gamma przez jądra. W swojej pracy wykorzystał radioaktywny nuklid osm-191, który ulega rozpadowi β wraz z powstawaniem radioaktywnego irydu-191, a jego przejściu do stanu stabilnego towarzyszy emisja promieni gamma. Nieoczekiwanym efektem eksperymentu było to, że wbrew oczekiwaniom, spadek temperatury doprowadził do wzrostu fluorescencji jądrowej. To wystarczyło, aby Messbauer zrozumiał, że to było nowe zjawisko fizyczne. Prawidłowość jego wyjaśnienia, choć na pierwszy rzut oka wydawało się to co najmniej dziwne, wkrótce została potwierdzona przez inne prace, które wykazały istnienie podobnego efektu na innych nuklidach. Dalsze badania w tym kierunku szybko doprowadziły do stworzenia nowej metody fizykochemicznej diagnostyki ciał stałych, zwanej "spektroskopią Mössbauera" (Fabrichnyi, Kipchalk, 2012, s.16).

To samo mówi A. Motylajew w swoim artykule "Iryd: Fakty i fakty" (Dziennik "Chemia i życie", 2013 r., nr 2): "To było na izotopach Ir-191 Rudolfa Messbauera w 1958 r. i znalazło efekt, który stanowił podstawę metody (patrz "Chemia i życie", 1966 r., nr 8). Badał osobliwości wzbudzenia jąder przez promienie gamma. Jako źródło zostały wzięte podniecone atomy irydu emitujące kwanty gamma, a celem była niepodniecona próbka, którą niektóre z nich zaabsorbowały. Messbauer uważał, że chłodzenie, które zmniejszało amplitudę oscylacji atomów, powinno prowadzić do zmniejszenia absorpcji gamma-kwanty, im mniejsze oscylacje, tym mniejsze prawdopodobieństwo, że atom znalazł się na drodze kwantowej. I jest na odwrót. Próba wyjaśnienia anomalii doprowadziła do odkrycia zjawiska rezonansowego wchłaniania promieni gamma. Dzięki temu chemicy i fizycy otrzymali niezwykle czułą metodę badania struktury materii" (Motylajew, 2013, s. 9).

26. Opracowanie schematu klasyfikacji cząstek elementarnych. Murray Gell-Mann, laureat Nagrody Nobla w dziedzinie fizyki w 1969 r., próbował opracować klasyfikację cząstek elementarnych na podstawie matematycznej teorii grup i badał różne grupy symetrii. Chciał zrozumieć, która grupa symetrii ciągłej odpowiada rzeczywistemu światu cząstek elementarnych, które do 1960 roku zostały odkryte tak bardzo, że powstało pojęcie "zoo cząstek". Przechodząc przez ciągłe grupy symetrii, Gell-Mann zatrzymał się na siódmym wymiarze. Nie znajdując odpowiedniej grupy w tym wymiarze, błędnie uznał, że dalsze poszukiwania nie mają sensu. I dopiero przypadkowa rozmowa z matematykiem z California Institute of Technology Richardem Blokiem (to był naprawdę fatalny wypadek!) popchnęła Gell-Manna do dalszych poszukiwań, które natychmiast dały pożądany rezultat - grupę Lee SU (3), której przestrzeń jest ośmiowymiarową przestrzenią matematyczną. W tej przestrzeni Gell-Mann i umieścił cząstki elementarne, więc jego schemat klasyfikacji został nazwany "ścieżką oktalną".

Jim Baggott w The Higgs Bozon. Od idei naukowej do odkrycia "cząsteczki Boga" (2014 rok) punkty: "Gell Manna był zaintrygowany swoją teorią SU(2) × U(1). Zaczął rozumieć, jak rozszerzyć grupę symetrii do wyższych wymiarów. Zainspirowany, zaczął wypróbowywać teorie wszystkiego o dużych i dużych wymiarach. Próbował trzech, czterech, pięciu, sześciu i siedmiu wymiarów, próbując znaleźć strukturę, która nie odpowiadała pracy SU(2) i U(1). "I wtedy powiedziałem: "To jest to, to jest to!" Nie miałem już siły, by spróbować ośmiu wymiarów po tym całym winie, które musiałem wypić. Podobno wino też nie przyczyniło się do rozmowy. Koledzy, z którymi Gell-Mann pił podczas lunchu, byli matematykami i mogli rozwiązać jego problem na dwóch kontach. Ale on nigdy z nimi o tym nie rozmawiał. Glashow postanowił przyjąć ofertę Gell Manna i pracować z nim w Caltech. Wkrótce po powrocie z Paryża, dwóch fizyków zaczęło wspólnie szukać rozwiązania. Ale dopiero po swobodnej rozmowie z matematykiem Calteh Richardem Blokiem, Gell-Mann stwierdził, że grupa Lee SU(3) oferuje dokładnie taki schemat, jakiego szukał. W Paryżu porzucił poszukiwania w chwili, gdy prawie sam je znalazł" (J. Baggott, 2014).

27. Odkrycie zjawiska zaburzeń parytetu kombinowanego (symetria CP). Po tym jak Ch. Yang i C. Li odkryli w 1956 r. fakt naruszenia prawa zachowania parytetu przestrzennego w oddziaływaniach słabych, rodzimy fizyk Lew Landau (1957) sformułował ideę zachowania parytetu kombinowanego (symetrii zespolonej), która miała uratować zasadę symetrii przestrzennej jako takiej. Lew Landau wpadł na ten pomysł, łącząc symetrię przestrzenną (lustrzaną) z zasadą symetrii ładunkowej. Stwierdził, że prawa fizyki nie zmieniają się, jeśli wraz z odbiciem lustrzanym wszystkie cząstki zostaną jednocześnie zastąpione przez antycząsteczki.

Amerykańscy fizycy Val Fitch i James Cronin (1964), badający właściwości K-mezonów (kaonów) przy pomocy komór iskrowych, używanych jako detektory cząstek naładowanych, wierzyli w słuszność pomysłu L.D.Landaua na zachowanie parytetu kombinowanego. Przeprowadzili swoje eksperymenty, aby udowodnić ten pomysł. Jednak uzyskany przez nich wynik okazał się zniechęcający: stwierdzono naruszenie parytetu kombinowanego. Naukowcy spędzili sześć miesięcy szukając alternatywnych wyjaśnień dla swoich eksperymentów, ale nie udało im się. Tak więc V. Fitch i J. Kronin szukali jednej rzeczy (potwierdzenie hipotezy Landaua), a znaleźli całkiem inną (jej odrzucenie). Wszystkie oznaki "serendipalnego" odkrycia są przed nami!

E. Wigner w swoim artykule "Symmetry Violation in Physics" (Journal of Physical Sciences, 1966, Vol. 89, wydanie 3) stwierdza: "Ten eksperyment został przeprowadzony nieco ponad rok temu w Brookhaven National Laboratory przez Christensen, Cronin, Fitch and Turle of Princeton University. Jednym z pierwotnych celów eksperymentu było potwierdzenie inwazji SR, a nie wykazanie jej niepowodzenia. Czasami jednak eksperymenty dają nieoczekiwane rezultaty, co z pewnością miało miejsce i w tym przypadku" (Wigner, 1966, s. 460).

Sam V.L.Fitch mówi to samo w swoim wykładzie noblowskim "Odkrycie zachowania parytetu połączonego" (Journal of Physical Sciences, 1981, Vol. 135, wydanie 2): "Nagroda, którą w tym roku otrzymaliśmy z Prof. Kroninem, została przyznana za czysto eksperymentalne odkrycie, którego nie przewidziały ani wcześniejsze doświadczenia, ani rozważania teoretyczne. Od tego czasu minęło ponad 16 lat, a efekt ten nie został jeszcze w zadowalający sposób wyjaśniony. Tymczasem fakt nieosiągnięcia parytetu kombinowanego (SR-asymetria) pociąga za sobą również inwersję w odniesieniu do obiegu czasowego i w konsekwencji wpływa na najgłębsze kwestie struktury materii" (Fitch, 1981, s. 185).

"Zdajemy sobie sprawę ze znaczenia tego wyniku, - wyjaśnia V.L.Fitch, - i muszę przyznać, że na początku sami w to nie wierzyliśmy. Spędziwszy prawie pół roku na szukaniu alternatywnych możliwości wyjaśnienia odkrytego efektu, przekonaliśmy się o ich daremności" (tamże, s. 191).

28. Opracowanie metod dokładnego wykrywania i rejestracji słabych sygnałów radiowych w przestrzeni kosmicznej. W 1974 roku brytyjski radioastronom Martin Reil otrzymał Nagrodę Nobla w dziedzinie fizyki za opracowanie nowych systemów teleskopów radiowych, które wykorzystywał do dokładnego wykrywania i rejestrowania słabych sygnałów radiowych. W szczególności na początku lat 60. zbudował radioteleskop z trzema sterowanymi 60 stopowymi parabolicznymi antenami reflektorowymi; łącząc sygnały z trzech anten można było uzyskać bardzo wysoką rozdzielczość (podejście to nazywano syntezą apertury). Jednak wszystkie te sukcesy Martin Ryle i jego koledzy byliby niemożliwi, gdyby nie przypadkowe odkrycie amerykańskiego inżyniera radiowego, pracownika firmy Bell Phone Karla Jansky'ego, który w 1932 roku, odkrywając przyczyny atmosferycznych zakłóceń radiowych, "serendiped" sposób na znalezienie kosmicznych fal radiowych napływających na Ziemię z centrum galaktyki "Droga Mleczna". Przypadkowe odkrycie Karla Jańskiego uczyniło go założycielem (przodkiem) całego kierunku w astronomii - radioastronomii!

J. Trigg w swojej książce "Fizyka XX wieku". Key Experiments" (1978) pisze: "...*Przypadek często odgrywa znaczącą rolę w procesie odkrywania, więc słowo" odkrycie ", słusznie niesie ze sobą pewną dozę przypadku.* Oczywiście, rola przypadku jest różna w różnych gałęziach nauki. W astronomii, a zwłaszcza w jej dziedzinach kosmologii, rola ta jest wielka, ponieważ nasza wiedza na temat budowy wszechświata jest bardzo ograniczona i nie jesteśmy w stanie przewidzieć z góry, gdzie i jak nowe zjawisko zostanie odkryte. *Rzeczywiście, cała gałąź astronomii, radioastronomia, narodziła się z przypadku Karla Jańskiego z laboratorium Bell Phone'a, który szukając przyczyny jednego z atmosferycznych zaburzeń radiowych, odkrył, że był to hałas pochodzący z okolic centrum galaktyki.* Od tego czasu radioastronomia przeszła gwałtowny rozwój i stała się niezależną dziedziną astronomii; dokonała wielu ważnych odkryć, z których niektóre nie są jeszcze w pełni zrozumiałe" (Trigg, 1978, s. 348).

To samo relacjonuje Mark Wolverton w notatce "New radionebo" ("W świecie nauki", 2008, [1] 11): "W 1932 roku inżynier Bell Laboratories Karl Guthe Jansky (Karl Guthe Jansky) szukał tylko możliwości pozbycia się zakłóceń radiowych w krótkim zasięgu i znalazł fale radiowe pochodzące z kosmosu. I to przypadkowe odkrycie Janskiego wkrótce doprowadziło do narodzin radioastronomii, która dała nauce szereg fundamentalnych odkryć - od promieniowania reliktowego do ciemnej materii we wszechświecie" (Wolverton, 2008, s. 14).

Za niezamierzone odkrycie kosmicznych fal radiowych uważa się również wybitnego amerykańskiego fizyka, który w 2018 r. otrzymał Nagrodę Nobla za wkład w wykrywanie fal grawitacyjnych, Kipa Thorna do książki "Black Holes and Fold of Time". Einstein's Bold Legacy" (2007). W tej publikacji Kip Thorn stwierdza w szczególności: "Kosmiczne fale radiowe (fale radiowe pochodzenia pozaziemskiego) zostały na szczęście odkryte w 1932 r. przez inżyniera radiowego Karla Jansky'ego w Bell Phone Laboratory w Homeland, New Jersey. Młody absolwent Jansky College został poinstruowany, aby rozpoznał hałasy, które zakłócały rozmowy telefoniczne z Europą. W tym czasie rozmowy telefoniczne przez Atlantyk były prowadzone za pomocą radia, dlatego też, aby znaleźć takie zakłócenia, Jansky zaprojektował specjalną antenę radiową z dużej liczby metalowych rur. Większość hałasu była spowodowana przez burze z piorunami, ale nawet gdy nie było burzy, było słabe ciągłe syczenie i gwizdanie. Do 1935 roku udało mu się zlokalizować źródło syczenia - pochodziło ono głównie z centralnych rejonów naszej galaktyki, czyli z Drogi Mlecznej. Kiedy centralne rejony były nad naszymi głowami, syczenie było silne, ale kiedy chowało się za horyzontem, syczenie osłabło, chociaż nie zniknęło całkowicie. (Thorn, 2007, s. 322).

Inne źródła na ten temat:

- Demidov W.E. Czas zachowany jako klejnot. - M., "Wiedza", 1977;
- Potupa A. Odkrycie wszechświata. - Mińsk, "Junaztwa", 1991;
- Azimov A. Eksplodujące słońce. Tajemnice supernovae. - M., "Nauka", 1991.

29. Odkrycie potężnych kosmicznych źródeł promieniowania rentgenowskiego. Historię astronomii i astrofizyki można podzielić na trzy fazy: 1) etap badań oparty na analizie światła widzialnego; 2) etap badania "okna przezroczystości" fali radiowej atmosfery; 3) etap badania kosmicznych źródeł promieniowania rentgenowskiego. Istotny wkład w rozwój gamy promieni rentgenowskich (z zastosowaniem okna przezroczystości rentgenowskiej) wniósł włoski naukowiec Riccardo Giacconi (Giacconi), który w 2002 r. otrzymał Nagrodę Nobla z fizyki. W 1962 r. odkrył, że centrum naszej galaktyki (region Skorpiona) jest potężnym źródłem promieni rentgenowskich. To odkrycie było czysto "serendipous". Instalując specjalne urządzenia (liczniki Geigera) na rakiecie aerobowej, R. Giacconi i jego współpracownicy zamierzali sprawdzić, czy powierzchnia Księżyca nie odbija promieniowania rentgenowskiego pochodzącego od Słońca. Jednak zamiast tego naukowcy znaleźli coś, czego nie podejrzewali: liczniki Geigera odnotowały maksymalne natężenie promieni rentgenowskich w gwiazdozbiorze Skorpiona. Tak więc, R. Giacconi i jego personel szukali jednej rzeczy, ale znaleźli inną.

V.L.Ginzburg w artykule "Astrophysics of High Energy" (Dziennik "Earth and Universe", 1976, [1] 5) odnotowuje: "Oprócz obserwacji promieniowania rentgenowskiego Słońca, prowadzonych z powodzeniem od końca lat 40., astronomia rentgenowska narodziła się w 1962 roku, kiedy to przypadkowo odkryto potężne źródło promieniowania rentgenowskiego Skorpion X-1. Od tego czasu wiele zostało zrobione" (Ginzburg, 1976, s.11).

O tym samym V.L.Ginzburgu pisze w książce "O fizyce i astrofizyce" (1992): "Astronomia rentgenowska, jeśli nie mówić o badaniu Słońca, narodziła się w 1962 r. w wyniku przypadkowego i nieoczekiwanego odkrycia (podczas pomiarów na rakiecie) potężnego źródła promieniowania rentgenowskiego Sco X-1 (skorpion X-1). Następnie odkryto szereg innych kosmicznych źródeł promieniowania rentgenowskiego (rentgenowskie "gwiazdy"), przy czym szczególnie udane obserwacje przeprowadzono przy użyciu pierwszego satelity specjalnie zaprojektowanego dla astronomii rentgenowskiej (satelita został wystrzelony pod koniec 1970 roku i otrzymał nazwę Uhuru...)" (Ginzburg, 1992, s. 101-102).

Inne źródła na ten temat:

- Friedman G. X-ray Astronomia // Journal of Successes in Physical Sciences, 1964, t. 84, wydanie 3;
- Beach G. Przestrzeń dla ziemian. - Moskwa, "Young Guard", 1981;
- Fizyka przestrzeni. Redagowany przez R.A.Syunyaeva. - Moskwa, "Sowiecka Encyklopedia", 1986.

30. Odkrycie kosmicznego mikrofalowego promieniowania reliktowego. W latach 1946-1948 rosyjski fizyk Georgy Gamov, który przeniósł się do Stanów Zjednoczonych, teoretycznie przewidywał kosmiczne promieniowanie reliktowe powstałe w wyniku tzw. wielkiego wybuchu, który był początkiem naszego wszechświata. Zdefiniował nawet, że do tej pory temperatura tego promieniowania powinna wynosić około 7 Kelwinów. Naukowcy nie brali jednak tego przewidywania na poważnie i nikt nie zaczął szukać "zimnych fal" - reliktów gorącego Wszechświata. Z tego powodu promieniowanie reliktowe zostało odkryte w 1965 roku całkiem przypadkowo. Zasługa odkrycia należy do amerykańskich fizyków Arno Penziasa i Roberta Wilsona, którzy opracowując urządzenia wrażliwe na promieniowanie mikrofalowe, wykorzystywali je do rozwiązywania problemów nie związanych z przewidywaniami G.Gamova. W szczególności badali oni najpierw słabe sygnały radiowe emitowane przez amerykańskie satelity Echo, a później, gdy natrafili na zakłócenia radiowe, zaczęli mierzyć emisję radiową z Galaktyki.

J.F.Smut w wykładzie Noblowskim "Anizotropia promieniowania reliktowego: odkrycie i znaczenie naukowe" (Journal of Physical Sciences, 2007, tom 177, [1] 12) donosi: "Odkrycie Penziasa i Wilsona było przypadkowe. Natknęli się na niego bez celowych poszukiwań, ani żadnych nowych. Z perspektywy czasu, odkrycie to, choć przypadkowe, nie nastąpiło w próżni. Idea istnienia promieniowania reliktowego sięga do dzieł Gamowa, Doroszkiewicza i Nowikowa oraz Diki i Peeblesa" (Smoot, 2007, s. 1295).

A.N.Vasiliev pisze o tym samym w swoim artykule "Evolution of the Universe" ("Soros Educational Journal", 1996, [1] 2): "Penzias i Wilson nie rozumieli natury tego dodatkowego szumu radiowego (szumu fal reliktowych - N.N.B.), a nawet rozmontowali, oczyścili i ponownie zmontowali całą antenę aby wykluczyć dodatkowe zakłócenia z ewentualnego zanieczyszczenia. Praktycznie jednak nie zmieniło to wyniku i musieli oni stwierdzić, że z nieznanych im powodów ich antena odbiera dodatkowe słabe szumy radiowe pochodzenia pozaziemskiego, których natężenie jest stałe w czasie i nie zależy od kierunku. Natężenie tego sygnału radiowego mierzone przez nich na długości fali 7,35 cm było równe natężeniu promieniowania na tej długości fali ciała absolutnie czarnego o temperaturze około trzech kelwinów. Penzias i Wilson natknęli się na ten fakt przez przypadek i przez pewien czas nie odważyli się nawet na publikację swoich wyników, ponieważ nie rozumieli natury odkrytego przez siebie szumu radiowego (w 1978 roku otrzymali za swoje odkrycie Nagrodę Nobla)" (Vasiliev, 1996, s. 84).

Inne źródła na ten temat:

- Novikov I.D. Black Holes and the Universe. - Moskwa, "Young Guard", 1985;
- Weinberg S. Pierwsze trzy minuty: nowoczesny widok na pochodzenie wszechświata. - Izhevsk, SIC RCD, 2000;
- Hawking S., Mlodinov L. Najkrótsza historia w czasie. - St. Petersburg, "Amphora", 2006.

31. Odkrycie pulsarów (gwiazd neutronowych). Masa gwiazd neutronowych jest porównywalna z masą Słońca, ale typowy promień to tylko 10-20 km. Dlatego też, średnia gęstość substancji takiej gwiazdy jest kilkakrotnie wyższa niż gęstość jądra atomowego. Pierwsze rygorystyczne przewidywania dotyczące gwiazd neutronowych zostały dokonane przez Waltera Baade'a i Fritza Zwickiego z California Institute of Technology (USA) w grudniu 1933 r., prawie dwa lata po odkryciu neutronu, w nadziei na wyjaśnienie ogromnego uwolnienia energii w wybuchach supernowych. Gwiazdy neutronowe (pulsary) zostały odkryte przez brytyjskiego astrofizyka Anthony'ego Hewisha wraz z jego absolwentką Jocelyn Bell (1967). Odkrycie to było przypadkowe (na dobrze nam już znanej zasadzie "serendipity"). E.Hewish i J.Bell, używając radioteleskopu, przeprowadzili obserwacje w celu zbadania wpływu korony słonecznej na promieniowanie odległych punktowych źródeł radiowych (kosmicznych źródeł fal radiowych). Jednak zamiast tego, naukowcy znaleźli obiekty kosmiczne zdolne do emitowania regularnych impulsów radiowych w odstępach nieco ponad sekundy. E. Hewish (Nagroda Nobla z fizyki w 1974 r.) nie potrafił właściwie wyjaśnić pochodzenia tych impulsów, uczynili to inni badacze, którzy przypuszczali, że odkryto gwałtownie rotujące gwiazdy neutronowe.

I.S.Shklovsky w swojej książce "Universe, Life, Mind" (1987) stwierdza: "Nawet według najsurowszych kryteriów, odkrycie pulsarów jest prawdziwym odkryciem. To odkrycie, jak zawsze w przypadku prawdziwego odkrycia, nastąpiło przez przypadek. Latem 1967 roku panna Bell, absolwentka słynnego angielskiego radioastronomu Hewish, nagle odkryła na niebie zupełnie niezwykłe źródło radiowe" (Shklovsky, 1987, s. 65).

Podobną rekonstrukcję historii odkrycia znajdujemy w książce A.A.Gurshteina "Wieczne tajemnice nieba" (1991), gdzie autor odnotowuje: "Odkrycie gwiazd neutronowych, jak zwykle, zostało dokonane całkiem przypadkowo. W sierpniu 1967 r. Jacqueline Bell - absolwentka słynnego angielskiego radioastronomu Anthony'ego Hewisha - w starym kampusie Cambridge podczas rutynowych obserwacji migoczących źródeł radiowych, znalezionych w jednym z punktów nieba, znalazła bardzo krótkie i bardzo poprawne impulsy radiowe, przypominające szybko zmieniające się punkty w kodzie Morse'a. "Wydawało się to absurdalne", wspominał E. Hewish. - Takie regularne impulsy po prostu nie mogły pochodzić z "przestrzeni gwiezdnej". Sześć miesięcy - bezprecedensowy przypadek we współczesnej astronomii! - Odkrycie zostało utrzymane w najściślejszej tajemnicy, a nieznane źródło radiowe wśród personelu obserwatorium zostało skrócone jako LGM" (Gurstein, 1991, s. 43).

Przypadkowy charakter odkrycia został rozpoznany przez samego Anthony'ego Hewisha, który w artykule "Pulsars" (Journal of Physical Sciences, 1969, tom 97, [1] 4) mówi: "Ciekawe, że na najnowsze odkrycie w astronomii - pulsary - natknięto się przez przypadek... Prawie dokładnie rok temu mała grupa badaczy pracujących z nowym teleskopem radiowym na Uniwersytecie w Cambridge była zaskoczona, że słabe impulsy radiowe dochodzące z punktu pośród gwiazd okazały się serią następujących po sobie impulsów z taką samą regularnością, jak sygnały radiowe służby czasu" (Hewish, 1969, s. 97).715).

Inne źródła na ten temat:

- Bisnovaty - zjawisko Kogana G.S. Pulsara // Dziennik "Ziemia i wszechświat", 1974, [1] 2;

- Novikov I.D. Black Holes and the Universe. - Moskwa, "Young Guard", 1985;

- Popov C. Poszukiwanie pozaziemskiego umysłu na początku XXI wieku: pogląd sceptyka // Dziennik "Nauka i zhizn", 2006, [1] 4.

32. Odkrycie podwójnego pulsara w celu udowodnienia ogólnej teorii względności Einsteina. W 1974 roku, Joe Taylor i Russell Hals, starając się dodać do listy pulsarów, przeprowadzili rutynowe prace mające na celu analizę informacji dostarczonych przez radioteleskop w Arecibo w Portoryko. Zbiegiem okoliczności odkryto obiekt, który okazał się podwójnym pulsarem i pozwolił na sprawdzenie kluczowych wniosków ogólnej teorii względności Einsteina, w tym wniosku o istnieniu fal grawitacyjnych. Po tym jak Joe Taylor i Russell Hals upublicznili swoje odkrycie pulsara, oznaczonego jako PSR 1913+16, relatywiści i astrofizycy dosłownie zawiedli redakcję The Astrophysical Journal Letters z artykułami opisującymi różne efekty relatywistyczne, które można było zobaczyć w tym pulsarze. W 1993 r. odkrywcy niezwykłego pulsara udali się do Szwecji, aby zdobyć Nagrodę Nobla.

Przypadkowe odkrycie PSR 1913+16 opisuje C.M.Will w swoim artykule "Double Pulsar, Gravitational Waves and Nobel Prize". (Journal of Advances in Physical Sciences, 1994, Vol. 164, No. 7): "Być może Joe Taylor i Russell Hulls nigdy nie zapomną lata 1974 r. Zaczęło się to bez większego wydarzenia. Taylor, wówczas młody profesor na Uniwersytecie Massachusetts w Armhurst, zorganizował swojemu studentowi Halsowi letnie wakacje na radioteleskopie w Arecibo w Puerto Rico, obserwując pulsary. Wspólnie opracowali genialną technikę obserwacji, która przeskanuje dużą część nieba przy maksymalnej czułości radioteleskopu na sygnały pulsarowe. Do tego czasu odkryto już ponad 100 pulsarów, a głównym celem tych obserwacji było dodanie do listy w nadziei, że ich wzrost pozwoli na lepsze zbadanie tej klasy obiektów astronomicznych. Jednakże, poza ewentualnym sukcesem, większość lata musiałaby przejść przez dość rutynowe, powtarzane programy obserwacyjne i gromadzenie danych. Działalność ta, jak to ma miejsce w przypadku wielu obserwacji astronomicznych, była nudna.

Ale 2 lipca doszło do niezwykłego zdarzenia. Tego dnia, niemal przez czysty przypadek, Hulse odkrył coś, co sprawiło, że nazwiska Hulse'a i Taylora pojawiły się w nagłówkach wszystkich wiadomości astronomicznych, podekscytowało społeczność astrofizyków i relatywistów, a ostatecznie doprowadziło do pierwszego potwierdzenia jednej z najciekawszych i najważniejszych przepowiedni ogólnej teorii względności. Ostatecznie, z powodu tego odkrycia, przybyli do Sztokholmu w 1993 r., gdzie otrzymali Nagrodę Nobla w 1993 r. Wreszcie, jeśli chodzi o specjalistów UTO, odkrycie to jest porównywalne pod względem znaczenia z odkryciem samych pulsarów" (Will, 1994, s. 765).

Specjaliści uważają, że poprzez wykrycie podwójnego pulsara PSR 1913 +16, Hulls i Taylor utorowali drogę do odkrycia fal grawitacyjnych. M.V.Sazhin w swojej książce "Współczesna kosmologia w środowisku popularnym" (2002) mówi: "*Promieniowanie grawitacyjne zostało odkryte przez przypadek; stało się to po odkryciu przez astronomów podwójnego pulsara (odkryto go w 1974 roku).* Dziesięciolecia obserwacji wykazały, że okres podwójnego systemu, w którym jeden składnik, pulsar, zmniejsza się. Zmniejsza się ona, ponieważ system traci energię z powodu promieniowania grawitacyjnego. Szybkość hamowania okresu obiegu jest dokładnie taka sama, jak ta przewidywana przez ogólną teorię względności. Tak narodziła się astronomia fal grawitacyjnych" (Sazhin, 2002, s.131).

33. Odkrycie neutrin słonecznych. 4 grudnia 1930 roku Wolfgang Pauli napisał list do swoich kolegów, którzy zebrali się na Konferencji Fizyków na Uniwersytecie w Tuebingen w celu omówienia ostrych problemów mechaniki kwantowej i teorii atomowej. List zawierał następujące wiersze: "Drodzy radioaktywni panie i panowie! Proszę was o uważne słuchanie w najdogodniejszym momencie posłańca, który dostarczył ten list. Powie wam, że znalazłem doskonały sposób na uratowanie prawa do oszczędzania energii i odpowiednie statystyki. W szczególności możliwe jest, że w jądrach atomowych znajdują się cząsteczki elektrycznie neutralne, które nazwę neutronami...". Była to teoretyczna przepowiednia nowej cząstki elementarnej - neutrina.

Jeden z dowodów na faktyczne istnienie neutrin (cząstek przewidzianych przez W. Paulie'ego w cytowanym liście) uzyskał amerykański fizyk Raymond Davis, który złapał neutrina słoneczne w ogromnym zbiorniku wypełnionym perchloroetylenem i umieszczonym w 1966 r. głęboko pod ziemią w kopalni złota w Południowej Dakocie (USA). To odkrycie przyniosło Raymondowi Davisowi Nagrodę Nobla w dziedzinie fizyki w 2002 roku. Sukces Raymonda Davisa opierał się na metodzie wykrywania neutrin chloro-argonowych, która została przypadkowo odkryta przez Bruno Pontecorvo w 1946 r. (kiedy pracował w Kanadzie, Chalk Rivera, nad projektem uruchomienia reaktora badawczego ciężkiej wody).

Irina Radunskaya w swojej książce "Damned Questions" (2005) pisze: "W 1946 roku Włoch, pełnoprawny członek Akademii Nauk ZSRR, B.M. Pontecorvo, uczestniczył w tworzeniu reaktora jądrowego w Kanadzie i poszukiwał sposobu na eksperymentalne potwierdzenie teorii przewidującej uwalnianie neutrin w reakcjach jądrowych. Postanowił wykorzystać reakcję neutrina z jądrem izotopu chloru-337, które zamienia się w jądro izotopu argonu-37. To jądro rozpada się, uwalniając foton rentgenowski i elektron. *Eksperymentując z jądrami argonu-37, Pontecorvo, jak pisze, przypadkowo ustanowił nieznaną wcześniej możliwość wykrycia narodzin elektronów o czułości milion razy większej niż czułość znanych wówczas metod.* Metoda chloro-argonowa pozwoliła nie tylko na badanie neutrin generowanych w reaktorach jądrowych i ustalenie, że nie rodzą się same neutrina i ich antycząsteczki - antyneutrina, ale także doprowadziła do narodzin astronomii neutrinowej" (I.Radunskaya, 2005).

B.Pontecorvo w swoim artykule "Pages of development of neutralino physics" (Dziennik "Sukcesy nauk fizycznych", 1983, t. 141, wydanie 4).) ujawnia drogę, która doprowadziła go do pomysłu możliwego wykorzystania reakcji jądrowej transformacji chloru w argon do rejestracji neutrin: "Odpowiednia reakcja wygląda następująco: neutrino + $^{37CL} \longrightarrow {}^{37Ar}$ + $^{e-}$, gdzie ^{37Ar} rozpada się przez wychwytywanie K z uwolnieniem 2,8 keV energii w postaci promieni rentgenowskich i elektronów Auger. (...) Jest wiele praktycznych argumentów za ^{37CL}, nie będę ich tutaj wymieniał. *Jednak jeden z nich nie był mi znany a priori, został odkryty przez przypadek.* Aby przetestować przyszły detektor neutrin, zazwyczaj przygotowujemy ^{37Ar} w reaktorze i umieszczamy go w detektorze, który w naszym zamyśle miał być - i był - licznikiem Geigera-Muellera. I wtedy pewnego dnia, gdy spojrzeliśmy na podłączony do miernika oscyloskop, zobaczyliśmy wiele impulsów o mniej więcej tej samej amplitudzie co ^{37Ar,} z napięciem miernika znacznie poniżej progu geigera. Znaleźliśmy więc (niezależnie od Carrena i in. w Glasgow) tryb proporcjonalny przy bardzo wysokim zysku gazu (~106). Było to oczywiście niezwykle ważne z punktu widzenia wykrywania neutrin, ponieważ redukowało ono efektywne tło licznika" (Pontecorvo, 1983, s. 696).

34. Rejestracja neutrin generowanych przez wybuch supernowej. Japoński fizyk, laureat Nagrody Nobla za rok 2002, Masatoshi Koshiba (Koshiba) odkrył w 1987 roku neutrino powstałe w wyniku upadku supernowej, nie bez pomocy czynnika losowego. Do rejestracji tych cząstek elementarnych, które słabo oddziałują z substancją, wykorzystano detektor umieszczony w japońskiej kopalni Kamioka, który był zbiornikiem fotopowielacza z 3000 tonami oczyszczonej wody. Detektor ten "złapał" 11 neutrin zrodzonych z eksplozji supernowej w Wielkiej Chmurze Magellanistycznej. Złapała ich, bo 23 lutego Japonia obchodziła święto. Tego dnia absolwent, który miał zmienić taśmę, zawierającą wszystkie informacje pochodzące z komputera, otrzymał pozwolenie na nie przyjście do pracy i nie zmienianie taśmy. Z tego powodu możliwe było rejestrowanie neutrin, które przybyły na Ziemię po eksplozji gwiazdy supernowej. Prawdopodobnie, odbierając Nagrodę Nobla, M.Koshiba mentalnie podziękował podyplomowemu studentowi, który nie pojawił się w pracy i nie zmienił magnetofonu.

A. Semyonov w artykule "Narodziła się gwiazda". (Magazyn "Chemia i życie", 1988, № 4) pisze: "Najbardziej przygotowaną do rejestracji neutrin była japońska instalacja "Kamiokanda". Jest to gigantyczny, cylindryczny zbiornik wypełniony trzema tysiącami ton wody, który jest oglądany przez fotopowielacze. Z przybywającego neutrina rodzi się pozyton. Leci w wodzie z prędkością większą niż światło, emituje promieniowanie Vavilova-Cherenkova - tak zarejestrują go fotopowielacze" (Semenov, 1988, s. 38-39).

"...Japończycy mieli swoje szczęście, - kontynuuje A. Semenov. - Chodzi o to, że na nowoczesnych instalacjach fizycznych wszystkie informacje są gromadzone przez komputer i zapisywane na magnetofonie. Następnie eksperci, nie spiesząc się, w spokojnej atmosferze, dokładnie analizują wszystkie zapisy i rozumieją, co się stało. Taśma na magnetofonie musi być co jakiś czas wymieniana. Nie jest to trudne: otworzył magnetofon, wyjął starą taśmę, włożył nową i ponownie uruchomił program, który rejestruje informacje. Za dziesięć do piętnastu minut, dasz sobie radę. Ale w tych minutach maszyna jest martwa: nic nie rejestruje. W ciągu jednego dnia zapisywana jest mniej niż połowa taśmy, ale i tak codziennie jest ona zmieniana, dzięki czemu łatwiej było wtedy zrozumieć zapisy. Zmiana jest dokonywana w tym samym czasie. Cóż, supernowe neutrino dostało się do japońskiej fabryki właśnie wtedy, gdy mieli zmienić taśmę. Miało być, ale nie było! Po prostu bajeczne szczęście: 23 lutego w Japonii miał wakacje, a absolwent odpowiedzialny za zmianę taśmy, otrzymał pozwolenie na nie przyjście do pracy i nie zmianę taśmy, dobre miejsce na rozpoczęcie nowej płyty wystarczyło. To jest szczęśliwy wypadek, ponieważ mamy informacje o narodzinach gwiazdy" (tamże, s. 39).

35. Odkrycie nadprzewodnictwa wysokotemperaturowego. Badając właściwości nadprzewodzące różnych związków, Georg Bednorz i Alex Muller (1986) przypadkowo odkryli, że tlenek ceramiczny zawierający lantan, miedź i bar jest w stanie wykazać nadprzewodzenie w temperaturze 30K. Po przeczytaniu artykułu C. Michel, L. El Raho i B. Ravo pojawiła się u badaczy idea konieczności przetestowania tego związku pod kątem zdolności do przekształcenia się w nadprzewodnik po ochłodzeniu. W tym artykule stwierdzono, że ich zsyntetyzowany związek lantanu, miedzi, baru i tlenu o strukturze krystalicznej perowskitu wykazuje przewodnictwo elektryczne typu metalicznego. W 1987 roku, a więc zaledwie rok po ich odkryciu, G. Bednorz i A. Muller otrzymali Nagrodę Nobla z fizyki.

Yu.Neeman w artykule "Lucky case, science and society. Evolutionary Approach" (International Journal "Puti", 1993, [1] 4) pisze: "I tu, po trzech latach (1983-1986) ciągłych poszukiwań, naukowcy mieli szczęście. Grupa chemików z Kana (C. Michel, L. El Raho i B. Ravo) pracowała nad stworzeniem ceramiki Ba-La-Cu-O i opublikowała wyniki swoich badań. Bednorz i Muller odkryli swoją publikację, metodycznie przeglądając całą dostępną literaturę. Teoria BKSh nie pokładała wiele nadziei w tym materiale, ale chemicy pokazali, że jest on bardzo wrażliwy "reaguje" na modyfikacje typu Bednorz i Muller" (Yu.Neeman, 1993, s. 79-80).

V.L.Ginzburg i D.A.Kirzhnitz w swoim artykule "High Temperature Superconductivity" (Journal of "Successes of Physical Sciences", 1987, vol. 152, [1] 4) stwierdzają: "Istotne jest, że odkrycie to nie okazało się być wynikiem konsekwentnego i systematycznego gromadzenia wiedzy, a nastąpiło jakby przez przypadek. Za datę odkrycia należy uznać również datę przypadkową - koniec 1986 r. Mogła ona zostać dokonana co najmniej osiem lub dziesięć lat wcześniej" (Ginzburg, Kirzhnitz, 1987, s. 581).

D. Shechtman, niegdyś odkrywca quasikryształów, laureat Nagrody Nobla w dziedzinie chemii w 2011 roku, przedstawił własną ocenę odkrycia nadprzewodnictwa wysokotemperaturowego. Valery Chumakov w swoim artykule "Something That Cannot Be and Nobody Believed in" (Dziennik "In the World of Science", 2014, nr 3) cytuje D. Shechtmana jako: "Johannes Georg Bednorz i Carl Alexander Mueller próbowali znaleźć dowód na istnienie nadprzewodnictwa wysokotemperaturowego i zebrali próbki różnych materiałów z całego świata. Ale swoje odkrycie dokonali też przypadkowo, ponieważ badacz wysłał im próbkę nowo opracowanego tlenku baru, lantanu i miedzi, która działała jako nadprzewodnik. Nie pamiętam nazwiska tego badacza, ale Mueller i Poorz słynęli na cały świat ze swoich odkryć. Czasami odkrycia dokonywane są przez przypadek, a sztuczka polega na tym, aby nie przegapić tej szansy, nie uznać jej za błąd, zwrócić na nią uwagę" (Chumakow, 2014, s. 17).

Inne źródła na ten temat:

- Korn A. Nadprzewodnictwo to nowa era?! /"Knowledge is Power" Magazyn, 1987, nr 8;

- Bednorz I.G., Mueller K.A. Oxides of the Perovskitno-type - a new approach to high-temperature superconductivity // Zhurnal "Uspekhi fizicheskikh naukosci" ["Sukcesy nauk fizycznych"], 1988, t. 156, nr 2;

- Buzdin A., Varlamov A. Passion for Superconductivity at the End of the Millennium // Dziennik "Quant", 2000, [1] 1;

- Levin A. Goryachaya sverkhprovodimost": eksperiment // zhurnal Populyarnaya mekhanika, 2012, [1] 4.

36. Odkrycie efektu jasnej luminescencji w azotku galu. Japońscy naukowcy, laureaci Nagrody Nobla z fizyki w 2014 roku, Isamu Akasaki i Hiroshi Amano (1989) wpadli na pomysł osiągnięcia jasnej luminescencji w azotku galu GaN poprzez poddanie go skaningowej wiązce elektronów w oparciu o następujący eksperyment, w którym czynnik ten odegrał pewną rolę. Yuri Davidenko w swoim artykule "Highly effective modern LEDs" (Journal of Modern Electronics, 2004, [1] 1) pisze o I. Akasaki: "Z jego wielu osiągnięć, wyróżnimy dwa główne, dokonane w latach 80. XX wieku. Zaproponował włączenie warstwy buforowej A1N między szafirem a warstwą aktywną, co częściowo złagodziło problem niedopasowania siatek, a już w 1986 roku otrzymał wysokiej jakości filmy GaN. *A w 1989 roku, szczęśliwa przerwa pomogła mu i jego absolwentowi Amano wyprodukować pierwszą próbkę typu p.* Badając pod mikroskopem elektronowym folię z domieszką Mg GaN, Akasaki i Amano odkryli blask próbki po bombardowaniu elektronowym. Po zakończeniu badań pod mikroskopem elektronowym stwierdzili, że próbka uzyskała przewodnictwo typu p i powiązali to z wpływem wiązki elektronów na błonę, co przyczyniło się do zastąpienia atomów Ga przez atomy Mg. Autorzy zgłosili patent na skuteczny doping typu GaN p" (Yu.Davidenko, 2004).

Ten sam czynnik przypadku zgłosił R.Z.Bakhtzin w swoim artykule "Blue Diodes" ("Soros Educational Journal", 2001, Tom 7, [1] 3): "On (Akasaki - N.N.B.) zaproponował włączenie warstwy buforowej AlN między szafirem a warstwą aktywną, co częściowo usunęło problem niedopasowania siatek, a w 1986 roku otrzymał wysokiej jakości filmy GaN. *A w 1989 roku, szczęśliwa przerwa pomogła mu i jego podyplomowemu studentowi H.Amano wyprodukować pierwszą próbkę typu p.* Badając pod mikroskopem elektronowym folię z domieszką Mg GaN, Akasaki i Amano odkryli blask próbki po bombardowaniu elektronowym. Po zakończeniu badań pod mikroskopem elektronowym stwierdzili, że przewodnictwo stało się typu p i powiązali to z wpływem wiązki elektronów na błonę, co przyczyniło się do zastąpienia atomu Ga przez atomy Mg. Do tego czasu jednak większość badaczy zaprzestała pracy z GaN i przesłanie Akasaki nie przyciągnęło prawie żadnej uwagi, a pod koniec 1991 roku, kiedy Haas (M.Haase (ZM Company, USA)) ogłosił powstanie pierwszego zielonego lasera ZnSe, prawie wszyscy pracowali już z chalkogenidami" (Bahtizin, 2001, s. 78).

37. Odkrycie jednej z metod chłodzenia i wychwytywania (zatrzymywania) atomów lasera. Amerykański fizyk Stephen Chu wraz ze swoimi kolegami (1987) przypadkowo odkrył jedną z metod chłodzenia i wychwytywania (zatrzymywania) atomów opartą na wykorzystaniu ruchomych ku sobie wiązek laserowych. Było to jedno z odkryć dokonanych przez naukowca na jego drodze do opracowania bardziej zaawansowanych metod laserowego sterowania atomami, za co w 1997 roku otrzymał Nagrodę Nobla z fizyki.

Stephen Chu w swoim wykładzie noblowskim "Managing Neutral Particles" (Journal of Physical Sciences, 1999, Vol. 169, No. 3) pisze o tym wypadku: "Jak pokazały pierwsze sygnały z atomów przechowywanych w melasie optycznej, czasy retencji wynosiły kilkadziesiąt milisekund, ale wkrótce udało nam się poprawić ten czas o więcej niż rząd wielkości. Ku naszemu zaskoczeniu, tydzień po stworzeniu melasy zajęło nam spojrzenie do komory próżniowej na własne oczy zamiast do rurki fotopowielacza. Kiedy wreszcie to zrobiliśmy, nagrodził nas niezwykły spektakl, który otworzył się przed nami. W tej pierwszej pracy skierowaliśmy wiązkę lasera na siebie tak dokładnie, jak tylko mogliśmy. *Rok później, przypadkowo natknęliśmy się na "sfrustrowaną" konfigurację, która pozwoliła nam zwiększyć czas retencji o rząd wielkości.* Ponadto, ta tzw. konfiguracja "super-przepływowa" belek spowodowała, że powierzchnia zajmowana przez atomy skurczyła się do około 2 mm przy początkowej wielkości około 1 cm. Nie mogliśmy zrozumieć tego zjawiska i po wielu próbach opublikowaliśmy krótki przegląd tych wyników w trakcie obrad konferencji [31]" (Chu, 1999, s. 277-278).

Równie nagle Stephen Chu zrozumiał mechanizmy chłodzenia i zatrzymywania atomów przez wiązki laserowe. Stało się to na konferencji w Pizie, we Włoszech, w czasie, gdy słuchał sprawozdania jednego z kolegów: "Po Monachium pojechałem do Pizy, gdzie przedstawiłem sprawozdanie z naszej pracy w zakresie spektroskopii pozytonowej i mionowej [53-55]. To tam w końcu zrozumiałem, jak melasa chłodzi atomy. Pomysł zrodził się podczas prezentacji jednego z prelegentów w związku z jego intuicyjną uwagą: "...polaryzacja atomowa reaguje na kierunek definiowanego pola świetlnego..." Ta uwaga przypomniała mi o moim wyidealizowanym modelu atomu w postaci elektronu (chmury) połączonego słabo tłumioną siłą harmoniczną z ciężkim jądrem. Zdałem sobie sprawę, że chłodzenie wynika z połączenia pompowania optycznego, przesunięcia światła i faktu, że polaryzacja w drodze optycznej zmienia się z punktu na punkt. Liniowo spolaryzowane pole lasera powoduje, że chmura atomowa przemieszcza się tam i z powrotem, podczas gdy spolaryzowane pole lasera kieruje ją w okręgu" (tamże, str. 281).

38. Zastosowanie pincety optycznej (pułapki laserowej) w biologii i medycynie. Amerykański badacz Arthur Ashkin (1986), próbując wychwycić i zatrzymać wirusy mozaiki tytoniu (TTM) za pomocą argonowej wiązki laserowej, przypadkowo odkrył, że wiązka laserowa umożliwia wychwytywanie pojedynczych bakterii, które znajdowały się w tej samej płytce Petriego co TTM. Odkrycie to było tak niespodziewane, że naukowiec przerwał eksperyment i pobiegł do laboratorium swojego kolegi Stephena Chu (o którym właśnie rozmawialiśmy) ze słowami: "Odkryłem życie!

Ten epizod (dość przypominający radość Archimedesa w momencie odkrycia podstawowego prawa hydrostatyki) jest opisany w tym samym wykładzie noblowskim Stephena Chu "Managing Neutral Particles" (Journal of Physical Sciences, 1999, tom 169, [1] 3): "W 1986 roku świat nauki był podekscytowany przechwytywaniem atomów. W tym czasie Art Ashkin zajmował się przechwytywaniem mikronowych cząstek za pomocą pincety optycznej. Prowadząc doświadczenia z wirusami mozaiki tytoniu, zauważył w próbce maleńkie przezroczyste obiekty [119]. Włamując się do mojego laboratorium, podniecony ogłosił, że "odkrył życie". Poszedłem do jego laboratorium, myśląc sobie, że podniecenie ostatnich lat w końcu go złamało. W jego laboratorium soczewka mikroskopu zogniskowała argonową wiązkę laserową w naczyniu Petriego wypełnionym wodą. Na boku był stary mikroskop optyczny. Patrząc przez mikroskop, widziałem moje rzęsy. Przyglądając się bliżej, od czasu do czasu zauważyłem jakieś półprzezroczyste obiekty. Wiele z nich było tak naprawdę "muchami" - heterogenicznością szklistego ciała w moim oku i poruszało się, gdy mrugałem. Art zapewnił mnie, że są inne przedmioty, które nie ruszyłyby się, gdybym mrugnęła. I rzeczywiście, w wodzie były przedmioty, które mogły zostać uchwycone przez światło i odpłynąć, gdy się wyłączyły. Sztuka znalazła "coś" w jego instalacji, ale to było prawdziwe "coś" - bakterie, które ostatecznie wyrosły w jego próbkach mozaikowych i w wodzie. Odkrycie to szybko zaowocowało jego publikacją, że poprzez zogniskowanie światła podczerwonego do megawatów na centymetr kwadratowy, możliwe jest zatrzymanie żywych bakterii e. coli i grzybów drożdżopodobnych przez wiele godzin bez żadnych uszkodzeń [120]" (Chu, 1999, s. 288-289).

O tym samym przypadkowym odkryciu Anatolij Gliantsev pisze w artykule "Laserowa rewolucja: laureaci Nagrody Nobla w dziedzinie fizyki nauczyli się przenosić cząsteczki przez wiązkę" (strona "Vesti.ru", 02.10.2018): "W 1987 roku Ashkin nauczył się manipulować żywymi bakteriami przy pomocy swojego dziecka (pinceta optyczna - N.N.B.). Doszło do tego w pewnym stopniu przez przypadek. Naukowiec próbował opanować obchodzenie się z coraz mniejszymi fragmentami i wykorzystywał do tego celu cząsteczki wirusowe mozaiki tytoniowej. Szybko jednak odkrył, że większa "bestia" - bakteria - wpadła w pułapkę optyczną. Zielona wiązka lasera Ashkina zabiła te jednokomórkowe. Więc fizyk zmienił emiter na laser podczerwony. Kwant "światła" podczerwonego jest znacznie mniej energetyczny niż optycznego, a pułapka ta pozwoliła bakteriom nie tylko przetrwać, ale i rozmnażać się w nim. Po tym naukowiec przez wiele lat doskonalił metody manipulowania żywymi bakteriami, wirusami i komórkami eukariotycznymi" (A. Glyantsev, 2018).

W 2018 roku Arthur Ashkin otrzymał Nagrodę Nobla w dziedzinie fizyki z napisem "za pincetę optyczną i jej zastosowanie w układach biologicznych".

39. Wynalezienie optycznego grzebienia częstotliwości. Amerykański naukowiec John Hall i jego zespół (2000) wynalazł optyczny grzebień częstotliwości dopiero wtedy, gdy pojawiły się potężne lasery o zasięgu widzialnym oparte na podwojeniu częstotliwości pompowanego diodą neodymowego lasera na ciele stałym. John Hall nie spodziewał się takich laserów w 1999 roku, więc opisuje je jako "przypadkowy prezent", który wykorzystał jako specjalista od grzebieniarstwa. Z punktu widzenia Johna Halla stworzony przez niego i jego personel grzebień częstotliwości optycznej jest nieprzewidzianym wynikiem badań prowadzonych w obszarach, w których rozwiązano problemy niezwiązane z jego wynalazkiem. W 2005 roku John Hall otrzymał Nagrodę Nobla w dziedzinie fizyki.

W swoim wykładzie Noblowskim "Definicja i pomiar częstotliwości optycznych: perspektywy zegarów optycznych - i nie tylko" (Journal of Physical Sciences, 2006, Vol. 176, [1] 12) podkreśla: "Patrząc wstecz, droga do ważnych osiągnięć często wydaje się pewna i nieunikniona, choć w tamtych czasach nie wydawało się to wcale oczywiste. Jednym z obecnych trendów w nauce jest ukierunkowanie wysiłków na konkretny projekt badawczy, tak prosty i jasny, że lider może mieć nadzieję na sukces w wybranym zadaniu. Taki projekt może jednak przynieść skromne rezultaty, ponieważ prawdopodobnie był jasny od samego początku. Przeciwnie, możliwość naszego optycznego grzebienia częstotliwości stała się absolutnie nieoczekiwanym rezultatem syntezy niezależnych, nowoczesnych kierunków w czterech różnych obszarach: ultra stabilnych laserów, ultra krótkotrwałych laserów impulsowych, materiałów o ogromnej nieliniowości i wydajności oraz ultraczułych metod spektroskopii laserowej" (Hall, 2006, s. 1353-1354).

Naukowiec mówi dalej o "przypadkowym prezencie", który pozwolił mu na dokonanie ważnego wynalazku: "W ostatnich dniach ostatniego tysiąclecia, społeczność laserowa przypadkowo otrzymała niezwykle ważny dar od przemysłu laserowego. Bez niego, grzebienie częstotliwości nie stałyby się powszechne. Ten prezent był nadejściem potężnych laserów o zasięgu widzialnym opartych na podwojeniu częstotliwości neodymowego lasera na ciele stałym pompowanego diodami. Natychmiast zastąpił on dość hałaśliwe i wymyślne lasery na jonach argonu, które były szeroko stosowane do pompowania laserów na ciele stałym" (tamże, s. 1362).

40. Odkrycie unikalnych właściwości grafenu. Pomimo tego, że grafit jest dobrze znany na świecie, dopiero w latach 1970-1980 kilku grupom badaczy udało się uzyskać jedną warstwę grafitu na czystych powierzchniach kryształów metalu. Dlatego prace Andrieja Geima i Konstantego Novoselova (2004), w których grafit jednowarstwowy - arkusz grafenu - został uzyskany w stanie wolnym, stały się prawdziwie rewolucyjne. Pokazały one, że grafen ma wiele interesujących właściwości: jest bardzo trwały, przewodzi prąd elektryczny, jak również miedź, przewyższa wszystkie znane materiały pod względem przewodności cieplnej, jest przezroczysty dla światła, ale jednocześnie na tyle gęsty, że nie przeoczy nawet najmniejszych cząsteczek helu, które istnieją. Wszystko to pokazało, że grafen jest potencjalnie obiecującym materiałem dla nanoelektroniki. W 2010 roku. A.K.Geim i K.S.Novoselov otrzymali Nagrodę Nobla w dziedzinie fizyki za odkrycie grafenu.

Naukowcy otrzymali jednoatomową warstwę grafenu, gdy przypadkowo zauważyli pracę specjalisty, który zajmował się ustawianiem mikroskopu tunelowego skaningowego (STM). Aby przygotować próbkę o świeżej powierzchni do mikroskopii tunelowej, specjalista wziął taśmę klejącą (taśmę przewodową) i użył jej do oderwania górnej warstwy grafitu, uzyskując w ten sposób niezbędny materiał do CTM. Oczywiście, po tym zabiegu taśma klejąca została wyrzucona do kosza na śmieci. Pewnego dnia K. Novoselov wydobył ze śmieci jeden z kawałków tej taśmy (szkockiej), spojrzał przez mikroskop na cienką warstwę grafitu pozostawioną na taśmie i uświadomił sobie, że przed nią - próbka do eksperymentów, które otworzą zasłonę tajemnicy jednoatomowych warstw grafitu (grafenu).

Michaił Popow w swoim artykule "Jak powstała najcieńsza materia wszechświata" (Forbes Magazine, 05.10.2010) cytuje K. Novoselov, mówiąc: "Andrey Heim nauczył mnie poświęcać część mojego czasu pracy na tzw. piątkowe eksperymenty wieczorne - piątkowe eksperymenty nocne, które się sprawdzają lub nie. <...> Grafen również rozpoczął takie piątkowe nocne eksperymenty. Nie myśleliśmy, że będziemy to robić od dłuższego czasu. Najpierw Andriej zamierzał zrobić cienkie warstwy bizmutu, potem przerzucił się na grafit. Wzięliśmy chińskiego studenta, daliśmy mu kawałek dobrego grafitu i kazaliśmy zrobić go jak najcieńszym. Dozował go do 50 mikronów, potem grafit rozpadł się na pył. Rozwiązanie pojawiło się, gdy obserwowałem pracę specjalisty z pobliskiego laboratorium, który zakładał tam mikroskop skaningowy tunelowy. Widziałem go złuszczającego grafit taśmą szkocką, podniosłem szkocką i dosłownie tego samego dnia dostałem próbkę, która wykazała oczekiwane właściwości - jej przewodność zależała od zastosowanego pola. (K.Novoselov, 2010).

To samo relacjonuje A.K.Geim w swoim wykładzie noblowskim "Random wanderings: an unpredictable path to the graphene" (Journal of Physical Sciences, 2011, Vol. 181, [1] 12): "Jesienią 2002 roku przybył nasz pierwszy manchesterski absolwent, Da Jiang, a ja musiałem wymyślić temat jego pracy dyplomowej. Było jasne, że przez kilka pierwszych miesięcy będzie musiał uczyć się angielskiego i zapoznać się z laboratorium. W związku z tym zaproponowałem mu kolejny "boczny" eksperyment na początek. Zadanie polegało na wykonaniu jak najcieńszej warstwy grafitu. Jeśli się to uda, obiecałem, że zbadamy jego "mezoskopowe" właściwości (tamże, s. 1289).

"...Przez pomyłkę", kontynuuje A. Geim, "dałam mu próbkę grafitu o wysokiej gęstości zamiast wysoce zorientowanego grafitu pirolitycznego (HPG). Pierwsza nie była tak łatwa do szlifowania jak GRP. Oleg Szkliarewski, starszy badacz z Charkowa (Ukraina), pracował ramię w ramię i musiał usłyszeć wszystkie moje kpiny, tym razem o górze, która powinna być zmielona do wielkości ziarna piasku. Oleg był ekspertem w dziedzinie skanowania mikroskopii tunelowej (STM) i pracował nad projektem, który później dodał do listy moich nieudanych pomysłów z "piątkowych nocy". Interweniował, przynosząc kawałek szkockiej, samoprzylepnej taśmy z płatkami grafitu, którą właśnie wyciągnął ze śmieci. W rzeczywistości, ADB jest standardowym materiałem dla CTM, gdzie próbka ze świeżą powierzchnią jest zwykle przygotowywana poprzez odrywanie górnej warstwy grafitu za pomocą taśmy klejącej. Stosujemy tę technikę od lat, ale nigdy nie przyjrzeliśmy się dokładnie temu, co wyrzucamy z taśmą. Zajrzałem do mikroskopu na pozostałości grafitu i znalazłem fragmenty o znacznie mniejszej grubości niż ten z "Tak" (tamże, s. 1289-1290).

"Serendipalne odkrycia chemiczne...

41. Odkrycie argonu w gazie obojętnym. Laureat Nagrody Nobla z chemii z 1904 r., Lord Raleigh (William Strett), który współpracował z W. Ramsayem, odkrył argon w gazie obojętnym w zupełnie innym celu - aby sprawdzić hipotezę Prouta, że wodór jest podstawową materią, z której wszystkie inne pierwiastki powstały w wyniku kondensacji. William Prout, który postawił tę hipotezę w 1816 roku, założył, że jeżeli przyjmiemy masę atomową wodoru jako jednostkę, to masy atomowe wszystkich innych pierwiastków muszą być wyrażone w liczbach całkowitych. Odchylenia od całkowitych mas atomowych zostały uznane przez Prauta za błędy pomiaru. Hipoteza Prouta pobudziła pracę nad precyzyjnym określeniem masy atomowej pierwiastków chemicznych.

To właśnie w trakcie testowania hipotezy Prouta lord Raleigh, wraz z W. Ramsayem, niespodziewanie natknął się na nowy element argonu. Dlatego A.A.Matyshev nazywa to odkrycie przypadkowym. W artykule "The Law of Prauth" and the discovery of argon" (Journal of Physical Sciences, 2005, Vol. 175, [1] 12) A.A.Matyshev pisze: "Dramatyczne odkrycie argonu w 1894 roku było pierwszym z serii następujących po sobie odkryć promieniowania rentgenowskiego (1895), radioaktywności (1896), elektronowości i separacji atomów (1897), które wyznaczyły początek ery kwantowej. We wszystkich tych odkryciach, które leżały u podstaw nowej fizyki, istnieją cechy wspólne - wszystkie te odkrycia zostały dokonane przez przypadek przez bardzo ciekawych, zręcznych i sumiennych eksperymentatorów, którzy nie znaleźli tego, czego szukali" (Matyshev, 2005, s. 1380).

42. 42. Odkrycie pierwiastka chemicznego helu. Wydaje się, że po odkryciu argonu, jednego z przedstawicieli rodziny gazów obojętnych, o którego istnieniu D.I. Mendelejew nie domyślił się, V.Ramzai powinien był dość konsekwentnie i systematycznie odkrywać pozostałe gazy obojętne. Nie stało się to jednak tak, jakby natura nie chciała "dzielić" się z nikim swoimi tajemnicami. Hel w gazie obojętnym został odkryty przez V. Ramzai (1895) ponownie, nie bez pomocy czynnika przypadku. Należy zauważyć, że w 1868 roku linie spektralne helu zostały opisane przez francuskiego badacza Normana Lockyera w jego badaniach nad chromosferą (zewnętrzną powłoką Słońca). Tak więc V. Ramzai (laureat Nagrody Nobla w dziedzinie chemii w 1904 r.) miał za zadanie wykazać, że hel istnieje nie tylko w plazmie słonecznej, ale także na Ziemi.

Yu.I.Soloviev i L.I.Petrov w książce "William Ramzai" (1971) piszą: "Wydaje się, że do otwarcia "ogniwa słonecznego" na Ziemi pozostał tylko jeden krok. Trzeba było tylko jasno sformułować problem i dokładnie przeprowadzić eksperyment. Hel jednak nie miał być "logicznie otwartym elementem". Znana "nielogiczność", przypadkowość jej odkrycia w słonecznej chromosferze, jakby zaprojektowana jej "trudny charakter" na Ziemi. Tu znowu przypadkowość odegrała swoją rolę. Poszukując nowych związków argonu i badając właściwości tego gazu, Ramzai nie podejrzewał nawet możliwości istnienia w goździkowatym (minerał - N.N.B.) nowego gazu, nie mówiąc już o helu. Dlatego nie spieszył się z badaniem tego minerału, a pierwsze doświadczenia z jego rozkładem zostały przeprowadzone dopiero w połowie marca, czyli półtora miesiąca po nabyciu goździków. Ale nawet po pojawieniu się "pierwszych znaków" nowego elementu, Ramzai przez jakiś czas wątpił w jego istnienie. "Ze wstydem powinienem się przyznać", napisał później, "że zdemontowałem spektroskop, bo założyłem, że to niewłaściwe urządzenie, a nie obecność nowego gazu". Ale nawet po sprawdzeniu urządzenia, nadal nie było zgodności linii. Tylko bardzo powoli doszedłem do wniosku, że mam nowy gaz w rękach" [26, str.13-14]. Pierwsze doświadczenia z goździkiem Ramzai naładował swojego ucznia D. Matthewsa, który podczas obróbki minerału gorącym kwasem siarkowym obserwował emisję gazu, przypominającą niektóre jego właściwości azotu. Przeprowadzona przez Ramzaia 14 marca 1895 r. analiza spektralna gazu utworzonego przez wrzący kalveit nieoczekiwanie pokazała obecność w jego widmie jasnożółtej linii, która nie daje ani azotu, ani argonu" (Soloviev, Petrov, 1971, s.110).

43. Odkrycie kryptonowego gazu obojętnego. Innym przykładem znalezienia serendipity (szukanie jednego, znalezienie drugiego) jest odkrycie kryptonu gazu obojętnego. V. Ramzai (1898) natknął się na ten pierwiastek, wykonując całkiem inne zadanie - próbując wydobyć hel z ciekłego powietrza. I zamierzał oddzielić go od silnie wrzących frakcji powietrza, chociaż hel jest najniżej wrzącym gazem ze wszystkich gazów.

D.N.Finkelshtein w artykule "Krypton" (magazyn "Chemia i życie", 1969, [1] 12) pisze o Kryptonie: "Otworzył go ponownie Ramzai, i prawie przypadkowo - "poszedł do pokoju, wszedł do innego". Zamierzając odizolować hel od ciekłego powietrza, naukowiec najpierw poszedł na złą drogę: próbował znaleźć hel w wysokowrzących frakcjach powietrza. Oczywiście hel, najniższy wrzący ułamek wszystkich gazów, nie mógł tam być, a Ramzai go nie znalazł. Ale zobaczył żółto-zieloną linię w spektrum ciężkich frakcji, w miejscach, gdzie żaden ze znanych elementów nie pozostawił po sobie takich śladów. Było to odkrycie kryptonu, elementu, którego nazwa w tłumaczeniu z greckiego oznacza "ukryty" (Finkelstein, 1969, s. 61).

Ten sam D.N.Finkelstein pisze w swojej książce "Inert Gases" (1979): "Odkrycie kryptonu poprzedziło odkrycie neonu i było niemal przypadkowe. Było to konsekwencją błędu Ramzaia, który chcąc wydobywać hel z powietrza, poszedł najpierw na złą drogę. Starał się on uzyskać ten gaz z pozostałości powstałych w wyniku powolnego odparowania powietrza, czyli z najwyżej wrzących frakcji. Oczywiście nie było tam helu, ale w widmie tych frakcji Ramzai zobaczył dwie lśniące linie - żółtą i zieloną, położone w miejscach, które nie odpowiadają żadnemu znanemu elementowi. W ten sposób odkryto Krypton. Był dwukrotnie cięższy od argonu, a w powietrzu był 5 razy mniejszy od helu - około 0,0001 procent objętościowych. Nazwa "krypton" została nadana na pamiątkę trudności napotkanych przy jego wydobywaniu w stosunkowo czystej formie. (Finkelstein, 1979, s. 47).

Yu.I.Soloviev i L.I.Petrov w książce "William Ramzai" (1971) cytują następujące stwierdzenie V.Ramzai: "Rozwój nauki opiera się na licznych testach i błędnych przekonaniach, a to ostatnie - zjawisko prawie sto razy częstsze od sukcesu. Ale nikt o nich nie informuje. Wyjaśnia to fakt, że badacz czuje, że jeśli osobiście nie osiągnął pożądanego rezultatu, wówczas inny naukowiec może być szczęśliwszy ...". (tamże, s. 36).

44. Otwarcie procesu fermentacji bezkomórkowej. Laureat Nagrody Nobla w dziedzinie chemii w 1907 roku, Eduard Buchner (1897) i jego brat Hans Buchner, który mu pomógł, odkryli proces fermentacji bezkomórkowej przez przypadek. W owym czasie istniały dwa konkurujące ze sobą koncepcje: teoria fermentacji biologicznej Louisa Pasteura, który twierdził, że fermentacja jest niemożliwa bez żywych organizmów, oraz teoria fermentacji chemicznej Marcelina Berthlo, który twierdził coś wręcz przeciwnego. Kiedy bracia Buchnerowie przedstawiali swoje doświadczenia, nie zastanawiali się nad tymi pojęciami i nie planowali potwierdzić żadnego z nich. Przypadkowo odkrywając zdolność zniszczonych komórek drożdży do wywoływania fermentacji, pokazali słuszność teorii M. Berthlo, ale nie taki był cel ich badań.

G.G.Shlegel w swojej książce "History of Microbiology" (2002) stwierdza: "*Proces fermentacji poza komórką został odkryty przez przypadek. Bracia Edward (1860-1917) i Hans (1850-1902) Buchner w Tybindze i Monachium po raz pierwszy odkryli, że sok z drożdży otrzymany przez pocieranie drożdży piaskiem (a następnie wyciskanie i filtrowanie w celu oddzielenia całych i rozbitych komórek) zachowuje zdolność do trawienia glukozy do alkoholu.* Ten sok drożdżowy został przygotowany do wstrzykiwania zwierzętom (1896). Starali się ustabilizować i zachować brązowy wyciskany sok drożdżowy z dodatkiem cukru (40% glukozy). Po 20 minutach rozpoczęła się pieniąca się fermentacja. W ten sposób został przeprowadzony pierwszy złożony proces biochemiczny poza komórkami. To sensacyjne odkrycie zostało opublikowane przez E. Buchnera w 1897 r. i doprowadziło do badania metabolizmu wewnątrzkomórkowego z wykorzystaniem układu zewnątrzkomórkowego" (Schlegel, 2002, s. 100). Gdzie indziej w swojej książce G.G.Schlegel ponownie zwraca uwagę na rolę przypadku w odkryciu E.Buchnera: "Eduard Buchner odkrył fermentację bezkomórkową w 1897 r. w związku z tym, że dodał cukier jako środek konserwujący w celu zachowania ekstraktu drożdżowego" (tamże, s. 19).

To samo relacjonuje laureat Nagrody Nobla A. Kornberg w swoim artykule "Life as Chemistry" (Chemia i magazyn Life, 1994, № 5): "*Dopiero na początku tego wieku Eduard Büchner z Monachium przypadkowo odkrył, że fermentacja może spowodować i zniszczyć komórki drożdży. Starając się zachować ekstrakt drożdżowy do wielokrotnego uodporniania, stosował tradycyjny domowy lek - dodawał cukier, tak jak robią to kochankowie przy produkcji dżemu lub galaretki. Po pewnym czasie ekstrakt zaczął się pienić.* Buchner mógł po prostu uznać eksperyment za nieudany, ale miał wystarczająco dużo ciekawości i wnikliwości, aby zapytać, jaki gaz pije ekstrakt, i stwierdził, że jest to CO2, a ekstrakt zawiera inny produkt fermentacji - etanol. W ten sposób odkryto fermentację w bezkomórkowym ekstrakcie drożdżowym" (Kornberg, 1994, s. 18).

Przypadek odkrycia fermentacji bezkomórkowej odnotował również L. Stryer w drugim tomie książki "Biochemia" (1985): "Badania nad glikolizą mają bogatą historię. Badania tego centralnego szlaku metabolicznego szły w parze z rozwojem biochemii. *Główne odkrycie zostało dokonane całkowicie przypadkowo przez Hansa Buchnera i Eduarda Buchnera w 1897 r.* Pracowali oni nad produkcją bezkomórkowych ekstraktów z drożdży do możliwych zastosowań terapeutycznych. Ekstrakty te musiały być przechowywane bez dodawania środków antyseptycznych, takich jak fenol, i postanowiły spróbować sacharozy, która jest zwykle używana do ochrony żywności w chemii żywności. Rezultat był zdumiewający: pod wpływem działania soku drożdżowego, sacharoza została szybko sfermentowana do postaci alkoholu. To odkrycie było bardzo ważne. Po raz pierwszy księgowi wykazali, że fermentacja może odbywać się poza żywymi komórkami" (Stryer, 1985, s. 23).

Inne źródła na ten temat:

- Walden P. Z historii odkryć chemicznych. - Leningrad, Wydawnictwo Naukowe Chemiczno-Techniczne, 1925;
- Malygin A.G. Symetria sieci reakcji metabolicznych. - M., "Nauka", 1984.

45. Otwarcie katalizatora do procesu syntezy amoniaku. Laureat Nagrody Nobla w dziedzinie chemii w 1931 roku, Carl Bosch i jego zespół od dawna szukali taniego katalizatora, który umożliwiłby skuteczną syntezę amoniaku. Między 1909 a 1912 rokiem. C.Bosch i jego kolega Alvin Mittash wypróbowali (przetestowali) 2500 różnych substancji. Eksperymenty nie były zbyt udane, dopóki jeden z pracowników nie natknął się przypadkowo na kawałek rudy magnetytu leżący w starej szafie laboratoryjnej. Stwierdzono, że ten magnetyt ma doskonałe właściwości katalityczne.

E.D.Terletsky w swojej książce "Metale, które są zawsze z tobą" (1986) mówi: "Aby rozwiązać wszystkie problemy związane z szybkim wdrożeniem przemysłowej syntezy amoniaku powstała grupa pod kierownictwem znanych badaczy Carla Boscha i Alvina Mittasha. Po pierwsze, zajmowali się oni doborem tanich katalizatorów. Naturalnie, pierwszym kandydatem do tej roli było żelazo. Ale czyste żelazo nie spełniło oczekiwań - najprawdopodobniej potrzebne były jeszcze jakieś aktywujące dodatki. Od lata 1909 roku do początku 1912 roku zespół badawczy wypróbował wiele lub niewiele 2500 mieszanek. Ale niektóre z dodatków nie tylko nie przyspieszyły procesu, ale nawet go spowolniły. Okazały się one rodzajem trucizny, zatruwają katalizator i drastycznie zmniejszają jego aktywność. *Nie wiadomo, jak długo trwałyby poszukiwania, gdyby jeden z pracowników nie natknął się przypadkowo na kawałek szwedzkiej rudy magnetytu w starej szafie laboratoryjnej. Postanowiliśmy spróbować na wszelki wypadek. Magnetyt okazał się mieć doskonałe właściwości katalityczne.* Inne rudy były badane, ale z gorszymi wynikami. Okazało się, że aktywność katalizatora była zależna od zanieczyszczeń w rudzie żelaza. Samo przypadkowe odkrycie było więc jakby katalizatorem pomysłu, który przyspieszył rozwiązanie całego problemu. Przypadkowe odkrycia! Czasami są niewiarygodne, czasami bezwartościowe. Ale szansa i szczęście przychodzi z tym, który patrzy. Oto ten kawałek zapomnianej rudy, kto by się nim wcześniej interesował, skoro poszukiwania katalizatora jeszcze się nie rozpoczęły?" (Terletsky, 1986, s.14-15).

Sadovsky pisze to samo w swoim artykule "Carl Bosch, twórca nawozów azotowych" (Journal of Chemistry and Life, 2009, № 11): "...Brak katalizatora, który spełniałby wymagania techniczne wielu spowodował pesymizm. Osm, na którym Gaberowi udało się uzyskać dobre wyniki, czyli uran był egzotyczny, wystarczyło tylko na zakład pilotażowy. *Na szczęście*

Mittash przetestował rudę żelaza jednego ze szwedzkich złóż. Po odzyskaniu w prądzie gazu syntezowego zamienił się on w porowate żelazo, a zawarte w nim zanieczyszczenia, które Bosch nazwał promotorami, aktywowały i stabilizowały powierzchnię. Minerał Galliwara okazał się być prototypem katalizatora technicznego. Tak rozpoczęła się i trwa do dziś era mieszanych, złożonych katalizatorów. W sumie, Mittash próbował około dwudziestu tysięcy różnych próbek do 1922 roku" (Sadovsky, 2009, s.39).

46. Odkrycie proteinowej natury enzymów. Amerykański biochemik, laureat Nagrody Nobla z chemii z 1946 roku, James Sumner spędził dziewięć lat pracując nad problemem izolacji enzymu ureazy z soi, który rozkłada niepożądany produkt przemiany materii - mocznik. Dopiero w 1926 roku naukowiec znalazł rozpuszczalnik, który doskonale ekstrahował ureazę z soi. Ten rozpuszczalnik, o dziwo, był acetonem. To właśnie dzięki acetonowi udało mu się wyizolować ten enzym, który później przekształcił się w stan krystaliczny i pozwolił zrozumieć, że enzymy te mają strukturę białkową. Szczęśliwy zbieg okoliczności, który ułatwił poszukiwania Jamesa Sumnera, polegał na tym, że po dziewięciu latach nieudanych poszukiwań, postanowił on skorzystać z rady jednego z byłych profesorów biochemii na Harvardzie - wymieszać mąkę sojową z acetonem. Ta rada, której sprawiedliwości nie można było z góry zapewnić, doprowadziła Jamesa Sumnera do Nagrody Nobla.

J. Pfeiffer w artykule "Enzymy" (zbiór "Fizyka i chemia życia", Moskwa, wydany w literaturze zagranicznej, 1960) wskazuje: "W 1926 roku J. Sumner z Cornell University po raz pierwszy wyizolował enzym w czystej postaci i określił jego wzór chemiczny. Pracował 9 lat nad ekstrakcją tego enzymu z soi. Enzym ten nazywany jest urezą i rozkłada niepotrzebny produkt przemiany materii - mocznik. Ureaza, jak wiele innych enzymów, nazywana jest przez produkt, nad którym pracuje. Zadanie polegało na znalezieniu rozpuszczalnika, który będzie ekstrahował ureazę, a nie inne substancje, oraz na znalezieniu substancji, która będzie wytrącać enzym.

W końcu proces ten okazał się "śmiesznie prosty", jak mówi Sumner. *Pewnego dnia, w kwietniu 1926 r., zmieszał mączkę sojową z acetonem, rozpuszczalnikiem zaproponowanym przez jego dawnego profesora biochemii z Harvardu, i pozostawił roztwór do przefiltrowania na noc. Następnego ranka spojrzał na kroplę filtratu pod mikroskopem i zobaczył coś, czego nigdy wcześniej nie widział: małe ośmiościenne kryształki.* Następnie odwirował kryształki z roztworu, zrekrystalizował je i stwierdził, że nowy roztwór ma bardzo silną aktywność ureazy. Tego dnia Sumner przekazał żonie przez telefon wiadomość, która 21 lat później przyniosła mu Nagrodę Nobla: "Otrzymałem kryształki pierwszego enzymu. Ureaza była białkiem o masie cząsteczkowej 483,000. Teraz, gdy metoda ta została znaleziona, dość łatwo było wydobyć ureazę" (Pfeiffer, 1960, s. 168).

47. Stworzenie eksperymentu, który doprowadził do powstania teorii rozgałęzionych reakcji łańcuchowych. W 1956 roku rosyjski uczony Mikołaj Nikołajewicz Semenow otrzymał Nagrodę Nobla w dziedzinie chemii za stworzenie teorii rozgałęzionych łańcuchowych reakcji chemicznych. Impulsem (bodźcem) do rozwoju tej teorii były wyniki badań reakcji chemicznych oddziaływania fosforu z tlenem. Wyniki te sugerują, że wcześniej sformułowana przez Maxa Bodensteina (1871-1942) teoria łańcuchowych reakcji chemicznych nie jest całkiem poprawna: nie uwzględnia zjawiska reakcji rozgałęziania, efektu lawinowego wzrostu szybkości reakcji. Zjawisko rozgałęziania się reakcji chemicznych odkryte przez N.N.Semenova i doprowadziło go do przyznania Nagrody Nobla. Następnie, po otrzymaniu tego wyróżnienia, fizyk krajowy wielokrotnie odnotowywał, że jego odkrycie było oparte na co najmniej dwóch wypadkach. Po pierwsze, był to przypadek, że N.N.Semenov wziął Zinaida Valta na studia podyplomowe (niechętnie je brał, ponieważ nie było wolnych miejsc w laboratorium). Po drugie, to był przypadek, że N.N.Semenov zlecił jej zbadanie reakcji oddziaływania fosforu z tlenem (temat ten nie był związany z innymi pracami laboratorium i w żaden sposób nie interesował się samym N.N.Semenovem). Jednak zgodnie z zasadą "serendipity", ten właśnie temat pewnego dnia stanie się centralnym punktem jego działalności, zmusi do odłożenia na bok innych zagadnień naukowych, a w końcu przyniesie mu międzynarodową sławę.

Borys Agapow w swoim artykule "Ak-Koi" (Journal of Chemistry and Life, 1971, № 1) zauważa: "Zinochka zostaje absolwentką, wymyśla temat naukowy, niemal przypadkowo nie związany z innymi pracami laboratorium i w żaden sposób nie interesuje się Mikołajem Nikołajewiczem - o fosforze. Niech dowie się, jak zmienia się luminescencja fosforu, gdy zmienia się ciśnienie tlenu. Najwyraźniej, jeśli ciśnienie spada, żar zwiększa się. Niech robi to, na co wygląda w liczbach. A Julius Borisovich (Hariton - N.N.B.) zajmie się pracą. A Siemionow ponownie zwrócił się do swojego tematu, który wydawał mu się wtedy najważniejszy na świecie. Czy mógł wiedzieć, że właśnie w tym momencie wróżki dobrej i złej szansy chwyciły się za włosy i pierwsza wygrała? Że to właśnie w tym momencie określono drogę jego badań przez całe życie?!" (Agapov, 1971, s. 56).

To samo relacjonują V.S.Arutyunov i S.N.Kozlov w artykule "Only One Reaction" (Journal of Chemistry and Life, 1983, [1] 12): "Teraz, nie wymieniając licznych badaczy, którzy badali oksydację fosforu w ciągu następnych dwóch i pół wieku, przenosimy się natychmiast do 1925 roku, w Leningradzie. Grupa młodych fizyków pod kierownictwem NN Semenowa, obecnie znanego na całym świecie naukowca, akademika, laureata Nagrody Nobla, a następnie młodego kierownika laboratorium w Instytucie Fizyki i Technologii, zaczęła badać wydajność świetlną w tej reakcji. Temat, jak pisze Semenow w swoich wspomnieniach, został wybrany dość przypadkowo i nie wydawał się szczególnie interesujący wśród innych utworów". (Arutyunov, Kozlov, 1983, s. 75).

N.N.Semyonov sam w swoim artykule "Więc wpadłem na ten pomysł..." (Chemia i życie, 1986, nr 4) opisuje, jak podjęto decyzję o zleceniu Zinaida Walta zbadania reakcji fosforu z tlenem: "Ten temat nie był rozwinięciem naszych innych prac i pomysłów. Został wybrany losowo. I szczerze mówiąc, nie byłem zbytnio zainteresowany. Gdybym wiedział, że podwójny wypadek - zabranie Walta do szkoły podyplomowej i powierzenie jej tego właśnie tematu - w dużej mierze zdeterminowałby pracę całego naszego zespołu w przyszłości! Oczywiście, rozgałęzione reakcje łańcuchowe byłyby jeszcze nieuchronnie odkryte wkrótce, ale fakt, że byliśmy pionierami tej najważniejszej dziedziny chemii i fizyki, był przypadkiem" (Semenov, 1986, s. 40).

Przeglądając stare czasopisma, można znaleźć wiele interesujących rzeczy. Oto inne źródło, które pokazuje rolę przypadku w odkryciu. Vera Dorofeeva i Vil Dorofeev w artykule "Academician Semenov" (Dziennik "Młody technik", 1969, [1] 6) opowiadają: "Pamiętał, jak pewnego wieczoru (prawie jak w klasycznych powieściach), kiedy praca dobiegała końca, w laboratorium pojawiła się Zinaida Valta, młoda chemiczka, która właśnie ukończyła Uniwersytet Leningradzki. To było pod koniec 1924 roku. I chociaż trzy pomieszczenia, które zajmowało laboratorium Semenowa, były dość zatłoczone, a inny temat, którego szef laboratorium nie chciał umieścić w planie, to jednak wyraził zgodę. Valta została przyjęta do szkoły podyplomowej i rozpoczęła pracę. Temat, który został jej powierzony, na tle dużych i problematycznych zadań laboratorium, nie wydawał się interesujący. "Badanie wydajności światła w reakcji utleniania fosforu" - tak ją sformułowano w planie laboratoryjnym. Pamiętając ponad trzydzieści lat później, tym razem Mikołaj napisał: "Gdybym wiedział, że podwójny wypadek - przyjęcie absolwenta szkoły Walta i poinstruowanie go w tej sprawie - zadecyduje o przyszłej pracy mojego życia, a w dużej mierze całego naszego zespołu...". (W. Dorofiejewa, W. Dorofiejew, 1969, s. 17).

48. Otwarcie reakcji Wittiga. Reakcja Wittiga to reakcja chemiczna aldehydów lub ketonów z fosforem lub bez (czasami nazywana "odczynnikami Wittiga"). W wyniku tej reakcji powstają alkeny lub alergeny i tlenek fosforu trifenylu. W związku z tym jest on szeroko stosowany w syntezie organicznej. Niemiecki chemik organiczny Georg Wittig odkrył tę reakcję w 1953 roku, wykonując zupełnie inne zadanie - syntezę pentafenylofosforu. Innymi słowy, odkrycie Wittiga było produktem ubocznym (nieprzewidzianym) jego pracy nad problemem, nie związanym z tym, co zostało uzyskane w finale tej pracy. W 1979 roku Komitet Noblowski uznał odkrycie Wittiga za godne nagrody.

I. Wiszniewska w swoim artykule "Synteza pentafenylofosforu". Reakcja Wittiga" ("Chemia", 2002, [1] 38) pisze: "Reakcja Wittiga nazywana jest otrzymywaniem olefin (związków zawierających w cząsteczce jedno wiązanie podwójne i mających wspólny wzór CnH2n) ze związków karbonylowych i alkilenofosforanów. Chociaż reakcja ta została odkryta przypadkowo, jej wartość jest nieoceniona dla produkcji wielu środków farmaceutycznych, takich jak witamina A, pochodne witaminy D, sterydy i prostaglandyny, feromony i włókna syntetyczne dla tkanek. W latach 40. niemiecki uczony Georg Wittig badał w swoich pracach sposoby wytwarzania związków, w których cząsteczki grup organicznych łączyły się z kowalencyjnymi wiązaniami z pierwiastkami grupy V układu okresowego, takimi jak azot, fosfor i arsen. Teoretycznie uznano to za możliwe, ale jeszcze nikomu nie udało się ich zsyntetyzować. G. Wittig i jego współpracownicy głównie rozwiązali ten problem, ale nie potrafili syntetyzować związków, których cząsteczki zawierały pentawalentny azot. Jednak głównym osiągnięciem w badaniach Wittiga w dziedzinie syntezy pochodnych pentaarylu z grupy V jest odkrycie chlorolorolefiny karbonylowej (1953), która będzie odgrywać znaczącą rolę w wielu ważnych procesach przemysłowych. *To przypadkowo dokonane odkrycie, znane obecnie jako reakcja Wittiga, miało większe znaczenie naukowe niż rozwiązanie pierwotnego problemu - syntezy pentafenylofosforu*" (I.Wisznewska, 2002).

O przypadkowości odkrycia reakcji Wittiga mówi również S.I.Levchenkov w swojej książce "A Brief Essay on the History of Chemistry" (2006): "W latach 40. Wittig postawił sobie za zadanie stworzenie cząsteczek, w których 5 grup organicznych posiada kowalencyjne wiązania z pierwiastkami grupy V układu okresowego, takimi jak azot, fosfor i arsen. Pomimo tego, że tworzenie takich molekuł uznano za teoretycznie możliwe, nikt ich jeszcze nie zsyntetyzował. W końcu Wittig i jego koledzy rozwiązali ten problem (nie udało im się jedynie dokonać syntezy azotu). W trakcie swoich badań naukowcy natknęli się na związki zwane ilidami, które wzbudziły ich zainteresowanie. W ides czwartorzędowy pierwiastek soli grupy V (zawierający 4 grupy organiczne i dołączony halogen) zamiast nabyć piątą grupę organiczną, traci proton z jednej grupy organicznej. W 1953 roku Wittig odkrył, że takie ides swobodnie reagują ze związkami karbonylowymi (aldehydami i ketonami, których cząsteczki zawierają podwójne wiązanie węgiel-tlen). W ten sposób jod węglowy (węgiel wolny od protonu) jest wymieniany na karbonylowy atom tlenu. W wyniku tego procesu powstaje olefina z nowym podwójnym wiązaniem węglowo-węglowym zamiast grupy karbonylowej. *Losowe odkrycie, znane obecnie jako reakcja Wittiga, miało nieporównywalnie większy potencjał naukowy niż skuteczne rozwiązanie pierwotnego problemu*" (S.I.Levchenkov, 2006).

Ten sam czynnik przypadku jest opisany w encyklopedii "Laureaci Nagrody Nobla" (Moskwa, "Postęp", 1992).

49. Otwarcie katalizatorów do syntezy polietylenu. Niemiecki chemik Karl Ziegler (1953) odkrył sposób na produkcję wysokocząsteczkowego polietylenu liniowego z regularnie zwijanym łańcuchem polimerowym, kiedy przypadkowo odkrył, że koloidalny nikiel przyspiesza reakcję polimeryzacji etylenu. To przypadkowe odkrycie było możliwe dzięki pomyłce technika laboratoryjnego: niedbale opłukał autoklaw, a w nim były ślady niklu, które nie powinny były być obecne dla innego doświadczenia. W kolejnym eksperymencie przeprowadzonym przez Karla Zieglera, nikiel pełnił rolę katalizatora reakcji polimeryzacji etylenu. Później, rozwijając swój "serendipse" sukces, czyli testowanie właściwości katalitycznych różnych substancji, niemiecki chemik odkrył słynny katalizator tytanowo-aluminiowy. Niespodziewane odkrycie dokonane przez zespół K. Zieglera zrewolucjonizowało chemię polimerów i przyniosło mu w 1963 r. Nagrodę Nobla w dziedzinie chemii.

S. Tutorskaya w książce "Formuła twórczości" (1971) zauważa: "Nie raz w chemii zdarzało się, że odchylenia prowadziły do uderzających wyników... Tak oto odkrycie niemieckiego chemika Zieglera - te same metaloorganiczne katalizatory, w które wtedy zaangażowany był cały świat. *Zaczęło się od tego, że asystent laboratorium naukowiec beztrosko umył autoklaw i były w nim ślady niklu, które nie powinny były być obecne na innym doświadczeniu. Skończyli eksperyment, otworzyli maszynę, a tam był polimer. Nikt nie zrozumiałby, skąd się to wzięło, gdyby technik laboratoryjny, który od razu zorientował się, co się dzieje, nie powiedział naukowcowi o swoim błędzie.* A potem, z typową niemiecką pedanterią, zaczął sprawdzać wszystkie metale, aż natknął się na czterochlorowany tytan, który był bardzo obiecującym polimerem wysokocząsteczkowym...". (S. Tutorskaya, 1971).

Podobny opis historii odkrycia Zieglera znajduje się w książce V.A.Afanasieva i G.E.Zaikova "W świecie katalizy" (1977). A.L.Buchachenko w przedmowie do tej książki pisze: "W *przeszłości, a także w niedalekiej przyszłości, wiele wysoce efektywnych katalizatorów znaleziono przypadkowo i wcale nie tam, gdzie szukały, a nie tam, gdzie szukały. Dość niespodziewanie, na przykład, odkryto katalizatory stereospecyficznej polimeryzacji Zieglera. Ich odkrycie wynika z faktu, że produkty poprzednich procesów zostały pozostawione w reaktorze, który nie był dobrze wypłukany.* W wyniku tej "nieostrożności" i głębokiej uwagi chemików-badaczy, którzy nie ominęli niespodziewanego efektu, nastąpiło niezwykłe wydarzenie - znaleziono katalizatory, które otworzyły nową ważną kartę w nauce i praktyce produkcji polimerów" (Buczaczenko, 1977, s. 3).

V.A.Afanasiev i sam G.E.Zaikov we wspomnianej książce stwierdzają: "Niestety, jak dotąd, mimo dość dużej liczby teorii i hipotez w dziedzinie katalizy, wiele fundamentalnych odkryć dokonało się przypadkowo lub w wyniku prostego podejścia empirycznego. *Jak wiadomo, katalizator rtęciowy dla siarkowych węglowodorów aromatycznych został znaleziony przypadkowo przez M.A.Ilyinsky'ego, który przypadkowo złamał termometr rtęciowy: rtęć uderzyła w reaktor i reakcja przebiegła. W podobny sposób odkryto katalizatory stereospecyficznej polimeryzacji Zieglera, która otworzyła nową erę w procesie polimeryzacji*" (Afanasjew, Zaikov, 1977, s. 77).

G.B.Shulpin opowiada również o przypadkowym odkryciu K.Zieglera w swojej książce "Świat niezwykłych molekuł". Kompleksy metaloorganiczne" (1986): "Katalizatory polimeryzacji etylenu zostały odkryte na początku lat 50-tych, a co więcej, dość przypadkowo. Pracownicy zachodnioniemieckiego naukowca K.Zieglera przeprowadzili reakcje etylenu ze związkami glinu organicznego. *Kiedyś asystent laboratoryjny nie kłopotał się myciem autoklawu po kilku eksperymentach ze związkami niklu, załadował do niego związek glinoorganiczny, etylen i ... odkrył, że cały etylen spolimeryzowany łatwo i szybko.* Skuteczni badacze zaczęli badać wszystkie możliwe związki metali przejściowych, które zostały dodane jako drugi składnik do trialkiloglinu. Wkrótce okazało się, że najbardziej skuteczne kompleksy chlorku tytanu" (Shulpin, 1986, s. 142).

Inne źródła na ten temat:

- Shulpin G.B. Teraźniejszość i przyszłość katalizy metalokompleksowej // Dziennik "Chemia i życie", 1990, № 6;

- Goodman M., Morehouse F. Molekuły organiczne w akcji. - M., "The World", 1977;

- Zaitseva E.A. Development of K.V.Ziegler and J.Natta catalysts for synthesis of polymers // "Chemistry" newspaper, 2003, [1] 16.

50. Otwarcie powietrza koronowego. Kolejnym "serendipse" odkryciem jest odkrycie estrów korony - nowego typu środków kompleksujących, które podobnie jak korona wieńczą wiążący kation metalu. Pracując w jednym z laboratoriów firmy "DuPont de Nemours", Charles Pedersen (1962) przeprowadził eksperymenty mające na celu znalezienie związków chemicznych, które zapobiegają katalitycznemu wpływowi śladów metali na autooksydację produktów naftowych. Podczas tych eksperymentów chemik przypadkowo zsyntetyzował niezwykły związek - dibenzo-18-crown-6, zdolny do selektywnego wiązania niektórych kationów, umieszczając je w środku swojego pierścienia. Naukowiec szukał więc jednego, a znalazł drugiego, i ten "inny" był tak cenny i ważny, że w 1987 roku Pedersen otrzymał Nagrodę Nobla z chemii. Jednocześnie Komitet Noblowski nie zwracał uwagi na fakt, że Ch. Pedersen nie posiadał dyplomu (z reguły laureaci nagrody Nobla mają ten stopień).

E.N.Tsvetkov w swoim artykule "O estrach korony, czyli trochę smutku o szczęśliwych wypadkach" ("Chemia i zhizn", 1984, [1] 11) pisze: "Tutaj chcielibyśmy dotknąć drugiej strony problemu i zwrócić uwagę na jedną niesamowitą okoliczność - przypadkowe otwarcie estrów, które okazało się tak ważne. Estery koronne otworzył Charles Pedersen, pracownik firmy chemicznej "DuPont de Nemours". Pierwsza i bardzo szczegółowa publikacja na ten temat ukazała się w 1967 roku. Później Pedersen opowiedział, jak znaleziono nowy typ środków kompleksujących, które podobnie jak korona wieńczą wiążący kation metalu (stąd nazwa zaproponowana przez Pedersena; termin ten został zaszczepiony, choć struktura przestrzenna kompleksów okazała się inna). Pedersen badał stabilizację olejów i kauczuków olejowych, w szczególności związków zapobiegających katalitycznemu wpływowi śladów metali na autooksydację produktów olejowych i rozkład antyoksydantów. Takie odkażacze metalu (np. miedź, wanad) były jakimiś kompleksotwórczymi substancjami, które wiążąc kation metalu, hamowały jego aktywność katalityczną" (Flower, 1984, s. 10). "To odkrycie - mówi E.N.Tsvetkov o odkryciu Pedersena - uzyskało szeroki rezonans, spowodowało falę syntezy nowych makrocyklicznych poliestrów i ich analogów, ich zastosowanie w różnych dziedzinach nauki i techniki. Wszystko jest w porządku - ale dlaczego musieliśmy czekać na szczęśliwy wypadek, aby to umożliwić? O wartości przypadkowego, empirycznego odkrycia decyduje stopień jego nieprzewidywalności. Nieprzewidywalne są te, które są zasadniczo niemożliwe do przewidzenia na podstawie istniejących pomysłów" (tamże, s. 10).

Jurij Czirkow pisze również o przypadkowym odkryciu powietrza w koronie w swoim artykule "Pojemniki molekularne" (Nauka i zhizn, 2010, № 7): "Teraz szczegóły dotyczące tego, jak Pedersen dokonał odkrycia. Badacz starał się stworzyć inhibitory (retardery) automatycznego utleniania olejów. Zamiar ten był skromny i czysto praktyczny. Ku rozczarowaniu naukowca, w wyniku eksperymentu wytworzył on produkt żywiczny, a zamiast oczekiwanego związku uwolnił niewielką ilość (<1%) masy krystalicznej. Dane spektralne i analityczne wykazały: otrzymana substancja jest makrocyklicznym polieterem" (Chirkov, 2010, s. 17). "Charles Pedersen," kontynuuje Chirkov, "pomógł w sprawie, warto to jeszcze raz podkreślić. W języku angielskim istnieje słowo "Serendipiti" (serendipity), które zazwyczaj jest tłumaczone na rosyjski jako "intuicyjne przewidywanie". W anglojęzycznych encyklopediach jest ona interpretowana jako "zdolność do przypadkowego dokonania pożądanych odkryć". Historia odkrycia estrów korony jest jednym z udanych przykładów roli serendipity w nauce" (tamże, s. 18).

Inne źródła na ten temat:

- Zorkiy P.M., Lubnina I.E. Supramolekularna chemia: pochodzenie, rozwój, perspektywy // "Vestnik Uniwersytetu Moskiewskiego", 1999, tom 40, [1] 5;

- Stead J.V., Atwood J.L. Supramolecular Chemistry. Tom 1. - M., Academic Book Research Center, 2007;

- Paevsky A. Molekuły bez wiązań chemicznych // Dziennik "Mechanika popularna", 2015, № 6.

51. Odkrycie unikalnych właściwości super kwasów. George Ola, amerykański chemik węgierskiego pochodzenia, laureat Nagrody Nobla z chemii w 1994 roku, dokonał szczęśliwego odkrycia, które obaliło wcześniejsze przekonanie, że kationy cząsteczek organicznych nie mogą istnieć. O tym przypadkowym odkryciu pisze Ilya Leenson w swojej książce "Transformacje materii". Chemia" (2013): "Zdolność do zastanawiania się - właściwość rzadko spotykana u osoby dorosłej zaangażowanej w codzienne problemy. Ale z tej zdolności, z chęci poznania jak i z tego co się "robi", jak wszystko jest ułożone, mogą się rodzić ważne odkrycia. *Laboratorium amerykańskiego chemika (z urodzenia węgierskiego) George'a Ola świętowało nadchodzące Boże Narodzenie. Pod koniec wieczoru Joachim Lucas, niemiecki stażysta, wrzucił papierosa ze świecą parafinową do pracującej z nim mieszanki kwasowej. I nagle wszyscy zobaczyli, że świeca się rozpłynęła! "To jest magiczny kwas!" - Lucas wykrzyknął. Ola był bardzo zaskoczony: przez wszystkie kanony chemii, parafina, która składa się z węglowodorów, jest substancją bardzo obojętną i nie rozpuszcza się w kwasach. Dokładne badania otrzymanego roztworu wykazały, że kwas nie tylko rozpuszcza parafinę, ale dosłownie tnie jej drobne cząsteczki - molekuły na kawałki.* Ponadto okazało się, że te "fragmenty cząsteczek" były dodatnio naładowane, tj. były to kationy; wcześniej uważano, że kationy cząsteczek organicznych nie mogą w ogóle istnieć! Prace w tym kierunku były kontynuowane, prowadziły do dalszych odkryć. Chemicy zaczęli lepiej rozumieć reakcje, które zachodzą podczas rafinacji ropy naftowej, jak uzyskać lepszą jakość benzyny. W związku z tym J.Ola otrzymał w 1994 roku najwyższą nagrodę Nobla dla naukowca. A "cudowny" kwas jest od tego czasu nazywany tak we wszystkich referencjach i podręcznikach - magiczny kwas, bez żadnych cytatów" (Leenson, 2013, s. 10).

Ten sam epizod "serendipity" jest opisany w artykule V.D.Steingartza "Superacidy" ("Soros Educational Journal", 1999, № 3): "Mieszaniny HSO3F - SbF5 były intensywnie badane, za którymi powstała nazwa "magiczny kwas". *Powodem tego i zrozumieniem jego niezwykłych właściwości był zabawny przypadek, kiedy podczas przyjęcia świątecznego, które odbyło się w laboratorium chemicznym, kawałek świecy został umieszczony w "magicznym kwasie", który dość szybko się rozpuścił.* Kolejne badania wykazały, że to rozszczepienie i izomeryzacja cząsteczek długołańcuchowych wosków parafinowych, które składają się na świecę. W ten sposób odkryto jednocześnie "nadkwasową" chemię alkanów" (Steingartz, 1999, s. 85).

Możesz też odwołać się do artykułu Ilyi Leanson "Skąd masz imię?" (Chemistry and Life Magazine, 2004, No. 12), który recenzuje tę samą historię odkrycia niesamowitego efektu interakcji pomiędzy węglowodorami i nadkwaśnościami: "Ale jeśli nadtlenki są związkami nadtlenkowymi, to nadkwaśności są czymś zupełnie innym. Są to substancje (zazwyczaj mieszaniny), które mają właściwości niezwykle silnych kwasów Lewisa, takie jak bezwodny kwas fluorosulfonowy HSO3F, mieszanina HF i SbF5. Równomolowa mieszanka HSO3F i SbF5 jest ogólnie nazywana "magicznym kwasem". Nawet alkany są zdolne do protonacji w środowisku nadkwasów. Ciekawą historię tego imienia opowiedział w swoim wykładzie noblowskim słynny amerykański chemik George Olah (w 1994 r. otrzymał

Nagrodę Nobla z chemii za rozwój chemii karbokathionu). *"Kwas magiczny" został ukuty przez I.Lucasa, mojego postdocę z Niemiec, który pracował dla mnie w laboratorium w Cleveland w latach 60-tych. Świętowaliśmy nadchodzące święta, a pod koniec wieczoru Lucas wrzucił do tej mieszanki kawałek niespalonej świecy bożonarodzeniowej. Świeca się rozpuściła, a powstałe rozwiązanie dało piękne spektrum NMR trzeciego kationu butylowego. Oczywiście, "eksperyment" Lucasa wzbudził duże zainteresowanie. On sam nazwał magię kwasu, i to była nazwa, która została ustalona w naszym laboratorium.* Później Ned Arnett wprowadził ją do literatury naukowej i bardzo szybko rozprzestrzeniła się wśród chemików. A kiedy mój były absolwent Liberty zorganizował małą firmę Cationics do produkcji niektórych odczynników jonowych, kwas ten otrzymał zarejestrowaną markę Magic Acid" (Leenson, 2004, s.45).

52. Otwarcie polimerów przewodzących prąd elektryczny. Rozmawialiśmy już o tym, jak Hideki Shirakawa (Shirakawa), laureat Nagrody Nobla w dziedzinie chemii za rok 2000, odkrył polimery przewodzące prąd elektryczny. Zauważyliśmy, że kluczowym czynnikiem w dokonaniu tego rewolucyjnego odkrycia był błąd jego absolwenta, który w jednym ze swoich eksperymentów użył niezwykle dużej ilości katalizatora. Opiszmy to odkrycie jeszcze raz, wykorzystując źródła, których wcześniej nie używaliśmy.

Richard Caner i Elan McDiarmid (McDiarmid) w swoim artykule "Electroconductive Polymers" (Journal In the World of Science, 1988, No. 4) informują: "*Odkrycie polimerów przewodzących prąd elektryczny było wypadkiem. Na początku lat 70-tych, absolwentka Laboratorium Hideki Shirakawa w Tokijskim Instytucie Technologii próbowała uzyskać polimer zwany "poliacetylenem" ze zwykłego acetylenu, palnego gazu używanego do spawania. Ten polimer w postaci ciemnego proszku został wyprodukowany po raz pierwszy w 1955 roku, ale niewiele o nim wiadomo było. Zamiast ciemnego proszku, absolwentka laboratorium w Syrakawie otrzymała błyszczącą srebrną folię, podobną do folii aluminiowej, ale elastyczną.* Przeglądając jego akta, absolwent zauważył błąd: okazało się, że dodał 1000 razy więcej katalizatora niż wymagała tego metoda. To, co otrzymał, to oczywiście poliacetylen, ale w innej formie niż znany wcześniej poliacetylen. Kiedy jeden z nas (McDaimid) odwiedził laboratorium Shirakawy w 1976 roku, w tym czasie zaczęli oni badać możliwość uzyskania tzw. metali syntetycznych, a badanie właściwości poliacetylenu w jego nowej postaci było jednym z celów laboratoryjnych naukowców" (Kaner, McDaimid, 1988, s. 50).

O tym pisze Robert Sutton w swojej książce, "Polowanie na pomysły". Jak oderwać się od konkurencji, łamiąc wszystkie zasady" (2013): "Sprawa dziś przyczynia się w dużym stopniu do naukowych przełomów. Na przykład Nagroda Nobla w dziedzinie chemii za odkrycie przewodnictwa w polimerach z 2000 roku była wynikiem gry losowej: na początku lat 70. laboratorium japońskiego chemika Hideki Shirakawy "źle posłuchało jego instrukcji i wprowadziło do jednej reakcji chemicznej tysiąc razy więcej, niż wskazał na część katalizatora". Wynikiem tego błędu była srebrna folia uformowana z innej formy poliacetylenu". Błąd zainspirował Hideki Shirakawa, a także Alana McDiarmida i Alana Heegera, do stworzenia polimeru, który jest tak samo zdolny do przewodzenia prądu elektrycznego jak metale, co otworzyło ważny nowy obszar zastosowań związków węgla w elektronice" (R.Sutton, 2013).

53. Odkrycie fullerenów. Laureaci Nagrody Nobla w dziedzinie chemii w 1996 roku R. Kearl, G. Croto i R. Smalley odkryli fuleren, 60 atomową cząsteczkę węgla (C60), nieumyślnie, podczas badań, które miały bardzo różne cele. G. Croto (1980) zajmował się astronomią obłoków międzygwiezdnych i chciał przeprowadzić eksperyment, który wyjaśniłby pochodzenie kosmicznych "łańcuchów węglowych". R. Smalley i R. Curl (1980), którzy mieli do dyspozycji urządzenie do produkcji belek klastrowych, wykorzystali je w badaniach klastrów krzemu, germanu i arsenku galu. Chcieli wnieść swój najlepszy wkład w miniaturyzację komputerów i innych urządzeń elektronicznych. Żaden z trzech badaczy nie myślał o cząsteczkach C60 (fulerenach) i nie zdawał sobie sprawy, że ich praca może doprowadzić do odkrycia tych "egzotycznych" cząsteczek. Ponadto, żaden z nich na pierwszych etapach wspólnej pracy naukowej nie mógł założyć, że kopuły geodezyjne Buckminstera Fullera posłużą jako klucz (wskazówka) do wyjaśnienia stabilności klastra C60. Dlatego wypowiedzi wielu ekspertów na temat przypadkowego odkrycia fulerenów są dość uzasadnione.

M.M.Alfimova w książce "Entertaining nanotechnology" (2011) donosi: "W 1985 roku odkryto fulereny. I zupełnie przypadkowo, w zwykłej sadzy, która okazuje się przy spalaniu drewna lub gazu ziemnego. Unikalne właściwości fullerenów wpłynęły na rozwój nauki na tyle, że za to odkrycie amerykańscy chemicy Harold Croto, Richard Smoli i Robert Curl otrzymali w 1996 roku Nagrodę Nobla - najwyższą nagrodę dla naukowców" (Alfimova, 2011, s.13).

To samo pisze Marineh Bozdaganyan w swoim artykule "Fullerhenians and Prospects for their Application in Biology and Medicine" (Dziennik "In the World of Nano", 2010, № 5): "Odkrycie cząsteczki fulerne'a było wypadkiem. Harold Croto, astrofizyk specjalizujący się w astrofizyce, badał pył międzygwiezdny, który jest długołańcuchową cząsteczką polienów (związków zawierających w cząsteczce co najmniej trzy izolowane lub sprzężone wiązania C = C), utworzoną z czerwonych gwiazd gigantycznych. Mniej więcej w tym samym czasie Richard Smoli i Robert Curl opracowali metodę analizy klastrów atomowych powstałych w wyniku napromieniowania laserowego z wykorzystaniem spektrometrii masowej. Tego właśnie Croto potrzebował, by zbadać tworzenie się łańcuchów polienowych. We wrześniu 1985 roku Harold Croto, Robert Curl i Richard Smalley w badaniu widm masowych oparów grafitu zaobserwowali szczyty odpowiadające masom 720 i 840 j.u. Założyli oni, że szczyty te odpowiadają cząsteczkom C60 i C79, i wysunęli hipotezę, że cząsteczka C60 ma postać ściętego dwudziestościanu ósemkowego" (Bozdaganyan, 2010, s. 17).

Odcinek niezamierzony jest również rozważany przez L.M.Popovą w książce "Wprowadzenie do Nanotechnologii" (2013): "*Fullerin, podobnie jak wiele innych ważnych materiałów, takich jak teflon czy nylon, został pozyskany przypadkowo. Został on utworzony w ramach eksperymentów symulujących atmosferę bogatych w węgiel czerwonych olbrzymich gwiazd.* W rezultacie nowo odkryta C60 została nazwana "sferą niebieską, która opadła na ziemię" (Popova, 2013, s. 46).

Robert Curl porównuje odkrycie fulerenów z odkryciem penicyliny (ważną rolę w tym odkryciu odegrał A. Fleming, który przypadkowo odkrył antybakteryjne działanie pleśni, o którym mówimy przed nami). Istvan Hargittai w swojej książce "Open Science". Rozmowy ze znanymi chemikami" (2003) cytuje K.Kerl: "Pamiętasz tę starą historię z odkryciem penicyliny. W małym rowie rośnie hodowla bakterii. Pewnego ranka przychodzisz i widzisz, że twoja kultura rośnie w pleśni i wszystkie twoje bakterie obumarły. Są dwa sposoby, aby na to zareagować. Można by powiedzieć: "Ta cholerna pleśń zabiła moje bakterie". Od teraz musisz być bardziej ostrożny, żeby nie dostać zarodników pleśni na moje kultury bakteryjne." Albo możemy zapytać, w jaki sposób pleśń zabiła bakterie; czy coś uwalnia? I poprowadzi cię to w zupełnie innym kierunku. Tak samo jest z odkryciem fulerenów" (Hargittai, 2003, s. 339-340).

Inne źródła na ten temat:

- Laureaci Nagrody Nobla Czarnozackiego L.A. w dziedzinie chemii w 1996 roku - R.Kerl, G.Kroto, R.Smalli // Dziennik "Nature", 1997, [1] 1;
- Hargittai I. Harold Kroto (w jęz. rosyjskim) // Zametki po żydowsku [Notes on Jewish History] Journal, No. 17 (89), November 2007;
- Croto G. Symetria, przestrzeń kosmiczna, gwiazdy i C60 // Journal of Successes in Physical Sciences, 1998, tom 168, nr 3.

54. Odkrycie efektu kwantowej koherencji. Wybitny egipski naukowiec, laureat Nagrody Nobla w dziedzinie chemii w 1999 r., Ahmed Zewail (1981, 1982) odkrył kwantowy efekt koherencji cząsteczek, nie czekając na jego odkrycie. Naukowiec przeprowadził eksperyment w celu bezpośredniego pomiaru szybkości redystrybucji energii wibracyjnej w izolowanej cząsteczce antracenu za pomocą lasera pikosekundowego. Zevail i jego laser przy pomocy lasera wyrzucają nadmiar energii do jednego z ruchów atomowych cząsteczki (jednego z jej trybów wibracyjnych). W tym samym czasie naukowcy spodziewali się spadku liczby cząsteczek w początkowo zamieszkanym stanie i być może wzrostu liczby cząsteczek w innych stanach, zaludnionych przez redystrybucję energii. Jednak to, co przyszły laureat Nagrody Nobla widział w cząsteczce antracenu, było dość niespodziewane i wbrew pierwotnej hipotezie - cząsteczki poruszały się spójnie ("zaludnione" stany spójnie oscylowały). Tak więc, odkrycie efektu kwantowej koherencji było odkryciem "serendipse".

Sam Ahmed Zevail pisze o tym nieplanowanym odkryciu w swojej książce autobiograficznej "Journey Through Time". Kroki do Nagrody Nobla" (2004): "W maju 1980 r. Rick Smalley (odkrywca fulerenów Richard Smalley - NNB) przybył do Caltech z raportem na temat relaksacji oscylacyjnej wielomateriałowych cząsteczek w schłodzonych dyszach. Opowiadał o niezwykłych wynikach uzyskanych dla cząsteczki naftaliny. Z jego widm wyznaczył czasy relaksu. Materiał z jego sprawozdania doprowadził mnie do przekonania, że dynamika powinna być monitorowana nie przez zmiany linii spektralnych, ale przez reakcję systemu na spójne promieniowanie laserowe. Pomysł ten został poparty koniecznością bezpośredniego pomiaru bezwzględnej szybkości transferu energii, szybkości, z jaką energia wewnątrz dużej izolowanej cząsteczki, takiej jak naftalina, jest redystrybuowana pomiędzy różnymi wewnętrznymi ruchami atomów. Aby wypróbować te pomysły, stworzyłem nową jednostkę próżniową, w której cząsteczki w postaci skupionej wiązki wnikają w obszar pomiaru z prędkością naddźwiękową. Nasza pierwsza maszyna z belką naddźwiękową była potwornie ogromna: technologia była wciąż niedoskonała, chociaż podstawowe zasady były znane wielu fizykom i chemikom. Zasadniczo nowym wyzwaniem było zbudowanie ultra szybkiego lasera do badania wiązki molekularnej. Zmontowano go szybko dzięki wysiłkowi dwóch studentów. W końcu wykonano kluczowy krok - połączono system laserowy pikosekundowy i maszynę wiążącą w jeden. *Naszym pierwotnym celem było bezpośrednie zmierzenie szybkości redystrybucji energii wibracyjnej w izolowanej cząsteczce za pomocą lasera pikosekundowego. Poprzez wstrzyknięcie nadmiaru energii do jednego z ruchów atomowych (jądrowych) cząsteczki, jej trybu wibracyjnego, za pomocą lasera, chcieliśmy zobaczyć jak ta energia jest przenoszona na inne ruchy (tryby). Spodziewaliśmy się spadku w czasie (wykładniczy spadek) liczby cząsteczek w początkowo zamieszkanym stanie, a być może wzrostu (akumulacji) liczby cząsteczek w innych stanach zamieszkanych przez redystrybucję energii. Byłby to pełny obraz procesu, od początku do końca, wyświetlany w czasie rzeczywistym. Ale to, co faktycznie widzieliśmy w cząsteczkach wieloatomowych, a w szczególności w cząsteczce antracenu, było zupełnie nieoczekiwane i sprzeczne z ustaloną opinią. W procesie redystrybucji energii "zaludnione" stany spójnie oscylowały, zmniejszały się i zwiększały, mając absolutnie określone okresy i fazy. Nie było rozkładu, wręcz przeciwnie, widzieliśmy odrodzenie - molekuły, jak ludzie na ulicy, poruszały się spójnie!* Historia mówi, że koncepcja wahadła z jego okresowym spójnym ruchem dotarła do Galilei, gdy zobaczył huśtający się żyrandol katedry w mieście Piza. W wielomateriałowej cząsteczce, każdy ruch oscylacyjny jest również rodzajem wahadła. Mnogość atomów w molekule określa niezliczoną ilość takich ruchów atomowych. Gdyby te ruchy nie były spójne, nie zobaczylibyśmy tego, co zaobserwowaliśmy w naszych eksperymentach. Byliśmy zachwyceni uzyskanymi wynikami, ponieważ udowodniły one znaczenie spójności i jej istnienia nawet w złożonych układach molekularnych. Założyłem, że nasze obserwacje przyciągną znaczną uwagę, ale jednocześnie nie brakuje sceptycyzmu. Powinniśmy byli sprawdzić wszystko dokładnie, a ja przeprowadziłem szczegółową kontrolę wyników z moimi uczniami. W 1981 roku opublikowaliśmy krótki raport o naszych wynikach w Journal of Chemical Physics (Zevail, 2004, s.119-120).

"Pierwsza publikacja", kontynuuje A. Zevail, "była kontynuowana przez innych, którzy pokazali, że wraz ze wzrostem rozdzielczości czasowej, przejawy spójności stają się coraz wyraźniejsze. Physicists have adopted new results, and our article on the nature of the nechaotic oscillatory motion in an isolated molecule was published in the "Phisical Review Letters" (ibid., s.120).

55. Odkrycie quasikryształów. Przypadkowość odegrała znaczącą rolę w odkryciu quasikryształów, tj. kryształów, w których atomy umieszczone są na wierzchołkach wielościanu, wielościanu złożonego z 20 właściwych trójkątów. Zaszczyt odkrycia quasikryształów, które zmieniły ugruntowane koncepcje w dziedzinie klasycznej krystalografii, należy do izraelskiego fizyka Daniela Shechtmana, który w 2011 roku otrzymał Nagrodę Nobla w dziedzinie chemii. Jak więc Shechtman odkrył kryształy, których struktura nie mieściła się w klasycznym schemacie kraty krystalicznej, dokonując tym samym odkrycia, które doprowadziło go do Nagrody Nobla? Naukowiec szukał jednej rzeczy, ale znalazł inną. Znalazłszy się w 1982 roku w National Institute of Standards and Technology (USA), Shechtman rozwiązał zadanie zbadania stopów aluminium, manganu i żelaza, aby odpowiedzieć na pytanie, co dzieje się z tymi stopami metali, jeśli najpierw zostaną one bardzo mocno podgrzane, a następnie szybko schłodzone. Zadanie to miało charakter aplikacyjny związany z poszukiwaniem nowych stopów stosowanych w budowie samolotów. Grupa badawcza, której członkiem był Shechtman, była finansowana przez amerykańskie siły powietrzne. W jednym z eksperymentów uzyskano stop aluminium z manganem w postaci bardzo kruchej taśmy metalowej poprzez ultraszybkie schłodzenie stopu w tempie około 1 miliona stopni na sekundę. Kiedy Shechtman spojrzał na swój obraz dyfrakcyjny, zobaczył coś, co zaprzeczało podstawowej zasadzie krystalografii, zgodnie z którą atomy w ciałach krystalicznych - metale, sole, minerały - ułożone są w ściśle okresowej kolejności, powtarzanej w całej objętości kryształu. Stop aluminium i manganu Al_6Mn miał symetrię dwudziestościanów.

M.M.Lewicki i D.S.Perekalin w swoim artykule "Impossible Real Crystals" (Dziennik "Przyrody", 2012, nr 9): "Odkrycie Shechtmana jest jednym z najbardziej niezwykłych w chemii. Być może tylko odkrycie laureata Nagrody Nobla w postaci fullerenu może się z nim równać. Struktura tego czystego związku węglowego była ściśle związana z konstrukcjami architektonicznymi, kształtem piłek sportowych oraz dużą częścią matematyki badającej wielościany ścięte. Praca Premium dla quasikryształów, w przeciwieństwie do wielu poprzednich, nie jest wynikiem wieloletnich, obszernych i systematycznych badań. *Wręcz przeciwnie, jest to prawdziwe odkrycie, nieoczekiwane i w pewnym stopniu przypadkowe.* Ale wymagało to rewizji wielu ustalonych pojęć i dramatycznie wpłynęło na losy samego autora - Shechtmana" (Levitsky, Perekalin, 2012, s. 58).

"W kwietniu 1982 roku", kontynuują autorzy, "Shechtman pracował w USA, w National Institute of Standards and Technology (Gatesberg, koło Waszyngtonu). Do tego czasu badał on strukturę kryształów stali nie tylko za pomocą promieni rentgenowskich, ale także wiązek elektronów. Dzięki tej metodzie można uzyskać informacje nawet wtedy, gdy bardzo trudno jest wyizolować substancję w jej krystalicznej postaci, na przykład w stopach. Ze względu na fakt, że Shechtman prowadził dziennik laboratoryjny, zachowała się dokładna data odkrycia - 8 kwietnia 1982 r. Za pomocą dyfrakcji elektronowej badał strukturę nowej substancji otrzymanej wcześniej w swoim laboratorium. Był to szybko chłodzony stop aluminium i manganu o składzie Al6Mn. W procesie tym wiązka elektronów, przechodząca przez próbkę, daje wzór dyfrakcyjny, czyli rozpraszanie elektronów, które wygląda jak dyfraktogram rentgenowski, który jest utrwalony na ekranie jako punkty. Uderzył go obraz, który Shechtman zobaczył: dziesięć jasnych punktów rozmieszczonych wokół centralnego punktu. W swoich wspomnieniach powiedział nawet głośno (był wtedy sam w laboratorium): "To po prostu nie może być!". Nigdy wcześniej nie widział takiego obrazu i od razu zrozumiał, że jest on sprzeczny z prawami krystalografii. Zbyt zajęty, wyszedł na korytarz, by podzielić się z kimś tą dziwną obserwacją. Korytarz był pusty i wracając do laboratorium, znów zaczął patrzeć na swoisty wzór z żarzących się punktów" (tamże, s. 62).

To samo pisze Anna Shatalova w swoim artykule "Spokój! Laureat Nagrody Nobla dzielił się z młodymi ludźmi sekretami sukcesu" ("Search", 2013, [1] 47): "Przez długi czas (Shechtman - N.N.B.) studiował w "Technion", gdzie później rozpoczął pracę. Ale w kwietniu 1982 roku nadszedł czas na twórczy urlop. Shechtman postanowił spędzić czas w Krajowym Biurze Standardów, prowadząc badania dla przemysłu lotniczego. *To właśnie wtedy przypadkowo odkrył i opisał nieznany wcześniej stan materii, wykraczający poza granice tradycyjnej krystalografii: jego uwagę zwróciły nietypowe dla ciała stałego wzory dyfrakcji elektronowej.* W trakcie badań okazało się, że w strukturze badanego przez niego stopu istnieje symetria dwudziestościanówkowa układu atomów, która zasadniczo zaprzeczała fundamentom klasycznej krystalografii. (A.Shatalova, 2013).

B.B.Bohonow informuje również o odkryciu "serendipsu" D.Shechtmana w artykule "Unikalne właściwości quasikryształów" ("Nauka na Syberii", gazeta № 45 (2830) z 10 listopada 2011 r.). W szczególności autor tego artykułu stwierdza: "Odkrycie quasikryształów można uznać za przypadek, ponieważ zostało ono dokonane podczas "rutynowych" badań stopów metali z aluminium i manganu, uzyskanych w wyniku szybkiego utwardzania stopów. 8 kwietnia 1982 roku Daniel Shechtman napisał w swoim dzienniku roboczym: "Oś 10 rzędu???, która posłużyła za punkt wyjścia do badania nowej klasy brył". (B.B.Bohonow, 2011).

W końcu, sam D. Shechtman mówi o nieplanowanej naturze swojego odkrycia. Valery Chumakov w swoim artykule "Something That Cannot Be and What No One Believed" (In the World of Science, 2014, No. 3) cytuje izraelskiego naukowca: "Nie poszukiwałem konkretnie materiałów quasi-okresowych, ponieważ wszystkie książki mówiły, że takie materiały nie mogą istnieć. Zgadza się. To był szczęśliwy zbieg okoliczności. Dokonałem odkrycia, ale pytanie brzmiało: "Co teraz z tym zrobisz?" Moi koledzy i ja przeprowadziliśmy pewne badania i stwierdziliśmy, że znaleźliśmy nową klasę materiału. To była ta sama historia z fullerenami. Nikt ich specjalnie nie szukał, naukowcy właśnie znaleźli je w jednej z analiz C60" (Chumakov, 2014, s. 17).

56. Opracowanie metody MALDI - miękkiej desorpcji laserowej do analizy spektrometrii masowej makrocząsteczek biologicznych. Japoński badacz Koichi Tanaka (1985), laureat Nagrody Nobla w dziedzinie chemii w 2002 roku, przypadkowo wynalazł metodę miękkiej desorpcji laserowej do analizy spektrometrii masowej makrocząsteczek biologicznych. Jego odkrycie było wynikiem błędu podobnego do tego popełnionego przez Hideki Shirakawa, studenta podyplomowego. Pracując w japońskiej korporacji "Shimazu", Tanaka badał proces przejścia dużych cząsteczek (np. białkowych) do fazy gazowej z ich późniejszą jonizacją laserową. Trudność polegała na tym, że impuls laserowy zniszczył biomolekułę. W tym czasie K.Tanaka próbował wykorzystać jako podłoże drobny proszek metalowy (UFMP - Ultra Fine Metal Powder) w celu przeniesienia energii lasera na ciepło, pod wpływem którego cząsteczka białka wejdzie w fazę gazową bez zniszczenia.

W lutym 1985 roku K.Tanaka zdołał zjonizować cząsteczkę białka bez jego niszczenia poprzez dodanie gliceryny do układu. Dodatek gliceryny, który pozwolił na jonizację cząsteczek białka, był przypadkowym i jednocześnie kluczowym odkryciem Tanaki. Zgłosił to sam Tanaka, zauważając, że pewnego dnia przez pomyłkę użył gliceryny zamiast acetonu (zwykłego rozpuszczalnika UFMP). Dowiedziawszy się o swoim błędzie, japoński naukowiec kontynuował pracę z gliceryną przy tworzeniu podłoża. Napromieniował próbkę laserem w celu szybkiego odparowania niepożądanej gliceryny. Jednostka pomiarowa umożliwiła mu natychmiastowe obejrzenie wynikowego spektrogramu. To był duży sukces: teraz możliwe było rozpylanie i jonizowanie za pomocą wiązki laserowej cząsteczek białka, które znajdowały się w stanie stałym lub półstałym.

Obecnie metoda odkryta przez K. Tanakę nazywa się Matrix Assisted Laser Desorption/Ionization (MALDI).

O tym przypadkowym odkryciu M. Kaji pisze w swoim artykule "Kazus czy nadzieja? Nagroda Nobla Koichi Tanaka" (Obrady 8. Międzynarodowego Spotkania i Konferencji Laureatów Nagrody Nobla, 2009): "Spektrometr masowy mierzy masę atomów lub molekuł, przekształcając je w stan gazowy, zamieniając je w jony, a następnie rozpraszając w polach elektrycznych i magnetycznych. Poprzez pomiar prędkości ruchu jonu można obliczyć jego masę. Zazwyczaj takie pomiary mogą być wykonywane tylko na pojedynczych atomach lub na małych i średnich cząsteczkach, które przekraczają masę atomu wodoru nie więcej niż tysiąc razy. Ale jak przekształcić w fazę gazową i zjonizować dużą cząsteczkę, taką jak białko, nie niszcząc jej i nie zmieniając radykalnie jej struktury? Dokładnie to robiła Tanaka. Badał proces przejścia dużych cząsteczek (np. białkowych) do fazy gazowej i ich późniejszej jonizacji laserowej. Trudność polegała na tym, że impuls laserowy zniszczył biomolekułę. W tym czasie Tanaka próbował użyć drobnego proszku metalicznego (UFMP) jako substratu do przenoszenia energii lasera na ciepło, co spowodowałoby, że cząsteczka białka dostałaby się do fazy gazowej bez zniszczenia. Zadanie okazało się trudne, dopiero w lutym 1985 roku udało mu się zjonizować cząsteczkę białka, nie niszcząc jej poprzez dodanie gliceryny do układu.

Sam Tanaka tłumaczył swój sukces kombinacją czterech przypadkowych okoliczności: a) omyłkowo użył gliceryny zamiast acetonu, wspólnego rozpuszczalnika dla UFMP; b) od razu rozpoznał swój błąd, ale nadal pracował z gliceryną podczas tworzenia podłoża; c) napromieniował próbkę laserem w celu szybkiego odparowania niechcianej gliceryny; d) urządzenie pomiarowe (TOF-MS) pozwoliło mu natychmiast zobaczyć wynikowy spektrogram. To był pierwszy sukces - teraz możliwe było rozpylanie i jonizowanie cząsteczek białka w stanie stałym lub półstałym za pomocą wiązki laserowej.

Do końca 1985 roku Tanaka i jego zespół określili optymalne stężenie ośrodka i natężenie wiązki lasera, zjonizowali i zidentyfikowali białka o masie cząsteczkowej 35000. Następnie złożyli wniosek o patent. Na początku 1987 roku grupie Tanaka udało się zidentyfikować cząsteczki białka o masie cząsteczkowej 48000, a w maju tego roku Tanaka dokonał prezentacji wyników uzyskanych przez niego i jego zespół na konferencji poświęconej japońskiej spektroskopii masowej w Kioto. Podążając za radą uczestników konferencji w Kioto, Tanaka wygłosił referat we wrześniu 1987 roku na Sympozjum Japońsko-Chińskim na temat spektroskopii masowej, które odbyło się w Takarazuce (koło Osaki), ale w języku angielskim" (M.Kaji, 2009).

Należy zauważyć, że zbiór "Obrady 8. Międzynarodowego Spotkania i Konferencji Laureatów Nagrody Nobla" (Tambov, "Nobelizm", 2009), który prezentuje cytowany artykuł M.Kajiego, został opracowany pod redakcją prof. W dniach 24-29 września 2007 r. w Tambowie (Rosja) odbyło się bardzo międzynarodowe spotkanie-konferencja (tj. Kongres Noblowski).

"Serendipalne" odkrycia w biologii i medycynie.

57. Odkrycie metody uprawy zarazków na twardych powierzchniach.

Niezwykłym przykładem "twórczej" roli przypadku jest sytuacja, która doprowadziła do wynalezienia przez niemieckiego mikrobiologa Roberta Kocha metody hodowli mikrobów na stałych powierzchniach. Pewnego dnia R.Koch przypadkowo zauważył kawałek gotowanych ziemniaków pokryty kolorowymi kropkami. Po zbadaniu tych punktów pod mikroskopem naukowiec odkrył, że każdy z nich jest kolonią bakterii i czystą kolonią pewnego rodzaju mikroorganizmów. Obserwacja ta doprowadziła go do wniosku, że czyste kolonie bakterii mogą być uprawiane na powierzchniach stałych (w stałych podłożach odżywczych). W rezultacie R.Koch opracował nową metodę uprawy mikrobiologicznej, dokonując wielu odkryć mikrobiologicznych, za co otrzymał w 1905 r. Nagrodę Nobla w dziedzinie fizjologii i medycyny.

Jurij Czirkow w swoim artykule "Kosmizacja" inteligentnych molekuł" (Dziennik Nauki i Życia, 2011, № 1) pisze: "Zanim bakterie Kocha zostały rozcieńczone w płynnych środkach odżywczych, głównie w bulionie. Oczywiste jest, że kiedy zostały umieszczone w tych płynnych mediach, nie było gwarancji, że obce mikroorganizmy nie będą rosły w pobliżu. Musieliśmy to zrobić więcej niż raz! - by powtórzyć i powtórzyć te same operacje, by dostać się do odpowiednich bakterii. Z miejsca, w którym się przede wszystkim skupili, wzięli małą kroplę, przenieśli ją do innej tuby z bulionem i tam wyhodowali tę kolonię. Niestety, okazało się, że obce mikroorganizmy również były tu obecne, choć w mniejszych ilościach" (Chirkov, 2011, s. 96).

"Pewnego dnia", kontynuuje Jurij Czirkow, "Koch przypadkowo zauważył, że ugotowane ziemniaki, przecięte na pół, po długim leżeniu na stole laboratoryjnym, były pokryte kolorowymi kropkami: zielonym, brązowym, czerwonym. Naukowca interesowało, co widział. Zdjął małe kawałki tych kolorowych kropek z platynową igłą i zaczął patrzeć pod mikroskopem. Okazało się, że każdy punkt był kolonią bakterii, które wyrosły na powierzchni ziemniaków. Różne bakterie! Koch od razu zdał sobie sprawę, jakie było jego największe odkrycie. Znalazł stałe pożywki! Wprowadzenie przez Kocha stałych środków odżywczych było rewolucją w technologii bakteriologicznej" (tamże, s. 96).

Ten sam epizod z życia Roberta Kocha opisuje A.S. Novikov w swoim artykule "Losowe odkrycia: aspekt genetyczny" (Kazański Dziennik Naukowy, 2014, № 3): "Niemiecki lekarz i bakteriolog R.Koch, który szukał sposobu na wydobycie czystych kultur różnych rodzajów bakterii, pewnego razu przyszedł do laboratorium, skarcił ministra za pozostawienie "śmieci na stole". Na tym stole, na którym wczoraj przygotowano dla królików zapomniany kawałek gotowanych ziemniaków, doszło więc do niezamierzonej sytuacji eksperymentalnej. Koch był zainteresowany tym kawałkiem ziemniaka, ponieważ był on usiany kolorowymi plamkami. Były to plamki szare i czerwonawe, żółte i brązowe, a te miały inny kształt i były półokrągłe i wojenne. Po usunięciu jednej z szarych plamek cienkim drutem, Koch zaczął badać ją pod mikroskopem. Okazało się, że plamka ta składała się w całości z mikrobów w kształcie maleńkich kuleczek. Ta przypadkowa obserwacja przeszła w Koch przez zjawisko zaskoczenia ("poczucie już, że zaatakował cud") do dominującego punktu widzenia. Badał kolejno całą mozaikę inkluzji i stwierdził, że każda kropla to nie tylko kolonia mikrobów, ale całkowicie czysta kolonia tylko jednego konkretnego gatunku. Następnie przyszła faza poszukiwania formy stałego medium, które byłoby odpowiednie dla wszystkich przypadków. Wynikiem tego aktywizmu (aktywność - N.N.B.) było odkrycie takiego stałego pożywienia, jakim była przezroczysta żelatyna spożywcza". (Novikov, 2014, s. 131-132).

Inne źródła na ten temat:

- Semashko N.A. Koch. Virkhov. - M., Zhurnalno-Newspaper Association, 1934;
- Janovskaja M.I. Robert Koch. - M., "Young Guard", 1962;
- De Cruy P. Germ Hunters. - St. Petersburg, "Amphora", 2006.

58. Odkrycie metody barwienia komórek nerwowych roztworem srebra azotowego. Dzięki szczęśliwemu wypadkowi, włoski lekarz Camillo Golgi (1873, 1885) odkrył swoją słynną metodę barwienia komórek nerwowych. Prowadząc swoje eksperymenty w kuchni, za pomocą światła świecy, K. Golgi przypadkowo odkrył, że roztwór srebra azotowego jest w stanie zabarwić komórki mózgowe na czarno, co pozwala dobrze widzieć je na tle ogólnego światła. W 1906 r. K. Golgi otrzymał Nagrodę Nobla w dziedzinie fizjologii i medycyny.

Jedna z pierwszych wzmianek o przypadkowym odkryciu K. Golji znajduje się w książce "Autobiografia (Wspomnienia o moim życiu)" wielkiego neurofizjologa S. Ramona-i-Kahala (1985). Ramon-e-Cahal mówi, że nie od razu zaznajomił się z metodą Golgi'ego: "Tylko ja, siedząc w swoim kącie, nie wiedziałem o tym, choć opublikowano go w latach 1880-1885. *Jest to metoda odkryta przez K. Golgiego, słynnego histologa z Pavii, która została odkryta przez przypadek, jak to często bywa.* Naukowiec ten zaobserwował, że komórki nerwowe selektywnie absorbują osad chromianu srebra, jeśli osad ten powstaje w grubszym kawałku tkanki. Metoda jest bardzo prosta: zaimpregnować kawałki mózgu na kilka dni w roztworze biromanu potasu (lub płynu Mueller) ... a następnie potraktować słabym roztworem (0,75%) krystalicznego azotanu srebra. W ten sposób wytrąca się bichromian srebra, który przez niewyjaśniony wzór jest selektywnie zlokalizowany na poszczególnych komórkach nerwowych i ich odgałęzieniach. Golgi przez kilka lat dokładnie badał niektóre zagadnienia morfologii komórek nerwowych tą metodą" (Ramon-e-Cahal, 1985, s. 93).

To samo raportuje G. Shepherd w pierwszym tomie monografii "Neurobiologia" (1987 rok): "Wymagano, aby znaleźć sposób, który pozwoliłby na podbarwienie tylko kilku procent wszystkich komórek, ale aby podbarwić je jako całość. I to było możliwe! Biedny lekarz z Arabii, Camillo Golgi, w 1873 roku przeprowadził swoje eksperymenty (w kuchni, przy świecach), starając się poprawić sposób identyfikacji komórek nerwowych. Wypróbowawszy wiele różnych metod, starał się połączyć utrwalanie z dwuchromkiem potasu i impregnacją srebrem. W tkance nerwowej, ku jego zdziwieniu, metoda ta ujawniła tu i ówdzie kilka komórek o całkowicie zaczernionych ciałach i dendrytach, aż do najdrobniejszych gałęzi końcowych. Golgi zastosował stworzoną przez siebie metodę barwienia różnych typów tkanki nerwowej i w 1885 roku opublikował swoje wyniki w wyczerpującej pracy w języku włoskim" (Shepherd, 1987, s. 26).

James Burke w Pinball Effect. Od bizantyjskiej mozaiki do tranzystorów i innych podróży w czasie" (2012) szczegółowo opisuje drogę, która doprowadziła Golgiego do sukcesu: "W 1865 roku do laboratorium Lombroso przybył lekarz o nazwisku Camillo Golgi, który miał za zadanie zmienić ludzkie wyobrażenia o własnych mózgach i pozostawić bez pracy "czytelników pagórków" (specjalistów, którzy uważali, że możliwe jest określenie zdolności umysłowych struktury czaszki - N.N.B.). Opowieści Lombrosa o pracy mózgu cieszyły się dużym zainteresowaniem młodego lekarza. W 1872 r. miał trudności finansowe, został zmuszony do opuszczenia Lombroso i udania się do pracy w schronisku Abbiategrasso pod Mediolanem. Szczęśliwym zbiegiem okoliczności, w nowym miejscu Golgi był odpowiedzialny za przeprowadzenie autopsji, co musiał zrobić w domu w swojej "laboratoryjnej kuchni". Wujek jego żony był patologiem medycznym i jednym z pierwszych, którzy użyli mikroskopu, więc Golgi czasami pożyczał od niego narzędzie do oglądania tkanki mózgowej. *Niecały rok później dokonał niezwykłego odkrycia. Aby uszczelnić plaster mózgu, zostawił go na noc w płynie Muellera (mieszanina gorączki potasowej i siarczynu sodu), a następnie potraktował azotanem srebra. Może zrobił to z rozpaczy, a może dlatego, że usłyszał o nowym cudzie na krawędzi ucha - zdjęciach (Anglik Fox Talbot odkrył kiedyś, że srebro reaguje na światło pod pewnymi warunkami i może być użyte do uzyskania obrazów). Srebro również zareagowało tym razem, i w dziwny sposób zabarwiło lek.* Główny korpus tkanki mózgowej stał się żółtawy, a kontury komórek w kształcie trójkąta, gwiazdy i gałęzi zostały uroczyście zaznaczone na czarno. Naukowiec nazwał je po komórkach Golgi (najczęstszy typ komórek w strukturze mózgu)" (Burke, 2012, s. 229).

Inne źródła na ten temat:

- Krol V.M. Psychologia i pedagogika. - M., "Szkoła Wyższa", 2001;
- Keen S. Znikająca łyżka, czyli Niesamowite historie z życia Tablicy Mendelejewa. - M., "Exmo", 2015;

- Keen S. Pojedynek chirurgów. Jak odkryto tajemnice mózgu i dlaczego śmierć jednego króla mogła odwrócić naukę. - M., "Exmo," 2015.

59. Otwarcie urządzenia (kompleks) Golgi. Losowy nadzór doprowadził Camillo Golgi (1898) do kolejnego odkrycia - odkrycia aparatu Golgi, błonowej struktury komórki eukariotycznej, która jest przeznaczona głównie do wydalania substancji syntetyzowanych w siatkówce endoplazmatycznej. O dziwo, K. Golgi uznał tę aparaturę, nazwaną jego imieniem, za konsekwencję złej jakości sprzętu, wadę związaną z fiksacją i podbarwieniem poszczególnych komórek.

Książka "Who is who in the world" (2003), pod redakcją G.P.Shalaeva, notatki: "Często zdarza się, że naukowiec zdobywa sławę i uznanie dzięki długiej, żmudnej pracy, ale prawdziwa sława przychodzi mu do głowy po przypadkowej obserwacji. Camillo Golgi miał podobny los. Choć otrzymał Nagrodę Nobla za pracę nad strukturą włókien nerwowych, to jednak stał się powszechnie znany po odkryciu najdoskonalszego mechanizmu wewnątrzkomórkowej transformacji, który sam naukowiec uznał za konsekwencję słabej jakości sprzętu. ("Who's Who in the World", 2003, s. 371).

Dalej w tej samej książce jest napisane: "W jednym z artykułów Golgi'ego, szczerze mówiąc, zauważył, że czasami trudno jest powiedzieć, czy ta struktura jest prawdziwym szczegółem struktury komórki, czy po prostu wadą związaną z utrwalaniem i barwieniem leku. Naukowiec znany był z dokładności obserwacji, więc nie mógł nie zrobić tego zastrzeżenia w swoich badaniach. Jednak w jego ślady poszli liczni badacze, a przede wszystkim hiszpański uczony Ramon y Cahal doszedł do tych samych wniosków. To właśnie nadmierna dokładność naukowca doprowadziła do ciekawego, paradoksalnego odkrycia. W 1898 roku zauważył wewnątrz komórek nerwowych cienką sieć splecionych wątków. Naukowiec myślał, że patrzy na wadę farby w leku. Jednak skrupulatnie opisał i sfotografował ten obraz. Odkryty przez niego mechanizm został później nazwany aparatem Golgi. Zaczęto ją uważać za sztuczną strukturę powstającą w procesie barwienia komórki. Dopiero w latach 30. i 40., po wynalezieniu mikroskopu elektronowego, który jest setki razy potężniejszy od najlepszego mikroskopu optycznego, odkrycie Golgi zostało potwierdzone. Okazało się, że odkryta przez niego struktura istnieje naprawdę, co więcej, to właśnie w niej dokonuje się syntezy białek" (tamże, s. 371).

60. Otwarcie programowalnej śmierci komórki (apoptoza). Hiszpański neuroanat, który w 1906 r. dzielił Nagrodę Nobla w dziedzinie fizjologii i medycyny z C. Golgi, Santiago Ramón y Cajalem, w procesie badania embriogenezy układu nerwowego, przypadkowo odkrył, że procesowi temu towarzyszy śmierć włókien nerwowych, które nie znalazły swoich celów. Ramon-e-Cahal zauważył, że podczas rozwoju zarodkowego układu nerwowego gałęzie dendrytyczne i aksonalne w trybie próbnym i błędu szukają swoich celów (komórki, z którymi muszą nawiązać połączenie). Włókna nerwowe, które zdołały utworzyć skuteczne połączenia, przetrwać i pozostać w strukturze mózgu, oraz dendryty i aksony, które nie były w stanie tego zrobić, są eliminowane, tzn. usuwane z układu nerwowego. Tak więc, w przeciwieństwie do powszechnego przekonania, że zjawisko programowalnej śmierci komórkowej zostało po raz pierwszy odkryte przez Johna Kerra, Andrew Wileya i Alastaira Kerry'ego (1972), zjawisko to zostało odkryte wcześniej. I zrobił to - i, jak powiedzieliśmy, całkiem przypadkowo - przez S. Ramona-e-Cahala. Oto jak opisuje swoje pierwsze nieoczekiwane "spotkanie" ze zjawiskiem apoptozy w książce "Autobiografia (Wspomnienia o moim życiu)" (1985): "Tu natrafiłem na ciekawy fakt biologiczny. Zauważyłem, że każda gałąź, dendrytyczna czy aksonalna, w procesie rozwoju przechodzi przez chaotyczny etap, czyli etap próbny, podczas którego wysyła przypadkowo konsekwencje, które mają zniknąć. Później, gdy nadejdą włókna nerwowe aferentne lub gdy neurony w końcu się utworzą, pozostaną tylko pożyteczne gałęzie, a bezużyteczne lub pionierskie zostaną zaadsorbowane. W tym przypadku natura działa jako ogrodnik, pozostawiając zdrowe i rozcinające chore pędy" (Ramon-e-Cahal, 1985, s. 116).

61. Odkrycie lekarstwa na cukrzycę. Kanadyjski lekarz i fizjolog Frederick Bunting (1922) odkrył hormon insulina i po raz pierwszy zaproponował światu skuteczny sposób leczenia cukrzycy, ponieważ skorzystał z odkrycia innych naukowców. Jest to odkrycie dokonane przez Josefa Meringa i Oskara Minkowskiego (1889). Naukowcy ci przypadkowo odkryli, że usunięcie trzustki u zwierząt laboratoryjnych powoduje cukrzycę. Stąd naukowcy doszli do wniosku, że trzustka reguluje zawartość cukru we krwi. I tak, eksperymentalny sukces F. Bantinga, który utorował drogę do izolacji insuliny (co przyniosło mu w 1923 r. Nagrodę Nobla w dziedzinie fizjologii i medycyny), opierał się na przypadkowym odkryciu J. Meringa i O. Minkowskiego. Wielu ekspertów pisało o tym "serendipse'owym" odkryciu.

G. Selliers w swojej książce "From Dream to Discovery" (1987) stwierdza: "Dwóch fizjologów - von Mering i Minkowski - badało funkcję trzustki w trawieniu. Aby zobaczyć, jak przebiegałby proces trawienny w przypadku braku tego gruczołu, usunęli go chirurgicznie. I wtedy pewnego dnia sługa opiekujący się ich zwierzętami doświadczalnymi skarżył się, że nie jest w stanie utrzymać laboratorium w czystości: mocz psów z usuniętą trzustką przyciąga hordy much. Rzucając analizę moczu, Minkowski znalazł w niej cukier. Był to klucz do ustalenia związku pomiędzy działaniem trzustki i cukrzycy i był podstawą do późniejszego odkrycia insuliny" (Celieu, 1987, s. 62).

To samo relacjonuje V.I.Rozengart w swoim artykule "Insulin" ("Chemia i życie", 1986, [1] 10): "...Sprawa nie była przypadkowa. Niemieccy naukowcy I.Mering i O.Minkowski nie zajmowali się badaniem cukrzycy.

Po prostu badali oni rolę trzustki w trawieniu i w tym celu usuwali trzustkę u zwierząt i obserwowali, dokąd prowadzi. <...> Stary laborant zauważył, że pies leżący jeszcze po operacji był dosłownie pokryty muchami. Zgłosił to badaczom i na szczęście nie odrzucili przypadkowej obserwacji. Bardzo szybko okazało się, że muchy wabiły się cukrem w moczu operowanego psa" (Rosengart, 1986, s. 59).

Oto inne źródło. Mówi M.S.Scheufet w książce "100 wielkich lekarzy" (2006): "Pod koniec XVIII - początku XIX wieku zaczęły pojawiać się prace wskazujące, że cukrzyca jest w jakiś sposób związana z porażką trzustki. Jednak bezpośrednie dowody eksperymentalne uzyskano dopiero w 1889 roku. *Pomogło to, jak to często bywa, Jego Królewskiej Mości.* Niemiecki histolog i anatom P. Langerhans odkrył specjalne komórki w trzustce w 1869 roku. Jego rodak endokrynolog J. Mering i fizjolog O. Minkowski ustalili w 1889 roku, że usunięcie tego gruczołu powoduje cukrzycę. Stało się to podczas badania roli trzustki w procesie trawiennym. *Jakież było ich zdziwienie, gdy pewnego ranka, gdy przyszli do pracy i spojrzeli na salę operacyjną, gdzie wieczorem pozostawiono psa, z którego usunięto trzustkę, eksperymentatorzy zobaczyli, że wszystko jest pokryte muchami.* Po zbadaniu zwierzęcia zrozumieli, że muchy wabią nadmiar cukru w psim moczu" (Shoifet, 2006, s.505).

62. Odkrycie zjawiska anafilaksji (uczulenia, alergie). Charles Richet, laureat Nagrody Nobla w dziedzinie fizjologii i medycyny w 1913 r., zasugerował istnienie zjawiska anafilaksji, indukcyjnie opierając się na następującej losowej obserwacji dokonanej podczas eksperymentów. Hans Sellier w swojej książce From Dream to Discovery (1987) mówi: "Wybitny francuski fizjolog, Charles Richet, pływając na jachcie rekreacyjnym księcia Monako, wstrzyknął psom wyciąg z macki aktinii, określając dawkę toksyczną. Pewnego dnia, kiedy ponownie dał psu ten sam ekstrakt, zauważył, że bardzo mała dawka ekstraktu spowodowałaby natychmiastową śmierć. Wynik ten był tak nieoczekiwany, że Richet nie wierzył w to i na początku nie przypisywał tego swoim działaniom. Jednak powtórzenie eksperymentu wykazało, że wstępne działanie tego ekstraktu powoduje zwiększoną wrażliwość na niego, czyli uczulenie. W ten sposób Richet odkrył zjawisko anafilaksji, o którym, jak sam mówi, nigdy by nie pomyślał" (Celieu, 1987, s. 62).

Oceniając rolę przypadku w nauce, G. Selliers stwierdza: "...Całkowicie oryginalne obserwacje nie mogą być zaplanowane z góry. Jeśli nie zrezygnujemy z planowania, to obserwacja musi mieć taki charakter, że można ją przewidzieć na podstawie wcześniej znanych faktów, a zatem nie można jej uznać za całkowicie oryginalną. Dlatego większość zupełnie nowych kroków w nauce to przypadkowe odkrycia..." (tamże, s. 128).

O nieumyślnym odkryciu Charlesa Richeta pisze również Cholakow w swojej książce "Nagrody Nobla". Naukowcy i odkrycia" (1987): "Niegdyś Richet pływał jachtem z księciem Albertem z Monako, który wykazał duże zainteresowanie oceanografią i doradził naukowcowi, aby zaangażował się w wydzielanie trucizny meduzy z rodzaju physalis. Podróż była jednak krótka i po powrocie do Francji, Richet został zmuszony do osiedlenia się u krewnych z rodzaju physalo z wybrzeża Atlantyku. W jego laboratorium jad wyekstrahowany z meduzy był wstrzykiwany psom. Riche spodziewał się, że po przyzwyczajeniu się do trucizny, zwierzęta nabiorą odporności (tak zaczęto mówić o sztucznie wytworzonej odporności na choroby). Jednak, ku wielkiemu zaskoczeniu naukowca, wielokrotne podawanie trucizny okazało się dla psów śmiertelne; nie nabyły one odporności, ale wręcz przeciwnie, nadwrażliwości" (Cholakow, 1987, s. 327-328).

W przeszłości "serendipse" odkrycie Karola Rycheta nie przeszło V. Galuzinskiej, która w artykule "This omnipresent allergy" (Journal of Science and Life, 1974, [1] 1) napisała: "*Jak to często bywa, alergia była przypadkowym odkryciem naszego stulecia.* Kiedy słynny francuski fizjolog Charles Richet w 1902 roku zauważył, że ponowne wprowadzenie białka u zwierząt doświadczalnych, umierają one niemal natychmiast, nie mógł sobie nawet wyobrazić odkrycia choroby, która teraz - ponad pół wieku później - dotyka miliony ludzi. Nazywał odkrycie anafilaksją, czyli wstrząsem anafilaktycznym. Śmierć zwierząt zaskoczyła go tym bardziej, że pierwszy zastrzyk białka sprawił, że zwierzęta czuły się dobrze, a drugi zastrzyk, zamiast zwiększyć odporność organizmu, doprowadził do jego śmierci" (Galuzinskaya, 1974, s. 70).

O nieumyślnym wykryciu zjawiska anafilaksji (alergii) wiedział wybitny amerykański fizjolog, autor teorii homeostazy, Walter Kennon (1871-1945). M.G.Jaroszewski i S.A.Chesnokova w książce "Walter Kennon" (1976) stwierdzają: "Twórczość zawsze zawiera element nieprzewidywalności, nieprzewidywalności. Czasami badacz odkrywa zupełnie inne rzeczy niż te, których szuka. Kennon odniósł się do tego zjawiska z określeniem "serendipity". Serendipity to starożytna nazwa Sri Lanki. W jednej z powieści XVIII-wiecznego pisarza G. Walpole opowiada o trzech książętach na tej wyspie, którzy wyruszyli w podróż, aby go odnaleźć, ale za każdym razem odkryli zupełnie inny. Kennon podaje szereg przykładów "serendipity" w działalności głównych naukowców, podróżników, wynalazców. Odkrycie "elektryczności zwierzęcej" Galvaniego, Claude'a Bernarda - nerwowej regulacji naczyń krwionośnych, Pasteura - uodpornienia, S. Richet - reakcji alergicznych, itp. to tylko niektóre z tych przypadkowych. (Yaroshevsky, Chesnokova, 1976, s. 318).

63. Stworzenie fagocytatywnej teorii zapalenia. W 1908 r. nagrodę Nobla w dziedzinie fizjologii i medycyny otrzymał rosyjski uczony I.I.Mechnikow. Tak wysoką nagrodę nasz rodak otrzymał za odkrycie odporności komórkowej (stworzenie fagocytatywnej teorii zapalenia). Odkrycie I. I. Mechnikowa całkiem pasuje do formuły "serendipity": szukał jednej rzeczy, ale znalazł inną. Zachwycony teorią pochodzenia gatunku Ch. Darwina, I. I. Mechnikow postawił sobie za zadanie znalezienie parenchymelli, hipotetycznego prehistorycznego organizmu, który ma pierwsze wyspecjalizowane komórki zaangażowane w procesy trawienne. W poszukiwaniu tego organizmu I.I.Mechnikow praktycznie przypadkowo natknął się na komórki odpornościowe, chroniące organizm przed penetracją obcych czynników i nazwane przez naukowców fagocytami. Kluczową rolę odegrało przypadkowe doświadczenie, ustalone przez wybitnego biologa w 1882 r. w Mesynie (Włochy), podczas obserwacji reakcji larw rozgwiazdy na penetrację kolców róży. Nazywamy to doświadczeniem przypadkowym, ponieważ wcześniej I.I.Mechnikov badał pod mikroskopem przezroczyste larwy rozgwiazdy nie w celu wykrycia fagocytów (komórek obrony immunologicznej), ale z zamiarem zbadania procesu trawienia wewnątrzkomórkowego u tego gatunku organizmów.

E.M.Klimova i M.O.Ivanenko piszą o przypadkowym odkryciu gorącego wyznawcy teorii Darwina w artykule "Historyczne aspekty badania fagocytozy". Nowoczesne idee o procesie fagocytowania" ("Naukowcy V.I.Vernadsky Tauride National University", seria "Biologia, chemia", 2011, Vol. 24 (63), [1] 4): "Rozwijając teorię o pochodzeniu wielokomórkowości, I.I.Mechnikow zasugerował istnienie hipotetycznego organizmu prehistorycznego - parenchymelli, który posiada pierwsze wyspecjalizowane komórki, które jednocześnie uczestniczą w ochronie kolonii, jak również w procesach trawienia. W miarę jak organizacja ewoluowała i stawała się coraz bardziej złożona, ten typ komórek stopniowo przechodził na funkcje ochronne, które opierały się na starożytnych właściwościach trawiennych [4]. W czasie tych badań, idea roli trawienia wewnątrzkomórkowego w ochronie organizmu przed drobnoustrojami nie przychodzi do I.I.Mechnikova; nie pojawia się ona nawet wtedy, gdy w 1879 roku obserwuje, że komórki igłowe i jelitowe z jamą trawienną zawierają cząstki obce i gromadzą się wokół wprowadzonych do organizmu ziaren karminowych. Pomysł ten nie przyszedł do I.I. Mechnikova w 1880 r., kiedy po raz pierwszy badał chorobę zakaźną, chcąc znaleźć sposób na zwalczanie szkodników ziaren chleba - chrząszczy Anisoplia austriaca. Wszystkie te badania utorowały drogę do narodzin i rozwoju teorii fagotyzmu [5]. Hipoteza ta narodziła się w I.I.Mechnikovie w Mesynie na początku 1883 r. Odkrycie, które nagle zmieniło bieg jego życia, wiązało się z obserwacją larw rozgwiazdy. Obserwując te przeźroczyste zwierzęta, I.I.Mechnikow zauważył, jak ruchome komórki otaczają i wchłaniają obce ciała, tak jak to się dzieje z reakcjami zapalnymi u ludzi" (Klimowa, Iwanowenko, 2011, s. 111).

"To odkrycie", kontynuują E.M. Klimova i M.O. Ivanenko, "zmieniło los I.I. Mechnikova w jednej chwili". Doświadczenie "przypadkowe" natychmiast dało początek "bogatej perspektywie badań w dziedzinie medycyny naukowej, która wcześniej była mi zupełnie obca", wspomina i podsumowuje: "Tak więc, w Mesynie, nastąpił przełom w moim życiu naukowym. Przed tym zoologiem, od razu zostałem patologiem. Wszedłem na nową drogę, która stała się treścią moich kolejnych działań [9]" (tamże, s. 112).

Tutaj [4] - Zilber L.A. Teoria fagotycka I.I.Mechnikova. - – M., 1951;
[5] - Zalkind S.Y. Ilya Ilyich Mechnikov. - – M., 1957;
[9] - Swordsmen I.I. Pages of memories. - – M., 1946.

O roli czynnika chorobotwórczego w odkryciu I. I. Mechnikowa w monografii "Podstawy immunoprofilaktyki i immunoterapii chorób zakaźnych" (2005) piszą również N. W. Medunitsyn i W. I. Pokrovsky: "Mimo znacznego postępu w dziedzinie tworzenia odporności antyzakaźnej, praktycznie nic nie wiadomo było o mechanizmach jej rozwoju. Punktem zwrotnym było odkrycie I.I.Mechnikova (1845-1916), dokonane przez niego w Mesynie w 1882 roku podczas badania reakcji larw rozgwiazdy na wprowadzenie do niej kolca różanego. *To był ten szczęśliwy przypadek, kiedy do przygotowanego umysłu przyszła przypadkowa obserwacja i doprowadziła I.I.Mechnikowa do stworzenia doktryny o fagocytozie, zapaleniu i odporności komórkowej*" (Medunitsyn, Pokrovsky, 2005, s.22-23).

64. Wynalezienie światłoterapii (fototerapii). Noblista w dziedzinie fizjologii i medycyny z 1903 roku Niels Finzen (1896) sformułował ideę możliwości leczenia ludzi światłem na podstawie przypadkowych obserwacji. Pewnego dnia naukowiec zwrócił uwagę na kota, który cały czas z pojawieniem się cieni przeszedł na słoneczną stronę. Kiedy N. Finzen zauważył ropiejącą ranę na skórze zwierzęcia, wpadł na pomysł, aby sprawdzić fizjologiczny wpływ światła na organizm. Po wielu eksperymentach zdał sobie sprawę ze skuteczności wykorzystania lampy łukowej do leczenia niektórych poważnych chorób skóry.

S.A.Blinkin w książce "Eseje o historii naturalnej" (1979) notatki: "Historia Finzena jest następująca: raz zauważył kota, który wygrzewał się w słońcu. Z pojawieniem się cienia, kot raz po raz przeszedł na słoneczną stronę. Więc co jest w tym takiego interesującego? Wszystkie koty lubią wygrzewać się w słońcu i zazwyczaj nie zwracają na to większej uwagi. Ale Finzen przyjrzał się uważnie i zauważył ropiejącą ranę na skórze kota, i to właśnie po tej stronie odwrócił się do słońca. Co to jest, zwierzęcy instynkt? Może, ale nie o to chodzi. Nie tak myślał młody lekarz. Czy nie powinniśmy zbadać fizjologicznego wpływu światła na organizm? I rzeczywiście, Finzen przeszedł od anatomii do fizjologii. Badania eksperymentalne doprowadziły Finzena do idei terapii światłem. Zaledwie sześć lat po ukończeniu szkoły medycznej, Finzen zostaje dyrektorem założonego przez siebie w Kopenhadze Instytutu Leczenia Światłem. To właśnie tutaj jego badania nabrały wielkiego wymiaru" (Blinkin, 1979, s. 122).

"Do leczenia pacjentów", wyjaśnia S.A.Blinkin, "Finzen stworzył elektryczną lampę łukową. Aparat Finzena był pierwszym źródłem sztucznego światła, które było szeroko stosowane w wielu krajach. Konieczne było również opracowanie naukowych podstaw terapii światłem.

W krótkim czasie Finzen stworzył je i stał się twórcą naukowo rozwiniętych metod terapii światłem" (tamże, s. 122).

To samo relacjonuje G. Fedorowski w książce "Rangi wielkich lekarzy" (1975): "Kiedyś Finnsen, zanurzony w beztroskich myślach, obserwował zachowanie kota ryczącego w słońcu pod oknem swojego mieszkania. Tylko część dachu sąsiedniego budynku, na którym siedział kot, była oświetlona przez słońce, reszta była w cieniu wyrzuconym przez sąsiedni dom. Gdy tylko linia cienia zbliżyła się do kota leżącego na słońcu, natychmiast przeszła w nowe, oświetlone słońcem miejsce. Minęło kilka dni. Na zewnątrz, podczas spaceru, Finsen miał częsty napad nieprzyjemnych bólów w klatce piersiowej. Chcąc odpocząć, Finnsen oparł się o balustradę mostu, po której chodził i zaczął patrzeć na wodę w kanale. Zauważył samotnego pająka wodnego siedzącego swobodnie na powierzchni wody. I co to było? Gdy prąd niósł spokojnie siedzącego pająka w pasmo cienia rzucanego przez most, owad spieszył pod prąd, do miejsca oświetlonego słońcem. Pająk powtarzał takie manewry kilka razy z rzędu, Finsen zapomniał o bólu. Spieszył do domu i zaczął gorączkowo przewijać książki swojej biblioteki medycznej w poszukiwaniu wskazówek na temat wpływu słońca na żywy organizm. W książkach nie znalazł jednak żadnych informacji na ten temat" (G. Fedorovsky, 1975).

65. Odkrycie fizjologicznych mechanizmów organów trawiennych. Wielki rosyjski fizjolog I.P.P. Pawłow dokonał wielu odkryć w dziedzinie fizjologii trawiennej, opisując je w swojej fundamentalnej pracy "Wykłady o pracy głównych gruczołów trawiennych" (1897 r.). Wyniki uzyskane przez niego i jego kolegów w tej dziedzinie przyniosły mu Nagrodę Nobla w dziedzinie fizjologii i medycyny (1904). Znaczna część odkryć Pavlova została dokonana przy pomocy ulepszonej metody przetoki żołądkowej (sztucznej przetoki żołądkowej), która po raz pierwszy została odkryta przez przypadek. W 1822 roku, Alexis St. Martin (St. Martin), Kanadyjczyk francuskiego pochodzenia, został przypadkowo postrzelony w brzuch. Jego lekarz, William Beaumont (Beaumont), nie był w stanie dostać dziury w żołądku zarośniętej. Dzięki temu możliwe było obserwowanie w czasie rzeczywistym procesów zachodzących w przewodzie pokarmowym. Tak więc, przypadkowe odkrycie metody przetoki żołądkowej było podstawą wielu eksperymentalnych ustaleń I.P. Pawłowa.

A.D.Nozdrachev, E.L.Polyakov i E.P.Vovenko w książce "Pawłowska droga do pierwszej nagrody Nobla Rosji" (2014) piszą: "Zgodnie z wcześniej ustalonym punktem widzenia, który miał charakter spekulacyjny, proces trawienia został zdefiniowany jako "gotowanie" lub "mielenie" w żołądku i tym podobne. I dopóki proces trawienia nie został nauczony obserwować i badać bezpośrednio w jamie brzusznej, nie było możliwości uzyskania jakiejkolwiek prawdziwej wiedzy. *Przypadek ten zwrócił badania w tym zakresie w kierunku, który później stał się ważniejszy.* W 1820 r. młody człowiek przeżył ranę postrzałową żołądka i powstała dla niego przetoka żołądkowa, która w pewnym stopniu pozwoliła mu zbadać proces trawienia. Pacjentka była obserwowana przez amerykańskiego lekarza W. Beaumonta. Ta przypadkowa metoda badań, pozwalająca na obserwowanie w czasie rzeczywistym procesów zachodzących w przewodzie pokarmowym, została następnie wykorzystana przez wielu naukowców na zwierzętach. Metoda jest najważniejszym czynnikiem w takich doświadczeniach, została doskonale udoskonalona przez Pawłowa, jego zwierzęta pozostały w dobrym stanie zdrowia, nie została uszkodzona funkcja ich przewodu pokarmowego, co pozwoliło na prowadzenie obserwacji i systematycznych badań przez prawie nieograniczony czas" (Nozdrachev i in., 2014, s. 96).

To samo mówi Hugo Glaser w książce "Badacze ludzkiego ciała od Hipokratesa do Pawłowa" (1956): "Pomysł stworzenia sondy żołądkowej nikomu nie przyszedł do głowy. Ale w 1825 r. kanadyjski myśliwy, ranny od kuli w okolicy brzucha, zbliżył się do chirurga Williama Beaumonta. Rana się zagoiła, ale od żołądka wiodła na zewnątrz droga, przetoka, z której piła woda i mleko tego człowieka, a następnie sok izolowany przez błonę śluzową żołądka, ten sam sok, który naukowcy od dawna zamierzali zbadać. Beaumont skorzystał z okazji i podjął odpowiednie badania, tak że jego nazwisko przeszło do historii medycyny" (Glaser, 1956, s. 144).

Podobne informacje można znaleźć w artykule naukowca K.M.Bykova "Wykłady o pracy głównych gruczołów trawiennych" I.P.Pawłowa i ich roli w rozwoju nauk przyrodniczych i medycyny". Niniejszy artykuł K.M.Bykowa jest zawarty jako posłowie do wspomnianych "Wykładów" I.P.Pawłowa (Moskwa, ZSRR Akademia Nauk, 1949). K.M.Bykov, w szczególności notatki: "Znany od dawna przypadek kanadyjskiego myśliwego, który w wyniku rany postrzałowej miał nie gojącą się dziurę w żołądku, przez którą lekarz prowadzący mógł obserwować, co dzieje się w żołądku podczas przetwarzania jedzenia". To był powód, dla którego zwierzę zaaplikowało przetokę poprzez wszczepienie metalowej rurki (srebrnej lub złoconej) na potrzeby eksperymentu. Operacja ta została po raz pierwszy wykonana przez moskiewskiego profesora Basowa. Jednak Pavlov dodał do niej, co następuje. Pociął przełyk na szyi zwierzęcia i wszczepił dwie części tego pociętego przełyku do rany skórnej. Na pierwszy rzut oka wydawało się, że zwierzę zostało oszpecone, ale jeśli przyjrzeć się uważnie, taki pies nie znajduje żadnych nieprawidłowości. Operowane zwierzę może żyć do swojej naturalnej śmierci (10-15 lat)" (Bykov, 1949, s. 267).

Inne źródła na ten temat:

- Hasset J. Wprowadzenie do psychofizjologii. - M., "The World", 1982;
- Roach M. Jazda po jedzenie. - M., "Exmo", 2015;
- Mayer E. Drugi mózg. Jak zarazki w jelitach kontrolują nasze samopoczucie, decyzje i zdrowie. - M., Alpina Non-Fixture, 2018.

66. Wynalezienie metody leczenia ran u zwierząt doświadczalnych, które przeszły operację przełykową. I.P.P.P. Pavlov znalazł sposób na szybkie gojenie się ran powstałych u psów po zastosowaniu sztucznej przetoki przełykowej na podstawie następujących obserwacji losowych. I.A.Kassirsky w książce "Problemy i naukowcy (figury medycyny rosyjskiej i radzieckiej)" (1949) mówi: "Kiedyś Pawłow zauważył, że w pobliżu operowanego psa, mocno cierpiącego na erozję skóry, położył kupę gipsu, a skóra wokół rany była w lepszym stanie niż w poprzednich dniach. Paulov przeniósł psa do drugiej połowy pokoju. Rano złapał psa na następnej czynności: energicznie oskrobał ścianę, zebrał tynk na stosie w pobliżu i położył się na ranie na tym stosie. Stan rany wyraźnie się poprawił, skóra stawała się mniej korozyjna. Następnie Pavlov kazał zrobić z operowanych psów legowisko z porowatego materiału (piasku), które nie zwalniało, aby dać doskonałe wyniki. Tak więc ostatnia trudność w pielęgnacji psów po operacji została wyeliminowana dzięki "podpowiedzi" samego psa. O tym, jak bardzo Pawłow doceniał tak ważne spostrzeżenia w swojej pracy, których szczegóły filigranował, świadczy fakt, że uwiecznił tę sprawę z gipsem na płaskorzeźbie pomnika psa, na której został wykonany następujący napis: "Po rozbiciu gipsu i zrobieniu z niego porowatej wyściółki, pies zaproponował eksperymentatorowi technikę, dzięki której sok trzustkowy wypływający ze sztucznego otworu nie zjada w brzuchu" (Kassirsky, 1949, s. 4).39).

67. Otwieranie odruchów warunkowych. I.P.Pawłow (1901) odkrył odruchy warunkowe (odruchy nabyte za życia) w trakcie badań prowadzonych w celu rozwiązania zupełnie innych problemów. I.P.P. Pavlov badał u psa proces ślinotokowy wywołany przez pokarm wprowadzany do jego jamy ustnej. Podczas jednego z eksperymentów, przypadkowo zauważył on, że ten proces ślinienia się może być wyzwalany nie tylko przez sam pokarm, ale także przez dźwięk miski w której pokarm jest umieszczony. I.P.Pavlov zrozumiał, że szumy uszne w misce są nowym, jeszcze nie zbadanym sygnałem, który stymuluje produkcję śliny u zwierzęcia. Dlaczego działa jako środek pobudzający? Sytuacja eksperymentalna sugerowała, że dzieje się tak, ponieważ działanie odruchu bezwarunkowego zbiega się z jakimś obojętnym drażniącym (czynnikiem środowiskowym). Tak więc, odkrycie odruchów uwarunkowanych było znaleziskiem czysto "serendipalnym".

J. Godefroy w pierwszym tomie książki "Czym jest psychologia" (1992) pisze: "Wydawało się, że na początku nic nie zapowiadało w I.P.Pawłowie jednej z największych postaci psychologii zachodniej. Kiedy w 1890 r. Pavlov założył Instytut Medycyny Doświadczalnej w Petersburgu, jako fizjolog interesował się mechanizmami trawienia. W tym czasie eksperymentował na psach, które umieścił w specjalnej maszynie, mocując pasy. Wcześniej Pauls wkładał kaniule poprzez cięcia w różnych narządach przewodu pokarmowego, a następnie zbierał soki z różnych gruczołów, które funkcjonowały podczas trawienia pokarmu. W ten sposób Pauls chciał ocenić ilość i jakość soków z przewodu pokarmowego, a także ujawnić związek pomiędzy receptorami jamy ustnej i żołądka z jednej strony, a śliną i gruczołami żołądkowymi z drugiej strony. Za te prace otrzymał w 1904 roku Nagrodę Nobla. *Jednak w trakcie tych badań ujawnił się jeden nieoczekiwany fakt. Kiedy Pavlov i jego asystenci studiowali ślinotok, zauważył, że ... psy zaczęły wydzielać ślinę jeszcze przed włożeniem pokarmu do ich misek. Okazało się, że ślinotok jest wyzwalany przez sam fakt pojawienia się sługi z jedzeniem i związanymi z nim dźwiękami*" (Godefroy 1992, s. 326-327).

To samo donosi D.Shultz i S.E.Shultz w książce "Historia współczesnej psychologii" (1998): "Odkrycie odruchów warunkowych, jak wiele innych wybitnych osiągnięć naukowych, nastąpiło, według naukowców, dość przypadkowo, kiedy Paulov, badając pracę gruczołów trawiennych - w celu uzyskania możliwości zbierania soku żołądkowego poza ciałem psa - zastosował metodę chirurgii (Pavlov, 1927). Jednym z aspektów pracy Pawłowa było zbadanie funkcji śliny, wydalanej mimowolnie, gdy tylko pokarm dostał się do pyska psa. Pavlov zwracał uwagę na fakt, że czasami ślina zaczęła się wydzielać jeszcze zanim pies otrzymał karmę. Psy śliniły się, kiedy widziały karmę lub nawet osobę, która regularnie je karmiła" (D.Schultz, S.E.Schultz, 1998, s. 263).

Fakt nieumyślności odkrycia odruchów uwarunkowanych jest również uważany przez Sergiusza Stepanova w jego książce "The Age of Psychology: Names and Fates" (2002): "*Odkrycie odruchów uwarunkowanych, jak wiele innych wybitnych osiągnięć naukowych, nastąpiło, zdaniem wielu naukowców, dość przypadkowo, gdy Pavlov, badając pracę gruczołów trawiennych - w celu uzyskania możliwości zbierania soku żołądkowego poza ciałem psa - wykorzystał metodę chirurgiczną.* Pavlov i jego koledzy odkryli, że jeśli pokarm dostanie się do pyska psa, zacznie odruchowo produkować ślinę. Kiedy pies po prostu widzi karmę, ślinotok również zaczyna się automatycznie, ale w tym przypadku odruch jest znacznie mniej stały i zależy od dodatkowych czynników, takich jak głód lub przejadanie się. Podsumowując różnice między odruchami, Pavlov zauważył, że "nowy odruch ciągle się zmienia i dlatego jest warunkowy". Tak więc, sam wzrok i zapach jedzenia działa jako sygnał do tworzenia się śliny" (Stepanov, 2002, s. 69-70).

Sprowadźmy inne źródło. V.M.Allakhverdov, A.S.Karmin i Yu.M.Shilkov w swoim artykule "The principle of continuity, or how scientific discoveries are possible" (Journal of "Methodology and History of Psychology", 2008, tom 3, wydanie 3) zauważają: "Wszystkie ważniejsze odkrycia w dziedzinie badań odruchów uwarunkowanych zostały również dokonane jakby przez przypadek". I.P.Pawłow, badając ślinotok w procesie trawienia, nagle stwierdził, że ślina u psów zaczyna wyróżniać się już na dzwonku ostrzegawczym o jedzeniu - tak odkryto klasyczny odruch warunkowy" (Allakhverdov i in., 2008, s. 169).

Sam I.P.P. Pawłow często mówił, że nauka postępuje dzięki nieoczekiwanym (nieprzewidzianym) odkryciom. Naukowiec

Yu.V.Natochin w swoim artykule "The Word about Pavlov" (czasopismo "Nature", 1999, [1] 8) cytuje I.P.Pavlov: "Członkowie Akademii, oczywiście, wiedzą, że prawdziwy przepływ wolnej pracy naukowej zależy od tego, co spotyka się na drodze badań i czego nie można przewidzieć. Te nieskalkulowane, nieoczekiwane zwroty badań są główną siłą, radością i pięknem działalności naukowej. Z dobrą nadzieją wkraczam z moimi pracownikami w nowy rok pracy. (Natochin, 1999, str.12).

68. Odkrycie hormonu oksytocyna i właściwości wyciągu z sporyszu niwelują "efekt adrenaliny". Angielski badacz, laureat Nagrody Nobla w dziedzinie fizjologii i medycyny w 1936 r., Henry Dale, badający właściwości sporyszu, przypadkowo odkrył właściwość tego wyciągu roślinnego do obniżenia ciśnienia krwi, czyli do anulowania "efektu adrenaliny". Równie przypadkowo Henry Dale odkrył hormon oksytocyna, który stymuluje skurcz mięśni gładkich macicy podczas porodu, jak i laktacji (wydzielanie mleka). Później naukowcy ustalili wiele innych funkcji tego hormonu: jego zdolność do zwiększania ciśnienia krwi, udział w produkcji hormonów steroidowych, dostarczanie emocjonalnej empatii, itp. Według niektórych ekspertów, element przypadku również odegrał rolę w odkryciu hormonu histaminowego przez G. Dale'a. Angielski naukowiec wykazał, że służy on jako przewodnik po szoku anafilaktycznym opisanym przez Charlesa Richeta.

O wypadkach, dzięki którym Dale przyczynił się do rozwoju nauki, pisze Aleksiej Paewski w swoim artykule "Laureaci Nagrody Nobla: kto przyszedł z pomocą Dale'owi" (strona "N +1", 10.01.2018): "Pracując nad ergotem, Dale dokonał dwóch przypadkowych odkryć. Pierwszy z nich miał miejsce, gdy zauważył, że alkaloidy sporyszu "anulują" wzrost ciśnienia krwi wywołany przez adrenalinę, która według jego przyjaciela przewodziła impulsy nerwowe. Przypadkowo odkryto Dale'a i hormon podwzgórza oxytocin. Ten, który jest odpowiedzialny za skurcz macicy podczas porodu. Stawało się to coraz ciekawsze, a w 1907 roku Dale przybył na Kongres Fizjologów w Heidelbergu, gdzie pokazano fizjologiczne działanie wyciągu z sporyszu. Dale zdał sobie sprawę, że ekstrakt został zanieczyszczony innymi substancjami. W wyniku tego w 1910 r. odkryto histaminę, a w 1914 r. Dale opublikował obszerny przegląd fizjologii innej substancji ergotu - acetylocholiny. Dale zauważył, że jego fizjologiczny efekt jest bardzo podobny do elektrycznej stymulacji włókien nerwowych. Dyrygent? Absolutnie. Udowodnił to jednak inny chemik - Otto Levy, który pracował wówczas w Niemczech" (A.Paevsky, 2018).

Wzmianka o "serendipse" znaleziskach G. Dale'a znajduje się również w encyklopedii "Noblista" (1992): "Wyciąg z irygowca był używany od wielu lat do skurczów mięśni macicy, częściej w okresie poporodowym. Dale i George Barger, chemik organiczny z tego samego laboratorium (Barrog Wilcam & Company - N.N.B.), próbowali zidentyfikować różne składniki sporyszu i określić ich właściwości biologiczne. *W pierwszych latach pracy w laboratoriach Wilkama, którymi Dale kierował przez dziesięć lat, dokonał dwóch ważnych odkryć, oba przez przypadek. W jednym ze swoich eksperymentów zaobserwował, że alkaloidy sporyszu konkurowały z wpływem hormonu adrenaliny na ciśnienie krwi.* Zwykle adrenalina powoduje kurczenie się naczyń krwionośnych i wzrost ciśnienia krwi. Alkaloidy irygowe spowodowały anulowanie "efektu adrenaliny", jak nazwał go Dale. Uzyskane przez niego później wyniki stanowiły podstawę testu diagnostycznego do określenia wysokiego ciśnienia tętniczego krwi wywołanego przez guzy nadnerczy (pheochromocytoma). Dale odkrył również hormon przysadki mózgowej, oksytocynę, która promuje skurcz macicy i stymuluje laktację" ("Laureaci Nagrody Nobla", 1992).

69. Odkrycie witamin. Holenderski naukowiec Christian Eijkman (1896), pracujący jako lekarz w więzieniu w stolicy dzisiejszej Indonezji, bezskutecznie poszukiwał przyczyny choroby beri-beri, na którą cierpieli jego pacjenci - więźniowie indonezyjskiego więzienia. Pewnego dnia H. Eikman zauważył, że kurczaki mieszkające na terenie zakładu karnego były dotknięte tą samą chorobą beri-beri: w każdym razie objawy ich choroby wykazywały znaczne podobieństwa do tego, co widział u swoich pacjentów. Okazało się, że przyczyną choroby był ryż podawany więźniom i tym samym kurczakom: ryż ten był w jakiś sposób odrywany od łusek (łuski, które, jak przypuszczał H. Eikman, zawierały niezbędne substancje dla organizmu). Jego przypadkowe odkrycie świadczyło, że oprócz białek, tłuszczów i węglowodanów zwierzęta i człowiek potrzebują innych substancji niezbędnych do normalnej pracy organizmu. W 1929 roku holenderski lekarz otrzymał Nagrodę Nobla w dziedzinie fizjologii i medycyny za "odkrycie witamin".

Hugo Glaser w swojej książce "Badacze ludzkiego ciała od Hipokratesa do Pawłowa" (1956) mówi: "Pewnego dnia, dr Eikman, który służył jako lekarz w holenderskich Indiach, patrząc przez okno swojego mieszkania w Batavii, doświadczył, jak genialnym człowiekiem - a geniuszem w medycynie jest ten, który widzi więcej niż inni - jest to, że otwierają się przed nim drzwi, za którymi można zobaczyć coś nowego i nieznanego. Dr Aikman widział dwa kurczaki chodzące po dziedzińcu przylegającym do muru więziennego. Na tym podwórku karmiono ich resztkami żywności przywiezionej do więźniów. Dr Aikman zauważył niezwykłe ruchy kurczaków: nie siedziały one tam i z powrotem jak inne kurczaki, ale nagle zatrzymały się i, jakby ciasno, odwróciły głowy do góry. Krótko mówiąc, kurczaki te nagle przypomniały lekarza pacjentów beri-beri, którego stale obserwował wśród więźniów jako lekarza więziennego. To, co było genialne w Aikmanie, to fakt, że pomiędzy dziwnym zachowaniem kurczaków a chorobą beri-beri, podejrzewał on związek, a ponadto widział tu związek z żywnością, ponieważ kurczaki zjadały to, co więźniowie jedli, czyli ryż, obrany ze skorupy - z cienkiej srebrnej skóry, w której znajdowało się ziarno. Skóra ta jest usuwana za pomocą maszyny, ponieważ oczyszczony, zawalony ryż wygląda piękniej i jest łatwiejszy do sprzedania" (Glaser, 1965, s. 162-163).

To samo mówi Cholakow w swojej książce "Nagrody Nobla". Naukowcy i odkrycia" (1987). Autor w szczególności pisze o tym, jak H. Eikman rozwikłał tajemnicę choroby beri-beri, a jednocześnie odkrył rolę witamin: "*Tajemnica tej choroby została rozwiązana całkiem przypadkowo.* Laboratorium w Batavii miało małą farmę do hodowli kur. Ptaki były na dość monotonnej diecie ryżowej i stopniowo stawały się ofiarami tej choroby, której obraz kliniczny jest bardzo podobny do beri-beri. Aikman, który interesował się tą chorobą, natychmiast złapał podobieństwo i poszedł na eksperymenty. Dodał trochę otrębów ryżowych do jedzenia dla kurcząt, a one szybko odzyskały zdrowie. Okazało się, że podczas polerowania ryżu, po oczyszczeniu ziarna ze skorupy, traci się jakąś cenną substancję, a miejscowi, którzy jedli głównie ryż, stali się ofiarami beri-beri" (Cholakov, 1987, s. 198-199).

Podobne informacje można znaleźć w książce V.G.Livlyandsky'ego "Vitamins and Minerals" (2010), gdzie autor wskazuje: "*W 1898 roku, holenderski lekarz, Christian Eijkman, który pracował w Indiach, przypadkowo zauważył, że kurczaki w pobliskiej kurniku cierpią na chorobę podobną do beri-beri, która w owym czasie zabiła wiele osób.* A kiedy, jego zdaniem, powinni byli umrzeć, nagle nastąpiło cudowne uzdrowienie. Po przeprowadzeniu badań stwierdził, że kurczaki były karmione białym (polerowanym) ryżem przez cały okres trwania choroby. A uzdrowienie rozpoczęło się, gdy przybył nowy pracownik, który uważał, że karmienie ptaków białym ryżem jest zbyt luksusowe i przeniósł je na surowy ryż. Na tej podstawie Aikman i jego kolega Gerrit Grijns zalecili profilaktyczne dodanie do pokarmu łusek ryżu" (Livonian, 2010, s. 94-95).

Inne źródła na ten temat:

- Żukow B. Katalizatory zdrowotne // magazyn "Vokrug Sveta", 2009, [1] 12;
- Gratzer W. Eureka i euforia. O naukowcach i ich odkryciach. - M., "Colibri", "ABC-Atticus", 2011.

70. Ustalenie mechanizmu rozwoju patologii aparatu przedsionkowego. Austriacki fizjolog Robert Barani (1906, 1907) znany jest z odkrywania mechanizmu niektórych patologii ludzkiego aparatu przedsionkowego. Bezpośrednio po tym odkryciu (po odkryciu zjawiska "oczopląsu temperaturowego") opracował on metodę diagnostyczną oceny stanu funkcjonalnego aparatu przedsionkowego. Łatwo osiągalna metoda ta, zwana "Barani breakdown", stała się od tego czasu podstawową metodą w badaniu labiryntu usznego, jak również w ocenie wyników leczenia jego chorób. Ze względu na swoją dostępność i informacyjny charakter, Próbka Marani nie straciła swojej praktycznej wartości nawet w naszych czasach. Odkrycie R.Baraniego stało się ważnym kamieniem milowym w historii rozwoju fundamentalnej i stosowanej przedsionkowości - nauki o funkcjonowaniu i chorobach aparatu przedsionkowego. W 1914 r. R.Barani otrzymał Nagrodę Nobla w dziedzinie fizjologii i medycyny.

Warto zauważyć, że R.Barani znalazł klucz do rozwiązania problemu, który go dręczył - problemu ustalenia przyczyn niektórych stanów patologicznych aparatu przedsionkowego - dość przypadkowo.

I.A.Chananashvili, N.V.Boyko, A.G.Volkov i A.A.Khananashvili.Charakhashyan w swoim artykule "Historyczne podstawy współczesnej przedsionkowo-eurologii i otoneurologii (w 100. rocznicę przyznania Nagrody Nobla)" ("Dziennik medycyny podstawowej i biologii", 2014, № 2) pisze: "Po ukończeniu edukacji uniwersyteckiej w 1900 r. odbył staż w najlepszej klinice w Niemczech, gdzie przez rok specjalizował się w medycynie wewnętrznej we Frankfurcie, a następnie przez dwa lata w psychoneurologii w Heidelbergu i Freiburgu. Po powrocie do Wiednia w 1903 r. podjął staż chirurgiczny i wkrótce rozpoczął pracę w Klinice Chorób Uszu na Uniwersytecie Wiedeńskim, kierowanej przez profesora Adama Politzera, który został powszechnie uznany za "ojca austriackiej otologii".

Pracując w klinice, gdzie w tamtych latach zaakceptowano leczenie infekcji ucha poprzez płukanie kanału słuchowego ciepłą wodą, Barani zauważył, że pacjenci często mieli ataki zawrotów głowy, którym towarzyszyły oczopląs - mimowolne rytmiczne ruchy gałek ocznych. Wiedzieliśmy wówczas, że zawroty głowy pojawiają się, gdy sygnały z narządu wzroku i aparatu przedsionkowego dostają się do mózgu w sprzeczności ze sobą, i że dzieje się to w szczególności, gdy endolimfa człowieka w kanałach półokrągłych porusza się, a przedmioty wokół niego - nie, lub gdy człowiek widzi przedmioty poruszające się, ale jest w pozycji statycznej. Powstały oczopląs uznano za wynik aktywności odruchowej ośrodków motoryki oka mózgu w celu skompensowania rozbieżności informacji z analizatorów wzrokowych i przedsionkowych.

Opierając się na tych podstawowych pojęciach z dziedziny neurofizjologii i neurologii, Barani zasugerował, że zjawiska zawrotów głowy i oczopląsu w płukaniu uszu są oczywiście związane ze zmianami w stanie aparatu przedsionkowego. *Hipoteza ta wymagała jednak potwierdzenia i wyjaśnienia konkretnych przyczyn. Klucz do rozwiązania tego problemu został znaleziony raczej przypadkowo.*

Pewnego dnia, podczas zabiegu płukania uszu, pacjent podzielił się z Baranim uczuciem, że odczuwał silne zawroty głowy spowodowane tym, co uważał za zbyt zimną wodę. Wtedy Marani zdecydowała się użyć do mycia cieplejszej wody niż zwykle. Mimo to pacjent ponownie poczuł zawroty głowy, a Barani zauważył, że charakter powstałego oczopląsu zmienił się - kierunek oczu był odwrotny do tego, co zaobserwowano w działaniu schłodzonej wody. Stało się jasne - decydującym czynnikiem w rozwoju objawów przedsionkowych jest efekt temperaturowy, a mechanizm ich powstawania polega na zmianie właściwości fizycznych płynu w kanałach półkolistych: po umyciu zimną wodą endolimfa znajdująca się bliżej kanału słuchowego ochładza się, staje się cięższa i, opadając na dno kanału półkolistego, zostaje zastąpiona cieplejszą endolimfą, która wkrótce również ochładza się itd. W wyniku tego płyn przemieszcza się w kanałach półokrągłych, co pobudza przedsionkowo-receptory, podczas gdy pacjent i otaczające go obrazy wizualne znajdują się w stanie statycznym. Powoduje to zawroty głowy z towarzyszącym im oczopląsem kompensującym. Podczas mycia bardzo ciepłą wodą, w kanałach półkolistych endolimfa jest odwrócona, co również powoduje zawroty głowy, ale teraz oczopląs jest skierowany w przeciwnym kierunku" (Chananashvili i in., 2014, s.10-11).

71. Odkrycie enzymu lizozymu. Szkocki naukowiec, laureat Nagrody Nobla w dziedzinie fizjologii i medycyny w 1945 roku, Alexander Fleming (1922) odkrył enzym lizozymu, który niszczy ściany komórkowe bakterii, czyli chroni organizm przed inwazją zarazków, w bardzo niespodziewanych okolicznościach. L. Stryer w pierwszym tomie książki "Biochemia" (1984) opowiada: "W 1922 roku przeziębił się londyński bakteriolog Alexander Fleming (A. Fleming). Nie należał do tych, którzy stracili szansę i szybko zdali sobie sprawę, że mogą wykorzystać swoją chorobę jako okazję do przeprowadzenia eksperymentu. Po umieszczeniu kilku kropli śluzu z nosa na filiżance, na której rosły bakterie, z podnieceniem odkrył, że bakterie rozpuszczają się wokół wydzieliny śluzowej. Fleming sugerował, że w śluzie prawdopodobnie znajdował się uniwersalny antybiotyk, którego właśnie szukał. Fleming ustalił naturę substancji antybakteryjnej: to był enzym, który nazwał lizozymem..." (Stryer, 1984, s. 132).

Ten sam epizod "serendipity" uważa S.A.Mussky w swojej książce "100 wielkich laureatów Nagrody Nobla" (2006): "W 1922 roku, po nieudanych próbach wyizolowania czynnika wywołującego przeziębienia Fleming właśnie przypadkowo odkrył lizozym - enzym, który zabija niektóre bakterie i nie uszkadza zdrowych tkanek. Niestety, perspektywy zastosowania lizozymu w medycynie były dość ograniczone, ponieważ był on bardzo skuteczny przeciwko bakteriom, które nie są patogenami, a zupełnie nieskuteczny przeciwko patogenom. To odkrycie skłoniło jednak Fleminga do poszukiwania innych leków antybakteryjnych, które byłyby nieszkodliwe dla ludzkiego ciała" (Mussky, 2006, s. 335).

Podobne informacje zostały przedstawione w książce A.A.Klyosova "Internet: notatki badacza" (2010): "...Angielski badacz Alexander Fleming pracował w laboratorium z kulturami mikroorganizmów. Miał tego dnia katar w nosie. Pochylając się nad płytką Petriego - małą szklaną płytką, na której hodowane są kultury bakterii - przypadkowo upuścił kroplę z nosa bezpośrednio na warstwę mikrobiologiczną. On też nie wydawał się być zbyt ostrożny. Co więcej, nie wyrzucił tego kubka natychmiast, jak każdy badacz był do tego zobowiązany, ponieważ nie można już myśleć o czystości eksperymentu w tym kubku. <...> Po pewnym czasie Fleming poszedł do tego pucharu, aby prawdopodobnie go wyrzucić, ale zauważył, że w miejscu, w którym spadł kropla nosa, utworzyła się lekka okrągła strefa. To "oświecenie" jest pierwszym znakiem, że zarazki w tym rejonie umarły. Fleming natychmiast zorientował się, że kropla w talerzu Petriego była dyfuzją jakiejś substancji, która zabijała zarazki. Co więcej, wpadł na pomysł, że płyn nosowy zawiera tę najbardziej bakteriobójczą substancję, która ma chronić organizm. W końcu powietrze, którym oddychamy, często przechodzi przez nos i w ten sposób jest nie tylko odfiltrowane, ale również odkażone!" (Klyosov, 2010, s.80-81).

72. Odkrycie właściwości antybakteryjnych pleśni (odkrycie penicyliny). Odkrycie, które zasłużenie przyniosło naukowcowi Nagrodę Nobla, zostało dokonane przez A. Fleminga (1928) tak samo przypadkowo jak odkrycie lizozymu. Jeśli krótko sformułujemy okoliczności, które doprowadziły do sukcesu, to są one następujące. Pewnego dnia A.Fleming zostawił kubki z bakteriami w pomieszczeniu z otwartym oknem. W tym oknie znów, dość niespodziewanie, wleciały cząsteczki pleśni. Cząsteczki te, po znalezieniu się w kubku z bakteriami, zaczęły hamować ich wzrost i rozwój. Stąd A.Fleming doszedł do wniosku, że pleśń ma zdolność zabijania bakterii. Co ciekawe, nigdy nie ukrywał roli przypadku w swoim odkryciu.

S.A.Blinkin w książce "Essays on Natural History" (1979) stwierdza: "Alexander Fleming - twórca penicyliny, który dokonał tego wybitnego odkrycia XX wieku poprzez nieoczekiwaną obserwację podczas eksperymentu, powiedział:" Aby narodzić się czymś zupełnie nowym, potrzebny jest przypadek "(Blinkin, 1979, s. 53).

A.A.Klyosov cytuje fragment wykładu noblowskiego A.Fleminga w swojej książce "Internet: Notatki pracownika naukowego" (2010): "Mogłem skomponować historię, że te odkrycia (odkrycia lizozymu i penicyliny - N.N.B.) były wynikiem głębokich przemyśleń opartych na wnikliwym badaniu literatury, że substancje o charakterze antybakteryjnym musiały być syntetyzowane przez pleśń i że w oparciu o tę ideę starannie zaplanowałem eksperymenty i osiągnęły sukces. Ale to nie byłaby prawda. Prawda jest taka, że wszystko to było wynikiem wypadku" (Klyosov, 2010, s.82).

Wielu ekspertów pisało o przypadkowym odkryciu Fleminga. Peter Samples w książce "Świat stworzony przez chemików. From Philosopher's Stone to Graphene" (2012) mówi: "Angielski bakteriolog Alexander Fleming pracował w laboratorium badawczym w St. Mary's Hospital w Londynie. Wiadomo było, że nie był szczególnie ostrożny. Dokonawszy już kilku ważnych odkryć, Fleming był znany jako wybitny badacz, ale jego niechlujstwo było wyśmiewane. W 1928 roku rozpoczął badania nad gronkowcem złocistym (Staphylococcus aureus), powodując np. zatrucie krwi u noworodków. Fleming posadził kilkadziesiąt płytek Petriego z mikrobami, które umieścił w całym laboratorium. Pewnego dnia zauważył, że jeden z kubków był kolonią niektórych grzybów pleśniowych, najprawdopodobniej z innego laboratorium, które badało pleśń z mieszkań chorych na astmę. Ten rodzaj pleśni wciąż pojawia się w naszych łazienkach, to czarny nalot grzybów mikowych czarnucha Aspergillus. Ale kubki

Fleminga przypadkowo zawierały inną, bardzo rzadką pleśń, i to doprowadziło do jego wielkiego odkrycia.

Tego wieczoru Fleming musiał pojechać na wakacje i oczywiście umyć naczynia Petriego. Jednak Fleming zostawił brudny kubek na stole laboratoryjnym i wyjechał na miesiąc. A kiedy wrócił, zauważył, że kolonia gronkowców nie żyje. Fleming wiele razy powtórzył doświadczenie i upewnił się, że pleśni rodzaju penicilla doskonałe i w znacznie niższym stężeniu niż wtedy stosowane środki antyseptyczne, takie jak karboloidy, zniszczyć gronkowca, i nie tylko one. Co więcej, zrozumiał, że to nie same grzyby pleśniowe, ale jakaś substancja wytwarzana przez tę pleśń" (P.Samplesov, 2012).

A.S.Maidanov w książce "The Art of Discovery". Methodology and Logic of Scientific Creativity" (1993) pisze: "Przypadek przyszedł z pomocą. To dzięki niemu w kubku z chorobotwórczymi mikrobami zapuściła się pleśń, hamując rozwój bakterii. I ten właśnie wypadek był niezwykły: kubek mógł dostać się do każdej z setek pleśni, ale to właśnie ten (penicillium notatum), który miał działanie bakteriobójcze. Odkrycie to zawiera w sobie cechę innego rodzaju odkrycia, te powiązane. Faktem jest, że Fleming w tym czasie wykonywał inną pracę - problem grypy. Ale, jak widać, nie wahał się odebrać "złotych jabłek" Atalanty (A.S.Maidanov, 1993).

Należy zauważyć, że "złote jabłka" Atalanty są metaforą, która odnosi nas do jednej z historii starożytnej mitologii greckiej. Atalanta zdecydowała się wyjść za mąż za tego, który prowadziłby ją w biegu. Została pokonana przez przebiegłego Hipomana. Podczas zawodów rozrzucał złote jabłka. Ciekawe, że Atalanta spóźniła się na ich odebranie i została pokonana.

Inne źródła na temat odkrycia A. Fleminga:

- Azimov A. Krótka historia biologii. - M., "The World", 1967;
- Pristina V.L. 100 słynnych wynalazków. - Charkov, "Folio", 2006;
- Maslov V.N. Algorytm Odkrycia. - Moskwa, "Iris-Group", 2011;
- Nechayev S.Y. Niesamowite odkrycia. - M., "Enas", 2012;
- Taleb N.N. Black Swan. Pod znakiem nieprzewidywalności. - M., "Colibri", "ABC-Atticus", 2012.

73. Odkrycie właściwości antybakteryjnych prontozylu (substancji z grupy sulfonamidów). Niemiecki patolog i bakteriolog Gerhard Domagk (1935), w poszukiwaniu substancji, które mogą hamować rozwój bakterii chorobotwórczych, postanowił przeprowadzić doświadczenie z prontosilem. Związek ten, należący do klasy preparatów sulfonamidowych, był pierwotnie syntetyzowany przez specjalistów z branży tekstylnej, którzy poszukiwali najlepszych barwników tkankowych. G. Domagk wstrzyknął prontosyl myszom zakażonym paciorkowcami i stwierdził, że substancja ta dobrze chroni je przed zakażeniem: żadna z zakażonych myszy, które otrzymały prontosyl, nie została zabita. Jednak koledzy z niemieckiego chemika byli bardzo powściągliwi co do jego wyników - wiele z barwników azowych było nieskutecznych w iniekcjach systemowych. Sytuacja zmieniła się z powodu przypadkowej okoliczności: córka G. Domagki została zakażona gronkowcem, a dopiero zastosowanie prontosylu uratowało jej życie. Ta przypadkowa okoliczność zapoczątkowała wprowadzenie prontosylu i innych sulfonamidów do praktyki medycznej, a sam G. Domagk otrzymał w 1939 roku Nagrodę Nobla w dziedzinie fizjologii i medycyny.

G. Fiodorowsky w swojej książce "The Schengen of Great Medicine" (1975) pisze: "...Homagk karmił tysiące myszy zakażonych paciorkowcami, a żadna z nich nie została zabita". Wszystkie myszy nie tylko przetrwały, ale również cieszyły się doskonałym zdrowiem. Wcześniej nie było żadnego lekarstwa, które mogłoby dać tak doskonałe rezultaty. Aby wykorzystać to cudowne lekarstwo w praktyce, konieczne było sprawdzenie jego wpływu na ludzi. *Wypadek przyszedł z pomocą dla domu. Jego młoda córka wstrzyknęła sobie ukłucie w palec; utworzył się ropień i zaczęło się zatrucie krwi. Dziewczynka została umieszczona w szpitalu, chirurdzy usunęli ropień, ale infekcja nie ustąpiła. Sytuacja pogarszała się z godziny na godzinę. A Homagk zrobił desperacki krok. Zastosował prontosyl, a dziewczyna przed zdumionymi lekarzami szybko wyzdrowiała.* Pomimo tak zdumiewającego wyniku, firma "Bayer" nie pozwoliła Domagk opublikować danych o największym zwycięstwie nad olbrzymią bakterią" (G. Fedorovsky, 1975). "Ale dochowanie tajemnicy po odkryciu Francuzów - kontynuuje G. Fedorovsky - było niemożliwe, a Domagk w 1935 roku opublikował raport z pierwszych eksperymentów. Świat dowiedział się, że znalazł sposób na zwalczanie bakterii na twarzy, zapalenia płuc i gorączki porodowej" (G. Fedorovsky, 1975).

To samo relacjonuje A. Albert w 1. tomie swojej dwutomowej monografii "Toksyczność selektywna" (1989): "Gerhard Domagk doszedł do odkrycia sulfakryzoidyny (prontosylu) w niezwykły sposób. Badając fagocytozę zapalenia paciorkowców przez komórki wątroby Kupffera, musiał osłabić patogenność bakterii. Postanowił zastosować technikę Ehrlicha i zaczął wybierać odpowiedni lek z gamy barwników. Między innymi badał i syntezował Mietzscha i Klarera dla innych celów. Po stwierdzeniu, że paciorkowce leczone barwnikiem nie działały na myszy, Domagk zbadał wpływ prontozylu na myszy zakażone paciorkowcami i uzyskał pozytywny wynik [Domagk, 1935]. Jednak jego koledzy byli raczej powściągliwi w obliczu tego odkrycia: zbyt wiele potencjalnie aktywnych substancji, w tym barwniki azowe, było nieskutecznych w podawaniu systemowym. *Ale tutaj doszło do interwencji. Mała córeczka Domagki przypadkowo wbiła sobie igłę w rękę. Natychmiast zabrano ją do szpitala, ale mimo zastosowania najlepszych metod leczenia, ręka szybko stanęła w stanie zapalnym, a dziewczynka zaczęła mieć ciężką gorączkę. Cztery dni później rozwinęła się sepsa paciorkowcowa i była na skraju śmierci, co było wówczas dość powszechne. Domagk otrzymała pozwolenie na wstrzyknięcie jej proNTOSILu: a lekarze byli zdumieni szybkością, z jaką odzyskała zdrowie* [Domagk, 1936]" (Albert, 1989, s. 249).

74. Odkrycie prostaglandyn. Szwedzki fizjolog i farmakolog, potomek słynnego matematyka Leonarda Eulera, Ulf von Euler (1935) przeprowadził eksperymenty mające na celu zbadanie substancji o charakterze białkowym, która ma zdolność do obniżania ciśnienia krwi i stymulowania skurczu ścian jelit. Ta substancja o charakterze białkowym, którą von Euler zamierzał znaleźć w ekstraktach z gruczołu krokowego i płynu nasiennego, otrzymała tajemniczą nazwę "substancja P". Jednak zamiast tej substancji szwedzki naukowiec przypadkowo odkrył prostaglandyny, nową klasę biologicznie aktywnych związków, które były później badane przez wiele zespołów naukowych. "Serendip" charakter odkrycia Uulfa von Eulera polegał również na tym, że szukał on "substancji P" we frakcji substancji białkowych, a we frakcji kwasów tłuszczowych znajdował bardzo różne związki (prostaglandyny). W 1970 roku Ulf von Euler otrzymał Nagrodę Nobla w dziedzinie fizjologii i medycyny.

S.D.Varfolomeev w swoim artykule "Prostaglandins - nowy typ regulatorów biologicznych" ("Soros Educational Journal", 1996, [1] 1) pisze: "Już na początku naszego stulecia było wiadomo, że woda i ekstrakty alkoholowe uzyskiwane z pęcherzykowych (sparowanych gruczołów płciowych) wielu gatunków zwierząt i gruczołów prostaty (prostaty) człowieka obniżają ciśnienie krwi u psów i królików. W tym samym czasie sugerowano, że w gruczole krokowym istnieje "nieznany hormon naczyniowy". Do lat trzydziestych XX wieku substancja ta pozostawała tajemnicza, jednak żaden z badaczy nie próbował wyizolować jej z takich ekstraktów i nadać jej cechy charakterystyczne. *Ulf von Euler, szwedzki fizjolog, którego nazwa związana jest z odkryciem prostaglandyn, odkrył je (a raczej jedną substancję) przypadkowo w latach 1934-1936, próbując zbadać znaną wówczas substancję P - substancję o charakterze białkowym, która ma zdolność do obniżania ciśnienia krwi i stymulowania skurczu ścian jelit. Jednakże, wbrew oczekiwaniom, substancja czynna ekstraktów z prostaty i płynu nasiennego znajdowała się raczej we frakcji kwasów rozpuszczalnych w tłuszczach niż we frakcji białkowej.* W. Euler opisał niektóre właściwości chemiczne i farmakologiczne aktywnego wyciągu, nazywając go prostaglandyną i zasugerował, że prostaglandyna ma dużą wartość regulacyjną w organizmie" (Bartholomew, 1996, s. 40-41).

Były też inne przypadki, które towarzyszyły temu odkryciu. R.G.Baroyan w swojej książce "The Prostaglandins: A View of the Future" (1983) nawiązuje do wspomnień szwedzkiego badacza: "Euler zauważy później, że w tych badaniach nie obyło się bez szczęśliwych wypadków. W pierwszej z nich rozważał niezwykłe zachowanie nowej substancji, które pozwoliło na oddzielenie jej od innych biologicznie aktywnych substancji. Kolejny szczęśliwy wypadek Euler widział w tym, że przedmiotem jego badań były pęcherzykowe gruczoły barana. Jak się okazało, tylko u nich, w przeciwieństwie do pęcherzykowatych gruczołów niemal wszystkich innych zwierząt domowych, zawartość prostaglandyn jest relatywnie wysoka" (Baroyan, 1983, s.13).

75. Odkrycie hormonu kortyzonu steroidowego. Pomysł na istnienie hormonu kortyzonowego pojawił się po raz pierwszy w 1929 roku u amerykańskiego lekarza Philipa Hencha, kiedy to przypadkowo zwrócił uwagę na jednego ze swoich pacjentów cierpiących na reumatoidalne zapalenie stawów. Po wystąpieniu u tego pacjenta żółtaczki (choroba Botkina), zaczęły zanikać objawy zapalenia wielorakiego. F. Hench zauważył również, że objawy zapalenia wieloramiennego osłabiają się w czasie ciąży, a czasami znikają całkowicie po urodzeniu dziecka. To doprowadziło go do wniosku, że w pewnych warunkach w organizmie tworzy się jakiś związek, który pomaga w leczeniu. Warunkowo, lekarz nazwał ją "substancją przeciwreumatyczną X". Nie będąc specjalistą w dziedzinie chemii, F. Hench zrozumiał, że nie może samodzielnie wyizolować tej substancji w jej czystej postaci, więc w 1941 roku rozpoczął współpracę z Edwardem Kendallem, któremu później udało się rozwiązać ten problem. Wyizolował czysty kortyzon z kory nadnerczy. 21 września 1948 roku po raz pierwszy zastosowano w klinice kortyzon, a w 1950 roku F. Hench i E. Kendall otrzymali Nagrodę Nobla w dziedzinie fizjologii i medycyny.

Jurij Łaptow w swojej książce "W świecie ginących roślin" (1980) napisał: "Niegdyś angielski lekarz F. Hench, który leczył pacjenta z reumatoidalnym zapaleniem stawów, był bardzo podekscytowany. Do wszystkich ataków, które spadły na jego pacjenta, ten ostatni również zachorował na żółtaczkę (choroba Botkina), co zdecydowanie wskazywało na uszkodzenie wątroby. Żółtaczka prawie zabiła pacjenta, ale i tak jego ciało przeżyło. Po chorobie został wrzucony na podwórko w wózku. I tym razem była to miła niespodzianka. Wraz z wyzdrowieniem, mobilność pacjenta zaczęła się poprawiać. Zostawiła stawy w dzień i w nocy gryząc na ich bólu. Zniknęła i już nie powróciła polarytryda. Wkrótce dociekliwy lekarz zwrócił uwagę na fakt, że oznaki zapalenia wieloramiennego są osłabione podczas ciąży, a czasami, nawet jeśli rzadko, znikają całkowicie po urodzeniu dziecka. Hench stwierdził, że te zjawiska nie są przypadkowe. Podobno w organizmie tworzy się jakiś związek, który pomaga w leczeniu. Warunkowo, lekarz nazwał ją "substancją przeciwreumatyczną X" (Laptev, 1980, s. 109-111).

Kandydat z Pharmaceutical Sciences V. Salo relacjonuje to samo w swoim artykule "From the biography of cortisone" (Journal of "Science and Life", 1973, [1] 10): "Lekarze od dawna zauważają tajemnicze przypadki powrotu do zdrowia osób, które cierpiały na pozornie nieuleczalne choroby, po tym jak cierpiały na jakąkolwiek chorobę wtórną, nakładającą się na pierwszą. Z jednym z takich przypadków zetknął się na początku lat 40. amerykański lekarz Philip Hench, który kierował oddziałem dla pacjentów reumatycznych w Mayo Clinic w Rochester. *Pewnego dnia przyszedł do kliniki stary pacjent bez żadnej pomocy czy nawet kija, cierpiący na reumatyzm, a ostatnio ledwo wstał z łóżka. Powiedział zdumionemu lekarzowi, że miał reumatyzm po przebytej żółtaczce.* Zastanawiając się nad tym dziwnym przypadkiem, Hench doszedł do wniosku, że substancje produkowane przez organizm dotknięty żółtaczką zdawały się przyczyniać do zdumiewającego wyleczenia. Celem Hencha było znalezienie tych substancji. Swoje poszukiwania rozpoczął od wysłania listów do wszystkich pacjentów, którzy wcześniej byli w klinice o reumatyzmie stawów. W tych listach poprosił ich o zgłoszenie, jak się czują po wypisaniu z kliniki. Większość pacjentów nie poprawiła się wiele od czasu ich leczenia. Jednak kilka kobiet zgłosiło całkowite wyzdrowienie z choroby po porodzie. Sugerowało to, że poszukiwana substancja może mieć charakter sterydowy, ponieważ w okresie ciąży i połogu aktywność hormonalna wielu gruczołów wydzielania wewnętrznego, które produkują dokładnie hormony steroidowe, ulega restrukturyzacji" (Salo, 1973, s. 82).

"W 1941 roku," kontynuuje V. Salo, "naukowcy (F. Hench i E. Kendall - NNB) postanowili połączyć siły w poszukiwaniu substancji leczniczej. Ale minęło jeszcze kilka lat ciężkiej pracy, zanim udało się uzyskać całkowicie czysty hormon z kory nadnerczy - kortyzon, i to w ilościach wystarczających do przeprowadzenia niezbędnych badań. W dniu 21 września 1948 roku po raz pierwszy zastosowano w klinice kortyzon" (tamże, s. 82).

T.T.Berezov i B.F.Korovkin również piszą o przypadkowym (nieplanowanym) odkryciu kortyzonu i jego leczniczym działaniu w książce "Biological Chemistry" (1998): "Hormony substancji korowej nadnerczy są obecnie szeroko stosowane w praktyce klinicznej jako leki. *Zastosowanie kortyzonu do celów terapeutycznych było wynikiem przypadkowego nadzoru.* Zaobserwowano, że podczas ciąży nasilenie objawów reumatoidalnego zapalenia stawów gwałtownie się zmniejsza, ale wszystkie te objawy pojawiają się ponownie po porodzie. Stwierdzono, że podczas ciąży następuje przyspieszenie wydzielania hormonów substancji korowej nadnerczy i ich dopływu do krwi. Równoległe badania histologiczne nadnerczy wykazały gwałtowny wzrost wzrostu i proliferacji komórek materii korowej. Obserwacje te doprowadziły do pomysłu wykorzystania w leczeniu reumatoidalnego zapalenia stawów hormonów kory nadnerczy, w szczególności kortyzonu. Wyniki leczenia były tak skuteczne, że w pierwszych latach stosowania kortyzonu niektórzy autorzy zaobserwowali prawie 100% wyleczenie reumatoidalnego zapalenia stawów pochodzenia reumatycznego" (Berezov, Korovkin, 1998, s. 279).

Inne źródła na ten temat:

- Kisin, I.E. Substation H. Cortison // Dziennik "Chemia i życie", 1965, [1] 6;

- Glaser G. Najnowsze zwycięstwa medycyny. - M., "Young Guard", 1966;

- Krylov YuF, Smirnov P. A. Niesamowity świat narkotyków. - M., "Wiedza", 1985.

76. Odkrycie lizosomów (ważnych organelli żywej komórki). Belgijski cytolog i biochemik Christian de Duve (1949) odkrył lizosomy - organelle komórkowe odpowiedzialne za usuwanie "odpadów" powstających w komórce - zajmujące się zupełnie innym problemem: próbą określenia lokalizacji glukozy-6-fosfatazy w celu wyjaśnienia mechanizmu działania insuliny na komórkę wątroby. Glukoza - 6-fosforan jest enzymem odpowiedzialnym za hydrolizę (rozszczepienie) glukozy - 6-fosforanu, w wyniku czego powstaje grupa fosforanowa i wolna glukoza. Naukowiec szukał więc jednej rzeczy (starał się poznać mechanizm działania insuliny na komórkę wątroby), a znalazł całkiem inną (nowe, nie opisane wcześniej, organelle komórkowe). W 1974 roku Christian de Duve otrzymał Nagrodę Nobla w dziedzinie fizjologii i medycyny.

A.V.Reunov i A.A.Reunov w książce "Lithic function of a cell" (2008) piszą: "Odkrycie lizosomów nie było wynikiem ukierunkowanych badań. Co więcej, wydarzyło się to tak, jakby przez przypadek w badaniach grupy biochemików Louvain pod kierownictwem Christiana de Duve'a, rola glukozy-6-fosfatazy w mechanizmie działania insuliny na wątrobę. Sam C.de Duve, odbierając Nagrodę Nobla w 1974 r., powiedział: "Wszystko czego chcieliśmy, to dowiedzieć się czegoś na temat lokalizacji glukozy-6-fosfatazy, która, jak myśleliśmy, może stanowić możliwy klucz do mechanizmu działania ... insuliny na komórkę wątroby [De Duve, 1975]". Prowadząc badania nad wątrobą szczurów, C.De Duve i jego uczniowie scharakteryzowali specyficzną glukozo-6-fosfatazę, której optymalne działanie stwierdzono przy słabym pH. Początkowo, badania te wykorzystywały homogenaty przygotowane "z typowym zaniedbaniem organizacji komórkowej" przy użyciu homogenizatora o dużej prędkości i w obecności wody destylowanej, czyli w warunkach niszczących struktury komórkowe. Dzięki takiemu podejściu naukowcy nie byli w stanie ponownie zawiesić enzymu z wytrąconego stanu i oczyścić go. Dlatego też w przyszłości stosowali oni bardziej miękką technikę frakcjonowania tkanek, niszcząc je w specjalnym pocie 0,25 M sacharozy, a następnie stosowali wirowanie różnicowe. W rezultacie stwierdzono, że 95% aktywności glukozy-6-fosfatazy koncentruje się we frakcji mikrosomalnej. Badając glukozo-6-fosfatazę, eksperymentatorzy porównali ją z niespecyficzną fosfatazą kwasową zawartą w homogenach. Ku ich zaskoczeniu, aktywność fosfatazy kwaśnej w homogenatach otrzymanych miękką techniką frakcjonowania tkankowego wynosiła tylko ok. 10% aktywności enzymatycznej, którą wykryto w preparatach przygotowanych z cięższą homogenizacją. Aktywność fosfatazy kwasowej w preparatach i po kilkudniowym przechowywaniu w lodówce znacznie wzrosła" (A.V.Reunov, A.A.Reunov, 2008, s.6).

O przypadkowym odkryciu lizosomów Cholakow informował również w swojej książce "Nagrody Nobla". Scientists and Discovery" (1987): "Dalszy rozwój metody wirowania różnicowego wiąże się z nazwą Christian de Duve. Zwieńczeniem jego pracy było odkrycie w 1963 roku przez Lysosoma. *To odkrycie było do pewnego stopnia przypadkowe.* De Duve i jego zespół badali subkomórkowe frakcje komórek wątroby szczurów. Niespodziewanie stwierdzono gwałtowny wzrost aktywności enzymatycznej w homogenacie. Badania nad tym zjawiskiem wykazały, że komórki mają specjalne cząsteczki, które zawierają enzymy zdolne do rozkładu różnych substancji. Rozerwanie lizosomów na kawałki prowadzi do lizania (niszczenia struktur komórkowych lub samej komórki) - tak więc w systemach żywych stare są niszczone, aby dać miejsce nowym. Okazało się, że lizosomy istnieją w prawie wszystkich komórkach i że biorą one najbardziej aktywny udział w procesach fizjologicznych i patologicznych zachodzących w komórce. Pojawiła się niezależna sekcja patologii komórkowej, która zajmuje się badaniem wad struktury i funkcji lizosomów" (Cholakov, 1987, s. 268-269).

77. Odkrycie zjawiska spontanicznego występowania korzystnych mutacji u bakterii. Włoski naukowiec, który wyjechał do Stanów Zjednoczonych w przededniu II wojny światowej, Salvador Luria (1943) długo i mocno zastanawiał się nad problemem mutacji genetycznych, które powstają w bakteriach i dają im przewagę w walce z wirusami. S. Luria zrozumiał, że istnieją dwie możliwe odpowiedzi na dręczące go pytania: 1) bakterie nabywają zdolność do celowego opierania się wirusom (wariant ewolucyjny Lamarcka), oraz 2) mutacje, które zapewniają bakteriom odporność na wirusy powstają przypadkowo, tj. spontanicznie (wariant ewolucyjny Darwina). Włoski naukowiec doszedł do wniosku o sprawiedliwości drugiego wariantu (spontaniczne, stochastyczne pojawienie się użytecznych mutacji), gdy przypadkowo znalazł się na jednej z imprez i miał okazję obserwować, jak jeden z jego kolegów zrywa "jackpota" na automacie. Dzięki tej przypadkowej obserwacji S. Luria dokonała zaskakująco śmiałej analogii pomiędzy mutacjami występującymi u bakterii, a przypadkowymi wygranymi, które przypadają w udziale tym, którzy mają cierpliwość czekać na "hojność" automatów do gry. S. Luria zdał sobie sprawę, że mutacje, które pozwalają bakteriom chronić się przed wirusami (zdobywać na nie odporność) - to nic innego, jak wygrana, którą daje się graczowi w nieprzewidywalny sposób. We współpracy z Maxem Delbrückiem, badacz przetestował swój pomysł w eksperymencie, który go potwierdził. W 1969 roku S. Luria otrzymał Nagrodę Nobla w dziedzinie fizjologii i medycyny.

Walter Gratzer w "Eurece i Euforii". On Scientists and Their Discoveries" (2011) pisze: "Luria przejął losy bakterii zainfekowanych fagiem (wirus, który atakuje bakterię i namnaża się wewnątrz niej, aż jej liczne potomstwo rozrywa komórkę i wyrywa się w poszukiwaniu nowych ofiar), zauważył, że niektóre kolonie bakterii w jego kubkach agar-agar, specjalnym podłożu odżywczym, są w stanie przeżyć taki atak. Bakterie te musiały się zmutować, a pytanie tylko, czy mutacje były spowodowane przez bakteriofagi, czy też były nagłe i przypadkowe, ale dawały bakteriom siłę do wytrzymania ataku wirusów - odporność.

"Walczę z tym problemem od miesięcy, głównie w mojej głowie, ale i tak udało mi się przeprowadzić wiele eksperymentów. To wszystko było na nic. Ostatecznie odpowiedź przyszła w lutym 1943 roku w niesamowitych okolicznościach - na przyjęciu wydziałowym na Uniwersytecie Indiana, którego nauczycielem zostałem kilka tygodni temu. Kiedy muzyka na chwilę zgasła, byłem przy automacie do gry i zacząłem oglądać, jak kolega rzuca po jednym centymetrze. Tracąc dużo czasu, nagle coś wygrał. Nie będąc graczem, zacząłem go przekonywać o nieuchronności przegranej, ale potem złamał jackpota - około trzech dolarów w centach - pogardliwie spojrzał na mnie, odwrócił się i wyszedł. W tym momencie pomyślałem o prawdziwej matematyce automatów do gry, a potem uderzyło mnie, że automaty do gry i mutacje bakterii są czymś, co można od siebie wypożyczyć.

Pomysł, który nagle przyszedł do głowy Lurii był taki, że nie da się przewidzieć wygranej - nawet jeśli wiesz, że średnio zdarza się to, powiedzmy, raz na pięćdziesiąt gier. Zgodnie z tą samą logiką, jeśli mutacje chroniące przed fagami - przypadek, kolonie opornych bakterii będą występować z nieprzewidywalną częstotliwością. Potomkowie ocalałych, również odpornych, będą tworzyć szybko rosnące skupiska kolonii na płytce z posiewem bakterii. Jeżeli, przeciwnie, bakteriofagi uodpornią niektóre z nich i zabiją inne, wówczas kolonie zostaną losowo rozrzucone na talerzu zgodnie z prawami statystyki. Luria podsumowuje: "Moment, w którym uświadomiłem sobie podobieństwa między wygraną na automatach do gier a zmutowanymi klastrami był zachwycający" (Gratzer, 2011, s. 212-214).

O tym, jak urządzenia do gier przypadkowo powiedziały naukowcowi sposób na sprawdzenie realizacji ewolucji Darwina na poziomie bakterii, pisze Karl Zimmer w swojej książce "Mikrokosmos". E. coli i nowa life science" (2013). Biorąc pod uwagę, że S. Luria stanął przed zadaniem określenia, która z dwóch opcji - mechanizmu Lamarcka czy mechanizmu Darwina - działa w świecie bakterii, zauważa K. Zimmer: "Nikt nigdy wcześniej nie sprawdzał ważności tych alternatyw". Luria i Delbrück od miesięcy starają się znaleźć niezawodny sposób na ich weryfikację. Udało im się to dopiero w 1942 roku, kiedy Luria przyjął ofertę pracy na Uniwersytecie Indiana, "w miejscu, o którym nigdy wcześniej nie słyszałem", jak sam później napisał. Wkrótce potem Luria znalazła się w Bloomington Bar obok innego profesora, który również chętnie walczył z automatem. Profesor przegrywał, a w odpowiedzi na buty Lurii całkowicie zrezygnował z gry. "To wtedy po raz pierwszy pomyślałem o cyfrowych wzorcach automatów do gry" - pisał później Luria w swojej autobiografii.

Maszyna, na której grał ten profesor, została zaprogramowana do wydawania tylko kilku dużych wygranych. W zasadzie mógł on być skonfigurowany inaczej. Możliwe było wykonanie maszyny z małym prawdopodobieństwem pokazywania wygranej przy każdym obrocie uchwytu. W tym przypadku zamiast jednego dużego gracza otrzymałby znacznie więcej wygranych, ale każda z nich byłaby znacznie mniejsza. Nagle Luria zdała sobie sprawę, jak eksperymentować z oporem E. coli, aby ustalić na pewno, kto ma rację: Darwin czy Lamarck" (Zimmer, 2013, s. 123-124).

Chodźmy do innego źródła. Brian Christian i Tom Griffiths w Algorytmach na całe życie. Proste sposoby podejmowania właściwych decyzji" (2017) opowiadają: "Luria obserwował, jak jeden z jego kolegów grał na maszynach: "Nie będąc hazardzistą z natury, podżegałem go, przewidując nieuniknioną stratę, gdy nagle złamał jackpota (około trzech dolarów dziesiętnych), rzucił na mnie złe spojrzenie i odszedł. To właśnie wtedy pomyślałem o prawdziwej numerologii automatów do gier; i w trakcie tego procesu przyszło mi do głowy, że automaty i mutacje bakterii mogą się wiele od siebie nauczyć.

W latach czterdziestych XX wieku nie wiadomo było dokładnie, gdzie i w jaki sposób pojawiła się odporność bakterii na wirusy (a w tym przypadku na antybiotyki). Czy była to reakcja bakterii na wirusy, czy tylko mutacje, które przypadkowo wykazały oporność? Wydawało się, że nie ma sposobu na przeprowadzenie eksperymentu i uzyskanie jasnej odpowiedzi na to pytanie - dopóki Luria nie zobaczyła automatu do gry i nie uderzyła go" (B.Christian, T.Griffiths, 2017).

Autorzy dalej podkreślają: "Odkrycie Lurii pokazało siłę przypadku; pokazało, jak przypadkowe mutacje mogą prowadzić do odporności na wirusy. Ale stało się to również możliwe, przynajmniej częściowo, przez przypadek. Był we właściwym miejscu w odpowiednim czasie, kiedy automat do gry dał mu nowy pomysł. Wiele wielkich odkryć często rodzi się w ten sposób..." (B.Christian, T.Griffiths, 2017).

78. Odkrycie zjawiska transdukcji wirusowej. Laureat Nagrody Nobla w dziedzinie fizjologii i medycyny 1958, Joshua Lederberg (1952), eksperymentując z salmonellą i próbując znaleźć fenomen rekombinacji, wraz ze swoim absolwentem Nortonem Zindrem odkrył zupełnie inne zjawisko - transdukcję wirusową. Po raz kolejny mamy do czynienia z sytuacją, w której naukowiec szuka jednej rzeczy, ale znajduje coś, czego wcale się nie spodziewał. I. Hargittai w swojej książce "Open Science" (2006) cytuje opowiadanie J. Lederberga o tym "serendipse'owym" odkryciu: "Po nim (dla pracy nad wykrywaniem seksualnego rozmnażania się bakterii - NNB) następuje odkrycie transdukcji wirusowej, dokonane wspólnie z Nortonem Zinder (ur. 1928), moim pierwszym absolwentem studiów podyplomowych. To była jego praca doktorska w Madison, Wisconsin. Przyjechał do mojego laboratorium z Nowego Jorku w 1948 roku z rekomendacją Francisa Ryana. Już wtedy pracowałem z salmonellą i dawałem próbki tej hodowli Nortonowi. *Szukaliśmy rekombinacji salmonelli. To organizm taki jak E.coli. Taksonomicznie, są bardzo blisko. Myślałem, że znajdziemy to samo. Ale wyniki były bardzo różne. Przez długi czas byłem bardzo sceptycznie nastawiony do pierwszych eksperymentów*

Nortona, a potem zdałem sobie sprawę, że pokazane przez nich zjawisko ma inny charakter. Otrzymał substancję zdolną do dyfuzji, coś, co można odfiltrować. W procesie hodowli tych dwóch kultur razem, w filtracie pojawiło się coś, co zmieniło cechy genetyczne organizmu docelowego. W końcu okazało się, że to bakteriofag. Jeden szczep ominął bakteriofag, który zaatakował drugi szczep, rosnąc na nim i przenosząc fragmenty materiału genetycznego, które mogły zostać odfiltrowane; powstałe w ten sposób preparaty bakteriofagów miały zdolność przenoszenia małych i dużych fragmentów DNA do organizmu docelowego. Było to zupełnie nowe zjawisko w transferze informacji genetycznej, pod pewnymi względami nawet bardziej niekonwencjonalne niż koniugacja. Koniugacja oznacza po prostu, że rozmnażanie płciowe jest nieodłącznie związane z dużą liczbą organizmów, w tym bakterii. Z drugiej strony, transdukcja oznacza, że istnieje metoda transferu genetycznego, która nie miała precedensu przed odkryciem: że wirusy mogą wychwytywać DNA i przenosić je do organizmu docelowego. Powiedziałbym nawet, że transdukcja pozostawiła rekombinację w cieniu. Ten zestaw prac, w tym metodologia badania wymiany genetycznej, tworzenia map genetycznych, dał genetyce bakterii wiarygodne i solidne podstawy i jest moim najważniejszym osiągnięciem; wiele z tego, co zrobiłem, jest z tym związane" (Hargittai, 2006, s. 48-49).

79. Odkrycie kodu genetycznego. Naukowcy rozszyfrowali kod genetyczny, gdy zdali sobie sprawę, że cząsteczka RNA kontroluje syntezę białek. Systematyczne poszukiwanie fragmentów RNA zwanych "kodonami", które inicjują syntezę określonych białek, pozwoliło na zidentyfikowanie praktycznie wszystkich "kodonów" związanych z tą syntezą. Jednak każde większe odkrycie ma swojego autora - badacza, który zrobił pierwszy krok. Rozszyfrowując kod genetyczny, ten pierwszy krok podjął amerykański genetyk, Marshall Warren Nierenberg, który odkrył w 1961 roku, że jeden z fragmentów RNA, poliuralacyl "kodonowy", uruchamia syntezę białka zwanego polifenyloalaniną. O odkryciu tym poinformował w sierpniu 1961 roku podczas 5. Międzynarodowego Kongresu Biochemicznego (Kongres odbył się w Moskwie). Raport M. Nierenberga zrobił wrażenie na odkrywcy struktury DNA F. Cricku, który słuchał tego raportu w wielkiej auli Moskiewskiego Uniwersytetu Państwowego i który zdał sobie sprawę, że pierwsza "litera" genetycznego szyfru kwasów nukleinowych została rzeczywiście odczytana. Później odkrycie M. Nierenberga zostało porównane z Kamieniem Rosetta, z którym F. Champollo (1822) rozszyfrował egipskie hieroglify. W 1968 roku M.Nierenberg otrzymał Nagrodę Nobla w dziedzinie fizjologii i medycyny.

Jak M.Nierenberg (we współpracy z G.I.Mattei) odkrył, że poliuralcyl - poli (U) - jest kodem syntezy białka polifenyloalaninowego? To było przypadkowe odkrycie. Naukowiec nie miał zamiaru rozszyfrować kodu genetycznego. Zajmował się opracowywaniem metod syntezy sztucznych białek poprzez mieszanie rybosomów, transportowanie cząsteczek RNA i innych składników. W jednym ze swoich eksperymentów Nierenberg dodał do mieszaniny reakcyjnej sztuczne RNA, czyli poliuralcyl. Użył tego kawałka RNA jako kontroli, nie oczekując, że rozpocznie on syntezę jakiegokolwiek białka. Jednakże, wbrew oczekiwaniom, M. Nierenberg odkrył, że polialacyl inicjuje produkcję białka polifenyloalaniny, czyli kodu dla tego białka. Tak więc, przypadkowe odkrycie spowodowane użyciem jednego z RNA jako kontroli doprowadziło do zdekodowania kodu genetycznego.

I. Hargittai w swojej książce "Open Science. Rozmowy z Coryphae Biochemistry and Medical Chemistry" (2006) cytuje Charles Weisman, który mówi o Nierenbergu i jego koleżance Leone Heppel: "Nierenberg wziął od niego pewną ilość poli (U), wrzucił ją do mieszaniny reakcyjnej do syntezy białek, ale zamiast mniejszej liczby inkluzji otrzymał 20 razy więcej inkluzji aminokwasowych niż w przypadku RNA BTM (wirus mozaiki tytoniu). W tej reakcji wszystkie 20 aminokwasów było radioaktywnych. Aby dowiedzieć się, które aminokwasy zostały znalezione w reakcji stymulacji poli (U), przeprowadzili oni 20 reakcji, za każdym razem oznaczając tylko jeden aminokwas. Stwierdzono, że jest to fenyloalanina" (Hargittai, 2006, s. 434-435).

To samo relacjonują B. Guttman, E. Griffiths, D. Suzuki i T. Kullis w książce "Genetyka" (2004): "Do 1962 roku, dzięki pracy Cricka i jego współpracowników, o których mowa wcześniej, stwierdzono, że kod genetyczny składa się z trojaczków. Następnie naukowcy stanęli przed kolejnym trudnym zadaniem: określić, które aminokwasy kodują konkretny triplet. *Jak to często bywa, odkrycie zostało dokonane niemal przypadkowo, po czym cały kod został rozszyfrowany w ciągu kilku lat - jest to jedno z największych osiągnięć biologii molekularnej!* W 1961 roku, Marshall Nierenberg i Philippe Leder opracowali metody syntezy sztucznych białek poprzez mieszanie rybosomów, źródeł energii aktywujących enzymy, tRNA i innych składników. W jednej z mieszanek kontrolnych, w których nie oczekiwano syntezy białek, dodawano sztuczne RNA składające się wyłącznie z uracylu, polimeru z nukleotydową sekwencją U-U-U-, zwanego kwasem poliurydynowym. Wbrew oczekiwaniom, kwas ten zachowywał się jak informacyjne RNA i stymulował syntezę białek" (Guttman i in., 2004, s. 243).

Rola "efektu serendipity" w tym odkryciu jest również zauważona przez F.Ayala i J.J. Jonesa.W drugim tomie monografii "Nowoczesna genetyka" (1987): "W doświadczeniach z układem bezkomórkowym Marshall Nierenberg i Heinrich Matthey, którzy badali aktywność różnych leków RNA jako matryc do syntezy białek, użyli syntetycznego kwasu poliuretanowego (poly U) jako kontroli, oczekując, że nie wykaże on znaczącej aktywności matrycy. *Ku ich wielkiemu zaskoczeniu, stwierdzili, że poli U jest dość skuteczny w kierowaniu syntezą polifenyloalaniny.* Ponadto polifenyloalanina była jedynym polipeptydem syntetyzowanym w obecności poli U. Z tych obserwacji wynikało bezpośrednio, że triplet UUU służy jako kodon dla fenyloalaniny. Podobnie, wkrótce stwierdzono, że poli C ukierunkowuje syntezę poliproliny, a poli A syntezę polilizyny, czyli CCC to proliniowy kodon, a AAA koduje lizynę. Na szczęście stosowany w tych eksperymentach bezkomórkowy system zawierał zwiększone stężenie jonów magnezu, przy którym (jak się później okazało) inicjacja syntezy łańcucha polipeptydowego następuje również przy braku kodu inicjatora AUG. Tylko z tego powodu wyżej wymienione matryce syntetyczne mogły być stosowane jako substraty do nieprawidłowego rozpoczęcia transmisji. *Tak więc, częściowo z powodu szczęśliwego wypadku, pierwsze kroki w kierunku całkowitego zdekodowania kodu genetycznego zostały poczynione*" (Ayala, Kaiger, 1987, s. 76).

Był kolejny wypadek w badaniach Nierenberga. Odkrycie pierwszego kodeonu - polyuralacylu byłoby niemożliwe, gdyby jeden z pracowników K. Anfinsena (laureat Nagrody Nobla z chemii za rok 1972) nie powiedział M. Nierenbergowi, jak rozpuścić polifenyloalaninę. I.Hargittai w swojej książce "Open Science" (2006) pisze: "Zarówno samo odkrycie, jak i jego dowód były udane dzięki szczęśliwemu wypadkowi. Nierenberg chciał wiedzieć więcej o właściwościach fizycznych polifenyloalaniny. W drodze do biblioteki wszedł do laboratorium Christiana Anfinsena, które znajdowało się jedno piętro niżej. Anfinsen był specjalistą w dziedzinie struktur białkowych, a w 1972 roku otrzymał Nagrodę Nobla za badania nad strukturą uwalniania rybonukleazy. Anfinsena nie było w laboratorium, ale był tam młody gość, Michael Sela, który pracował z Anfinsenem podczas jego rocznego urlopu twórczego. Później został dyrektorem Instytutu Weizmanna. Sela dużo wiedziała o syntetycznych peptydach i używała ich w swoich badaniach immunologicznych. Powiedział Nierenbergowi, że polifenyloalanina nie jest rozpuszczalna w konwencjonalnych rozpuszczalnikach, ale jest rozpuszczalna w 15% roztworze kwasu bromowego w lodowym kwasie octowym. *Sela miała ze sobą ten rozpuszczalnik, a on zaoferował go Nierenbergowi. Dopiero 20 lat później Nierenberg odkrył, że Cela była jedyną osobą na świecie, która wiedziała o tym rozpuszczalniku.* Tak się złożyło, że pewnego dnia Cela myliła się, eksperymentując z polifenyloalaniną w badaniu karboksylowych aminokwasów końcowych białek. Zawiesinę polifenyloalaniny przez pomyłkę wlał do niewłaściwego roztworu, który okazał się być tą niezwykłą kompozycją, a ku jego zaskoczeniu polifenyloalanina się rozpuściła. *Więc w drodze do biblioteki, Nierenberg zadał swoje pytanie jedynej osobie na świecie, która mogła na nie odpowiedzieć*" (Hargittai, 2006, s. 131).

80. Odkrycie enzymów restrykcyjnych. Honor odkrycia pierwszego enzymu ograniczającego zdolnego do cięcia DNA na ściśle określonym obszarze należy do amerykańskiej genetyki Hamiltona Smitha. Odkrycie to wyznaczyło początek inżynierii genetycznej. Po odkryciu H. Smitha, naukowcy wyizolowali ogromną liczbę podobnych enzymów restrykcyjnych (restrygazy), przecinających łańcuchy DNA w określonych miejscach. Każdy enzym ograniczający jest w stanie rozpoznać swoją sekwencję nukleotydową. W ten sposób enzymy ograniczające tworzą molekularny "toolbox", który pozwala na pocięcie chromosomu na różne odcinki o pożądanej długości w zależności od tego, ile różnych enzymów ograniczających jest wykorzystywanych. W 1978 roku Hamilton Smith otrzymał Nagrodę Nobla w dziedzinie fizjologii i medycyny za "odkrycie enzymów restrykcyjnych i wykorzystanie ich do rozwiązywania problemów genetyki molekularnej".

H. Smith (1967) stwierdził, że istnieją enzymy ograniczające zdolne do rozcinania cząsteczki DNA w ściśle określonych obszarach w oparciu o następującą obserwację losową. Jako mikrobiolog na Uniwersytecie Johnsa Hopkinsa, H. Smith pracował z bakterią Haemophilus influenzae i fagiem P22. W jednym z eksperymentów H. Smitha, bakterie i fagi przypadkowo wyrosły razem. H. Smith cały czas obserwował spadek aktywności DNA w fagach, co wskazuje, że faga rozszczepiła coś wewnątrz bakterii. Na podstawie tej przypadkowej obserwacji H. Smith i jego współpracownicy wyizolowali i oczyszczili enzym, który rozszczepia DNA faga P22 w tym samym miejscu i przez tego samego pająka.

A. Wiggins i Ch. Wynn w książce "Pięć nierozwiązanych problemów nauki" (2005) piszą: "Hamilton Smith, mikrobiolog z Johns Hopkins University, pod koniec lat 60. pracował z Haemophilus influenzae Rd i phage P22. *Przypadkowo bakterie i fagi zaczęły rosnąć razem. Smith zauważył, że aktywność DNA w fagach cały czas spada, co wskazuje, że DNA faga zostało rozszczepione przez coś wewnątrz bakterii. Smith* i jego współpracownicy wyizolowali i oczyszczili enzym odpowiedzialny za rozszczepienie i ustalili jego mechanizm: enzym białkowy wewnątrz H. Rozszczepił DNA faga, ujawniając pewien łańcuch sześciu sparowanych zasad i rozszczepiając DNA - niezmiennie w tym samym miejscu i w ten sam sposób. Ten enzym nazywany jest enzymem ograniczającym. Oprócz tego enzymu H. influenzae Rd ma jeszcze jeden enzym, chetylazę, który chroni DNA bakterii przed takim losem. Enzym metylaza łączy się z grupą metylaz do zasad nukleotydowych cytozyny lub adeniny w DNA bakterii. Metylacja zmienia cząsteczkę DNA tak bardzo, że enzym ograniczający może nadal rozpoznać miejsce jego przyłączenia bez zakłócania normalnego przebiegu rozmnażania lub metabolizmu samych bakterii. Od tego czasu odkryto tysiące enzymów, które rozkładają DNA w pewnych obszarach. Odkryto również enzymy, które wiążą ze sobą kawałki DNA. W wyniku tych wszystkich odkryć biolodzy molekularni dysponują obecnie zestawem enzymów białkowych, które umożliwiają im cięcie lub klejenie DNA w danych miejscach" (A. Wiggins, Ch. Winn, 2005).

To samo mówi B.R.Mandel w swojej książce "Some topical problems of modern science" (2014): "Hamilton Smith, mikrobiolog z Johns Hopkins University, w późnych latach 60. pracował z Haemophilus influenzae Rd i fagiem P22. *Przypadkowo bakterie i fagi zaczęły rosnąć razem. Smith zauważył, że aktywność DNA w fagach cały czas spada, co wskazuje, że DNA faga zostało rozszczepione przez coś wewnątrz bakterii.* Smith i jego współpracownicy wyizolowali i oczyszczili enzym odpowiedzialny za rozszczepienie i ustalili jego mechanizm: enzym białkowy wewnątrz H. Rozszczepił DNA faga, ujawniając pewien łańcuch sześciu sparowanych zasad i rozszczepiając DNA - niezmiennie w tym samym miejscu i w ten sam sposób. Enzym ten nazywany jest enzymem ograniczającym" (Mandel, 2014, s.104).

Serendipalna" natura odkrycia jest również zauważona w monografii V.I.Glazko i V.F.Chesko "Niebezpieczna wiedza w społeczeństwie ryzyka (wiek genetyki i biotechnologii)" (2007), gdzie autorzy raportują: "Kto przyjął na siebie rolę mistrzów naprawy w klatce, troskliwych strażników tradycji? Specjalne proteiny enzymatyczne zwane restrictazami i ligaturami. Ogranicza rozrywanie, wycinanie sekwencji liter w DNA, ale nie jak zwykle, ale tylko w miejscach, w których istnieje kombinacja ściśle określonych liter genu, rozpoznawanych tylko przez to ograniczenie. Arsenał ograniczeń jest stale aktualizowany, a dzięki odkryciom naukowców obejmuje już ponad 400 pozycji. Co *ciekawe, ograniczenia zostały odkryte przez jakiś wypadek, szukając odpowiedzi na zupełnie inne pytanie: jak komórka radzi sobie z bakteriami lub wirusami, które przenikają przez nią wraz z obcym DNA*" (Glascoe, Česko, 2007, s. 58-59).

81. Odkrycie właściwości katalitycznych RNA. W 1983 roku amerykański biolog molekularny pochodzenia kanadyjskiego Sydney Altman (Altman) sformułował pomysł na temat katalitycznych właściwości cząsteczki RNA, na temat zdolności tej cząsteczki do wywoływania (katalizowania) niektórych reakcji biochemicznych. Ponieważ S. Oltman miał eksperymentalne dowody na słuszność tego pomysłu, natychmiast podchwycił amerykańskiego biochemika, laureata Nagrody Nobla w dziedzinie chemii w 1980 r., Waltera Gilberta. Postanowił, że jeśli cząsteczka RNA jest w stanie katalizować złożone procesy biochemiczne, to znaczy, że urodziła życie na planecie (hipoteza ta, zauważając, że cząsteczka RNA pojawiła się przed DNA, została nazwana "światem RNA"). Niezależnie od S.Oltmana, podobnego odkrycia (odkrycie właściwości katalitycznych RNA) dokonał Thomas Chek (Czech). W 1989 roku Komitet Noblowski uznał duże znaczenie odkryć S. Oltmana i T. Cheka, przyznając naukowcom swoją nagrodę.

S. Altman (Altman) stwierdził, że molekuła RNA może działać jako katalizator, całkiem przypadkowo. Celem naukowca było zbadanie jednego z enzymów biorących udział w tworzeniu kompletnego transportowego RNA, czyli RNA zdolnego do wykonywania swoich funkcji transportowych. W szczególności S. Altman skupił się na analizie enzymu, który przetwarza końcowe transkrypty transportowe RNA. Ten enzym nazywał się rybonukleaza P, albo RNaza P. Badając ten enzym, S. Altman na zasadzie "serendipity" odkrył fakt, że cząsteczka RNA może być katalizatorem.

I. Hargittai w swojej książce "Open Science. Conversations with Coryphaeas of Biochemistry and Medical Chemistry" (2006) cytuje historię

S. Altmana o tym odkryciu: "Po *pierwsze, odkrycie właściwości katalitycznych RNA nastąpiło w wyniku szczęśliwego wypadku.* Moim zdaniem, można to powiedzieć nie tylko o naszym laboratorium, ale także o laboratorium Toma Cheka. Praca ta była wynikiem moich badań postdoc" (Hargittai, 2006, s.305).

"Skupiłem się - kontynuuje S. Altman - na enzymie, który przetwarza transkrypty RNA (tRNA) z końca transportu. Ten enzym nazywał się rybonukleaza P, albo RNaza P. Pracowałem z nim w Cambridge przez następny rok, ponieważ Crick i Brenner postanowili sfinansować moje badania przez jakiś czas z funduszu laboratoryjnego" (tamże, s. 306).

"Po ukończeniu drugiego roku w Cambridge, poszedłem do pracy w Yale. Pomyślałem, że byłoby interesujące, gdyby jakiś student podyplomowy oczyścił enzym, który znalazłem w ekstraktach bakteryjnych i opisał go szczegółowo. Cel tego projektu był całkiem jasny. Przydzieliłem go mojemu absolwentowi, Benowi Starkowi. Pracował bardzo ciężko. To była bardzo skomplikowana sprawa.

Po tym jak Ben do pewnego stopnia oczyścił ten enzym, jego aktywność stała się bardzo niestabilna i trudno było go dalej oczyszczać. Zżelował elektroforezę systemu enzymatycznego i wstrzyknął barwnik, który barwi białka. Okazało się, że nie było żadnych białek. Ale kiedy wstrzyknął dodatkowy barwnik RNA, pojawiło się kilka pasków RNA. Więc powiedział mi: "Ten enzym nie jest zrobiony z białka, tylko z RNA." Więc powiedziałem mu: "Nonsens." Zapytałem go, z jaką ilością materiału komórkowego pracuje, a okazało się, że to tylko 5 gramów. Poprosiłem go, żeby wziął 500 gramów na raz. Znowu oczyścił i zabarwił białka. Tym razem były paski, które pasowały do białek, ale kiedy ponownie zrobił dodatkowe zabarwienie dla RNA (nadal uważał, że to RNA) okazało się, że nadal były tam paski RNA. Pomyślałem, że jeśli lepiej wyczyścisz ten enzym, możesz pozbyć się RNA. Wszystko to wydarzyło się około 1975 r. Ben zrobił jeszcze dokładniejsze czyszczenie enzymu, co pozostawiło go z jednym pasmem proteinowym. Ale odkrył też, że po oczyszczeniu zawsze pozostawało trochę RNA z tym białkiem. Eksperyment, który przeprowadził, aby przekonać mnie, że RNA nie jest tu przypadkowy, polegał na leczeniu dokładnie oczyszczonego enzymu inną rybonukleozą, mikrokokokową nukleozą (MN). Wapń jest potrzebny do pracy MN. A badany przez nas enzym wymaga magnezu. Po pierwsze, Ben leczył nasz enzym mikrokokokowym nukleozą. Następnie użył kompleksonu do usunięcia wapnia i w końcu pokazał, że gdybyśmy leczyli PHM, straciłaby ona swoją aktywność. Pokazał również, że niszczy RNA, które pozostaje po oczyszczeniu enzymu. To był dowód, że RNA jest istotną częścią naszego enzymu. Aktywność enzymatyczna również zniknęła, gdy enzym został poddany działaniu proteazy. Więc zareagowała zarówno na proteazę, jak i na leczenie RNA.

Okazało się, że publikacja tej pracy była bardzo trudna. Nikt nam nie uwierzył. Był to pierwszy przykład enzymu, który wymaga RNA do swojej aktywności. Nasz artykuł został opublikowany dopiero dwa lata później.

Różne czasopisma albo odmawiały jego druku, albo utrudniały jego publikację. Ostatecznie, artykuł ukazał się w PNAS [Postępowaniach Narodowej Akademii Nauk] dopiero po tym, jak jeden z moich starszych kolegów zgodził się być jego recenzentem i wysłał go do tego czasopisma.

W 1983 roku Cecilia Grier-Tacada pracowała ze mną jako postdoc. Ona jest doskonałym badaczem. W tym czasie badała aktywność fazy P w różnych warunkach. Zdecydowaliśmy się na przeprowadzenie tych badań po zapoznaniu się z wynikami pracy K.Gardinera z laboratorium N.Pace'a. Cecilia stwierdziła, że przy wysokich stężeniach jonu magnezu, około 60 mM, działanie enzymatyczne na substraty prekursorów tRNA może być prowadzone przez jedną podjednostkę układu enzymatycznego, którą jest RNA, który do tego czasu byliśmy już w stanie oddzielić od białka. Samo białko nie było zdolne do takich reakcji. Po dodaniu tego białka zwiększyła się liczba cykli reakcji. To jest krótka historia tego odkrycia. Do tego czasu (1983) Tom Chek opublikował już wyniki swoich badań innego systemu, w których wykazał, że RNA może być katalizatorem, więc odporność na naszą pracę była już znacznie niższa" (tamże, s. 307-308).

82. 82. odkrycie zdolności RNA do wykonywania samozłączy (samodzielnego montażu). Amerykański naukowiec, który wraz z S. Altmanem zdobył Nagrodę Nobla w dziedzinie chemii, - Thomas Chek (Czechy) w 1982 roku wysunął hipotezę o zdolności cząsteczki RNA do katalizowania własnego splotu (łączenia, zszywania z poszczególnych fragmentów), na podstawie odkrycia tej zdolności w RNA najprostszego organizmu - wlewu zwanego Tetrachymen thermophilus. Odkrycie T. Cheka było również przypadkowe i wykraczało poza wszystko, co było wcześniej znane o RNA. Była to prawdziwa niespodzianka dla badacza i jego asystentów, którzy byli zaangażowani w eksperymenty.

Thomas Chek pisze w swoim artykule "RNA jest enzymem" (In the World of Science, 1987, No. 1): "Aktywność katalityczna RNA została odkryta w latach 1981-1982, kiedy wraz z moimi kolegami badaliśmy RNA z jednokomórkowego organizmu Tetrahymena thermophila, który jest rodzajem pierwotniaków. *Ku naszemu zdziwieniu odkryliśmy, że to RNA potrafi katalizować cięcie i splatanie się, w wyniku czego wypłukiwany jest z niego niewielki fragment.* Zapominając, że RNA nie jest białkiem, tetrachymen RNA spełnia klasyczną definicję enzymu. To, co odróżnia go od "prawdziwych" enzymów, to fakt, że białka enzymatyczne katalizują reakcje pomiędzy innymi cząsteczkami, podczas gdy ten RNA katalizuje własne metamorfozy. Dlatego też dla enzymatycznych cząsteczek RNA zaproponowaliśmy termin "enzym rybonukleinowy". Ostatnio udało nam się pokazać, że w nieco zmodyfikowanej formie ten sam RNA może usieciować nie tylko siebie, ale i inne cząsteczki RNA, a zatem jest enzymem w pełnym tego słowa znaczeniu" (Check, 1987, s. 26).

W. Czernikow w swoim artykule wywiadowym "Kto by pomyślał, że RNA może działać jako enzym?" (Journal of Chemistry and Life, 1988, №

12) odtwarza jego rozmowę z Thomasem Chekiem: "Czy miałeś już oryginalną hipotezę, że RNA może mieć właściwości katalityczne, czy też przypadkiem natknąłeś się na swoje odkrycie? *Absolutnie przez przypadek! Nie mieliśmy takiego pomysłu. Kto by pomyślał, że RNA może działać jako enzym? Celem naszej pracy było początkowo zrozumienie, w jaki sposób molekuła "dojrzewa" - jak niepożądane, niedoinformowane fragmenty DNA są wycinane z bardzo długiej kopii RNA, a pozostałe obszary semantyczne są łączone w jedną molekułę.* Proces ten nazywany jest splataniem przez analogię do cięcia i splatania liny morskiej. W tym przypadku rolę liny pełni molekuła RNA. Byliśmy pewni, że, jak wszystkie procesy w komórce, splatanie odbywa się za pomocą białek. I że jest kilka z tych białek - niektóre są cięte, inne szyte... Zaczęliśmy szukać tych białek enzymatycznych. Ale nieważne, jak bardzo się staraliśmy, nie mogliśmy ich odizolować w czystej postaci. W narkotykach zawsze było RNA. Wtedy właśnie zaczęliśmy myśleć, że istnieje jakieś bardzo niezwykłe białko, które jest dosłownie związane z RNA. Zaczęliśmy testować tę hipotezę. Nie udało się. I wtedy musieliśmy założyć, że nie ma żadnego białka. Chodzi o samo RNA - służy samo sobie. Cięcie, rzucanie, szycie, samodzielne zaplatanie. Jak widzicie, dla nas to odkrycie było absolutnie nieoczekiwane" (Czernikowa, 1988, s. 31).

O tym E.M. Beckman pisze w notatce: "Nie bójcie się ciemnych pomieszczeń!" (Chemia i Life Magazine, 1988, nr 12): "Sam czek nazywa swoje odkrycie przypadkowym. Pod koniec lat siedemdziesiątych badał proces niezwykle istotny dla aktywności żywej komórki: tzw. dojrzewanie kwasów nukleinowych, RNA. Thomas Check odtworzył ten proces w probówce testowej, próbując ustalić, jakie są minimalne warunki dojrzewania. Oczywiście, nikt nie miał wątpliwości, że proces ten obejmuje biologiczne katalizatory - enzymy. Ale skoro enzymy są białkami. Od 1926 roku, kiedy pierwszy enzym został wyizolowany, ureaza i do tej pory odkryto wiele enzymów, a wszystkie one są białkami. To prawda, że enzymy często znajdowały składniki pozabiałkowe, ale aktywnym początkiem było zawsze białko. Zostało to ustalone wiele razy i wydawało się, że nie może być innego.

Kontrola, wraz z jego wytrwałym i utalentowanym studentem podyplomowym A. Zaugiem, szukała również białek, które kontrolują tę transformację RNA. Na próżno! W końcu Chek spojrzał prawdzie w oczy i znalazł odwagę, by oświadczyć, że nie ma kota (metafora autora - N.N.B.), a samo RNA - katalizatora. Tak więc, zajmując się problemem kwasów nukleinowych, dokonał odkrycia w nauce o enzymach" (Beckman, 1988, s. 30).

83. Otwarcie G-protein. Alfred Gilman, laureat Nagrody Nobla z 1994 roku w dziedzinie fizjologii i medycyny, odkrył białka G, nie myśląc o ich odkryciu, ale rozwiązując zupełnie inny problem: pracując ze zmutowanymi komórkami bez cyklazy adenylanowej, A. Gilman próbował biochemicznie odtworzyć błony tych zmutowanych komórek. W tym celu dodał do tych komórek ekstrakty z innych komórek zawierających cyklazę adenylanową. W jednym ze swoich eksperymentów Gilmanowi udało się przywrócić zdolność zmutowanych błon komórkowych do syntezy cAMF (cykliczny AMF, odkryty przez Earla Sutherlanda). Na początku Gilman zdecydował, że ten doskonały rezultat był spowodowany wprowadzeniem cyklazy adenylanowej do błon. Jednakże doświadczenia kontrolne szybko wykazały, że chociaż zmutowane błony komórkowe zawierają cyklazę adenylanową, jest ona nieaktywna z powodu braku pewnego białka. Białko to, które było niezbędne do aktywacji cyklazy adenylanowej, okazało się nowym, nieznanym wcześniej białkiem - białkiem G. Tak więc A. Gilman szukał jednej rzeczy (sposobu na przywrócenie zdolności błony komórkowej do syntezy cAMF w odpowiedzi na działanie hormonów), a znalazł zupełnie inną (nowe białko błony aktywujące cyklazę adenylanową, a ponadto kontrolujące wiele różnych procesów wewnątrzcząsteczkowych).

Historia A.Gilmana o tym, jak odkrył białko G, jest zawarta w książce I.Hargittaya "Open Science" (2006). A.Gilman opowiada o początku swoich badań, które nastąpiły po odkryciu przez Earla Sutherlanda cyklicznego AMF - wewnątrzkomórkowego wtórnego posłańca, inicjującego łańcuch reakcji fosforylacji białek w komórkach: "Moja rola w tej historii rozpoczęła się od badania tej kluczowej reakcji (reakcji fosforylacji białek - N.N.B.) w błonie plazmowej komórki i sposobu przekazywania informacji z zewnątrz do wewnątrz komórki. Kiedy byłem studentem, naukowcy zastanawiali się, czy enzym syntezy cyklicznego AMP adenylanu jest taki sam jak receptor β-adrenalowy dla adrenaliny: jedyne białko, które rozpoznaje katecholaminy poza błoną plazmową i syntetyzuje cAMF wewnątrz niej. Alternatywą był dwuskładnikowy model, w którym receptor był oddzielony od cyklazy i w jakiś sposób oddziaływał na siebie. Prace Rodbella na przełomie lat 60. i 70. wykazały, że nukleotydy guaniny odgrywają bardzo ważną rolę w tym procesie, a GTP (trifosforan guanozyny) jest dodatkowym niezbędnym czynnikiem aktywacji hormonalnej cyklazy adenylanowej. Sugerował, że mógł istnieć trzeci składnik, choć nie było na to bezpośrednich dowodów.

Zaczęliśmy wspólnie badać reakcję metodami biochemicznymi i genetycznymi, a kluczem do naszego sukcesu było wykorzystanie linii komórek limfatycznych S49, z których pierwszym był Gordon Tomkins i jego współpracownicy, w szczególności Phil Coffino i Henry Born. Komórki te mają jedną unikalną cechę: cAMF ma na nie destrukcyjny wpływ, więc umierają przy każdej stymulacji syntezy cAMF. Wybierając komórki odporne na szkodliwe działanie amin katecholowych, Born i Tomkins wyizolowali zmutowaną komórkę, która nie wydawała się mieć cyklazy adenylanowej. Zdecydowaliśmy się na biochemiczną naprawę membran tych zmutowanych komórek. To były te eksperymenty, które doprowadziły do odkrycia pierwszego białka G. Elliott Ross i ja byliśmy w stanie odtworzyć te membrany poprzez dodanie ekstraktów detergentów z innych komórek zawierających cyklazę adenylanową; w ten sposób przywróciliśmy zdolność zmutowanych membran komórkowych do syntezy cAMF w odpowiedzi na działanie hormonów. *Oczywiście na początku zdecydowaliśmy, że ten doskonały wynik będzie wymagał wprowadzenia cyklazy adenylanowej do błon. Jednakże doświadczenia kontrolne szybko wykazały, że chociaż zmutowane błony komórkowe zawierają cyklazę adenylanową, jest ona nieaktywna z powodu braku pewnego białka. Okazało się, że białko to, niezbędne do aktywacji cyklazy adenylanowej, to nukleotyd guaniny - białko wiążące, czyli białko G*" (Hargittai, 2006, s. 218-219).

Dalej Alfred Gilman mówi o znaczeniu białek G w życiu komórkowym: "Te obserwacje były interesujące same w sobie, ale w końcu, jak wielu innych badaczy, zdaliśmy sobie sprawę, że zadaniem białek G jest znacznie więcej niż tylko aktywacja cyklazy adenylanowej. Transmisja sygnału kontrolowanego przez białko G jest najczęstszym mechanizmem przekazywania informacji przez błonę plazmową, a wszystkie komórki zwierzęce wykorzystują ten mechanizm do postrzegania otoczenia i reagowania na różne działania kontrolne. Istnieje około 1500 receptorów, które wchodzą w interakcję z białkami G. Receptory związane z białkami G mogą stanowić około 2% ludzkiego genomu. Białka G kontrolują wiele różnych procesów wewnątrzcząsteczkowych, od rozmnażania drożdży do widzenia i zdolności poznawczych u ludzi. Wszystko to daje obraz gigantycznego przełącznika w błonie plazmowej z dziesiątkami receptorów, białek G i cząsteczek białka G, które są kontrolowane przez białka G. W tym labiryncie istnieje wiele zbieżnych i rozbieżnych ścieżek oraz wiele różnych mechanizmów sprzężenia zwrotnego, które pozwalają na dostrojenie aktywności wszystkich komponentów. Jest to bardzo złożony system sterowania, a my mamy jeszcze wiele do nauczenia się o jego mechanizmie" (tamże, s. 219-220).

84. Odkrycie czynnika wzrostu nerwów (NGF). Wielka Włoszka, odkrywczyni czynnika wzrostu nerwu, Rita Levi-Montalcini (1950), po raz pierwszy doszła do wniosku o istnieniu tego czynnika wzrostu w komórkach nowotworowych, na podstawie eksperymentu przeprowadzonego przez byłego studenta Victora Hamburgera - Elmera Buekera. A główny rezultat tego eksperymentu, który nie umknął uwadze R. Levi-Montalcini, został uzyskany przez przypadek. Elmer Bouacker (1948), przeprowadzając eksperyment z przeniesieniem mięsaka myszy w ciele zarodka kurczaka, nie myślał o żadnych substancjach, które mogą stymulować wzrost włókien nerwowych, i nie dążył do wykrycia tych substancji.

W wielu eksperymentach, oprócz ich głównych wyników (wyniki odpowiadające pierwotnemu celowi badania), występują produkty uboczne, które nie są w żaden sposób związane z tym celem. E. Bueker, będąc w stanie wstrzyknąć fragment guza myszy (mięsak S180) do 3-dniowego zarodka kurczaka, był zadowolony z tego wyniku, dając rozwiązanie początkowego problemu, ale nie zwracał należytej uwagi na produkt uboczny swojego eksperymentu. I wykazał, że po przeszczepieniu fragmentu guza myszy, dzieje się coś niezwykłego: w organizmie zarodka rozpoczyna się intensywny proces wzrostu wiązek włókien nerwów czuciowych. E. Buecker ominął ten fakt, podczas gdy R. Levi-Montalcini zdał sobie sprawę, że mięsak S180 zawiera jakąś nieznaną substancję stymulującą wzrost nerwów. R.Levi-Montalcini przeprowadziła serię eksperymentów, które udowodniły jej przypuszczenia i przyniosły jej Nagrodę Nobla w dziedzinie fizjologii i medycyny (1986), a E.Bouecker, który oderwał się od przypadkowo odkrytego zjawiska, został bez nagrody.

N.N.Kostiukowicz w artykule "Odkrywca czynników wzrostu i laureat Nagrody Nobla Stanley Cohen" (białoruski dziennik "Biuletyn Fundacji Badań Podstawowych", 2011, [1] 4 (58)) pisze: "W 1948 roku, Pracując już jako profesor nadzwyczajny na Georgetown University w Waszyngtonie, Elmer przeprowadził odważny i przebiegły eksperyment, inokulując 3-dniowy zarodek kurczaka fragmentem guza myszy - mięsaka S180. Kilka dni później badanie histologiczne zarodka wykazało, że rosły w nim wiązki włókien nerwów czuciowych, które wnikały do guza i wypełniały go, podczas gdy włókna nerwów ruchowych nie. Ponadto, wzrost nerwu w guzie był bardziej obfity niż w normalnie rosnących organach. Buecker stwierdził, że właściwości histochemiczne szybko rosnących mięsaków są "korzystną glebą" dla wzrostu nerwów czuciowych i postulował, że obfitość włókien nerwowych wynika z dużej powierzchni guza. Jak się później okazało, tym niepotwierdzonym postulatem odebrał sobie Nagrodę Nobla. Ale dwa lata później, w styczniu 1950 roku, po przeczytaniu artykułu E. Buekera, w Levi-Montalcini, który ma wyjątkową intuicję, w przenośni, "anteny wibrowały". Obserwowane przez Elmer zachowanie włókien nerwowych wydawało się jej bardzo nietypowe i potencjalnie niezwykle ważne. Wszakże w normalnym rozkwicie kończyn kończyny nerwowe zarodka kiełkują w sposób uporządkowany. Ich przenikanie do przeszczepionego mięsaka było nie tylko burzliwe, a "dzikie" - rosnące w nim przypadkowo splątane włókna nerwowe. Hamburger i Levi-Montalcini postanowili, że Rita wstrzyma pozostałe prace i przestudiuje ich zagadkowe zjawisko, stosując metodę, którą opracowała już w swoich pierwszych eksperymentach neuroembriologicznych" (Kostyukovich, 2011, s. 120).

Amerykański naukowiec Stanley Cohen, będąc bezpośrednim uczestnikiem historii odkrycia FPR, zawsze podkreślał, że historia ta jest pełna pomyślnych wydarzeń. N.N.Kostyukovich w tym samym artykule informuje: "W swoich wystąpieniach przed różnymi odbiorcami profesor S.Cohen często podkreśla, że wiele nowych rzeczy zostało odkrytych całkiem przypadkowo. Dlatego jest on przekonany, że jeśli zauważysz wypadek, możesz otworzyć coś nowego. Przypadkowo odkryto nową klasę związków biologicznie czynnych, zwanych czynnikami wzrostu, ze względu na ich zdolność do stymulowania wzrostu (wzrostu liczby), rozwoju i różnicowania się odpowiednich komórek - celów w organizmie. A historia odkrycia pierwszego z nich - czynnika wzrostu tkanki nerwowej - jest przez specjalistów kwalifikowana jako "niesamowity łańcuch zbiegów okoliczności, wypadków i nieoczekiwanego szczęścia" (Kostiukowicz, 2011, s. 118).

B. Alberts, D. Bray, J. Lewis i inni autorzy w 3. tomie książki "Biologia molekularna komórki" (1994) nie pozostawiają wątpliwości, że FSN został odkryty przez przypadek: "Pierwszym czynnikiem neurotroptycznym, który został zidentyfikowany, był czynnik wzrostu nerwu (NGF), a teraz jest on najlepiej zbadany. *Czynnik ten został odkryty przez przypadek podczas eksperymentów z transplantacją tkanek i guzów do embrionów kurczaków.* Przeszczepy jednego rodzaju guza były niezwykle obfite i powodowały znaczny wzrost niektórych grup neuronów obwodowych w okolicy. Dotyczyło to tylko dwóch kategorii neuronów - sensorycznych i współczulnych (podklasa peryferyjnych neuronów autonomicznych regulujących skurcz mięśni gładkich i funkcję gruczołu wydechowego)". (Alberts, Bray, Lewis et al., 1994, s. 358).

85. Odkrycie zdolności trucizny wężowej do stymulowania wzrostu włókien nerwowych. Na jednym z etapów badań R. Levi-Montalcini rozpoczął współpracę z amerykańskim biochemikiem Stanleyem Cohenem, którego zadaniem było poznanie molekularnego mechanizmu działania mięsaka S180 na włókna nerwowe zarodka, czyli znalezienie i wyizolowanie substancji, która stymuluje wzrost tych włókien. S. Cohen sugerował, że ta substancja to nukleoproteina. Po przyjęciu tej hipotezy i wiedząc, że enzymy rozkładające nukleoproteiny są zawarte w truciźnie wężowej, amerykański biochemik postanowił zbadać wpływ trucizny wężowej na wzrost włókien nerwowych.

Tutaj S. Cohen (1956) czekał na nowy wypadek: dość niespodziewanie odkrył, że sama trucizna na węża spowodowała intensywny wzrost aksonów (włókien nerwowych) w kulturze. Innymi słowy, próbując wyizolować czynnik wzrostu nerwu (NFN) z komórek guza, czyli z komórek mięsaka S180, S. Cohen odkrył, że ten sam czynnik wzrostu nerwu zawarty jest w truciźnie na węża. Doskonały przykład znaleziska "serendipse"! I wtedy naukowiec zrealizował analogię (analogia - podstawowa metoda twórczego myślenia). S. Cohen zdecydował, że ponieważ gruczoł jadowity węży jest homologiem ślinianki podśluzówkowej ciepłej krwi, należy zbadać wpływ homogenatu ślinianki podśluzówkowej myszy na wzrost aksonów w hodowli. Jego eksperymenty wykazały, że gruczoły podżuchwowe myszy są jeszcze bogatszym źródłem substancji, która powoduje wzrost aksonów. To właśnie z gruczołów podżuchwowych myszy S. Cohen wyizolował tę substancję, którą nazwano czynnikiem wzrostu nerwów (substancja ta okazała się być białkiem, którego sekwencja aminokwasowa, jak się później okazało, jest w 50% podobna do insuliny). W 1986 roku Stanley Cohen dowiedział się, że Komitet Noblowski przyznał mu swoją nagrodę wraz z R. Levi-Montalcinim.

Należy zauważyć, że na początku swoich doświadczeń Cohen (1956) postanowił zbadać wpływ trucizny wężowej na wzrost włókien nerwowych pod wpływem Arthura Kornberga, laureata Nagrody Nobla w dziedzinie fizjologii i medycyny w 1959 roku. A.Kornberg doradził mu, aby spróbował wpłynąć na rosnące aksony za pomocą enzymu fosfodiesterazy (PDE), który jest w stanie zniszczyć frakcję kwasów nukleinowych. S. Cohen wziął trochę FDE od jednego z pracowników laboratorium Kornberga, który wyizolował ten enzym z jadu rodziny żmijowatych. Działając surowy preparat enzymatyczny na włókna nerwowe, S.Cohen i dokonał jego przypadkowego odkrycia: odkrył właściwość jadu węża, aby zainicjować wzrost aksonów. A.Kornberg "mimowolnie" położył więc rękę na tym niezamierzonym odkryciu.

I.M.Rodionow pisze o przypadkowym odkryciu S. Cohena w artykule "Czynnik wzrostu nerwów, przerost i zniszczenie systemu współczulnego" ("Soros Educational Journal", 1996, № 3): "Stało się jasne, że efekt wzrostu jest spowodowany przez jakąś substancję uwalnianą przez komórki nowotworowe. Jednym z założeń było to, że substancja ta jest nukleoproteiną, więc postanowiliśmy zbadać wpływ trucizny na wzrost, ponieważ trucizna na węża zawiera enzym, który rozkłada nukleoproteiny. Rezultat był nieoczekiwany: sama trucizna na węże spowodowała intensywny wzrost aksonów w kulturze. Efekt ten jest wspólny dla wielu rodzajów trucizny wężowej. Ponieważ gruczoł jadowy węży jest homologiem ślinianki podżuchwowej ciepłej krwi, badano wpływ homogenatu ślinianki podżuchwowej myszy na wzrost aksonów w hodowli. Okazało się, że gruczoły podżuchwowe myszy są jeszcze bogatszym źródłem substancji, która powoduje wzrost aksonów. Substancja ta została nazwana czynnikiem wzrostu nerwów (NFN). *Warto zwrócić uwagę na rolę przypadkowości w tych ciekawych odkryciach. Czynnik wzrostu nerwów (NFN) został przypadkowo odkryty w truciźnie na węże. Stwierdzono więc, że może on występować w śliniankach podżuchwowych myszy, które są homologami gruczołu trującego węża. Okazało się, że naukowcy mieli niezwykłe szczęście: mysz jest jedynym znanym gatunkiem, który ma tak wysoką zawartość FNR w gruczołach ślinowych.* U innych gatunków jego zawartość jest setki i tysiące razy mniejsza" (Rodionow, 1996, s. 18-19).

O tym samym donosi N. Kostiukowicz w swoim artykule "Odkrywca czynników wzrostu i laureat Nagrody Nobla Stanley Cohen" (Białoruski Dziennik Badań Podstawowych, 2011, № 4 (58)).

Mówiąc o tym, jak S. Cohen rozwiązał problem określenia natury i struktury chemicznej FPR odkrytego przez Ritę Levi-Montalcini, N.N. Kostyukovich mówi: "Pracując nad rozszyfrowaniem struktury chemicznej czynnika aktywnego, Stan kontynuował poszerzanie wiedzy z zakresu biochemii, biorąc udział w seminariach naukowych w Zakładzie Mikrobiologii, który od 1953 roku. na czele z Arturem Kornbergiem (1918-2007), uznanym autorytetem w dziedzinie biochemii enzymów, który wkrótce otrzymał Nagrodę Nobla i przeszedł do historii jako jeden z największych biochemików XX wieku. Te codzienne (!) jednogodzinne warsztaty, podczas których wszystkie publikacje naukowe z dziedziny biochemii opublikowane w "Chemical Abstracts" były krytycznie oceniane (ich niewielka liczba w tamtym czasie jeszcze na to pozwalała), a na ogół wszelkie ciekawe pomysły i wyniki odbywały się w nietypowej formie - w porze lunchu i przy stole. Kiedy Cohen przedstawił wyniki swojej pracy uczestnikom seminarium żując kanapki, Kornberg zasugerował, że prelegent ma do czynienia z wirusem i że powinien spróbować dodać fosfodiesterazy (PDE) do homogenatu, który zniszczyłby frakcję kwasu nukleinowego. Stan dostał trochę PDE z jednego z postdoców Kornberga, który odizolował go od jadu rodziny żmijowatych. Po inkubacji ekstraktu z guza z nieoczyszczonym preparatem enzymatycznym badano działanie nowej frakcji białkowej w zwoju. *Już następnego dnia Cohen zobaczył najbardziej niezwykłą kulturę tkankową z tych, które wcześniej widział - zwoje utworzyły ogromną ilość włókien nerwowych. Na początku myślał, że enzym po prostu zneutralizował jakiś inhibitor, który mógł być początkowo obecny w homogenacie i osłabić jego działanie. Ale eksperyment kontrolny wykazał, że niecałkowicie oczyszczony FDE sam w sobie powoduje wzrost nerwów!* Praca zagotowała się ponownie: w ciągu pięciu dni lipca 1956 roku Stan i Rita (Rita Levi-Montalcini - N.N.B.) wysłały do druku trzy artykuły. Eksperymenty wykazały, że wzrost nerwów nie spowodował diesterazę, a w niej domieszkę. W ekstrakcie poddanym działaniu FDE znaleziono nowe biologicznie aktywne białko, którego działanie zostało stłumione przez komercyjne serum przeciwko truciźnie wężowej. Wyizolowana z trucizny dwóch rodzajów żmij i oczyszczona, miała 1000 razy silniejszy wpływ na wzrost nerwów w hodowli tkankowej niż najczystsze frakcje białkowe ekstraktów z guza" (Kostiukovich, 2011, s. 125).

86. Odkrycie metody radioimmunologicznej (RIA). Amerykańska badaczka Rosalyn Jałow wraz z Salomonem Bursonem (1955, 1956) opracowała metodę analizy radioimmunologicznej hormonów peptydowych (RIA), która szybko zyskała powszechne uznanie wśród naukowców i została szybko rozwinięta. Metodę tę zaczęto stosować do oznaczania praktycznie wszystkich markerów biochemicznych, w tym także dla antygenów wirusowych, bakteryjnych i innych. Rozwój technologii wytwarzania wysokospecyficznych przeciwciał poliklonalnych, a zwłaszcza monoklonalnych doprowadził do rozpowszechnienia metod RIA we wszystkich dziedzinach medycyny, biologii, fizjologii, weterynarii. Metody RIA zapewniły szybki rozwój endokrynologii i całego kompleksu dyscyplin medycznych i biologicznych. W 1977 roku Rosalyn Jałow otrzymał Nagrodę Nobla w dziedzinie fizjologii i medycyny (Solomon Burson nie otrzymał tej nagrody, ponieważ zmarł w 1972 roku).

Przypadkowa obserwacja doprowadziła do wynalezienia metody radioimmunologicznej (RIA). Punktem wyjścia (początkowym) prac, które zakończyły się rewolucyjnym wynalazkiem, jest opracowanie R. Yalou i S. Bursona, opublikowane w 1956 r. W opracowaniu tym R. Yalou i S. Burson chcieli tylko sprawdzić hipotezę I. Mirsky'ego (1952) o szybkiej degradacji egzogennej insuliny pod wpływem insuliny u dorosłych chorych na cukrzycę. Testując tę hipotezę, R. Yalow wstrzykiwał dożylnie insulinę oznaczoną $^{131I\ do}$ organizmu osób z cukrzycą i do organizmu osób zdrowych. Naukowcy mieli nadzieję potwierdzić założenie I. Mirsky'ego. Ku wielkiemu zaskoczeniu, R.Yalou i S.Burson odkryli fakty sprzeczne zarówno z hipotezą I.Mirsky'ego, jak i z ich własnymi oczekiwaniami.

Okazuje się, że oznakowana insulina jest eliminowana z krwi pacjentów wolniej niż zdrowych. W obliczu tego nieprzewidzianego i niezrozumiałego faktu R. Yalow i S. Burson zasugerowali, że opóźniona eliminacja insuliny wynika z jej związania z przeciwciałami powstającymi podczas terapii insulinowej. Autorzy opracowali metodę radioizotopową, wystarczająco czułą, aby określić rozpuszczalny kompleks antygen-przeciwciało. Za pomocą tej metody R. Yalou i S. Burson wykazali antygenowość insuliny, co było sprzeczne z ówczesnymi dogmatami. Z tego powodu "The Journal of Clinical Investigation" (w skrócie "JCI"), gdzie naukowcy wysłali swój pierwszy artykuł o odkryciu dokonanym w 1955 roku, odmówił jego publikacji. Tak więc R. Yalou i S. Burson szukali jednej rzeczy (sposób na potwierdzenie hipotezy I. Mirsky'ego), a znaleźli całkiem inną (obalili tę hipotezę i opracowali analizę radioimmunologiczną).

N.P.Gonczarow pisze w swoim artykule "Pamięci laureata Nagrody Nobla w dziedzinie fizjologii i medycyny z 1977 roku dr Rosalyn Jałów (Rosalyn Jałów)" (Journal of Endocrinology Problems, 2013, № 1): "Początek stanowiła praca I. Mirsky'ego (1952), w której zaproponował hipotezę o szybkiej degradacji egzogennej insuliny pod wpływem insuliny u dorosłych chorych na cukrzycę. Aby sprawdzić tę hipotezę, dr R. Yallow podał dożylnie insulinę oznaczoną $^{131I\ cukrzykom}$ i osobom zdrowym. Ku zaskoczeniu, badacze stwierdzili niższy wskaźnik eliminacji znakowanej insuliny z krwi u pacjentów niż u zdrowych ochotników. Wyniki tej pracy zostały opublikowane w 1956 r. Po dokładnej analizie wyników autorzy byli przekonani, że stwierdzona różnica wynika z czasu trwania wstępnej obróbki insuliną" (Goncharow, 2013, s. 70).

"Niektórzy chorzy na cukrzycę otrzymujący insulinę," kontynuuje N.P. Goncharov, "mieli powolne wycofywanie insuliny z krwi, podczas gdy inni zauważyli przyspieszone wycofywanie insuliny. Autorzy sugerowali, że opóźniona eliminacja insuliny nie jest spowodowana degradacją tego hormonu, ale jego wiązaniem z przeciwciałami powstającymi podczas insulinoterapii. Poziom wytwarzanych przeciwciał mógł być niewystarczający do ich ilościowego oznaczenia klasycznymi metodami biochemicznymi. Dlatego też autorzy opracowali metodę radioizotopową, która ma znacznie większą czułość analityczną na oznaczenie rozpuszczalnego kompleksu antygen-przeciwciało" (ibid., s. 70).

To samo zgłasza K. Ronald Kahn i J. Roth w artykule "S. Burson, R. Yalow i czasopismo JCI: mąka i rozkosz" (Journal of Endocrinology: News, Opinions, Education, 2014, No. 1): "Rozwój RIA rozpoczął się od badań metabolizmu insuliny z i bez oznaczenia insuliny ^{131I} u osób z cukrzycą [5].

Burson i Yalow stwierdzili, że wbrew ich oczekiwaniom redukcja insuliny za pomocą tagu RFID w osoczu była znacznie wolniejsza u chorych, którzy otrzymywali insulinę niż u osób, które nigdy nie otrzymywały insulinoterapii [5]. Immunolodzy w połowie lat 50. negowali możliwość immunogenicznych właściwości insuliny, co doprowadziło do odmowy publikacji artykułu w czasopiśmie "JCI". Jednak Burson i Yalow ostatecznie udowodnili, że spowolnienie spadku stężenia insuliny wynikało z jej wiązania z przeciwciałami insulinowymi obecnymi w surowicy chorych na cukrzycę leczonych wcześniej insuliną [5]. Początkowo Burson i Yalow stosowali oznakowaną i nieoznakowaną insulinę do badania tych przeciwciał. Później zdali sobie sprawę, że przeciwciała mogą być wykorzystywane do określania tego hormonu, a konkurencja między nieoznakowaną insuliną a insuliną z ^{131}I lub ^{125}I o wiązanie z miejscami, w których występują przeciwciała insulinowe, może służyć jako podstawa do opracowania czułej i specyficznej metody wykrywania hormonów [1, 3]" (Kahn, Roth, 2014, s. 10-11).

O przypadkowym odkryciu Rosalyn Jałow, które doprowadziło ją do Nagrody Nobla, pisze również Michael Chiksentmihayi w książce "W poszukiwaniu potoku". Psychologia włączenia społecznego w życiu codziennym" (2012). Autor analizuje historię sukcesu R. Jałowa na tle innych odkryć dokonanych przez przypadek: "Niektóre z najwybitniejszych odkryć naukowych zostały dokonane tylko dlatego, że naukowiec, zaangażowany w rutynową pracę, nagle zauważył coś nowego, niezwykłego, wymagającego wyjaśnienia. Rentgen Wilhelma odkrył promieniowanie, zwracając uwagę na fakt, że niektóre płyty fotograficzne były częściowo naświetlone nawet przy całkowitym braku światła. Alexander Fleming odkrył penicylinę, zauważając, że bakterie były mniej aktywne na niemytych, spleśniałych płytkach. Rosalyn Jałow stworzyła technikę analizy radioimmunologicznej, stwierdzając, że gdy insulina jest przyjmowana przez chorych na cukrzycę, jest ona wchłaniana wolniej niż u normalnych pacjentów, a nie tak szybko, jak można by się tego spodziewać. We wszystkich tych przykładach - historia nauki jest pełna podobnych przypadków - niezwykłe wydarzenie było punktem wyjścia dla wielkiego odkrycia które zmieniło życie ludzkości, po prostu dlatego że ktoś poświęcił mu więcej uwagi niż wymagała tego sytuacja. Gdyby Archimedes, biorąc kąpiel, pomyślał tylko: "Do diabła, znowu wylałem całą podłogę, co powie moja dobra opinia?", ludzkość musiałaby poczekać jeszcze kilka wieków, zanim ktoś wyjaśni mu zasadę wypierania płynów" (Chiksentmihayi, 2012, s. 120).

Należy zauważyć, korygując autora, że promieniowanie (radioaktywność) zostało odkryte przez A.Becquerela, a nie przez V.Roentgena.

87. Odkrycie detektorów neuronowych o różnej charakterystyce bodźców wzrokowych. Amerykańscy neurofizjolodzy David Hubel i

Torsten Wiesel (Wiesel) są pionierami neuronów aktywowanych w odpowiedzi na określone bodźce wzrokowe. Odkryte przez nie detektory neuronowe o różnej charakterystyce bodźców wzrokowych wykazały, że komórki nerwowe są swoiste dla specjalizacji: niektóre z nich są podniecone tylko podczas odbierania ruchu, inne reagują na krzywiznę linii, jeszcze inne na kontrast, jeszcze inne reagują na krawędzie i kontury o określonej pozycji w przestrzeni. Następnie (już inni badacze) odkryli, że istnieją "wyższej rangi" komórki mózgowe, które reagują na holistyczne obrazy, takie jak twarze niektórych ludzi. Odkryto również tzw. "neurony lustrzane", które są aktywowane zarówno w momencie wykonania określonej akcji, jak i w momencie, gdy inny podmiot obserwuje jej wykonanie. W 1981 roku D. Hubel i T. Wiesel, których odkrycia pomogły zrozumieć, jak działa nasz mózg, otrzymali Nagrodę Nobla w dziedzinie fizjologii i medycyny.

Rozbudowany program badawczy mający na celu identyfikację odmian bodźców wzrokowych, które aktywują neurony, został opracowany przez D. Hubela i T. Wiesela po dokonaniu przypadkowego odkrycia w 1959 r. - odkryli oni neurony reagujące na krawędzie i kontury. Innymi słowy, masowa praca, która pozwoliła na opisanie szerokiej gamy detektorów neuronów, została zainicjowana przez przypadkowe odkrycie. Podczas jednego z eksperymentów D. Hubel (1959) przypadkowo przeniósł szkło (szkiełko z kropką) poza pole chłonne komórki nerwowej zawierającej mikroelektrodę. Nagle komórka zaczęła się rozładowywać (generować impulsy). Początkowo naukowiec był zakłopotany, ale szybko zorientował się, że komórka nerwowa reaguje na krawędź szyby (szkiełko z kropką), gdy opuszcza ją do szczeliny okulistycznej używanego w eksperymencie.

D. Goodwin w swojej książce "Research in Psychology: Methods and Planning" (2004) zauważa: "Jedno z najważniejszych badań drugiej połowy XX wieku na temat psychologii systemu wizualnego zostało zainicjowane przez przypadkowe odkrycie dokonane w laboratorium Uniwersytetu Harvarda przez Davida Hubela i Thorsena Wisela (Hubel & Wisel, 1959). Badali oni funkcjonowanie poszczególnych neuronów w różnych częściach drogi wzroku, aby określić, czy neurony mogą być aktywowane zgodnie z określonymi bodźcami. Eksperymentalna konfiguracja składała się z ekranu, na którym wyświetlane były różne obrazy. Głowę obserwowanego kota zamocowano w określonej pozycji i wszczepiono elektrody do poszczególnych komórek jego układu wzrokowego. (Już na początku lat 50. procedura była tak precyzyjnie zaprojektowana, że możliwe było badanie aktywności pojedynczego neuronu). Hubbell i Wissel spodziewali się, że neuron będzie podekscytowany w odpowiedzi na projekcję czarnych lub białych punktów na siatkówce kota. Ich pierwsze próby zakończyły się niepowodzeniem" (Goodwin, 2004, s. 103).

"Hubbell i Wissel nadal ciężko eksperymentowali," kontynuuje Goodwin, "i po chwili skoncentrowali się na jednym konkretnym obszarze siatkówki. Interesowało ich, że przejście punktu przez ten obszar czasami podniecało neuron, ale nie zawsze: "Po około pięciu godzinach zmagań nagle (przypadkowo - N.N.B.) zauważyliśmy, że szyba (poślizg) z punktem czasami wywołuje reakcję, ale wydawało się, że reakcja ta nie jest związana z punktem. Stopniowo zdawaliśmy sobie sprawę, że spowodowane to było wyraźnym, ale słabym cieniem rzucanym przez krawędź szyby, gdy opuszczaliśmy ją w szczelinę urządzenia" (tamże, s. 103).

F. Bloom, A. Layserson i L. Hofstadter piszą o tym samym czynniku przypadku w książce "Mózg, umysł i zachowanie" (1988): "Do 1962 roku opracowano metody rejestrowania aktywności elektrycznej komórek zwojowych siatkówki i komórek bocznego ciała czaszki pod wpływem bodźców na siatkówkę. Pracując z kotami znieczulonymi, David Hubel i Torsten Wiesel rozpoczęli badania reakcji komórek w pierwotnej korze wzrokowej. Wiele komórek warstwy IV reagowało w podobny sposób, jak komórki siatkówki i ciała korby bocznej, wykazując dużą aktywność, gdy małe wiązki światła padały na ich pola chłonne. *Jednak neurony znajdujące się powyżej i poniżej warstwy IV (warstwa pierwotnej kory wzrokowej - N.N.B.) nie wydawały się reagować na bodziec w ogóle, dopóki przypadkowa obserwacja nie pomogła eksperymentatorom rozwiązać ich tajemnicy.*

Dajmy słowo Hubelowi: "Na początku nie mogliśmy uzyskać żadnych wyładowań w tych komórkach. Wyświetlaliśmy promienie światła na całym ekranie, ale to nie pomogło. *I wtedy pewnego dnia, raczej przez czysty przypadek, zaczęliśmy tworzyć małe plamki światła na ekranie i stwierdziliśmy, że czarna kropka "działa", ale nie mogliśmy się zorientować, jak to się stało, dopóki nie dowiedzieliśmy się, że to całe szkło włożyliśmy do projektora.* Wysyłał wyraźną i subtelną, ledwo widoczną linię na ekranie. Za każdym razem, gdy to się stało, otrzymujemy odpowiedź. Co więcej, odpowiedź była tylko wtedy, gdy linia była skierowana w pewnym kierunku, a nie w innym..." (Bloom i in., 1988, s. 66).

Podobny opis historii odkryć można znaleźć w książce G. Hackena i M. Hackena-Krella "Tajemnice percepcji" (2002), gdzie autorzy donoszą: "David H. Hubbell w swojej książce" Oko i mózg ", mówi jak pomóc naukowcom po raz kolejny przyszedł do sprawy. Hubbell i Wiesel zbadali jedną komórkę w korze wzrokowej kota za pomocą elektrody umieszczonej pod pudełkiem na czaszkę. Celem eksperymentu było określenie rodzaju bodźca świetlnego (ciemny lub jasny punkt), który pobudza tę konkretną komórkę. <...> Wiązka projektora przechodząca przez te płyty (szkło i mosiądz - N.N.B.) została skierowana do siatkówki zwierzęcia badanego. Eksperyment trwał wiele godzin, a naukowcy nie byli w stanie osiągnąć reakcji komórki na co najmniej jeden z bodźców. Nie można było powiedzieć, że komórka w ogóle na nic nie reagowała: raz za razem była wyraźna reakcja na... zmianę płyt w projektorze. W końcu Hubel i Wiesel doszli do wniosku, że komórka, choć nie reaguje na jasne i ciemne punkty oferowane jej jako bodźce, to jednak daje reakcję na krawędzi płyty. *Tak więc, przez czysty przypadek, okazało się, że prawdziwym bodźcem dla takich komórek jest prawdopodobnie granica światła i ciemności*" (Hacken, Hacken-Krell, 2002, s. 131).

Inne źródła na ten temat:

- Hubbell D. Oko, mózg, wzrok. - M., "The World", 1990;
- Laureaci Nagrody Nobla. - M., "Progress", 1992;
- Nicholls J., Martin A., Vallas B., Fuchs P. Od neuronu do mózgu. - M., "Uniditorial URSS", 2003.

88. Wynalezienie metody patch-clamp. Jednym z ważnych osiągnięć XX wieku w dziedzinie neurobiologii jest odkrycie mechanizmów działania i funkcjonalnego znaczenia kanałów jonowych błon komórkowych. Kanały jonowe to wysoce specyficzne struktury białkowe, które zapewniają penetrację jonów i niektórych innych substancji niskocząsteczkowych przez błonę komórkową. Znaczący wkład w badania żywych kanałów jonowych komórek wniosli niemieccy neurofizjolodzy Erwin Nehr i Burt Sachmann (1976), którzy opracowali metodę bezpośredniej rejestracji pojedynczych kanałów jonowych, zwaną "metodą patch-clamp". W 1991 roku Erwin Nehr i Burt Sachmann otrzymali Nagrodę Nobla w dziedzinie fizjologii i medycyny za opracowanie metody utrwalania lokalnego potencjału oraz "za odkrycia dotyczące funkcji pojedynczych kanałów jonowych w komórkach".

Warto zauważyć, że do wynalezienia metody patch-klamp doprowadziła przypadkowa obserwacja. E. Neer i B. Sakman w trakcie swoich badań neurofizjologicznych przypadkowo odkryli następującą okoliczność: słabe zasysanie przez pipetę, wraz z szeregiem innych zmian w procedurze badania komórek mikroelektrodowych zapewnia wzrost oporności kontaktowej między membraną a pipetą do ^{109} omów.

E. Nehr i B. Sakman w swoim artykule "The method of patch-klamp" (Dziennik "W świecie nauki", 1992, nr 5) opowiadają o tej przypadkowej obserwacji: "W 1973 roku próbowaliśmy poradzić sobie z problemem redukcji tła hałasu. Istniejący sprzęt elektroniczny mógłby zapewnić wystarczającą rozdzielczość pomiaru tylko wtedy, gdyby mały odcinek membrany został odizolowany od reszty membrany. Nasze podejście polegało na dociskaniu mikropipety szklanej do powierzchni enzymatycznie oczyszczonego włókna mięśniowego. Zgodnie z naszą nadzieją, nieprzewodząca mikropipeta szklana odizoluje niewielką ilość kanałów jonowych, zapewniając wyraźne sygnały.

Niestety, nie było łatwo uzyskać szczelne połączenie szklanej mikropipety z membraną. Podobnie jak wielu badaczy, którzy używali pipet pozakomórkowych, natrafiliśmy na przeciek elektryczny łączący płyn pozakomórkowy z zawartością pipety. Jednak dzięki starannemu oczyszczeniu powierzchni komórki oraz optymalizacji kształtu i wielkości pipety możliwe było rejestrowanie prądów jednokanałowych w odpowiedzi na neuroprzekaźnik acetylocholinę (chemiczny inicjator sygnału nerwowego) w kontaktach nerwowo-mięśniowych. Te wczesne eksperymenty potwierdziły liczne wcześniejsze wnioski dotyczące prądów elementarnych kanałów jonowych, a w szczególności założenia o procesach impulsowych o stałej amplitudzie i zmiennym czasie trwania.

Początkowo, niska jakość dziobu przepony pipety i związany z tym szum tła utrudniały rejestrację szczegółowej aktywności kanałów jonowych innych niż kontakty nerwowo-mięśniowe. *Kilka lat później przypadkowo odkryliśmy, że słabe zasysanie przez pipetę, wraz z szeregiem innych zmian w procedurze, zwiększyło opór kontaktu membrany z pipetą do ponad ^{109} omów, co było o kilka rzędów wielkości większe od pierwotnych parametrów.* Poprzez delikatne wstrząsanie pipetą ściśle przylegającą do membrany, możliwe było nawet wyodrębnienie mikroskopijnych odcinków membran do badań izolowanych. Tak więc rejestracja aktywności pojedynczych kanałów jonowych stała się metodą o wysokiej rozdzielczości" (Neer, Sachmann, 1992, s. 16).

89. Odkrycie australijskiego antygenu związanego z wirusową chorobą wątroby (wirusowe zapalenie wątroby typu B). Amerykański lekarz Baruch Bloomberg (1963), podczas zbierania, analizowania i porównywania próbek krwi pochodzących z różnych grup etnicznych, przypadkowo odkrytych we krwi pacjenta hemofilskiego mieszkającego w Nowym Jorku, przeciwciał reagujących z surowicą pochodzącą od australijskiej aborygenki. Bloomberg był zaskoczony faktem, że nowojorski pacjent natknął się na antygen, o którym sądzono, że istnieje tylko u aborygenów. Ten dziwny antygen (białko) został nazwany "australijskim antygenem". Następnie, w 1967 roku odkryto, że ten "australijski antygen" (białko znalezione we krwi wielu pacjentów) był białkiem wirusa, który spowodował zapalenie wątroby typu B, ciężką chorobę wątroby, która mogła wywołać raka. W 1976 r. naukowiec otrzymał Nagrodę Nobla w dziedzinie fizjologii i medycyny. Już po przyznaniu tej nagrody B. Blumbergowi (Bloombergowi), na podstawie otrzymanych wyników opracowano szczepionkę przeciwko tej formie zapalenia wątroby. Oceniając swoje "serendipse" odkrycie, B. Blumberg zauważył: "Nic nie wydaje się tak dramatyczne, jak nieoczekiwany moment oświecenia, kiedy to bóg błogosławił naukowców, znajdując w jakiś sposób odpowiedzi na pytania, których nawet nie zamierzał zadawać.

Przypadkowe odkrycie B. Blamberga jest zgłaszane w wielu pracach. A.F.Blumberg w swoim artykule "In the footstep of an Australian antigen" (Journal of Science and Life, 1981, [1] 11) rozpoczyna swoją opowieść od prób znalezienia przyczyny żółtaczki (infekcji wątroby) przez naukowców: "Co tylko mikroorganizmy nie były podejrzane: E. coli, i czynniki sprawcze brzucha, i różne kokusy, i spirochety, i wirusy. Doszło do tego, że naukowcy stracili wiarę w powodzenie poszukiwań i zgodzili się na Kongresie Międzynarodowym, aby zwracać się z prośbą o odkrycie nie żółtaczki, ale swoich ewentualnych kandydatów, kandydatów na patogeny. *Jak to często bywa w nauce, problem ten został rozwiązany przez przypadkowe znalezisko: amerykański hematolog i genetyk B. Blumberg zbadał indywidualne cechy białek krwi u aborygenów z Australii i znalazł w niektórych z nich nieznane białko o specjalnych właściwościach.* Nazwał go australijskim antygenem (antygenem jest każda substancja, która raz w organizmie powoduje reakcję ochronną z tworzeniem się przeciwciał). To było w 1962 roku. W tym czasie, nikt nie myślał, że to białko było chipem, kawałkiem wirusa wzbudzającego jeden typ zapalenia wątroby i że w jego wyniku nauka przyjdzie do czynnika powodującego żółtaczkę" (Bluger, 1981, s. 78).

To samo donosi artykuł A.F.Blugera "The ABC of viral hepatitis: A, B, C, D" (Journal of Chemistry and Life, 1986, [1] 7): "*Historia odkrycia patogenu HBV (wirusowe zapalenie wątroby typu B - N.N.B.) rozpoczęła się od przypadkowej obserwacji amerykańskiej genetyki B.Blamberga, który dwadzieścia lat temu badał, jak różne białka w surowicy krwi różnych grup etnicznych.* Pewnego dnia odkrył u jednego z australijskich aborygenów dość dużą ilość nieznanych wcześniej białek o niezwykłych właściwościach antygenowych. Początkowo uważano, że białko to (nazywane antygenem australijskim) pojawiało się w niektórych chorobach krwi, ale wkrótce zauważono dziwny wzór: antygen australijski najczęściej występował u osób, które były wielokrotnie przetaczane. Ponadto, pacjenci z zapaleniem wątroby lub ci z zapaleniem wątroby... W takim razie, czy to białko nie jest w jakiś sposób związane z HBV? Założenie to zostało w pełni potwierdzone w kolejnych latach, gdy wykazano, że australijski antygen jest identyczny z antygenem otoczkowym HBV. W ten sposób pierwsza "etykieta" niezidentyfikowanego wirusa trafiła w ręce naukowców" (Bluger, 1986, s. 34-35).

Wspomnienie o odkryciu "serendipse" B. Blamberga znajduje się również w artykule A. Meersona "Hybrydy - fabryki przeciwciał" (Chemia i Life Magazine, 1986, nr 4): "Większość odkryć z przeszłości można przypisać przypadkowi, nieprzewidzianemu. Jednak nawet w naszych czasach nie, nie, i rozpieszczali świat nauki. Przynajmniej pamiętaj o odkryciu australijskiego antygenu. *B.Bloomberg, późniejszy laureat Nagrody Nobla, badający białka krwi pochodzące od rdzennych Australijczyków, przypadkowo odkrył nieznane wcześniej białko, które, jak się okazało, jest bezpośrednio związane z tajemniczym czynnikiem sprawczym wirusowego zapalenia wątroby typu B, a raczej jest formą istnienia tej cząsteczki wirusowej ...*". (Meerson, 1986, str.24).

90. Wynalezienie metody przeciwciał monoklonalnych (metoda hybrydowa). Cesar (Cezar) Milstein i Georg Koehler (1975) stworzyli metodę produkcji przeciwciał monoklonalnych, zwaną metodą hybrydową, która zrewolucjonizowała przemysł immunologiczny i otworzyła zupełnie nowe obszary. Dzięki hybrydom pojawiły się nowe metody diagnozowania wielu chorób i otworzyły się nowe sposoby badania nowotworów złośliwych. W 1984 roku autorzy tej nowej metody otrzymali Nagrodę

Nobla w dziedzinie fizjologii i medycyny. Należy jednak zauważyć, że S. Milstein i H. Koehler zetknęli się z metodą hybrydową w sposób "serendipse", prowadząc zupełnie inne badania - szukając śladów mutacji wśród komórek szpiczaka hodowanych w hodowlach laboratoryjnych. Po raz kolejny mamy do czynienia z wizerunkiem Kolumba, który szukał jednego brzegu i dotarł do zupełnie innego! Następnie S. Milstein szczerze przyznał w swoim wykładzie noblowskim, że odkryta przez niego metoda jako hybryda "była produktem ubocznym badań podstawowych".

G.I.Abelev w swoim artykule "On the relationship between fundamental and applied research in oncology and immunology" (Journal of Chemistry and Life, 1986, [1] 11) wskazuje: "Należy również zauważyć, że autorzy metody - C. Milstein i G. Koehler - nie postawili sobie zadania stworzenia uniwersalnej metody otrzymywania przeciwciał monoklonalnych. Poszli oni do innego, czysto naukowego celu, a metoda hybrydowa wyłoniła się jako produkt uboczny i niespodziewany produkt ich badań naukowych" (Abelev, 1986, s. 33).

Ten sam aspekt badań noblistów jest rozważany w artykule G.I.Abelewa "Przeciwciała monoklonalne" ("Soros educational journal", 1998, № 1), gdzie autor stwierdza: "Sukces przyszedł, jak zawsze, niespodziewanie, jako produkt uboczny badań, które miały inne cele. Na początku lat 70. młody niemiecki immunolog Georg Koehler, który otrzymał stypendium do pracy w słynnym Bazylejskim Instytucie Immunologii, zainteresował się genetyczną zmiennością przeciwciał. W tym czasie można było oczekiwać, że przeciwciała będą mutować (zmieniać się genetycznie) częściej niż inne białka. Do badań konieczne było wyizolowanie klonu AOC (klon przeciwciał tworzących komórki - N.N.B.) produkującego przeciwciała o określonej specyficzności, uzyskanie z niego stabilnej linii komórkowej podtrzymywanej w probówce testowej (w hodowli) oraz śledzenie częstotliwości, z jaką będą się tam pojawiać warianty zmodyfikowane genetycznie. Aby zrealizować projekt, Kehler udał się do Anglii do laboratorium Cezara Milsteina, które badało klony plazmocytów (guzów produkujących i wydzielających do krwi immunoglobuliny, które są nieodróżnialne od przeciwciał - N.N.B.), i wspólnie wypracowali oryginalne podejście do tego problemu: postanowili uzyskać hybrydę normalnych AOC i komórek nowotworowych. W przypadku sukcesu taka hybryda odziedziczyłaby po normalnej komórce zdolność do syntezy przeciwciał, a po komórce nowotworowej - nieśmiertelność i zdolność do nieograniczonego i niekontrolowanego wzrostu. Udało im się to" (Abeliev, 1998, s. 17).

91. Odkrycie zdolności limfocytów do reagowania na białka głównego kompleksu histokompatybilności. Laureaci nagrody Nobla w 1996 roku Peter Doherty (Doherty) i Rolf Zinkernagel (1973) przypadkowo odkryli, że komórki układu odpornościowego limfocytów T reagują nie tylko na antygen wirusowy, ale także na białka głównego kompleksu histokompatybilności. Kiedy P. Daugherty i R. Zinkernagel przeprowadzali swoje eksperymenty, dość spodziewali się reakcji limfocytów T na antygen wirusowy, ale nie spodziewali się reakcji tych samych limfocytów na białka głównego kompleksu histokompatybilności (MNS). Naukowcy sformułowali model pracy limfocytów T, który został nazwany modelem "podwójnego rozpoznawania".

Istota odkrycia dokonanego przez R. Zinkernagela (we współpracy z P. Daugherty'm), opisuje RV Petrov w swojej książce "Me or not me" (1983): "Badacz pomieszał zakażone komórki z limfocytami T i zobaczył, że limfocyty rozpoznają ulotki z wirusem tylko wtedy, gdy wirusy zasiądą na komórkach tego samego organizmu. Jeżeli komórki zainfekowane wirusem należą do innego organizmu, wirusy pozostają nierozpoznane, a zatem nieaktywne. W ten sposób ustalono, że obce cząstki antygenu podawane przez limfocyt T na "talerzu z niebieską płytką" są przez niego uznawane za obce, jeśli "talerz" jest własny. Nie chce go zabrać od obcego. Dlatego limfocyt T nie widzi "obcego", ale "jego", zbezczeszczonego przez obcego. Będzie wiedział, co się zmieniło. Odkrywa to, co zostało zmienione, i rozwija odpowiedź immunologiczną przeciwko bezczelnej osobie, która odważyła się dokonać tej zmiany. Opisana metoda pracy limfocytów T nazywana była podwójnym rozpoznawaniem, rozpoznawaniem kompleksu składającego się z dwóch składników - jakiejś "własnej" cząsteczki z obcą cząsteczką. Rozpoznaje on kompleks "ja" plus "nie ja" (Petrov, 1983, s. 68-69).

E. Steele, R. Lindley i R. Blanden piszą o niespodziewanym odkryciu mechanizmu podwójnego rozpoznawania w książce "Co jeśli Lamarck ma rację? Immunogenetyka i ewolucja" (2002): "W 1973 r. Peter Daugherty i Rolf Zinkernagel, którzy pracowali również w Centrum Badań Medycznych Johna Curtina, wykazali, że w procesie rozpoznawania limfocytów T zaangażowane są nie tylko antygeny wirusowe (zgodnie z oczekiwaniami), ale również podstawowe antygeny zgodności histologicznej, czyli zgodności tkankowej, samej komórki (co było niespodziewane). Antygeny histokompatybilności to cząsteczki odpowiedzialne za odrzucanie obcych tkanek. Różnią się one w zależności od osoby i powodują silną reakcję limfocytów T. Przeszczepianie obcych tkanek nie jest jednak zjawiskiem naturalnym, więc prawdziwa funkcja biologiczna tych antygenów nie była znana przed odkryciem Dougherty'ego i Zinkernagela. Odkrycie to doprowadziło do fundamentalnych zmian w immunologii komórkowej, a Daugherty i Zinkernagel otrzymali w 1996 roku Nagrodę Nobla w dziedzinie fizjologii i medycyny. (Steele i in., 2002, s. 82).

To samo relacjonują F. Marrak i J. Kappler w artykule "T-komórka i jej receptor" (Journal of Science, 1986, № 4): "W jednym z eksperymentów Zinkernagel i Daugherty wstrzyknęli myszom subletalną dawkę wirusa limfocytowego zapalenia opon mózgowych (LCM - z języka angielskiego). Lymphocytic choriomeningitis) i izolowane cytotoksyczne limfocyty T charakterystyczne dla LCM od uodpornionych zwierząt. Typową funkcją takich limfocytów T jest rozpoznanie antygenu wirusowego na powierzchni zakażonej komórki i jego zniszczenie. Większość myszy na większości linii produkuje przeciwciała przeciwko LCM, więc jest mało prawdopodobne, aby jakiekolwiek myszy miały odpowiedź immunologiczną na LCM... Jednak Zinkernagel i Dougherty ku swojemu zaskoczeniu odkryli, że komórki T z myszy z linii k zainfekowanych LCM mogą zabić komórki zainfekowane LCM tylko wtedy, gdy komórki te przenoszą przynajmniej jedno z białek MNS myszy z linii k. Innymi słowy, komórki T z powodzeniem radzące sobie z zakażonymi komórkami przenoszącymi pewne białka MNS myszy z linii k nie były w stanie zabić komórek innych linii (np. linii d) zakażonych tym samym wirusem, ale przenoszących inne białka MNS. Te i podobne eksperymenty wykazały, że cytotoksyczne limfocyty T reagują nie tylko na antygen wirusowy na powierzchni zakażonej komórki, ale także na białka MNS tej komórki" (Marrak, Kappler, 1986, s.8).

Nie mniej interesujący jest artykuł Rogera Beckmana zatytułowany "Professor Peter Doherty, immunolog", opublikowany na stronie internetowej Australijskiej Akademii Nauk, który jest wywiadem z badaczem w listopadzie 1996 roku, zaraz po otrzymaniu Nagrody Nobla. Oto kilka fragmentów tego artykułu (przetłumaczonych z języka angielskiego). R. Beckman pisze: "...Załóżmy, że zaledwie jedenaście lat po ukończeniu studiów dokonujesz mniej lub bardziej przypadkowego odkrycia o takim znaczeniu dla medycyny, że po latach otrzymasz najwyższą nagrodę w całej nauce - Nagrodę Nobla. Zbyt dobre, by było prawdziwe? Zbyt dobre, by było prawdziwe? Poznaj profesora Petera Doherty'ego z Australijskiej Akademii Nauk, który zdobył i został ósmym laureatem Nagrody Nobla w dziedzinie nauki w Australii" (R. Beckman, 1996).

Dalej R. Beckman cytuje P. Doherty'ego jako mówiącego o odkryciu zjawiska podwójnego rozpoznawania: "Cóż, oczywiście, nie mieliśmy zamiaru dokonywać odkrycia". To, co robisz testując hipotezę, to, ściśle rzecz biorąc, próbujesz ją sfałszować. *W naszym przypadku była pewna doza przypadkowości.* Zaczęliśmy od znalezienia sposobu na zmierzenie zabójców z komórek T. Chcieliśmy wiedzieć, jak komórki T rozpoznają i reagują na wirusy u myszy" (R. Beckman, 1996).

"Okazało się dość nieoczekiwanie," wyjaśnia P. Doherty, "że komórki T jednej myszy nie były aktywne wobec zainfekowanych wirusem komórek innej myszy, która oczywiście miała inną klasę antygenów MHC. Innymi słowy, antygeny MHC z pewnością mają wpływ. W rzeczywistości, zabójcy komórek T nie zabili zainfekowanych komórek, chyba że zainfekowane komórki wykazały "prawidłowe" antygeny MHC oczekiwane przez zabójców komórek T" (R. Beckman, 1996).

Odpowiadając na pytanie, jakie cechy są niezbędne w nauce (jak znaleźć swój "epizod serendipity"), P. Doherty podkreśla: "Musisz być bardzo wytrwały i w pełni pochłonięty tym, co robisz. Musisz być otwarty i być gotów zrezygnować z jednej linii badań i podążać za drugą, jeśli będzie to wyglądało interesująco. *Nigdy nie zamierzaliśmy dokonać naszego odkrycia - w ogóle do niego nie dążyliśmy. Ale kiedy znaleźliśmy coś niespodziewanego, poszliśmy za tym*" (R. Beckman, 1996).

Element "serendipity", który pozwolił odkryć immunologiczne zjawisko podwójnego rozpoznawania, został również opisany w książce P. Doherty'ego "A Guide for Beginners in the Nobel Prize: Advice for Young Scientists" (New York, Columbia University, eds., 2006). Ta książka - jej oryginalny tytuł "Przewodnik po zdobyciu nagrody Nobla dla początkujących: rady dla młodych naukowców" - niestety nie została jeszcze przetłumaczona na język rosyjski.

92. Opracowanie metody izolacji zarodkowych komórek macierzystych (ESC). Angielski genetyk Martin Evans (1974), pracujący z komórkami raka myszy, nowotworu złośliwego rozwijającego się z komórek nabłonkowych różnych organów, przypadkowo odkrył metodę izolacji zarodkowych komórek macierzystych (ESC). Wiedząc, że komórki nowotworowe są nieśmiertelne, naukowiec chciał stworzyć czystą linię takich komórek nowotworowych, aby w przyszłości eksperymentować z tą linią, rozumiejąc jej kluczowe cechy. Jednakże zwierzęta (myszy), które wyrosły z jaja, do którego wcześniej wprowadzono te komórki nowotworowe, umierały z powodu wielu guzów. Kiedy wydawało się, że projekt badawczy zawiódł, M. Evans zwrócił uwagę na komórki bardzo podobne w budowie i zachowaniu do komórek nowotworowych, ale bez markerów raka molekularnego. W serii eksperymentów, M.Evans odkrył, że były to zdrowe zarodkowe komórki macierzyste. W 2007 r. badaczka otrzymała Nagrodę Nobla w dziedzinie fizjologii i medycyny.

G. Kostina, T. Hovhannisyan i V. Sarayev w swoim artykule "Swedish Innovation Competition" (magazyn Expert, № 38 (579) z 15 października 2007 r.) piszą: "Martin Evans jako pierwszy na świecie "dotknął" mysich zarodkowych komórek macierzystych. *Evans odizolował ich w 1974 roku. To był prawie wypadek. Naukowiec pracował z komórkami raka myszy.* Wiedział, że komórki nowotworowe są nieśmiertelne i chciał stworzyć czystą linię embrionalnych komórek nowotworowych, którymi można by manipulować w hodowli - zmienić coś w nich, a następnie kontrolować i wybrać odpowiednią. A potem przy pomocy tych zmodyfikowanych komórek do produkcji transgenezy - do osadzania ich w zwierzętach. Wcześniej do transgenezy stosowano technologię, w której niezbędny gen był wprowadzany do zapłodnionego jaja za pomocą wektora, a następnie zmodyfikowane jajo było wprowadzane do samicy zastępczej" (G. Kostina, T. Oganesyan i V. Sarayev, 2007).

"Ta metoda", kontynuują autorzy, "była nieskuteczna i potworna. Evans uważał, że znacznie wygodniej jest używać embrionalnych komórek nowotworowych do transgenezy. Wprowadził te komórki do blastocysty (początkowego stadium płodowego) myszy. Potem ta blastocysta została wszczepiona w zastępczą samicę. Badania te zostały jednak przerwane, ponieważ myszy nie rozwinęły plemników i szybko zmarły z powodu wielu guzów. Wyglądało na to, że pomysł zawiódł. Jednak w trakcie tych eksperymentów Evans zauważył, że komórki, które pobrał z zarodków myszy, to nie tylko komórki nowotworowe, ale także komórki bez markerów raka molekularnego - bardzo podobne pod względem budowy i zachowania do raka. Wyizolował je w niezależnej kulturze i eksperymentował z nimi. Były to zdrowe zarodkowe komórki macierzyste (ESC). Eksperymenty z implantacją blastocystyczną tych komórek embrionalnych zaowocowały uzyskaniem zdrowego potomstwa. I Evans uświadomił sobie, że to embrionalne komórki macierzyste, a nie komórki nowotworowe, mogą stać się bardzo wygodnym narzędziem do uzyskiwania modelowych organizmów z pożądanymi zmianami genetycznymi" (G. Kostina, T. Hovhannisyan i V. Sarayev, 2007).

To samo relacjonują Olga Andreeva, Borislav Kozlovsky, Grigory Tarasevich i inni w artykule "Nobel dla wszystkich" (magazyn "Russian Reporter", № 20 (20) z 16.10.2007). W artykule tym autorzy piszą: "Ideą było wyizolowanie i wyhodowanie w laboratorium komórek macierzystych organizmu, czyli takich, które mogą przekształcić się w dowolną tkankę, organ lub nawet cały organizm. Kiedy stało się jasne, że komórki te zostały pozyskane, Evans uznał, że dobrym pomysłem będzie spróbować "włożyć" je z powrotem do ciała. Sukces eksperymentu zapowiadał niezwykłe perspektywy, takie jak stworzenie tzw. organizmów chimerycznych o z góry określonych właściwościach. Okazało się również, co zaskakujące: komórki rakowe z hodowli zostały wstrzyknięte do blastocysty (wczesnego zarodka), która następnie została wszczepiona do ciężarnej myszy. Myszy urodziły się chimeryczne, tzn. część ich komórek była macierzyńska, a część pochodziła z hodowli komórkowych. Niestety, takie myszy szybko zmarły, ponieważ rak jest chorobą z wieloma nieprzyjemnymi objawami. I właśnie wtedy Evans zdecydował, że musimy znaleźć w organizmie komórki, które mogłyby się rozmnażać w hodowli, które następnie mogłyby przekształcić się w dowolny organ, ale byłyby zdrowe. *W 1980 roku rozpoczął eksperymenty. Jak to często bywa, właściwe komórki zostały znalezione niemal przypadkowo - była to hodowla, która służyła jako kontrola, czyli test, a sam eksperyment miał być przeprowadzony z innymi komórkami. Nagle okazało się, że eksperyment kontrolny był główny: komórki wykazywały wszystkie oznaki komórek macierzystych.* Najważniejsze było to, że mogły się dzielić i przekształcać w dowolną tkankę. Nazywano je "zarodkowymi komórkami macierzystymi" (O.Andreeva i in., 2007).

93. Odkrycie bakteryjnej natury wrzodu żołądka. Australijski patolog Robbin Warren (1979), prowadzący diagnostyczne badania histologiczne tkanki żołądka pacjenta cierpiącego na przewlekłe zapalenie żołądka, przypadkowo odkrył na powierzchni tych tkanek bakterie, które później nazwano Helicobacter pilori. Opracowując swoją losową obserwację, naukowiec zbadał wiele podobnych próbek biopsyjnych i zasugerował, że bakteria ta była przyczyną wrzodu żołądka. Wkrótce R. Warren rozpoczął współpracę z Barrym Marshallem - lekarzem, który był zainteresowany możliwością odkrycia tajemnicy wrzodu. Aby udowodnić patogeniczność wykrytych bakterii, B. Marshall założył eksperyment na siebie, zarażając się tymi bakteriami i uzyskując ostre zapalenie żołądka. W 2005 roku Robbin Warren i Barry (Barry) Marshall otrzymali Nagrodę Nobla im. Alfreda.

V.G.Zhukhovitsky w artykule "Nobliści 2005 roku w dziedzinie fizjologii i medycyny - B.Marshall i R.Warren" (czasopismo "Nature", 2006), Nr 1) pisze: *"Zakrzywione pałeczki", obecnie nazywane odźwierniową Helicobacter, Warren, według jego zeznań, odkrył w dniu swoich urodzin (11 czerwca 1979 r.), a stało się to najwyraźniej przypadkowo: podczas rutynowego badania diagnostycznego zwrócił uwagę na niezwykłą niebieską linię na powierzchni błony śluzowej żołądka pacjenta z aktywnym przewlekłym nieżytem żołądka.* Po zbadaniu dużej liczby próbek biopsyjnych przy użyciu różnych metod barwienia, Warren zasugerował, że rozwój nieżytu żołądka jest związany z pewnymi bakteriami, które pozostają w bliskim kontakcie z powierzchnią nabłonka żołądka. Dwa lata cierpliwości, z którymi Warren pokonał sceptycyzm, nieufność i bezpośrednie odrzucenie współpracy kolegów, zostało nagrodzone spotkaniem z Barrym Marshallem - stażystą medycznym, który był zainteresowany pragnieniem patologa, aby przekształcić nieżyt żołądka w infekcje bakteryjne.

W 1981 roku rozpoczęto kliniczne i eksperymentalne testy hipotezy Warrena. Zaledwie rok później badaczom udało się nie tylko wiarygodnie (na podstawie równoległego badania histologicznego i bakteriologicznego stu wycinków biopsyjnych błony śluzowej żołądka) potwierdzić związek wykrytego mikroorganizmu z rozwojem przewlekłego nieżytu żołądka, ale także wyizolować pierwszą czystą hodowlę składającą się z aktywnie ruchomych, zakrzywionych komórek bakteryjnych w kształcie kija gram-ujemnych" (Żuchowicki, 2006, s. 74-75).

To samo relacjonują A.A.Klimenko i E.V.Trofimova w artykule "Helicobacter pilori: historia odkryć" (Dziennik "Klinikarz", 2006, [1] 3): "Zakrzywione pałeczki" Warren, według jego zeznań, znalezione w dniu jego urodzin (11 czerwca 1979 r.).), a wydaje się, że stało się to przypadkowo: podczas rutynowego badania diagnostycznego zauważył niezwykłą niebieską linię na powierzchni błony śluzowej żołądka pacjenta z aktywnym przewlekłym zapaleniem błony śluzowej żołądka. Po zbadaniu dużej liczby próbek biopsyjnych przy użyciu różnych metod barwienia, Warren zasugerował, że rozwój nieżytu żołądka jest związany z pewnymi bakteriami, które mają bliski kontakt z powierzchnią nabłonka żołądka" (Klimenko, Trofimova, 2006, s. 68).

94. Opracowanie sposobu hodowli bakterii powodujących wrzody żołądka. R. Warren i B. Marshall (1982) wynaleźli metodę hodowli bakterii wrzodowych dzięki elementowi przypadku. Nie udało się tego zrobić przez około rok, ale dzień przed świętami wielkanocnymi naukowcy zapomnieli zostawić w termostatach kubków z bakteriami zasianymi na stałym podłożu. Pięć dni później, kiedy naukowcy wrócili do pracy, byli zaskoczeni, że w kubkach znajdują się małe kolonie mikroorganizmów.

V. Artamonova w swoim artykule "Distributed and unsafe" (Chemia i życie, 1998, nr 5) pisze o tym elemencie przypadku: "*Robin Warren i jego młody kolega Barry Marshall spędzili około roku na rozwiązywaniu tego trudnego zadania, a ostatecznie pomogli im przez przypadek.* Co ciekawe, część niedbałości mikrobiologów często przynosiła korzyści nauce, a dzieje się tak od czasów założyciela mikrobiologii, Louisa Pasteura, który leniwie wylewał roztwory kwasu winowego po zbadaniu ich właściwości optycznych. Pasteur starannie posegregował kryształy substancji na dwie grupy (kryształy jednej grupy były lustrzanie symetryczne w stosunku do kryształów drugiej), a następnie rozpuszczał je oddzielnie. Właściwości optyczne roztworów okazały się inne: cząsteczki substancji tworzącej kryształy jednego typu obracały płaszczyznę polaryzacji światła w lewo, a cząsteczki tworzące kryształy innego typu - w prawo. Kilka dni później Pasteur stwierdził, że pierwsze naczynie jest pełne mikrobów, a roztwór w drugim pozostaje całkowicie przezroczysty - bakterie kategorycznie odmawiają jedzenia cząsteczek tej konfiguracji. Odkrycie miało miejsce. *Warren i Marshall mieli podobną historię: przed Świętami Wielkanocnymi zapomnieli w termostacie kubek bakterii posianych na stałym podłożu. Kiedy pięć dni później wrócili do pracy, naukowcy byli zaskoczeni, że znaleźli na nich małe kolonie mikroorganizmów. Przyczyną dawnych niepowodzeń był zbyt wolny wzrost bakterii, a naukowcy, nie wiedząc o tym, w ciągu dwóch dni wyrzucali kubki z plonami*" (Artamonova, 1998, s. 21).

Ten sam szczęśliwy wypadek opisuje S. Mukherjee w swojej książce "Król wszystkich chorób". Biografia raka" (2013): "Barry Marshall, syn operatora kotła z Calgurly i pielęgniarki, nie próbował udowodnić ani obalić swojej ulubionej teorii (teoria o zdolności bakterii do wywoływania nieżytu żołądka i wrzodów żołądka - N.N.B.). Nowicjusz badawczy, który studiował medycynę w Perth, potrzebował tematu do projektu. Zaintrygowany wynikami Warrena, choć sceptyczny wobec nieznanej, fantastycznej bakterii, zaczął zbierać zadrapania od pacjentów z wrzodami i sadzić je na płytkach Petriego, mając nadzieję na rozwój bakterii. Jednakże, tak jak sam Warren, nie rosły żadne bakterie. Tydzień po tygodniu, Marshall wkładał naczynia Petriego do swojego inkubatora i kilka dni później wyrzucał je rozczarowany. *Ale potem nastąpiła interwencja szczęścia: w weekend wielkanocny 1982 r. nastąpił taki napływ gości w szpitalu, że Marshall zapomniał sprawdzić kubki i zostawił je w inkubatorze. A kiedy przypomniał sobie i wrócił do spojrzenia, na agarze rosły cienkie przezroczyste perły kolonii bakteryjnych. Okazało się, że długi okres inkubacji był krytyczny dla ich uprawy.* Pod mikroskopem te wolno rosnące bakterie okazały się drobnymi i delikatnymi mikroorganizmami o spiralnych ogonkach, gatunkiem, którego żaden mikrobiolog nigdy nie opisał" (S. Mukherjee, 2013).

Ten sam "epizod niezamierzonego" jest opisany przez Stephena Levitta i Stephena Dabnera w książce "Freak Thinking". Niestandardowe podejście do rozwiązywania problemów" (2015): "Marshall był zachwycony tajemnicą, z którą się zetknął. *Używając próbek od pacjentów Dr. Warrena, próbował hodować spiralne bakterie w laboratorium. Ale miesiąc po miesiącu, nie udało mu się. Przyczynił się do tego przypadek, w którym próbki pozostawały w inkubatorze przez trzy dni dłużej, a bakterie rozpadały się.* Były one inne od gatunku Campylobacter. Nowo odkryte bakterie zostały nazwane Helicobacter pylori. "Potem wyhodowaliśmy je z próbek od wielu pacjentów", wspomina Marshall. - Możemy powiedzieć, "Wiemy, jaki antybiotyk zabija te bakterie". Dowiedzieliśmy się, jak przeżywają w żołądku, i mogliśmy na nich eksperymentować w probówkach laboratoryjnych... Ale nie myśleliśmy o szukaniu przyczyny wrzodu. Chcieliśmy dowiedzieć się więcej o tych bakteriach i pomyśleliśmy, że byłoby wspaniale, gdybyśmy mogli opublikować o nich mały artykuł" (S. Levitt, S. Dabner, 2015).

95. Odkrycie biologicznej funkcji tlenku azotu. Amerykański biochemik Robert Furchgott (Fortchgott) był jednym z pierwszych, którzy zrozumieli, że tlenek azotu jest cząsteczką sygnału, który odgrywa ważną rolę w wielu procesach biologicznych. Odkrycie to doprowadziło do lawinowego wzrostu liczby publikacji na temat roli tlenku azotu (NO) w różnych obiektach biologicznych. W 1992 roku American Association for the Advancement of Science i autorytatywne czasopismo naukowe Science nazwały podtlenek azotu molekułą roku. W trakcie badań przeprowadzonych po pracy R. Furchgott'a i jego kolegów, odkryto wiele funkcji tej cząsteczki. Stwierdzono, że tlenek azotu aktywuje proces uwalniania neurotransmiterów z zakończeń nerwowych podczas transmisji synaptycznej. Stwierdzono, że tlenek azotu reguluje syntezę białek szoku cieplnego, hamuje agregację płytek krwi (adhezję) oraz wpływa na transport tlenu przez krwinki czerwone. Eksperymenty wykazały, że cząsteczka NO bierze udział w wytwarzaniu odpowiedzi immunologicznej, ponieważ aktywacji komórek biorących udział w tej odpowiedzi immunologicznej (makrofagi i neutrofile) towarzyszy uwolnienie przez te komórki tlenku azotu. Ponadto naukowcy odkryli, że tlenek azotu bierze udział w regulacji gospodarki wodnej i metabolizmu soli w organizmie: reguluje nerkowy przepływ krwi i metabolizm soli w nerkach. Oczywiście, nie jest to bynajmniej kompletna lista żadnych funkcji. W 1998 roku Robert Furchgott (Forschgott) otrzymał Nagrodę Nobla w dziedzinie fizjologii i medycyny.

Jednym z faktów, który doprowadził R. Furchgotta do odkrycia sygnałowej roli tlenku azotu było to, że neuroprzekaźnik acetylocholina działał relaksująco na naczynia krwionośne w obecności tzw. endothelial vascular relaxation factor (EDRF). Fakt ten został ustalony przez R.

Furchgott'a w 1980 roku. Później, mianowicie w 1991 roku, odkrył, że właściwości EDRF są bardzo podobne do właściwości tlenku azotu. Naukowiec miał odwagę twierdzić, że ten czynnik i tlenek azotu są takie same.

Należy zauważyć, że R. Furchgott przypadkowo odkrył wpływ relaksacji acetylocholiny na naczynia krwionośne w obecności EDRF. Jekaterina Demidowa zauważa w swoim artykule "Wspaniała piątka" (Journal of Knowledge - Power, 1999, № 2-3): "*Raz, z powodu nieuwagi młodych pracowników Fortchgott, warstwa śródbłonka komórek została przypadkowo zachowana na przygotowanym preparacie. I kiedy dodano acetylocholinę, nagle, zamiast spodziewanego skurczu, rozpoczął się niezwykle silny rozluźnienie naczyń krwionośnych. Naturalnie, Fortchgott szybko zorientował się, że to śródbłonek, który wytwarza substancję rozluźniającą naczynia.* Udowodnił to w eleganckim eksperymencie. Umieszczając pod sobą dwa leki, jeden z warstwą śródbłonka, a drugi zawierający tylko komórki mięśni gładkich naczyń krwionośnych, kapał na nie acetylocholinę. Przechodząc od pierwszego leku do drugiego, kropla powodowała skuteczne rozluźnienie naczynia. Robert Fortchgott odkrył "czynnik relaksacji śródbłonka naczyniowego". (EFR)" (E. Demidova, 1999).

Sam R. Furchgott przyznaje, że to odkrycie było przypadkowe. I.Hargittai w swojej książce "Frank Science. Rozmowy z Koryfeuszem biochemii i chemii medycznej" (2006) cytuje historię R. Furhgotta o okolicznościach odkrycia: "Podszedł do mnie technik laboratoryjny i powiedział coś w stylu: "Doktorze Furhgott, powiedział pan, że acetylocholina (właściwie to była karbamoilcholina, której nazwa rodzajowa to karbahol) będzie powodować skurcze, a my będziemy mierzyć ich rozluźnienie. Dodałem to do leku, i nie spowodowało to skurczów, tylko rozluźnienie. Od razu mnie to zaskoczyło: technik laboratoryjny nie powinien był dodawać tej substancji do leku w fazie skurczu. Myślałem, że się myli, a ta acetylocholina była skażona. Nie powinien był dodawać jej w czasie odcięcia spowodowanego noradrenaliną; powinien był zmyć noradrenalinę, a następnie sprawdzić, czy to acetylocholina spowodowała odcięcie" (Hargittai, 2006, s. 518-520).

"Zapomniał," kontynuuje R. Furchgott, "zmyć noradrenalinę, która powoduje skurcze poprzez działanie na receptory α-adrenergiczne, przed badaniem skurczowego działania acetylocholiny. Kiedy dodał acetylocholinę do dwóch naszych leków, nastąpiło odprężenie, którego nigdy wcześniej nie zaobserwowano. Gdyby nie zapomniał zmyć noradrenaliny, nie zobaczylibyśmy relaksu. To było przypadkowe odkrycie" (ibid., s. 520).

Gdzie indziej w tej samej książce R. Furchgott ponownie zwraca uwagę na nieumyślność swojego odkrycia: "...przypadkowo odkryliśmy relaksujący wpływ acetylocholiny na naczynia krwionośne podczas produkcji komórek śródbłonka EDFR" (tamże, s. 521).

Godne uwagi jest to, że R. Furhgott jeszcze w 1960 roku mógł otworzyć rolę tlenku azotu w żywym organizmie, ponieważ już wtedy w jego laboratorium (znów przypadkowo) odkryto, że NO zdecydowanie nie wpływa na paski aorty, jednak R. Furhgott nie nadał temu faktowi wartości. Oto jego słowa, podane w książce I. Hargittai'a "Open Science" (2006): "Jeszcze w latach 60-tych w moim laboratorium dokonano przypadkowego odkrycia. Powiedziałam jednemu z moich nowych postdoców, aby uzyskać krzywą reakcji kumulacyjnej dla dawki azotynu sodu, który działał jako środek rozluźniający na paski aorty, które skurczyły się pod wpływem działania noradrenaliny. Powiedziałem mu, jakie wyniki spodziewam się uzyskać. Jednak po eksperymencie, przyszedł do mnie i powiedział: "Doktorze Furchgott, nie dostałem w ogóle tego, co mi pan powiedział. Azot azotynowy jest o wiele silniejszy, niż ci się wydaje." Okazało się, że w swoim eksperymencie do rozcieńczenia azotynów użył kwaśnego (0,01 N HCL), a nie neutralnego roztworu soli, z fiolką na półce obok. Stwierdzono, że zastosowanie kwaśnego roztworu azotynu sodu prowadzi do powstania kwasu HNO2, który natychmiast odwracalnie ulega dysocjacji, w wyniku czego powstają roztwory NO i NO2 w H2O o niskich stężeniach. Otrzymaliśmy dowody, że silne, ale krótkotrwałe odprężenie zaobserwowane przez mojego postdoc w przypadku kwaśnego azotynu było spowodowane obecnością NO w roztworze. W tym czasie zawiesiłem badania w tym kierunku. To było zanim zaczęła się historia o śródbłonku. Następnie, na początku 1986 roku, powróciłem do uzyskanych wówczas danych" (tamże, s. 522).

96. Otwarcie akwaporyny (białka transportującego wodę przez błonę komórkową). Amerykański biolog molekularny Peter Egre (1987) odkrył aquaporynę, białko odpowiedzialne za transport wody przez błonę komórkową, w sposób "serendipse". Badając antygeny grup krwi, przypadkowo odkrył białko błonowe o nieznanej funkcji, które było szeroko reprezentowane w kanalikach nerkowych - tkankach, które mogą pompować ogromne ilości wody. Peter Egre prawdopodobnie długo i bezskutecznie próbowałby ustalić wartość funkcjonalną tego białka, gdyby nie przypadkowe spotkanie z Johnem Parkerem, instruktorem klinicznym na Uniwersytecie Północnej Karoliny. P.Egre spotkał się z nim, gdy zabierał rodzinę do Disneylandu. Naukowcy rozpoczęli rozmowę, a John Parker powiedział swojemu byłemu studentowi, że czerwone krwinki (czerwone krwinki) i komórki nerki mają dużą przepuszczalność dla wody, a nowe białko może odgrywać rolę w transporcie wody. Dalsze badania przeprowadzone przez P. Egroma potwierdziły rolę tego białka jako kanału transportu wody przez błony komórkowe. W 2003 roku Peter Egre otrzymał Nagrodę Nobla w dziedzinie chemii.

E. Lozovskaya w artykule "Nagrody Nobla 2003". Kanały membranowe: woda jest oddzielona od jonów, a jony - od siebie". ("Nauka i zhizn", 2003, nr 12) pisze: "*Odkrycie aquaporyny, białka tworzącego epokę wodną, nastąpiło przez szczęśliwy wypadek.* W 1987 roku Peter Egre, badający białka antygenu erytrocytów, odkrył białko błonowe o nieznanej funkcji. Okazało się, że to samo białko znajduje się w kanalikach nerkowych, w tkankach, które mogą pompować ogromne ilości wody. To doprowadziło naukowca do przekonania, że znalezione białko ma coś wspólnego z transportem wody przez błonę komórkową. P.Egre i jego współpracownicy byli w stanie ustalić sekwencję aminokwasową białka, a następnie sklonowali sekcję DNA kodującą syntezę akwaparyny. Naukowcy przeprowadzili kilka eksperymentów, które niewątpliwie dowodzą kluczowej roli tego białka w transporcie wody. Przykładowo, jeśli komórka jest "zmuszona" do wytwarzania akwaporyn w dużych ilościach, zaczyna intensywnie wchłaniać wodę, pęcznieje i jest dosłownie oderwana od nadmiernego ciśnienia wewnętrznego" (Łozowska, 2003, s.14).

Przypadkowe odkrycie P. Gra jest również relacjonowane przez Francisa Ashcrofta w jego książce "The Spark of Life". Electricity in the human body" (2016): "Od wielu lat naukowcy starają się zrozumieć, jak woda przechodzi przez błony komórkowe. Ponieważ składają się one z lipidów (tłuszczów), muszą być przepuszczalne dla wody, a jeśli tak, to w jaki sposób nadal przechodzą przez barierę lipidową w ilościach potrzebnych do tworzenia łez, śliny, potu i moczu? Faktem jest, że większość komórek posiada specjalne kanały wodne zwane aquaparynami, które pozwalają wodzie wejść i wyjść z komórki. *Zostały odkryte przez szczęśliwy zbieg okoliczności Petera Eggroma. Swoje odkrycie, które ostatecznie przyniosło mu Nagrodę Nobla, wyjaśnił jako "czyste szczęście wodne*" (Ashcroft, 2016, s. 219).

Anatolij Nasonow w swoim artykule "Pół wieku później". Powrót w statusie laureata Nagrody Nobla" ("Troicki wariant", [1] 14 (133) z 16.07.2013) szczegółowo opisuje historię udanych badań P.Egr: "Odkrycie dokonane przez profesora Egr'a jest żywym przykładem roli szczęśliwego wypadku w nauce. Nie bez powodu sam Noblista lubi powtarzać w swoich wykładach: "Zawsze traktuj działalność naukową jako przygodę... Nie wiemy, co nas czeka za rogiem, i w tym sensie jestem bardziej Huckleberry Finnem niż Albertem Einsteinem". Pod koniec lat 80. Peter Egre pracował jako hematolog w Johns Hopkins University School of Medicine, studiując antygeny rezusa (Rh-antigens) grup krwi. Przy próbie wytworzenia u królików przeciwciał do pewnego częściowo oczyszczonego polipeptydu typu Rh- grupy krwi, ostatecznie stwierdzono, że przeciwciała powstały nie do badanego, lecz do zupełnie innego polipeptydu o masie ok. 28 tys. m.c., który nie był barwiony tradycyjnymi barwnikami białkowymi. W ten sposób odkryte nowe białko po prostu skaziło polipeptyd "potrzebny" badaczom. Mimo to, biorąc pod uwagę szeroką dystrybucję nowego białka w erytrocytach (200 tys. kopii na komórkę), postanowiono zbadać odkryty polipeptyd w sposób bardziej szczegółowy. Używając tych samych przeciwciał, badacze stwierdzili, że nowo odkryte białko jest również szeroko rozpowszechnione w nerce ludzkiej. Jego fizjologiczna rola była jednak niejasna. I tutaj, drugi szczęśliwy wypadek pomógł.

Peter zabrał kiedyś swoją rodzinę do Disneylandu. Po drodze miał szczęście spotkać swojego mentora klinicznego na Uniwersytecie Północnej Karoliny, Johna Parkera, który jako pierwszy zwrócił uwagę, że czerwone krwinki i komórki wątroby są bardzo przepuszczalne dla wody, a nowe białko może odgrywać rolę w transporcie wodnym. Dalsze badania biologiczne (w szczególności blokowanie transportu wody przez jony rtęci) i strukturalne ... potwierdziły rolę nowego białka jako kanału transportu wody przez błony komórkowe (dla którego zostało ono nazwane "aquaporin"), ustanowiły jego trójwymiarową strukturę, zbadały mechanizm działania i wykryły inne powiązane białka" (Nasonov, 2013, s.12).

Podobne informacje czytelnik znajdzie w artykule Nadieżdy Markiny "Wewnętrzne zaopatrzenie w wodę zostanie oczyszczone". Laureat Nagrody Nobla Peter Egre wygłosił wykład w Moskwie i opowiedział o transporcie wodnym w człowieku" // wydanie elektroniczne "Gazeta.ru", 25.06.2013.

97. Odkrycie zjawiska inferencji RNA. Amerykańscy genetycy Andrew Fyer i Craig Mello (E.Fyer i K.Mellow) w 1998 roku odkryli bardzo skuteczną metodę tłumienia aktywności genów, zwaną interferencją RNA. Specjaliści natychmiast ocenili to odkrycie jako jedno z głównych wydarzeń biologii molekularnej i genetyki przełomu wieków, jako osiągnięcie naukowe, które pozwala zrozumieć nowe fundamentalne mechanizmy, dzięki którym cząsteczki RNA mogą wpływać na ekspresję (aktywność) genów. Zakłócenia RNA szybko stały się laboratoryjną metodą identyfikacji funkcji genów, w tym w badaniach ludzkiego genomu. Przecież najprostszą i najskuteczniejszą strategią określenia funkcji genu jest jego "zagłuszanie" i analiza konsekwencji takiego "zagłuszania", a RNA-interferencja po prostu oferuje sposób na zlikwidowanie miejsc DNA. Naukowcy przewidują, że w najbliższej przyszłości mogą pojawić się leki oparte na zasadzie interferencji RNA nowej generacji, działające konkretnie na dany gen i wyłączające syntezę kodowanego przez niego białka. Celami ingerencji RNA mogą być na przykład geny aktywne w komórkach nowotworowych. W 2006 roku odkrywcy metody interferencji RNA otrzymali Nagrodę Nobla w dziedzinie fizjologii i medycyny.

Jak E. Fyer i K. Melow (1998) odkryli tę metodę? Absolutnie przez przypadek. W swoich badaniach naukowcy planowali zahamować ekspresję niektórych genów mikroskopijnego robaka-nematoda za pomocą jednokanałowego RNA. W jednym z eksperymentów wstrzyknęli do ślimakonośnego dwuniciowego RNA, który został użyty jako kontrola, to znaczy naukowcy nie widzieli w nim sposobu na "zagłuszanie" genów (nie spodziewali się po nim takich efektów). Jednakże, wbrew oczekiwaniom, to właśnie dwuniciowe RNA zablokowało pracę interesującego ich genu. Dlatego też naukowcy doszli do wniosku, że środkiem blokującym geny powinno być zastosowanie dwuniciowego RNA. To było odkrycie metody interferencji RNA.

Odkrycie E. Fyer'a i K. Mellowa przypomina odkrycie Marshalla Nierenberga (1961), który kiedyś wrzucił fragment RNA poliuralcylu do mieszaniny reakcyjnej, którą wykorzystał jako kontrolę, nie oczekując od niego niczego "wybitnego". Jednak to właśnie polialcyl okazał się kodem do syntezy białek polifenyloalaniny, a kiedy Nierenberg zdał sobie z tego sprawę, pojechał do Moskwy (na Międzynarodowy Kongres), aby zdać relację ze swoich wyników, a następnie zaczął rozszyfrowywać cały kod genetyczny. Tak więc E. Fyer i C. Mellow mogą być zadowoleni z faktu, że schemat ich przypadkowego odkrycia spotkał się już na jednym z etapów rozwoju biologii molekularnej, a co więcej, doprowadził do przyznania Nagrody Nobla!

A.Chubenko i A.Levin w artykule "Nobel 2006. Kto został milionerem" ("Popularna Mechanika", 2006, № 12) piszą: "W eksperymentach z Cenorhabditis eleganckie nicienie (najwyższy czas, aby ten mikroskopijny robak postawił pomnik za swój wkład w biologię molekularną i genetykę) Ogień i Mello planowali zahamować ekspresję genów za pomocą jednoniciowego RNA, a dwuniciowe RNA wstrzyknięto do kontroli. *Tak więc odkryli oni Nobla, w zasadzie przez przypadek - ale stwierdziwszy, że dwuniciowe fragmenty działają znacznie lepiej, byli w stanie ocenić swój potencjał*" (A.Chubenko, A.Levin, 2006).

To samo relacjonuje Y.N.Yeldyshev w artykule "Nagrody Nobla - 2006: olimpiada naukowa czy mistrzostwa USA?" (Dziennik "Ekologia i życie", 2006, № 12 (61)): "Ogień i Mello odkryli, że RNA silniej wpływa na geny, gdy wstrzyknięto im krótkie fragmenty cząsteczek o dwóch nitkach, a nie jednej. *Obserwacja była niemal przypadkowa - badacze nie zakładali, że "podwójne" fragmenty będą bardziej skuteczne niż "pojedyncze", więc wprowadzili je tylko po to, by je kontrolować.* Początkowo wydawało się to paradoksem, ponieważ dzRNA nie jest w stanie komunikować się z matrycą, dla której musi najpierw "rozlać się" na dwie nitki. Częściowo wyjaśnia to proponowane przez Mello określenie "zakłócenia RNA" (wpływ na geny jest oczywisty, ale jego mechanizm nie jest jasny). Wkrótce stało się jasne, że cząsteczki dzRNA, raz w komórce, aktywują grupę enzymów, które tną cząsteczki na krótkie fragmenty, "rozpryskując" je na osobne nici, a te już usuwają osobne fragmenty z matrycy RNA, tak aby zawarte w nich informacje nie były przekazywane do rybosomów" (Yeldyshev, 2006, s.39).

Fakt przypadkowego odkrycia jest również badany przez V.V.Oberemoka w jego książce "Genetyka, biolodzy molekularni i ich odkrycia" (2008): "E.Fire i K.Mello w swoich eksperymentach z okrągłym robakiem Caenorhabditis elegans odkryli, że krótkie, dwuniciowe fragmenty RNA bardzo skutecznie odcinają geny. *Stwierdzenie to było przypadkowe - krótkie, dwuniciowe fragmenty RNA zostały wprowadzone do kontroli, a jednoniciowe fragmenty RNA zostały wykorzystane do doświadczeń*" (Oberemok, 2008, s. 27).

98. Wprowadzenie modelu losowej wędrówki do nauk ekonomicznych. Amerykański naukowiec Paul Samuelson (lata 50.) opracował matematyczne podejście do analizy zjawisk ekonomicznych przy użyciu metod Josiaha Willarda Gibbsa - jednego z twórców matematycznej teorii termodynamiki i mechaniki statystycznej. W pracach Gibbsa rozważano takie wartości jak temperatura i ciśnienie, ale P. Samuelson potrafił tak zmodyfikować swoje pomysły, że udało mu się je zastosować do opisu aktywności ekonomicznej ludzi.

Arsenał tych narzędzi matematycznych do dyspozycji P. Samuelsona, znacznie powiększył się po ważnym wydarzeniu: przypadkowo odkrył pracę francuskiego matematyka Louisa Bascheliera, który w 1900 r. z powodzeniem zastosował matematyczną teorię prawdopodobieństwa do opisu ewolucji cen na giełdzie. Te dzieła Louisa Bascheliera nie znalazły uznania wśród jego współczesnych, w tym A. Poincarda, ale zostały docenione przez P. Samuelsona. Dzięki pracom L. Bascheliera, który pięć lat wcześniej niż A. Einstein w matematycznym opisie ruchu brunatnego, P. Samuelson wprowadził do gospodarki model wędrówki przypadkowej. Za L.Baschelierem opisał ewolucję wartości zapasów za pomocą geometrycznego ("ekonomicznego") ruchu Browna. W 1970 roku P. Samuelson otrzymał Nagrodę Nobla w dziedzinie ekonomii za "podniesienie poziomu analizy w naukach ekonomicznych" oraz "przekształcenie ekonomii w dyscyplinę matematyczną". Stąd znaczna część osiągnięć P. Samuelsona i jego uczniów jest wynikiem przypadkowego odkrycia dzieł L. Basheliego, praktycznie zapomnianych i zakurzonych na półkach niektórych bibliotek (zakurzonych do czasu, gdy Leonard Savage je znalazł i poinformował o tym P. Samuelsona).

James Weatherall pisze w swojej książce Stock Market Physics (2014): "Zainteresowanie Samuelsonem w Bashelie pojawiło się kilka dni temu, gdy otrzymał kartkę od swojego przyjaciela Leonarda "Jimmy'ego" Savage'a, profesora statystyki na Uniwersytecie w Chicago. Savage właśnie skończył podręcznik na temat teorii prawdopodobieństwa i statystyki. W trakcie swojej pracy zainteresował się historią. *Podczas przekopywania biblioteki uniwersyteckiej do pracy nad prawdopodobieństwem na początku XX wieku, Savage przypadkowo natknął się na podręcznik z 1914 roku, którego nigdy wcześniej nie widział.* Polaryzując go, Savage odkrył, że oprócz kilku przełomowych poglądów na teorię prawdopodobieństwa, książka zawierała kilka rozdziałów na temat tego, co autor nazwał "grą giełdową" - dosłownie teorią prawdopodobieństwa, jak ma ona zastosowanie do gry na giełdzie. Dzikus domyślił się (i miał rację), że skoro on sam nigdy wcześniej nie słyszał nic o tej książce, najprawdopodobniej, a jego przyjaciele, ekonomiści też jej nie widzieli. Wysłał im listy z pytaniem, czy wiedzą cokolwiek o Bashelie. Samuelson nigdy nie słyszał o tym nazwisku. Interesował się jednak finansami matematycznymi - dziedziną nauki, którą według niego teraz wymyśla - i był ciekaw, co ten Francuz zrobił. Biblioteka MTI nie posiadała ani jednego egzemplarza nieznanego podręcznika z 1914 roku. Ale Samuelson znalazł inną pracę Bascheliera - jego rozprawę "Teoria gry na giełdzie". Zabrał książkę z biblioteki i przyniósł ją do swojego biura" (Weseroll, 2014, s.22).

"Wydaje się," kontynuuje autor, "że Samuelson był jedynym odbiorcą pocztówki Savage'a, który zadał sobie trud przyjrzenia się twórczości Bascheliera. Zrobili na nim silne wrażenie, a Samuelson był na tyle potężną postacią, że zwrócił na nich uwagę. Praca Bascheliera na giełdzie stała się popularna wśród studentów MIT, co z kolei sprawiło, że nazwisko Bascheliera stało się znane w najbardziej odległych zakątkach świata. Bashelet został oficjalnie kanonizowany w 1964 r., kiedy to Paul Kutner, kolega Samuelsona z pracy w MTI, włączył swoją rozprawę doktorską Francuza do zbioru prac naukowych "Losowy charakter cen na giełdzie". W momencie publikacji zbioru hipoteza o przypadkowych wędrówkach była już samodzielnie badana i poprawiana przez wielu naukowców, ale jej narodziny Kutner zdecydowanie przypisał Bashele'owi" (tamże, s. 38).

O tym, jak P. Samuelson wykorzystywał i rozwijał idee L. Bashele'a, pisze A. E. Rodkina w artykule "O niektórych pojęciach i problemach matematyki finansowej" ("Soros educational journal", 1998, [1] 6): "Pięć lat przed Einsteinem w 1900 roku L. Bashele podjął próbę opisania wartości akcji jako procesu losowego. Chociaż jego rozumowanie nie miało żadnego matematycznego rygoru i zawierało błędne założenie, że ceny akcji mogą być ujemne, był on pierwszym, który zauważył, że w małych odstępach czasu Δt przyrosty ΔS (t) cen akcji zachowują się jak $\sqrt{\Delta t}$. I to pozwoliło P. Samuelsonowi w ciągu 65 lat wprowadzić tzw. geometryczny (pisał też "ekonomiczny") ruch Browna, opisujący ewolucję kursu akcji S(t)...". (Rodkina, 1998, s. 124).

99. Stworzenie matematycznej teorii optymalnej alokacji zasobów. Wybitny rosyjski matematyk i ekonomista Leonid Witaliewicz Kantorowicz (1939) zbudował teorię optymalnej alokacji zasobów poprzez przeniesienie środków i metod analizy funkcjonalnej do teorii ekonomii. Jednocześnie bardzo przydatna była stworzona przez L.W.Kantorowicza w 1935 r. teoria przestrzeni półprzestrzennych (K-przestrzenie, w których stosunek uporządkowania jest określony analogicznie do sposobu, w jaki odbywa się on w opisowej teorii funkcji). Teoria optymalnego rozkładu zasobów, stworzona przez L.W.Kantorowicza i później odniesiona do dziedziny programowania liniowego, została ponownie odkryta przez amerykańskich matematyków w 1947 roku. Wyniki tego "ponownego odkrycia" zostały przedstawione w monografii "Programowanie liniowe, jego uogólnienia i zastosowania" głównego amerykańskiego matematyka George'a Danziga (Moskwa, "Postęp", 1966). W 1975 roku Leonid Witaliewicz Kantorowicz otrzymał Nagrodę Nobla w dziedzinie ekonomii.

Jak L.V.Kantorovich domyślił się przeniesienia metod analizy funkcjonalnej (teorii przestrzeni funkcjonalnych) do teorii ekonomii? Ważną rolę odegrał tu również czynnik przypadku (którego zwykle nie da się przewidzieć). W 1939 roku pracownicy trustu sklejki zwrócili się do niego z prośbą o obliczenie najlepszego podziału zadań pomiędzy różne typy maszyn (urządzeń przedsiębiorstwa). Bez tej prośby o konsultację, prawdopodobnie teoria optymalnego podziału zasobów zostałaby stworzona nie przez L.W.Kantorovicha, ale przez innych badaczy, i to znacznie później.

Wiktoria Sokołowa w swoim artykule "Talent to za mało" (Dziennik Inwestycji Bezpośrednich, 2004, [1] 11 (31)) cytuje fragment rozmowy z synem, Łotwą Kantorowiczem - Wsiewołodem Leonidowiczem Kantorowiczem: "Jak to się stało, że uznany matematyk Kantorowicz był zainteresowany problemami ekonomicznymi? "To *było dość swobodne, choć w latach studenckich miał pewne zainteresowanie ekonomią*. Przez krótki czas pracował nawet jako ekonomista, będąc w Taszkiencie w praktyce po trzecim roku życia. Co ciekawe, jego przywódcą była słynna terrorystka Maria Spiridonowa, która była tam na wygnaniu. Ale bezpośrednim powodem była jedna z konsultacji. W 1939 r. pracownicy trustu sklejki zwrócili się do niego z prośbą o obliczenie najlepszego podziału zadań pomiędzy różne typy kruszarek. Zastanawiając się nad tym zadaniem, Leonid Witaliewicz odkrył, że istnieje wiele podobnych zadań planistycznych i ekonomicznych, które również muszą stworzyć skuteczne algorytmy dla ich rozwiązania: najlepsze wykorzystanie powierzchni pod uprawami, wybór sprzętu do załadunku, racjonalne cięcie materiału, wykorzystanie surowców, rozkład przepływów ładunków transportowych, wykorzystanie zasobów dla programu budowlanego ... Leonid Witaliewicz natychmiast zdał sobie sprawę, jak ważne jest to zadanie dla gospodarki kraju. Wytrwałe poszukiwania doprowadziły do otwarcia programowania liniowego jako metody optymalizacji wykorzystania ograniczonych zasobów". (Sokolova, 2004, s. 111).

Podobne informacje można znaleźć w książce Antona Mylutyna i Siergieja Bołuszewskiego "7 naukowych przełomów Rosji i 42 inne odkrycia, które muszą być znane" (2011): "*Jak to często bywa, najważniejsze odkrycia dzieją się przypadkiem*. Tak było również w 1938 roku, kiedy to Kantorovich, na prośbę trustu sklejki, badał problem efektywnego wykorzystania maszyn do szlifowania. W trakcie swojej pracy matematyk znalazł rozwiązanie tego problemu, ale jednocześnie odkrył, że szeroka klasa najważniejszych problemów produkcyjnych może być wyraźnie sformułowana matematycznie i dalej rozwiązana. Swoje odkrycie dokonał w formie pracy "Matematyczne metody organizacji i planowania produkcji", w której opisał problemy ekonomii, które nadają się do otwartej metody matematycznej. W ten sposób stworzono podstawy programowania liniowego, które umożliwiły podejście do wielu problemów gospodarczych od strony ilościowej, rozwiązując je metodami numerycznymi" (Milyutin, Bolushevsky, 2011, s. 191).

Sam L.V.Kantorovich pisze o tym samym czynniku przypadku w swoim artykule "My Way in Science" (Journal of "Successes of Mathematical Sciences", 1987, tom 42, wydanie 2 (254)): "*Jednak bezpośrednią przyczyną przejścia na ekonomię był w pewnym stopniu nawet fakt przypadkowy.* Jako profesor uniwersytecki byłem również kierownikiem katedry matematyki w Instytucie Matematyki i Mechaniki LSU (dyrektorem był W.I.Smirnow) i wypełniałem w związku z tym pewne obowiązki administracyjne. Pewnego dnia kilku inżynierów z laboratorium zaufania sklejki przyszło do mnie na konsultację z dość kompetentnym zadaniem. Przy przetwarzaniu różnych rodzajów materiałów na docieraczkach uzyskuje się różną wydajność, dlatego też wydajność tej grupy maszyn zależała od takiego pozornie przypadkowego faktu, do której grupy surowców skierowano docieraczkę. Jak można racjonalnie wykorzystać tę okoliczność? Byłem zainteresowany tym zadaniem, ale nadal wydawało mi się ono raczej prywatne, elementarne, więc nie zrezygnowałem ze wszystkiego i nie zrobiłem tego. Zadanie to postawiłem do omówienia na spotkaniu Zakładu Matematycznego, gdzie znaleźli się tak wybitni specjaliści jak N.M.Gunter, sam W.I.Smirnow, R.O.Kuzmin, W.A.Tartakowski. Wszyscy słuchali, ale nikt nie proponował rozwiązania, już wcześniej zwracali się do kogoś indywidualnie, jakby do R.O.Kuzmina. Jednak to zadanie wciąż wisiało nade mną. To był rok mojego małżeństwa, więc rozpraszało mnie to. W lecie lub po wakacjach zacząłem myśleć o konkretnych, do pewnego stopnia podobnych sytuacjach gospodarczych, inżynieryjnych i ekonomicznych, w których również musiałem rozwiązać problem maksymalizacji z szeregiem liniowych ograniczeń. W najprostszym przypadku jednej lub dwóch zmiennych takie problemy są łatwo rozwiązywane - aby przejrzeć wszystkie rodzaje skrajnych punktów i wybrać najlepszy. Ale już, powiedzmy, w problemie zaufania do sklejki przy pięciu maszynach i ośmiu rodzajach materiału takie obalenie wymagałoby rozwiązania około miliarda układów równań liniowych i było oczywiste, że jest to nierealistyczny sposób". (Kantorowicz, 1987, s. 199-200). "Powszechność tej klasy problemów, w połączeniu z ich trudnością, - wyjaśnia L.W.Kantorowicz, - zmusiła mnie do poważnego potraktowania jej, włączenia do niej mojej wiedzy matematycznej, w szczególności niektórych rozważań z zakresu analizy funkcjonalnej" (tamże, s. 200).

George Danzig, który wraz z Johnem von Neumannem jest jednym z "ojców" programowania liniowego, podkreśla priorytet L.V.Kantorovicha w tworzeniu nowej teorii. W książce "Programowanie liniowe, jego uogólnienia i zastosowania" (1966) pisze: "Kantorowicz powinien być uznany za pierwszego, który odkrył, że szeroka klasa najważniejszych problemów produkcyjnych nadaje się do jasnego sformułowania matematycznego, które jego zdaniem pozwala podejść do problemów od strony ilościowej i rozwiązać je metodami numerycznymi" (Danzig, 1966, s. 29).

100. Rozwój teorii tworzenia portfela inwestycyjnego. W 1952 roku amerykański ekonomista Harry Markovitz (Markovich) stworzył koncepcję tworzenia portfeli inwestycyjnych, opisując w języku matematyki złożone zagadnienia ekonomiczne, w tym ryzyko towarzyszące inwestorom w różne inwestycje. Wymieńmy główne zasady koncepcji G. Markovitza. Pierwsza idea: oczekiwany dochód z portfela inwestycyjnego jest równy oczekiwaniu matematycznemu, czyli średniej z oczekiwanych dochodów poszczególnych pakietów akcji w portfelu. Druga idea: ryzyko inwestycyjne to zmienność zysku, który należy uznać za "rozproszenie zysku", tzn. za mierzalną wartość statystyczną określającą, jak bardzo zysk waha się wokół jego średniej wartości. Trzecia koncepcja: rozkład prawdopodobieństw wartości rentowności portfela wokół jego matematycznego oczekiwania jest opisany za pomocą symetrycznej krzywej normalnej Gaussa. Czwarta idea: najlepszą ochroną przed zmiennością zwrotów i najlepszym sposobem na zwiększenie zwrotu z inwestycji jest dywersyfikacja inwestycji. Dywersyfikacja może być zdefiniowana przez zdanie: "Nierozsądne jest umieszczanie wszystkich jaj w jednym koszyku".

Pomimo tego, że teoria Markovitza była stale krytykowana (np. koledzy wątpili, że rozproszenie może być odpowiednim środkiem ryzyka), praca G. Markovitza miała duży wpływ na dalszy rozwój nauk ekonomicznych. Zmieniło to profesjonalne podejście do inwestycji, zrównując pojęcia oczekiwanych zysków i ryzyka. Pomysły G. Markovitza stały się podstawą dla prawie wszystkich późniejszych badań teoretycznych w dziedzinie finansów. Na tych koncepcjach opierało się następnie wiele różnych zastosowań: od technik selekcji akcji i określania proporcji między akcjami i obligacjami w portfelach inwestorów po wycenę opcji i zarządzanie nimi oraz bardziej złożone instrumenty pochodne. W 1990 roku G. Markovitz otrzymał Nagrodę Nobla w dziedzinie ekonomii.

Wcześniej rozmawialiśmy o tym, jak przypadkowy udział w imprezie i oglądanie automatu do gry doprowadziło Salvadora Lurię do pomysłu na eksperyment, który pozwolił poznać mechanizm powstawania bakterii wytwarzających odporność na wirusy i antybiotyki. Ta sama partia ostatecznie przyniosła S. Lurii Nagrodę Nobla w dziedzinie fizjologii i medycyny w 1969 roku. Podobne wydarzenie miało miejsce w życiu G.Markovitsy: przypadkowe spotkanie z maklerem giełdowym, który doradzał mu przeniesienie metod programowania liniowego na obszar aktywności inwestorów na giełdzie, skłoniło G.Markovitsę do opracowania koncepcji tworzenia portfela. Można się cieszyć, że okoliczności życiowe czasem wymiotują takimi ewentualnościami!

Peter Bernstein w "Przeciwko bogom". Risk Taming" (2000) pisze: "Dziwne, jak się może wydawać, on (G.Markovitz - N.N.B.) nie wykazywał zainteresowania inwestowaniem w akcje i nie wiedział nic o giełdzie, dopóki nie zwrócił się najpierw do pomysłów, z których później powstała praca "Portfolio Formation". Jako student zajmował się stosunkowo nową dziedziną - programowaniem liniowym, do czego bardzo przyczynił się von

Neumann. Głównym zadaniem programowania liniowego jest opracowanie modeli matematycznych minimalizujących koszty przy stałej wielkości produkcji lub maksymalizujących produkcję przy stałej wysokości kosztów. Metody programowania liniowego są przydatne na przykład w firmie lotniczej, która chce w pełni załadować swoją dotychczasową flotę samolotów, zachowując jednocześnie maksymalną liczbę tras.

Pewnego dnia, w oczekiwaniu na rozmowę profesora na temat swojej pracy doktorskiej, Markovich rozmawiał z zastępczym maklerem giełdowym, który przekonał go do zastosowania programowania liniowego do problemów inwestorów na giełdzie. Profesor zdecydowanie poparł propozycję brokera, chociaż sam miał tak mgliste pojęcie o giełdzie, że nie mógł doradzić Markowiczowi, jak i gdzie zacząć. Wysłał ją do dziekana Szkoły Biznesu, który, jak miał nadzieję, może wiedzieć coś na ten temat.

Dziekan doradził Markovicowi przeczytać "Theory of Investment Value" Johna Barra Williamsa, instruktażową książkę o zarządzaniu finansami i biznesem. Williams był niespokojnym, niekonsekwentnym człowiekiem, który w latach dwudziestych ubiegłego wieku zrobił udaną karierę jako makler giełdowy, ale potem, w 1932 roku, w wieku trzydziestu lat, wrócił do szkoły średniej na Harvardzie, mając nadzieję na zrozumienie przyczyn Wielkiego Kryzysu (nie udało się). "Teoria Inwestycji" była jego pracą doktorską.

Markovich posłusznie poszedł do biblioteki i usiadł do książki. Pierwsze zdanie, które przeczytał, osiągnęło cel: "Żaden kupujący nie uważa wszystkich papierów wartościowych za równie atrakcyjne w ich cenach rynkowych... przeciwnie, szuka najlepszego w tej cenie. Wiele lat później, kiedy Markovich opowiedział mi o tym, przypomniał sobie: "Uderzyła mnie myśl, że należy być zainteresowanym zarówno ryzykiem, jak i zyskiem. Pomysł ten wydaje się dość trywialny w 1990 roku, ale w 1952 roku przykuł niewielką uwagę, a dokładnie w ciągu dwudziestu lat od publikacji artykułu Markovicha" (P. Bernstein, 2000).

14. Literatura do wyrostka robaczkowego

100 lat rozwoju fizyki // zbiór "Rutherford - naukowiec i nauczyciel (Do 100. rocznicy urodzin)", redaktor - P.L.Kapitsa, Moskwa, "Nauka", 1973.
Abelev G.I. About the correlation between fundamental and applied research in oncology and immunology // Journal "Chemistry and Life", 1986, ¹ 11.
Abelev G.I. przeciwciała monoklonalne // "Sorosovsky obrazovatel'nyj zhurnal", 1998, ¹ 1.
Abramov A.I. Historia fizyki nuklearnej. - Moskwa, "ComBook", 2006.
Abramov A.I. Pomiar "niezmierzonych". - M., "Energoatomizdat", 1986.
Agapow B. Ak-Koi // Dziennik "Chemia i życie", 1971, № 1.
Azernev V. Kontynuacja // Dziennik "Nauka i zhizn", 1968, ¹ 1.
Azernikow V. Nietypowe zbiegi okoliczności. - Moskwa, "Literatura dziecięca", 1972.
Azernicov V. Physics. Wielkie odkrycia. - M., "OLMA-PRESS", 2000.
Azimov A. Krótka historia biologii. - M., "The World", 1967.
Azimov A. Przewodnik po nauce. Od egipskich piramid do stacji kosmicznych. - Moskwa, "Centerpolygraph", 2006.
Azimov A. Eksplodujące słońce. Tajemnice supernovae. - M., "Nauka", 1991.
Ayala F., Kaiger J. Współczesna genetyka. Tom 2. - M., "The World", 1987.
Alberts B., Bray D., Lewis J. i inni. Biologia molekularna komórki. Tom 3. M., "The World", 1994.
Allahverdov, V.M.; Karmin, A.S.; Shilkov, Yu.M. Principle of a continuity or as possible scientific discoveries (in Russian) // Journal "Methodology and history of psychology", 2008, tom 3, wydanie 3.
Alfimova M.M. Interesujące nanotechnologie. - M., "Beane", 2011.
Albert A. Toksyczność selektywna. Tom 1. - M., "Medycyna", 1989.
Anderson D.L. Electron discovery (rozwój atomowych koncepcji energii elektrycznej). - Moskwa, "Atomizdat", 1968.
Andriejewa O., Kozlovsky B., Tarasevich G. i inni. Nobel do każdego z nich // dziennik "Russky reporter", ¹ 20 (20) z 16.10.2007.
Arefiew, A.S.; Rud, W.W.; Tiażew, A.I. Historia tranzystora (w języku rosyjskim) // Gazeta "Akademia Komunikacji", 2008, ¹ 4.
Artamonova V. Rozprowadzana i niebezpieczna // Dziennik "Chemia i życie", 1998, ¹ 5.
Arutyunov V.S., Kozlov S.N. Tylko jedna reakcja // Dziennik "Chemia i życie", 1983, ¹ 12.
Afanasjew W.A., Zaikov G.E. W świecie katalizy. - Moskwa, "Nauka", 1977.
Akhiezer A.I., Recalo M.P. Biografia cząstek elementarnych. - Kijów, "Naukova Dumka", 1979.
Wszechświat Barashenkova V.S. w elektronach. - Moskwa, "Literatura dziecięca", 1988.

Baroyan R.G. Prostaglandins: a Look at the Future. - M., "Wiedza", 1983.
Bakhtzin R.Z. Blue Diodes // "Sorosovsky Obrazovatel'nyi Zhurnal" (Soros Educational Journal), 2001, t. 7, nr 3.
Bednorz I.G., Mueller K.A. Oxides of the Perovskitno-type - a new approach to high-temperature superconductivity // Zhurnal "Uspekhi fizicheskikh naukosci" ["Sukcesy nauk fizycznych"], 1988, t. 156, nr 2.
Beckman E.M. Nie bójcie się ciemnych pomieszczeń! /Magazyn "Chemia i życie", 1988, wydanie 12.
Beach G. Przestrzeń dla ziemian. - Moskwa, "Young Guard", 1981.
T.T. Berezov, B.F. Korovkin, Biological Chemistry. - Moskwa, "Medycyna", 1998.
Bernstein P. Przeciwko bogom. Oswajanie ryzyka. - M., ZAO Olympus Business, 2000.
Efekt Burke'a J. Pinball'a. Od bizantyjskiej mozaiki po tranzystory i inne podróże w czasie. - M., ed-in "Studio Artemy Lebiediew", 2012.
Bisnovaty - zjawisko Kogana G.S. Pulsara // Dziennik "Ziemia i wszechświat", 1974, ¹ 2.
Eseje Blinkin S.A. na temat historii naturalnej. - M., "Wiedza", 1979.
Blokhin A.V. W początkach wynalazku radia. - Jekaterynburg, Wydawnictwo Uniwersytetu Uralskiego, 2016.
Bloom F, Laserson A, Hofstadter L. Mózg, umysł i zachowanie. - M., "The World", 1988.
Bluger A. Śladami australijskiego antygenu // Journal of Science and Life, 1981, № 11.
Bluger A.F. ABC wirusowego zapalenia wątroby: A, B, C, D // Dziennik "Chemia i życie", 1986, № 7.
Bozdaganyan M. Fullereni i perspektywy ich zastosowania w biologii i medycynie // Journal In the World of Nano, 2010, № 5.
Bolotovsky B.M. Radiation of Vavilov-Cherenkov: discovery and application // Journal of Successes in Physical Sciences, 2009, tom 179, ¹ 11.
Bohonow B.B. Unikalne właściwości quasikryształów // gazeta "Nauka przeciwko Sybirowi", № 45 (2830) z 10 listopada 2011 roku.
Brązowy S. Krótka historia elektroniki gazowej // Dziennik "Sukcesy nauk fizycznych", 1981, tom 133, wydanie 4.
Buzdin A., Varlamov A. Passion for Superconductivity at the End of the Millennium // Dziennik "Quant", 2000, ¹ 1.
Bykov K.M. "Wykłady o pracy głównych gruczołów trawiennych" I.P. Pavlova i ich roli w rozwoju nauk przyrodniczych i medycyny // I.P. Pavlov, "Wykłady o pracy głównych gruczołów trawiennych", Moskwa, ZSRR Akademia Nauk, 1949.
Baggott J. Higgs boson. Od idei naukowej do odkrycia "cząsteczki Boga". - M., Centerpolygraph, 2014.
Vavilov S.I. Główne kierunki współczesnej fizyki // Dziennik "Przyroda", 1941, ¹ 5.

Weinberg S. Pierwsze trzy minuty: nowoczesny widok na pochodzenie wszechświata. - Izhevsk, SIC RCD, 2000.
Walden P. Z historii odkryć chemicznych. - Leningrad, Wydawnictwo Naukowe Chemiczno-Techniczne, 1925.
Varfolomeev S.D. Prostaglandiny - nowy typ regulatorów biologicznych // "Soros educational journal", 1996, ¹ 1.
Vasiliev A.N. Evolution of the Universe // "Soros Educational Journal", 1996, ¹ 2.
Wigner E. Symmetry Violation in Physics // Journal of "Successes of Physical Sciences", 1966, vol. 89, s.3.
Vinnikov A.V., Kudryakov A.G., Sazykin V.G., Tropin V.V. Wprowadzenie do specjalności. Energetyka elektryczna. - Krasnodar, KubAU, 2017.
Wiszniewskaja I. Synteza pentafenylofosforu. Reakcja Wittiga // gazeta "Chemia", 2002, № 38.
Volkov A. Mirror Worlds // Dziennik "Znanie - siła", 2003, ¹ 7.
Vorob'ev A.A. Muonny catalysis of nuclear fusion reactions // "Vestnik RAN", 2005, vol. 75, ¹ 6.
Gakov V. Historia tranzystorów. Petrels of the Silicon Revolution // Dziennik "Administrator systemu", 2010, № 1-2 (86-87).
Galuzinskaya V. Ta wszechobecna alergia // Dziennik "Nauka i zhizn", 1974, № 1.
Gra A.K. Random wanderings: an unpredictable way to the graphene // Journal of "Successes of Physical Sciences", 2011, vol. 181, ¹ 12.
Hernek F. Pionierzy epoki atomowej. - M., "Progress", 1974.
Gerstein S.S. History of the Idea // International Yearbook "Cold Synthesis, or the third way of obtaining nuclear energy", Moskwa, "Knowledge", 1988.
Ginzburg, V.L.; Dorman, I.V. Nature and Origin of Cosmic Rays: History and Modernity // Zhurnal Priroda, 1978, ¹ 4.
Ginzburg V.L. Astrofizyka wysokiej energii // Dziennik "Earth and Universe", 1976, ¹ 5.
Ginzburg, V.L.; Kirzhnitz, D.A. Nadprzewodnictwo wysokotemperaturowe (po rosyjsku) // Uspekhi fizicheskikh nauk, 1987, t. 152, nr 4.
Ginzburg V.L. o fizyce i astrofizyce. - Moskwa, "Nauka", 1992.
Glasko V.I., Chesko V.F. Dangerous Knowledge in Risk Society (Age of Genetics and Biotechnology). - Charków, Wydawnictwo "INSHEK", 2007.
Glaser G. Odkrywcy ludzkiego ciała od Hipokratesa do Pawłowa. - M., "Medgiz", 1956.
Glaser G. Najnowsze zwycięstwa medycyny. - M., "Young Guard", 1966.
A. Gliantsev, A. Laserowa rewolucja: laureaci Nagrody Nobla w dziedzinie fizyki nauczyli się przenosić molekuły za pomocą wiązki // strona "Vesti.ru", 02.10.2018.
Godefroy J. Co to jest psychologia? Tom 1. - M., "The World", 1992.
Gonczarow N.P. Na pamiątkę laureata Nagrody Nobla w dziedzinie fizjologii i medycyny za rok 1977, dr Rosalyn Jałów (Rosalyn Jałów) // Journal of Endocrinology Problems, 2013, № 1.

Gratzer W. Eureka i euforia. O naukowcach i ich odkryciach. - M., "Colibri", "ABC-Atticus", 2011.
Gribbin D., Gribbin M. Richard Feynman: życie w nauce. - Moskwa-Izhevsk, Instytut Badań Komputerowych, 2002.
Goodwin J. Badania w dziedzinie psychologii: metody i planowanie. - M., "Peter", 2004.
Goodman M., Morehouse F. Molekuły organiczne w akcji. - M., "The World", 1977.
Gurstein A.A. Odwieczne tajemnice nieba. - M., "Nauka", 1991.
Guttman B., Griffiths E., Suzuki D., Cullis T. Genetyka. - M., "FIRE-PRESS", 2004.
Davidenko Yu. Wysoce efektywne nowoczesne diody LED // Dziennik Modern Electronics, 2004, [1] 1.
Danine D. Nieuchronność dziwnego świata. - M., "Young Guard", 1962.
Danine D. Świat Probabilistyczny. - M., "Wiedza", 1981.
Danzig J. Programowanie liniowe, jego uogólnienia i zastosowania. - M., "Progress", 1966.
De Bono E. Używając myślenia lateralnego. - Mińsk, "Potpourri", 2005.
De Broyl L. Na drodze nauki. - Moskwa, Wydawnictwo Literatury Obcej, 1962.
De Cruy P. Germ Hunters. - St. Petersburg, "Amphora", 2006.
Demidov W.E. Czas zachowany jako klejnot. - M., "Wiedza", 1977.
Demidowa E. The Magnificent Five // the journal "Knowledge - Power", 1999, № 2-3.
Dickerson R., Grey G., Hate J. Basic Laws of Chemistry. Tom 1. - M., "The World", 1982.
Dmitriev I.S. Electron oczami chemika. - Leningrad, Wydawnictwo "Chemia", 1986.
Dobrotin, N.A., Feinberg, E.L., Fok, M.V. Od redakcji // Zhurnal Priroda, 1991, [1] 11.
Dorofejewa V., Dorofejew V. Akademicki Siemionow // Dziennik "Młody technik", 1969, [1] 6.
Yeldyshev Y.N. Nagroda Nobla - 2006: Olimpiada Naukowa czy Mistrzostwa USA? // Dziennik "Ekologia i życie", 2006, № 12 (61).
Żukow B. Katalizatory zdrowotne // magazyn "Vokrug Sveta", 2009, [1] 12.
Żuchowicki V.G. Noblista 2005 w dziedzinie fizjologii i medycyny - B.Marshall i R.Warren // Dziennik "Przyroda", 2006, [1] 1.
Zaitseva E.A. Development of K.V.Ziegler and J.Natta catalysts for synthesis of polymers // "Chemistry" newspaper, 2003, [1] 16.
Zakutnaja, O., Kostikova, D. Twórca kryształów (po rosyjsku) // V magazyn Mir nauki, 2007, [1] 6
Zeevil A. Podróże w czasie. Kroki do Nagrody Nobla. - M., Wydawnictwo "Nobelizm", 2004.
Zorkiy P.M. What is the X-ray structure analysis // Dziennik "Chemia i życie", 1969, [1] 9.

Zorkiy P.M., Lubnina I.E. Supramolekularna chemia: pochodzenie, rozwój, perspektywy // "Vestnik Uniwersytetu Moskiewskiego", 1999, tom 40, ¹ 5.
Igoshev B.M., Usoltsev A.P. Historia innowacji technicznych. - Moskwa-Berlin, Wydawnictwo "Direct-Media", 2014.
Ilyin VA, Kudryavtsev VV. Historia radiofizyki. Kurs modułowy dla mistrzów. - M., MPG, 2017.

Ioffe A.F. Wilhelm Roentgen // Journal of Chemistry and Life, 1994, nr 11.
Qaji M. Kazus czy nadzieja? Nagroda Nobla Koichi Tanaka // Proceedings of the 8th International Meeting and Conference of Nobel Prize Laureates, Tambov, Nobelistica Publications, 2009.
Kadmensky S.G. Radioactivity of Atomic Nuclei: History, Results, Newest Achievements // "Soros Educational Journal", 1999, ¹ 11.
Can C.R., Roth J.S. Burson, R. Yalow i JCI Magazine: Flour and Delight // Endocrinology: News, Opinions, Training, 2014, No. 1.
Kaner R., McDaimid E. Electroconductive polymers // Journal In the World of Science, 1988, № 4.
Kantorovich L.V. My Way in Science // Journal of "Successes of Mathematical Sciences", 1987, t. 42, wydanie 2 (254).
Kapitanie P.L. Kiedy pojawiła się taka sprawa, nie można było jej przegapić // magazyn "Chemia i życie", 1987, ¹ 11.
Kapitsa P.L. Właściwości ciekłego helu // Zhurnal Priroda, 1997, ¹ 12.
Kassirsky I.A. Problemy i naukowcy (pracownicy medycyny rosyjskiej i sowieckiej). Księga 1. - M., "Medgiz", 1949.
Keen S. Znikająca łyżka, czyli Niesamowite historie z życia Tablicy Mendelejewa. - M., "Exmo", 2015.
Keen S. Pojedynek chirurgów. Jak odkryto tajemnice mózgu i dlaczego śmierć jednego króla mogła odwrócić naukę. - M., "Exmo," 2015.
Kisin, I.E. Substation H. Cortison // Dziennik "Chemia i życie", 1965, ¹ 6.
China City A.I. Niewiarygodne, to nie fakt. - M., "Young Guard", 1972.
Klyosov AA Internet: notatki badacza. - M., Wydawnictwo Uniwersytetu Moskiewskiego, 2010.
Klimenko A.A., Trofimova E.V. Helicobacter pilori: historia otwarcia // Dziennik "Klinitsist", 2006, ¹ 3.
Klimova E.M., Ivanenko M.O. Historyczne aspekty badań nad fagocytozą. Nowoczesne koncepcje procesu fagocytowania // "Naukowcy V.I.Vernadsky Tauride National University", seria "Biologia, chemia", 2011, Vol. 24 (63), ¹ 4.
Korn A. Nadprzewodnictwo to nowa era?! /"Knowledge is Power" Magazyn, 1987, nr 8.
Kornberg A. Życie jako chemia // Dziennik Chemii i Życia, 1994, № 5.
Kostina G., Hovhannisyan T., Sarayev V. Swedish Innovation Competition // Expert magazine, № 38 (579) z 15 października 2007.

Kostiukowicz N.N. Odkrywca czynników wzrostu i laureat Nagrody Nobla Stanley Cohen // Białoruskie czasopismo "Biuletyn Fundacji Badań Podstawowych", 2011, № 4 (58).
Kocharow G.E. Promienie kosmiczne o ultra-wysokiej energii i promieniowaniu reliktowym we Wszechświecie // "Soros Educational Journal", 2001, t. 7, nr 7.
Christian B., Griffiths T. Algorytmy na całe życie. Proste sposoby podejmowania właściwych decyzji. - M., "Alpina Publisher", 2017.
Krol V.M. Psychologia i pedagogika. - M., "Szkoła Wyższa", 2001.
Croto G. Symmetria, przestrzeń kosmiczna, gwiazdy i C60 // Journal of Success in Physical Sciences, 1998, Tom 168, nr 3.
Krylov YuF, Smirnov P. A. Niesamowity świat narkotyków. - M., "Wiedza", 1985.
Kto jest kimś na świecie. Redaktor - G.P.Shalaeva. - M., "OLMA-PRESS", 2003.
Kuzniecow W.I. Wawrzyniec, wynalazca cyklotronu // Dziennik "Chemia i życie", 1992, nr 5.
Cooper L. Fizyka dla wszystkich. Wprowadzenie do istoty i struktury fizyki. Tom 2. - M., "The World", 1974.
Laptev Y.P. W świecie zanikających roślin. - Moskwa, "Kolos", 1980.
Laureaci Nagrody Nobla. - M., "Progress", 1992.
Levin A. Vesuchy Rutherford: mężczyźni spierają się o modele // magazyn "Popular Mechanics", 2006, [1] 2.
Levin A. Goryachaya sverkhprovodimost": eksperiment // zhurnal Populyarnaya mekhanika, 2012, [1] 4.
Levitt S., Dabner S. Freak show. Niestandardowe podejście do rozwiązywania problemów. - M., Wydawnictwo "Alpina Publisher", 2015.
Levitsky M.M., Perekalin D.S. Impossible real crystals // Zhurnal "Priroda" ["Natura"], 2012, [1] 9.
Levchenkov S.I. Krótki esej na temat historii chemii. - Rostów nad Donem, Rostowski Uniwersytet Państwowy, 2006.
Leenson E. Skąd masz nazwisko? // Magazyn "Chemia i życie", 2004, wydanie 12.
Leenson E. Transformacja substancji. Chemia. - M., "Olma Media Group", 2013.
Lipson G. Świetne eksperymenty z fizyki. - M., wydanie "The World", 1972.
Livonian V.G. Witaminy i składniki mineralne. - Moskwa, "OLMA Media Group", 2010.
Lozovskaya E. Nagroda Nobla 2003. Kanały membranowe: woda jest oddzielona od jonów, a jony - od siebie // Dziennik "Nauka i zhizn", 2003, [1] 12.
Lawrence W.L. Humans i atomy. - M., "Atomizdat", 1966.
Llozzi M. Historia fizyki. - M., "The World", 1970.
Maidanov A.S. Sztuka odkrywania. Metodologia i logika twórczości naukowej. - Moskwa, Wydawnictwo "Repro", 1993.

Maidanov A.S. Methodology of Scientific Creativity. - M., "LKI", 2008.
Mayer E. Drugi mózg. Jak zarazki w jelitach kontrolują nasze samopoczucie, decyzje i zdrowie. - M., "Alpina Non-Fixture", 2018.
Malygin A.G. Symetria sieci reakcji metabolicznych. - M., "Nauka", 1984.
Mandel B.R. Niektóre rzeczywiste problemy współczesnej nauki. - M., "MEDIA BEZPOŚREDNIE", 2014.
Markina N. Wewnętrzny dopływ wody zostanie oczyszczony. Laureat Nagrody Nobla Peter Egre wygłosił wykład w Moskwie i opowiedział o transporcie wodnym w człowieku" // wydanie elektroniczne "Gazeta.ru", 25.06.2013.
Marrak F., Kappler J. T-cell i jego receptor // Journal In the World of Science, 1986, nr 4.
Maslov V.N. Algorytm Odkrycia. - Moskwa, Wydawnictwo "IRIS GROUP", 2011.
Matyshev A.A. "The Law of Prauth" and the opening of argon // journal "Successes of physical sciences", 2005, tom 175, [1] 12.
Medunitsyn N.V., Pokrovsky V.I. Podstawy immunoprofilaktyki i immunoterapii chorób zakaźnych. - Moskwa, "GOTAR-Media", 2005.
Meerson A. Hybrydy - fabryki przeciwciał // Dziennik "Chemia i życie", 1986, № 4.
A.B. Niels Bohr Migdal i fizyka kwantowa // Dziennik "Sukcesów Nauk Fizycznych", 1985, t. 147, wydanie 2.
Milliken R. Elektrony, protony, fotony, neutrony i promienie kosmiczne. - Moskwa-Leningrad, GONTI NKTP ZSRR, 1939.
Milyutin A., Bolushevsky S. 7 naukowych przełomów w Rosji i 42 inne odkrycia, o których należy wiedzieć. - M., "Exmo", 2011.
Motylajew A. Uran: Fakty i fakty // Dziennik "Chemia i życie", 2014, № 8.
Motyliaev A. Iridium: fakty i fakty // Dziennik "Chemia i życie", 2013, nr 2.
Mukherjee S. Król wszystkich chorób. Biografia raka. - M., "AST", 2013.
Moore R. Niels Bohr jest człowiekiem i naukowcem. - M., "The World", 1969.
S.A. Musky 100 wielkich laureatów Nagrody Nobla. - Moskwa, "Veche", 2006.
Nasonow A. Pół wieku później. Powrót w statusie noblisty // gazeta "Troicki wariant", № 14 (133) z dnia 16.07.2013 r.
Natochin Yu.V. The word about Pavlov // The Nature magazine, 1999, [1] 8.
Neeman Yu. Szczęśliwego wypadku, nauki i społeczeństwa. Evolutionary Approach // International Journal of Philosophy "Puti", 1993, nr 4.
Neeman Yu. Czy nauka ewoluuje przez Darwina? // Magazyn "Chemia i życie", 1994, nr 8.
Ner E., Sachmann B. Metoda patch-clamp // dziennik "W świecie nauki", 1992, № 5.
Nechayev S.Y. Niesamowite odkrycia. - M., "Enas", 2012.
Nicholls J., Martin A., Vallas B., Fuchs P. Od neuronu do mózgu. - M., "Uniditorial URSS", 2003.

A.D. Nozdrachev, E.L. Polyakov, E.P. Pavlova's Way to the First Nobel Prize of Russia. - Petersburg, Wydawnictwo "CultInformPress", 2014.
Novikov A.S. Randomowe odkrycia: aspekt genetyczny // Dziennik Kazańskiej Nauki, 2014, ¹ 3.
Novikov I.D. Black Holes and the Universe. - Moskwa, "Young Guard", 1985.
Nosov Y. Na początku wieku informatyki // Dziennik "CHIP NEWS", 2002, ¹ 10.
Nosov Yu. Paradoksy tranzystora // Dziennik "Quant", 2006, ¹ 1.
R. Nosov. Tworzenie diod LED i laserów: wkład rosyjskich naukowców // Dziennik "Pytania z historii nauki i techniki", 2006, № 4.
Oberemok V.V. Genetycy, biolodzy molekularni i ich odkrycia. - Simferopol, Tauride National University imienia V.V. Oberemok. Simferopol, Vernadsky Tauride National University, 2008.
Próbki P. World, stworzone przez chemików. Od kamienia filozoficznego do grafenu. - M., "Colibri", 2011.
Paevsky A. Molekuły bez wiązań chemicznych // Dziennik "Mechanika popularna", 2015, № 6.
Paewski A. Noblista: który przybył na pomoc Dale'owi // strona "N+1", 10.01.2018.
Petrov R.V. Ja czy nie ja. - M., "Young Guard", 1983.
Pechenkin A. Leonid Isaakowicz Mandelsztam: badania, nauczanie i reszta życia. - M., "Logos", 2011.
Ponomarev L.I. Pod znakiem kwantowym. - Moskwa, "Fizmatlit", 2012.
Pontecorvo B. Strony rozwoju fizyki neutrin // Dziennik "Sukcesy nauk fizycznych", 1983, tom 141, wydanie 4.
Pontecorvo B. Powolne odkrywanie neutronów: niektóre wspomnienia // B. Pontecorvo, "Wybrane dzieła", tom 2, Moskwa, "Nauka", 1997.
Pontecorvo B. Powrót do ulicy Panispern // B. Pontecorvo, "Wybrane dzieła", tom 2, 1997.
Popova L.M. Wprowadzenie do nanotechnologii. - Petersburg, St. Petersburg State Technological University of Plant Polymers, 2013.
Popov M. How the thinnest matter of the universe was created // Forbes Magazine, 05.10.2010.
Popov C. Poszukiwanie pozaziemskiego umysłu na początku XXI wieku: pogląd sceptyka // Dziennik "Nauka i zhizn", 2006, ¹ 4.
Potupa A. Odkrycie wszechświata. - Mińsk, "Junaztwa", 1991.
Pristina V.L. 100 słynnych wynalazków. - Charkov, "Folio", 2006.
Pfeiffer J. Enements // Collection "Physics and Chemistry of Life", Moskwa, 1960.
Radunskaya I.L. Szalone pomysły. - M., "Young Guard", 1967.
Radunskaja I. Cholerne pytania. - M., Wydawnictwo "Podręczniki Moskiewskie", 2005.
Rambidi N.G., Berezkin A.V. Fizyczne i chemiczne podstawy nanotechnologii. - Moskwa, "Fizmatlit", 2009.

Ramon-e-Kahal S. Autobiografia (Wspomnienia o moim życiu). - M., "Medicine", 1985.
Rafelsky Ya., Jones S. Cold Nuclear Synthesis // Dziennik "In the World of Science", 1987, № 9.
Reunov A.V., Reunov A.A. Lithic cell function. - Moskwa, "Nauka", 2008.
Rodionov I.M. Factor of nerve growth, hypertrophy and destruction of the sympathetic system // "Soros educational journal", 1996, [1] 3.
Rodkina A.E. O niektórych pojęciach i problemach matematyki finansowej // "Soros educational journal", 1998, [1] 6.
Rosengart V.I. Insulina // Dziennik "Chemia i życie", 1986, [1] 10.
Roach M. Jazda po jedzenie. - M., "Exmo", 2015.
Sadovsky A.S. Carl Bosch, twórca nawozów azotowych // Journal of Chemistry and Life, 2009, № 11.
Sazhin M.V. Modern Cosmology in Popular Setting. - M., Redaktor naczelny ZSRR, 2002.
Salo V. Z biografii kortyzonu // Dziennik "Nauka i zhizn" (Nauka i życie), 1973, [1] 10.
Samsonov A. Zhores Alferov - okręt flagowy krajowej elektroniki // Dziennik "Ekologia i życie", 2010, № 5 (102).
Sutton R. Poluje na pomysły. Jak uciec od konkurencji, łamiąc wszystkie zasady. - M., Alpina Publisher, 2013.
Wioska G. Od snu do odkrycia. - M., "Progress", 1987.
Semashko N.A. Koch. Virkhov. - M., Zhurnalno-Newspaper Association, 1934.
Semenov N.N. "Więc wpadłem na pomysł..." /Magazyn "Chemia i życie", 1986, wydanie 4.
Semenow N.N. Wybrane prace. Tom 4. - Moskwa, "Nauka", 2006.
Siborg G. Sztuczne elementy transuranowe. - M., "Atomizdat", 1965.
Smut, J.F. Anizotropia promieniowania reliktowego: odkrycie i znaczenie naukowe (w języku rosyjskim) // Journal of Successes in Physical Sciences, 2007, t. 177, [1] 12.
Sokolova V. Talent jest zbyt mały // Dziennik inwestycji bezpośrednich, 2004, [1] 11 (31).
Solovyov Yuri I., Petrov LI William Ramzai. - M., "Nauka", 1971.
Stepanov S. Wiek Psychologii: Imiona i losy. - M., "Exmo", 2002.
Stepanovsky Yu.P. P.A.M.Dirac (1902-1984) // Journal of "Electromagnetic Phenomena", 2003, tom 3, [1] 2 (10).
Stead J.V., Atwood J.L. Supramolecular Chemistry. Tom 1. - M., Academic Book Research Center, 2007.
Steele E, Lindley R, Blanden R. Co jeśli Lamarck ma rację? Immunogenetyka i ewolucja. - M., "The World", 2002.
Stryer L. Biochemia. Tom 1. - M., "The World", 1984.
Stryer L. Biochemia. Tom 2. - M., "The World", 1985.
Sukharev V.A. Psychologia intelektu. - Donieck, "Stalker", 1997.

Taleb N.N. Black Swan. Pod znakiem nieprzewidywalności. - M., "Colibri", "ABC-Atticus", 2012.
Terletsky E.D. Metals, który jest zawsze z tobą. - M., "Wiedza", 1986.
Thomson, G.P. Seventy year electron // Journal of "Successes of physical sciences", 1968, tom 94, wydanie 2.
Thorn K. Czarne dziury i fałdy czasu. Einstein jest odważnym dziedzictwem. - M., "FIZMATLIT", 2007.
Trigg J. Physics of the 20th century. Kluczowe eksperymenty. - M., "The World", 1978.
Trubieckow, D.I. Dwa tysiące sześć lat w terminach dynamiki nieliniowej (po rosyjsku) // "Izvestia vysokhraneniya", 2007, tom 15, ¹ 2.
Trunin D. Twórca heterostruktury // witryny "N+1", 04.03.2019.
Tutorskaya S. Formuła kreatywności. - M., "Young Guard", 1971.
Wiggins A., Wynn C. Pięć nierozwiązanych problemów w nauce. - M., "FIRE-PRESS", 2005.
Will K.M. Double Pulsar, Gravitational Waves and Nobel Prize // Journal of Successes in Physical Sciences, 1994, Vol. 164, No. 7.
Wilson M. Amerykańscy naukowcy i wynalazcy. - M., "Wiedza", 1975.
Walverton, M. New radionebo (po rosyjsku) // V Mir nauki zhurnal, 2008, ¹ 11.
Weatherall J. Stock Market Physics. - M., Wydawnictwo "Mann, Ivanov & Ferber", 2014.
Fabelinskiy I.L. Otwarcie kombinowanego rozpraszania światła // Dziennik "Sukcesy nauk fizycznych", 1978, tom 126, ¹ 9.
Fabelinsky I.L. Drugi egzamin // Kolekcja "Wspomnienia M.A.Leontovicha", Moskwa, "Nauka", 1990.
Fabelinsky I.L. Otwarcie wystawy Combined Light Scattering in Russia and India // Journal of Successes in Physical Sciences, 2003, tom 173, ¹ 10.
Fabryka P.B., Pokholok K.V. Spektroskopia Messbauera i jej zastosowanie do chemicznej diagnostyki materiałów nieorganicznych. - M., MGH, 2012.
Fedorovsky G. Sherenga z wielkich lekarzy. - Warszawa, "Nasza Xengarnia", 1975.
Feinberg E.L. Age and Personality. Fizycy. Eseje i wspomnienia. - Moskwa, "Fizmatlit", 2003.
Feynman R. Development of Spatial-Temporal Interpretation of Quantum Electrodynamics // Zhurnal "Successes of Physical Sciences", 1967, t. 91, ¹ 1.
Fermi L. Atomy są w naszym domu. - Moskwa, Wydawnictwo Literatury Obcej, 1959.
Fizyka przestrzeni. Redagowany przez R.A.Syunyaeva. - Moskwa, "Sowiecka Encyklopedia", 1986.
Filatov T.V. Ogólne problemy filozofii nauki. Wybrane wykłady dla studentów studiów podyplomowych. - Samara, Państwowy Uniwersytet Telekomunikacji i Informatyki Regionu Wołga, 2013.
Filonowicz S.R. Los klasycznego prawa. - M., "Nauka", 1990.

Finkelstein D.N. Krypton // Dziennik "Chemia i życie", 1969, [1] 12.
Finkelstein D.N. Gazy obojętne. - M., "Nauka", 1979.
Fitch V.L. Otwarcie niezachowania parytetu kombinowanego // Zhurnal "Uspekhi physical sciences" ("Sukcesy nauk fizycznych"), 1981, t. 135, nr 2.
Flerov G.N., Ilyinov A.S. W drodze do superelementów. - Moskwa, "Pedagogika", 1982.
Frank, I.M. Wspomnienia lat studenckich (po rosyjsku) // Kolekcja "S.I.Vavilov. Eseje i wspomnienia", Moskwa, "Nauka", 1991.
Friedman G. X-ray Astronomia // Journal of Successes in Physical Sciences, 1964, t. 84, wydanie 3.
Hacken G., Hacken-Krell M. Tajemnice percepcji. - M., Institute for Computer Research, 2002.
Khananashvili Ya.A., Boiko N.V., Volkov A.G., Kharakhashyan A.A. Historyczne podstawy współczesnej przedsionkowo-eurologii i otoneurologii (do 100-lecia przyznania Nagrody Nobla) // "Journal of Fundamental Medicine and Biology", 2014, № 2.
Hargittai E. Frank science. Rozmowy ze sławnymi chemikami. - M., Yeditorial URSS, 2003.
Hargittai E. Frank science. Rozmowy z Biochemią i Chemią Medyczną Coryphae. - Moskwa, "ComBook", 2006.
Hargittai I. Harold Kroto (w jęz. rosyjskim) // Zametki po żydowsku [Notes on Jewish History] Journal, No. 17 (89), November 2007.
Hawking S., Mlodinov L. Najkrótsza historia w czasie. - St. Petersburg, "Amphora", 2006.
Hall J. Definicja i pomiar częstotliwości optycznych: perspektywy zegarów optycznych - i nie tylko // Dziennik "Sukcesy nauk fizycznych", 2006, t. 176, [1] 12.
Hubbell D. Oko, mózg, wzrok. - M., "The World", 1990.
Hewish E. Pulsary // Journal of "Successes of Physical Sciences", 1969, Vol. 97, [1] 4.
Hasset J. Wprowadzenie do psychofizjologii. - M., "The World", 1982.
Tsvetkov E.N. O estrach korony, lub jakiś smutek o szczęśliwych wydarzeniach // magazyn "Chemia i życie", 1984, [1] 11.
Zimmer K. Microcosm. E. coli i nowa life science. - M., "Alpina Non-Fixture", 2013.
Czek T. RNA - enzym // Dziennik "W świecie nauki", 1987, № 1.
Czernikow V. Kto by pomyślał, że RNA może działać z enzymem? /Magazyn "Chemia i życie", 1988, wydanie 12.
Laureaci Nagrody Nobla Czarnozackiego L.A. w dziedzinie chemii w 1996 roku - R.Kerl, G.Kroto, R.Smalli // Dziennik "Nature", 1997, [1] 1.
Chixentmihayi M. W poszukiwaniu przepływu. Psychologia zaangażowania w życie codzienne. - M., "Alpina Non-Fixture", 2012.
Chirkov Y. Molecular containers // Dziennik "Nauka i zhizn", 2010, № 7.

Chirkov Y. "Kosmizacja" inteligentnych molekuł // Dziennik "Nauka i zhizn", 2011, № 1.
Cholakow V. Nagroda Nobla: naukowcy i odkrycia. - Moskwa, "The World", 1987.
Chu S. Management of Neutral Particles // Journal of Success of Physical Sciences, 1999, Vol. 169, No. 3.
Chubenko A., Levin A. Nobel 2006. Kto został milionerem? // magazyn "Popularna mechanika", 2006, [1] 12.
Chumakov V. Co nie może być i w co nikt nie wierzył // Dziennik "W świecie nauki", 2014, [1] 3.
Shaskolskaya M. Joliot-Curie. - M., "Young Guard", 1966.
Shatalova A. Daj spokój! Laureat Nagrody Nobla podzielił się z młodymi ludźmi sekretami sukcesu // gazeta "Szukaj", 2013, № 47.
Shepherd G. Neurobiology. Tom 1. - M., "The World," 1987.
Shcherbakov, R.N. "Należę do wybrańców, którzy żyją mało, ale dość" // "Herald of RAS", 2007, tom 77, [1] 10.
Wszechświat Shklovsky'ego I.S., życie, umysł. - M., "Nauka", 1987.
Shlegel G.G. Historia mikrobiologii. - M., URSS Unitorial, 2002.
Shoifet M.C. 100 wspaniałych lekarzy. - M., "Veche", 2006.
Shulpin G.B. Świat niezwykłych molekuł. Kompleksy organometaliczne. - Moskwa, "Nauka", 1986.
Shulpin G.B. Teraźniejszość i przyszłość katalizy metalokompleksowej // Dziennik "Chemia i życie", 1990, № 6.
Schultz D., Schultz S.E. Historia współczesnej psychologii. - Saint-Petersburg, "Eurazja", 1998.
Steingarts V.D. Superacids // "Soros educational journal", 1999, [1] 3.
Ashcroft F. Iskra życia. Energia elektryczna w ludzkim ciele. - M., "Alpina Non-Fixture", 2015.
Janovskaja M.I. Robert Koch. - M., "Young Guard", 1962.
Yaroshevsky M.G., Chesnokova S.A. Walter Kennon. - M., "Nauka", 1976.
Beckman R. Professor Peter Doherty, immunolog // Strona internetowa Australian Academy of Science, listopad 1996.
Doherty P. Przewodnik dla początkujących o przyznaniu Nagrody Nobla: porady dla młodych naukowców. - Nowy Jork, Columbia University Press, 2006.

FSC
www.fsc.org
MIX
Papier | Fördert
gute Waldnutzung
FSC® C083411

Kolibri 360 GmbH
Ferdinand-Jühlke-Straße 7
99095 Erfurt, Deutschland
produktsicherheit@kolibri360.de

Druck:
CPI Druckdienstleistungen GmbH
im Auftrag der
Kolibri 360 GmbH
Ferdinand-Jühlke-Str. 7
99095 Erfurt